■ 高等职业技术院校公路类专业教材 ■

公路工程施工组织与概预算

主 编 王 永

主 审 赵学峰 宁金成

中国劳动社会保障出版社

简介

本书主要内容包括公路施工组织及准备工作、施工方案的制定、施工进度计划的编制、资源需要量计划的编制、施工平面图设计、公路工程概预算文件编制准备工作、公路工程概预算文件的编制等。

本书由河南交通职业技术学院王永主编，赵学峰、宁金成担任主审。具体编写情况如下：绪论、模块二由王永编写；模块一、模块三任务四由王轩编写；模块三任务一、任务二、任务三和模块四由贾彦丽、施钧共同编写；模块五由张晓峰编写；模块六和模块七由刘艳、柴金玲共同编写，所有参编人员均为河南交通职业技术学院教师。

图书在版编目（CIP）数据

公路工程施工组织与概预算/王永主编. —北京：中国劳动社会保障出版社，2013
高等职业技术院校公路类专业教材
ISBN 978-7-5167-0620-6

Ⅰ.①公… Ⅱ.①王… Ⅲ.①道路工程-施工组织-高等职业教育-教材②道路工程-概算定额-高等职业教育-教材③道路工程-预算定额-高等职业教育-教材 Ⅳ.①U415

中国版本图书馆 CIP 数据核字（2013）第 234646 号

中国劳动社会保障出版社出版发行
（北京市惠新东街 1 号　邮政编码：100029）

*

北京谊兴印刷有限公司印刷装订　新华书店经销
787 毫米×1092 毫米　16 开本　19.25 印张　430 千字
2013 年 10 月第 1 版　2025 年 3 月第 8 次印刷
定价：36.00 元

营销中心电话：400-606-6496
出版社网址：http://www.class.com.cn
http://jg.class.com.cn

前言

随着我国公路交通的高速发展，公路施工、养护、工程测量等岗位从业人员的数量日益增多，对其具备的知识和能力的要求也在不断提高。为了更好地满足各类职业院校对公路类专业高技能人才的培养需求，全面提升教学质量，人力资源和社会保障部教材办公室组织全国有关院校的教学专家、行业企业专家，在充分调研学校教学情况和企业生产实际的基础上，精心编写了高等职业技术院校公路类专业教材，包括公路类专业基础平台课教材《公路概论》《公路工程识图》《公路 CAD》《工程力学基础》《土质与筑路材料》，以及公路类专业课教材《路基路面施工技术》《桥涵工程施工技术》《公路养护技术》《公路工程测量》《公路勘测及简单设计》《公路工程现场测试技术》《公路工程施工组织与概预算》《公路施工养护机械》《公路施工安全》。

在教材的编写过程中，力求做到以下几点：

1. 采用模块化设计，合理构建专业教材体系

针对公路类专业培养目标和企业对岗位能力的不同需求，本套教材分为公路施工养护模块、公路工程测量模块、公路试验检验模块、公路施工组织与管理模块等。教师可以在专业基础平台上组合不同的能力模块实施教学，以达到公路（桥梁）施工、养护、工程测量等专业方向的能力培养要求。

2．以国家职业标准为依据，以能力培养为目标组织教材内容

教材编写以筑路养护工、工程测量工、桥梁工、隧道工等职业的国家职业标准为依据，注重企业对公路施工、养护、工程测量等岗位从业人员的能力要求，坚持实用、够用的原则，合理组织教材内容，有效解决了公路类教材存在的理论性过强的问题。

3．贯彻先进的教学理念，根据教学内容的不同精心选择编写模式

本次教材编写贯彻了职业教育的先进教学理念，对于理实一体化和工程实践操作性较强的课程，采用了任务驱动的编写模式；对于理论性较强的课程，采用了理论与工程实践相结合的编写模式。在教材的表现形式上，尽量采用以图代文、以表代文的表达方式，增强教材的可读性，激发学生的学习兴趣，引导学生自主学习。

为方便教学，与《公路概论》《公路工程识图》《工程力学基础》《土质与筑路材料》《公路工程测量》《公路工程施工组织与概预算》相配套，开发了习题册；与《公路概论》《公路工程识图》《公路 CAD》《工程力学基础》《土质与筑路材料》《路基路面施工技术》《桥涵工程施工技术》《公路工程测量》《公路工程现场测试技术》相配套，开发了多媒体教学课件，可进入中国人力资源和社会保障出版集团网站（http://www.class.com.cn）免费下载。

在本套教材的编写过程中，得到了有关省市教育部门、人力资源和社会保障部门以及一批高等职业技术院校的大力支持，教材的主编、主审等有关人员做了大量的工作，在此表示衷心的感谢！同时，恳切希望广大读者对教材提出宝贵的意见和建议，以便修订时加以完善。

人力资源和社会保障部教材办公室

2012 年 6 月

目录

绪论

学习目标

◆ 了解公路工程施工组织和概预算研究的对象。

◆ 掌握公路工程施工组织和概预算的任务。

◆ 能够认识公路工程施工组织和概预算在公路建设中的作用和地位，以及与学科中其他课程的关系。

一、公路工程施工组织和概预算研究的对象

公路工程施工组织和概预算就是要统筹考虑整个施工过程，对人力、材料、机械、资金、施工方法、施工现场（空间）等主要要素，根据其所处的环境、自然条件、施工工期等进行合理的组织、安排，使之有条不紊，以实现有计划、有组织、均衡的施工，使其达到工期短、质量高、资金省、成本低的目的。

二、公路工程施工组织和概预算的任务

公路工程施工组织和概预算的基本任务是，根据业主对建设项目的各项要求，密切结合我国现行经济政策，充分考虑公路工程施工特点，运用科学的方法和手段组织施工，合理地安排施工过程中劳动力、材料、机具设备、资金、进度、工期等要素，以提高承包人的经济效益为中心，使施工工期短、工程建设费用低、生产效率高、工程质量好，保证按合同工期完成项目施工任务，实现有计划、有组织、有秩序地进行项目施工管理，以期达到项目施工的整体效益最佳的目的。也就是说，根据工程特点、工期要求、自然条件及资源供应等情况，做出切实可行的施工组织计划，并提出有效的确保工程质量和施工安全的技术措施。

1. 施工准备工作

施工准备工作是指工程施工前所做的一切工作。它不仅在开工前要做，开工后也要做，它有组织、有计划、有步骤、分阶段地贯穿于整个工程建设的始终。认真细致地做好施工准备工作，对充分发挥各方面的积极因素、合理利用资源、加快施工速度、提高工程质量、确

保施工安全、降低工程成本及获得较好的经济效益都起着重要作用。

2．施工方案的制定

施工方案一般是以分部（分项）工程或专项工程为单位编制的施工技术与组织方案，用以指导具体施工过程，其中包括组织机构方案（各职能机构的构成、各自职责、相互关系等）、人员组成方案（项目负责人、各机构负责人、各专业负责人等）、技术方案（进度安排、关键技术预案、重大施工步骤预案等）、安全方案（安全总体要求、施工危险因素分析、安全措施、重大施工步骤安全预案等）、材料供应方案（材料供应流程、接保检流程、临时材料采购流程等）。此外，根据项目大小还有现场保卫方案、后勤保障方案等。施工方案可根据项目大小确定，有些项目简单、工期短，就不需要制定复杂的施工方案。

3．施工进度计划

施工进度计划是施工组织设计的中心内容，它要保证建设工程按合同规定的期限交付使用。施工中的其他工作必须围绕着并适应施工进度计划的要求安排，从实际出发，注意施工的连续性和均衡性；按合同规定的工期要求，做到好中求快，提高竣工率，加强综合经济效果。某道路工程的施工进度计划如图0—1所示。

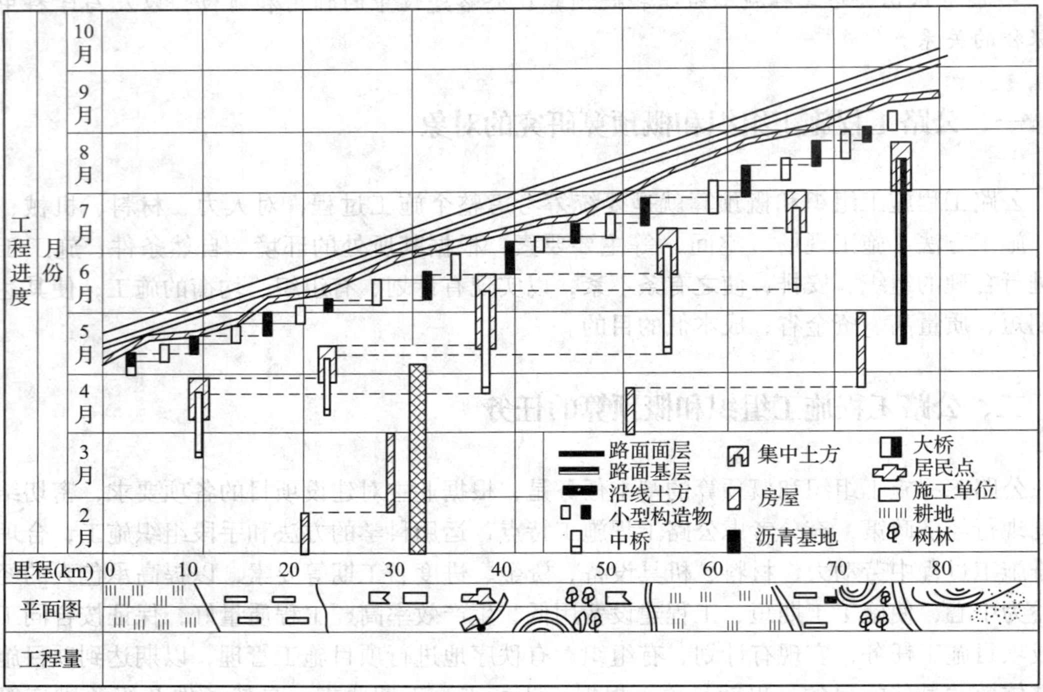

图0—1　某道路工程的施工进度计划

4．劳动力、机械设备、材料等的供应计划

科学合理的劳动力、机械设备、材料等投入可根据施工进度计划及各分项工程施工的先后顺序进行安排，必须做到投入的劳动力、机械设备、材料等可以充分利用，避免出现因为人员窝工、机械设备闲置、材料供应量过多而造成的浪费现象。

5. 施工现场平面图布置

施工现场平面图布置是在满足运输组织及运输技术条件要求的前提下，结合施工场地的自然条件，合理地确定拟建建筑物与构筑物、运输线路、工程管线、安全环保等设施的平面位置。根据公路施工组织设计文件编制的内容，明确施工平面布置在工程项目施工组织设计中的地位和作用。施工现场平面布置图如图 0—2 所示。

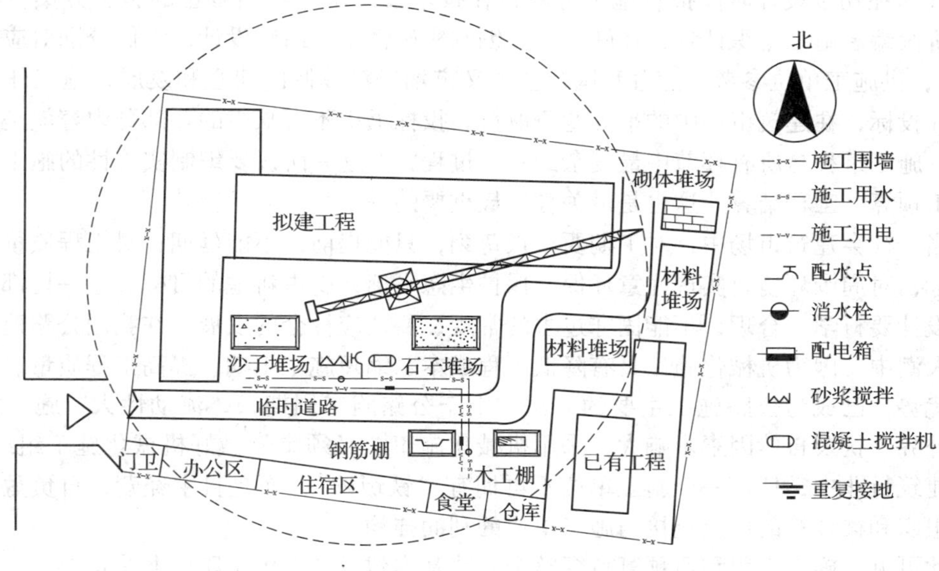

图 0—2　施工现场平面布置图

6. 定额与概预算

我国基本建设的预算制度，通过计价依据，不仅为按等价交换原则办理工程价款的拨付和结算提供依据，更重要的是促进施工企业加强经济核算和企业管理，促进设计部门改进设计方案，提高设计精度，从而为基本建设投资、决策、分配、管理、核算和监督提供依据。所以建立和完善基本建设预算制度，对加强基本建设管理与施工，提高投资效益，都具有极重要的意义。

三、公路工程施工组织设计和概预算在公路建设中的作用和地位

现代交通运输业是由铁路、公路、航空、水运及管道运输等组成的，各有其适用性和特点。公路运输在整个交通运输中占有较大比例，在以后几十年中公路运输仍占主导地位，因为它具有机动、灵活、直达、迅速、适应性强、服务面广等优点。

发展公路运输业，首先必须进行公路工程建设。现代公路建设周期长、规模大、技术复杂、分工细、协作面广、机械化、自动化程度高。为保证公路建设在一定时间内顺利完成，且人力、资金、材料、机械发挥最大效力，就要求人们根据工程特点、自然条件、资源情况、周围环境等对工程进行科学、合理的安排，使之在一定的时间和空间内能有组织、有计

划、有秩序地施工，以期达到工期短、质量好、成本低的目的。

1. 施工组织和概预算在公路工程基本建设中的作用

公路建设是一个复杂过程，从规划、测设、施工到竣工养护，每一个过程都离不开施工组织和概预算。在公路规划阶段，要提出一个施工组织计划，供上级主管部门立项时审批。在设计阶段，不论采用几个阶段设计，每一个阶段都必须做出相应的施工组织设计计划和造价计算（即在初步设计阶段拟订施工方案，在技术设计阶段提出修正的施工方案，在施工图设计阶段编制施工组织计划，在施工阶段编制实施性施工组织设计，它们分别对应着概算和预算），供施工单位参考。随着我国社会主义市场经济体制的建立和发展，施工任务主要通过参加投标，在建筑市场中的平等竞争取得，投标书中不可缺少的一部分内容就是施工组织设计；施工过程是所有环节中最复杂的一个过程，在这一阶段要编制实施性的施工组织设计和施工预算、工程结算，这也是最关键、最重要的一步。

在当今社会建筑市场中，对工期要求很苛刻，只能提前，不能延期；对工程质量提出更高的目标；对周围环境要实现注意环保，保护生态平衡，少占耕地的目标。这一切都要求施工组织设计要科学、合理，不能固守过去的常规，要适应社会的发展。在我国公路建设迅速发展的大潮中，因为机械化施工具有降低工程成本、缩短施工工期、提高工程质量、节约劳动力等优势，已成为公路施工主要的方法。由于公路施工周期长、流动性大、施工协作性高、受外界干扰及自然因素影响大，采用机械化施工，必须事先做好机械化施工组织设计。现在，建筑行业中，任何一个施工单位不再拥有"铁饭碗"，而是自主经营，自负盈亏，所以施工组织和概预算的质量直接与施工单位的利润挂钩。

由此可见，施工组织和概预算贯穿整个公路基本建设，在施工阶段尤为重要。

2. 施工组织和概预算在公路养护工程大中修与技术改造中的作用

公路是国家现代化建设的重要基础设施。根据我国国民经济和社会发展对交通运输的要求，要想建立起适应中国国情的现代化综合运输体系，缓解我国交通运输的紧张局面，对于公路建设者来说，最关键的有两个方面：一是要加快高等级公路建设，提高整个路网技术等级；二是要切实加强对已建成公路的养护管理，改善路网结构，保障公路畅通。其中，公路养护是保持路网完好，并不断使其得到改善，延长其使用寿命，为经济建设提供良好服务的根本条件。如果缺养、失养，路网使用状况必然很快下降，道路通行就必然受阻。显而易见，一手抓建设，一手抓养护，建养并重、协调发展，是公路事业自身发展的客观要求。公路越发展，越需要养护，技术越进步，越要实行现代化的养护。

目前我国干线公路已经超过 8 万 km，在大规模、高潮式的公路建设之后，对于"十二五"规划而言，公路养护工程数量越来越大，如何适应公路事业和社会各界对养护工作提出的新要求，成为当务之急。根据交通部《公路养护工程市场准入暂行规定》《"十二五"公路养护管理发展纲要（2011—2015）》等文件精神，为保证公路的运输质量与路用性能，一般干线公路养护大中修工程、桥梁检测与旧桥加固工程也已由内部招标转向市场化管理，公开竞争，择优选择施工单位。这种管理模式的转变，增强了养护单位领导和职工的竞争意识，给公路养护管理事业带来了新的生机和活力。

公路大中修工程在公路系统建设程序中与新建公路工程基本一致，其施工组织和概预算的精度与深度比施工图设计阶段的施工组织计划还要实用。由于管理方式的转变，对工程质量的高要求及对养护投资的控制，使得施工单位对施工组织设计的科学性、合理性、适用性更加重视，因为施工组织与概预算不仅影响大中修工程质量与施工进度，而且决定施工单位的经济效益与利润。

3. 施工组织和概预算与施工年度投资计划及工程造价的关系

年度投资计划是施工组织和概预算确定的重要组成部分，它是根据施工组织设计确定的工程施工投资在时间上的安排。施工图预算中的工程造价增长预留费，是根据工程年度投资计划计算出来的，它与工程项目的建安工程费、预算文件编制年至施工年的年数、物价指数有关。所以为了保证施工图预算的准确性，施工组织设计中必须做出年度投资计划。

施工组织设计和施工图预算的关系是密不可分的，施工组织设计决定施工图预算的水平，而施工图预算又对施工组织设计起着完善、促进作用。要建成一项工程项目，可能会有多种施工方案，但每种方案所花费的财、物的预算是不同的。要选择一种既切实可行又节约投资的施工方案，就要用施工图预算来考核其经济合理性，决定取舍。因此，施工组织设计决定着施工图预算的编制，而施工图预算又是施工组织设计是否切实可行、经济合理的具体反映。

四、本课程与其他课程的关系及相应的规范

由于本课程是一门实用性很强的课程，所以要求学生不仅要有必需的基础知识和专业知识，还要经过一定时间的施工实习，对施工过程、施工现场和工程计量等有初步的了解和认识。与本课程相关的基础课程有数学等；专业课程有土质与筑路材料、路基路面施工技术、桥涵工程施工技术、公路养护技术、公路施工养护机械及公路施工安全等。

交通运输部作为全国交通基本建设的主管部门，为交通设施建设制定了一系列的行业技术标准，与本课程有关的主要行业技术规范见表 0—1。

表 0—1　　与本课程有关的主要行业技术规范

规范编号	规范名称	备注
JTG B01—2003	公路工程技术标准	
JTG D50—2006	公路沥青路面设计规范	
JTG D20—2006	公路路线设计规范	
JTG D60—2004	公路桥涵设计通用规范	
JTG D61—2005	公路圬工桥涵设计规范	
JTG D63—2007	公路桥涵地基与基础设计规范	
JTG F10—2006	公路路基施工技术规范	
JTJ 034—2000	公路路面基层施工技术规范	
JTG/T F50—2011	公路桥涵施工技术规范	
JTG F80/1—2004	公路工程质量检验评定标准（土建工程）	

续表

规范编号	规范名称	备注
JTG F80/2—2004	公路工程质量检验评定标准（机电工程）	
JTG/T J22—2008	公路桥梁加固设计规范	
JTG/T J23—2008	公路桥梁加固施工技术规范	
JTG B06—2007	公路工程基本建设项目概算预算编制办法	
JTG/T B06—01—2007	公路工程概算定额（上、下）	
JTG/T B06—02—2007	公路工程预算定额（上、下）	
JTG/T B06—03—2007	公路工程机械台班费用定额	

思考与练习

1. 公路工程施工组织和概预算研究的对象是什么？
2. 公路工程施工组织和概预算的任务有哪些？
3. 公路施工组织设计在公路建设中的作用和地位是什么？
4. 本课程与其他课程有什么关系？

模块一

公路施工组织及准备工作

任务一　认识公路施工组织

学习目标

- ◆ 了解公路施工组织的定义、作用和分类。
- ◆ 掌握编制公路施工组织计划的步骤。
- ◆ 了解公路施工的特点及组织程序。

一、公路施工组织

1. 公路施工组织的定义

概略地说，公路施工组织就是从工程的全局出发，根据公路工程的特点，按照施工的客观规律和当时当地的具体条件，统筹考虑施工过程中的人工、材料、机械、资金和施工方法这五个主要因素后，对整个工程的施工进度、资源消耗和平面布置等做出的科学而合理的安排。

公路施工组织是规划和指导公路工程从工程投标、签订承包合同、施工准备到竣工验收全过程的一个综合性的技术经济文件，是对拟建工程在人力和物力、时间和空间、技术和组织等方面所做的全面的合理的安排，是沟通工程设计和施工之间的桥梁。作为指导拟建工程项目的全局性文件，施工组织既要体现拟建工程的设计和使用要求，又要符合建筑施工的客观规律。

2. 公路施工组织的作用

（1）施工组织是施工准备工作的重要组成部分，又是指导各项施工准备工作的依据。

（2）施工组织为拟建工程确定施工方案、施工进度、施工顺序、劳动组织和技术组织措施等，是指导开展紧凑、有序施工活动的技术依据。

（3）施工组织所提出的各项资源需要量计划，直接为组织材料、机具、设备、劳动力需要量等资源供应工作提供依据。

（4）通过编制施工组织，可以合理利用和安排为施工服务的各项临时设施，可以合理地布置施工现场，确保文明施工、安全施工。

（5）通过编制施工组织，可提高工程施工过程的预见性，减小施工的盲目性，使管理者和生产者做到心中有数；可充分考虑施工中可能遇到的困难与障碍，主动调整施工中的薄弱环节，对问题事先予以解决或排除，从而为施工提供技术保证。

（6）通过编制施工组织，可以将工程项目的设计与施工、技术与经济、前方与后方、整体与局部以及各部门、各专业之间有机结合，统一协调。

（7）施工组织与施工单位的施工计划两者之间有着极为密切、不可分割的关系。施工组织不但对施工单位的施工计划起决定和控制性的作用，而且也是编制施工单位施工计划的基础；反之，编制施工组织又应服从施工单位的施工计划。两者是相辅相成、互为依据的。

（8）施工组织可以指导投标和签订工程承包合同，是投标书和合同文件的重要组成部分。施工组织充分并准确地体现了业主对工程的意图和要求，对能否中标起着重要的作用。

3. 公路施工组织的分类

公路施工组织是一个总体的概念，根据编制阶段、编制时间和编制对象的范围不同，在编制的深度和广度上也有所不同。

（1）按照编制阶段的不同分类

公路施工组织按编制阶段的不同可分为设计阶段的施工组织和施工阶段的施工组织。

1）设计阶段的施工组织。公路建设项目可分为一阶段设计、两阶段设计和三阶段设计，在各个设计阶段，都需要编制相应的施工组织文件。在初步设计阶段拟订施工方案，在技术设计阶段编制修正的施工方案，在施工图设计阶段编制施工组织计划。

2）施工阶段的施工组织。在施工组织计划的基础上，由施工单位负责编制施工阶段的施工组织。它的特点是现实、深入、具体、可行。施工阶段的施工组织文件的内容与施工图设计阶段的施工组织计划基本相似，但更具体、更详细。

（2）按照编制时间的不同分类

公路施工组织按编制时间的不同分为两类：一类是投标前编制的施工组织（简称标前施工组织），另一类是中标后编制的施工组织（简称标后施工组织）。

1）标前施工组织。标前施工组织是指在投标之前，施工单位在深入了解和研究招标文件、设计文件和设计图样，以及调查和复核施工现场的基础上，结合本单位的具体情况编制的施工组织文件。工程施工单位为了使投标具有竞争力，必须根据业主对投标书所要求的内容编制标前施工组织设计，标前施工组织设计的好坏既是能否中标的关键，又是总包单位进行分包的依据，同时还是承包单位与发包单位进行合同签约谈判，拟定合同文本中相关条款的基础资料。标前施工组织应根据招标文件的具体要求、施工单位的技术经济条件和施工现场的实际情况进行编制。

2）标后施工组织。标后施工组织是指在设计阶段编制的施工组织计划和投标时编制的标前施工组织的基础上，为了确保和落实标前施工组织按期或提前实现，施工单位中标及签订合同后编制的施工组织文件。它是施工单位在详细研究设计文件、图样、合同条款，以及在现场反复调查、复核的基础上，对标前施工组织文件内容进一步地分析和研究，重新进行补充、完善和落实的过程。标后施工组织作为具体指导施工全过程的技术文件，其内容必须十分具体，对各分项工程、各工序和各施工班组都要进行施工进度的日程安排和具体操作的设计。

（3）按编制对象范围的不同分类

公路施工组织按编制对象范围的不同可分为总体施工组织、单位工程施工组织和分部（分项）工程施工组织。

1）总体施工组织。总体施工组织是以整个建设项目为对象编制的，用以指导整个建设项目施工全过程的各项施工活动的全局性、控制性的指导文件。在总体施工组织的指导下，再深入研究总项目下的分项目（单位工程）施工组织。总体施工组织一般在初步设计或扩大初步设计被批准之后，由总承包企业的总工程师负责，会同建设、设计和分包单位的工程师共同编制。

2）单位工程施工组织。单位工程施工组织是以一个单位工程（如公路工程中的一条隧道或一座桥梁）为对象编制的，用以指导其施工全过程的各项施工活动的局部性、指导性文件。其任务是按照总体设计的要求，根据现场施工的实际条件，具体地安排人力、物力和建筑安装工程的进行，是施工单位编制作业计划和制订季、月、旬施工计划的依据。单位工程施工组织一般在施工图设计完成后，在拟建工程开工之前，由工程项目的技术负责人负责编制。

3）分部（分项）工程施工组织。分部（分项）工程施工组织是以分部（分项）工程为编制对象，用以具体实施其分部（分项）工程施工全过程的各项施工活动的技术、经济和组织的实施性文件。一般对于工程规模大、技术复杂、施工难度大或采用新工艺、新技术施工的建筑物或构筑物，在编制单位工程施工组织之后，常需对某些重要的又缺乏经验的分部（分项）工程再深入编制专业工程的具体施工组织。例如，公路施工中的高填方、深路堑、深基础、大型结构安装、地下防水工程等。

二、编制公路施工组织计划的步骤

公路施工组织不管是投标前按投标书的要求编制，还是中标后按合同书的要求编制，其编制步骤大同小异。编制公路施工组织的步骤主要包括以下几个方面。

1. 描述工程概况

施工组织中的工程概况，实际上是对拟建项目所作的一个简要的总说明。其内容主要包括工程性质，施工条件，地理位置，建设规模，合同工期，有关地形、地质、气象和水文特征，主要技术标准，主要工程项目及数量等。

2. 进行施工总体安排

施工总体安排是在充分了解工程情况、施工条件和建设要求的基础上，对整个建设项目全局做出的统筹规划和全面安排。其内容一般应包括施工组织，技术组织，总体平面布置，设备、人员动员周期和设备、人员、材料运到施工现场的方法，临时工作安排，施工总进度安排等。

3. 拟订施工总体方案

施工方案是指对工程施工所作的总体设想和安排。它是根据施工规律、客观条件和技术要求，把人力、材料、机械设备最有效地组合在一起。施工方案的选择是施工组织中最重要的问题，是决定整个工程的关键。施工方案包括的内容很多，主要包括施工方法的确定、施工机械和设备的选择、施工顺序的安排、科学的施工组织等。

4. 编制施工进度计划

施工进度计划是在选择好施工方案后，对建筑产品的施工顺序、开竣工时间以及相互衔接关系在时间上的安排。施工进度计划在项目施工规划中起着主导作用，用以指导项目施工的均衡性。施工进度计划包括划分施工项目，计算工程量和劳动量，计算工作天数、安排工作进度，编制施工进度计划表，检查和调整施工进度计划等。

5. 绘制施工现场平面布置图

施工现场平面布置图在施工现场范围内将施工对象的设计位置、工程材料、施工设备，以及服务于生产和生活的各项临时设施，在空间上进行全面合理的布置，以平面图的形式表达出来。

6. 确定资源需要量计划

资源需要量是指工程项目施工过程中所必须消耗的各类资源的计划用量，它包含劳动力的来源和组合，机械设备的选用和进场时间，以及材料品种的选购和供应的时间、数量等，要根据施工进度的要求及时组织有效的供应。

7. 编制主要技术组织措施计划

施工技术组织措施是指降低工程施工成本、提高工程质量、加快工程施工进度、保证工程施工安全等方面的措施。技术组织措施主要反映工程项目的质量、工期、安全、环保等方面的要求和做法。通过技术组织措施的编制，使业主能更全面了解承包方的现代化管理水平，增强业主对承包方完成项目的信心。

三、公路施工的特点及组织程序

1. 公路施工的特点

(1) 施工流动性大

公路是沿地面延伸的线形人工构筑物。公路建设点多线长，工程数量分布不均匀。大中型桥梁、隧道、高填深挖路段的路基土石方工程等，往往是控制工期的集中工程。小桥及涵洞、路面工程、交通工程、沿线设施及环境绿化等属于线形分布工程。

由于这些产品都是固定型的，只能是组织人力、物力围绕这一固定产品，在同一工作面不同时间或同一时间不同工作面进行施工活动。这就注定了时间组织和空间组织要科学、合理安排，尽量减少混乱和时间上的浪费，使施工队伍有条不紊地沿着产品延伸方向向前。当某一公路工程竣工后，施工队伍要向新的施工现场转移。

（2）施工协作性高

公路工程类型多种多样，标准化难度大，必须个别设计，施工组织也需个别进行。就是相同技术等级的公路，也不可能采用同样的施工组织，这是因为施工时的技术条件（如物资种类、供应地点、机具设备、施工单位技术水平等）、自然条件（环境、气候）和工期要求等不尽相同的缘故。

为了保质保量按期完成施工任务，每项工程都需要建设、设计、施工、监理等单位密切配合，材料、动力、运输等各部门的通力协作，还需要地方各级政府部门和施工沿线各相关单位的大力支持。因此，公路施工过程中的综合平衡和合理调度，严密的计划和科学的管理是特别重要的。

（3）施工周期长

公路是线形构筑物，具有形体庞大的特点，产品固定而又不能分割，而且具有系统性，即同一地点要依次进行多个分部作业（如要进行路面工程施工，首先必须依次进行清理现场、施工放样、路基工程、涵洞等构筑物的施工），施工周期长。特别是集中的土石方工程、大桥工程、隧道、特殊地质地段处，在较长时间内占用和消耗大量的人力、物力资源，直到整个施工期结束，才能使公路建筑产品投入运营。

在施工过程中，各阶段各环节必须有机地结合成整体，在时间上不间断，空间上不闲置，施工过程稳定有序，才能保证工期不延误，人力、物力、财力的作用得到最好的发挥。

（4）受外界干扰及自然因素影响大

公路工程施工主要是在野外露天作业，受自然条件、地理环境的影响很大，特别是不良天气（夏季高温、洪水，冬季冰冻、大雪，春秋大风、沙尘）、不良地质（泥沼、熔岩、流沙等），不但影响施工，而且还会给工程造成损失。在施工组织设计时，要详细调查，充分加以考虑，才能保证质量，按期完成。

另外，设计变更，物资供应临时发生变化，地质条件突变等，再加上一些人为的因素，如果处理不当，都会直接影响工程质量、工程成本及工期。这些因素要求施工组织设计人员都要加以考虑，并留有回旋余地。

2. 公路施工的组织程序

公路施工的组织程序主要包括签订工程承包合同、施工准备工作、工程施工和竣工验收。

（1）签订工程承包合同

施工单位接受施工任务通常有三种方式：一是上级主管部门统一布置任务，下达计划安排；二是经主管部门同意，自行对外接受的任务；三是参加投标，因中标而获得任务。现在，施工任务主要通过参加投标，在建筑市场中的平等竞争而取得。接受施工项目时，首先应该查证核实工程项目是否列入国家计划，必须有批准的可行性研究、初步设计（或施工图设计）及概（预）算文件方可签订施工承包合同，进行施工准备工作。

接受施工任务，以签订施工承包合同为准。施工单位，凡接受工程项目，都必须同建设单位签订工程承包合同，明确各自的权利和义务，即明确双方的经济、技术责任，互相制约，共同保证按质、按量、按期完成建设项目的建设任务。合同一经签订，即具有法律效力，双方要严格履行合同。

施工承包合同内容一般包括：简要说明、工程概况、承包方式、工程质量、开（竣）工日期、工程造价、物资供应与管理、工程拨款与结算办法、违约责任、奖惩条款、双方的配合协作关系等。

（2）施工准备工作

施工单位接受施工任务后，即可着手进行施工准备工作。施工准备工作涉及面广，必须有计划、按步骤、分阶段地进行，才能在较短的时间内为工程开工创造必要的条件。准备工作的基本任务是：了解施工的客观条件，根据工程的特点、进度要求，合理安排施工力量，从人力、物资、技术和施工组织等方面为工程施工创造一切必要的条件。施工准备工作的内容将在模块一任务二中详细介绍。

（3）工程施工

组织施工应有以下基本文件：设计图样、资料；施工规范和技术操作规程；各种定额；施工图预算；实施性施工组织设计；工程质量检验评定标准和施工验收规范；施工安全操作规程。

在开工报告批准后，才能开始正式施工。施工应严格按照设计图样进行，如需要变更，必须事先按规定程序报经监理工程师或建设单位批准。按照施工组织设计确定的施工方法、施工顺序及进度要求进行施工。为了确保质量、安全操作，施工要严格按照设计要求和施工技术规范、验收规程进行。发现问题，及时解决。

公路工程施工是一项复杂的系统工程，必须科学合理地组织，建立正常、文明的施工秩序，有效地使用劳动力、材料、机具、设备、资金等。施工方案要因地制宜、结合实际，施工方法要先进合理、切实可行。施工中既要保证工程质量和施工进度，又要注意保护环境、安全生产。

（4）竣工验收

公路基本建设项目的竣工验收是全面考核公路设计成果，检验设计和施工质量的重要环节。做好竣工验收工作，总结建设经验，对以后提高建设质量和管理水平有重要作用。公路施工单位在竣工验收阶段应做好以下几项工作：

1）竣工验收准备。工程项目按设计要求建成后，施工单位应自行初检。初检时，要进行竣工测量，编制竣工图表；认真检查各分部工程，发现有不符合设计要求和验收标准之处应及时修改；整理好原始记录、工程变更设计记录、材料试验记录等施工资料；提出初检报告，按投资隶属关系上报。初检报告一般包括如下内容：初检工作的组织情况；工程概况及竣工工程数量；各单项工程检查情况和工程质量情况；检查中发现的重大质量问题及处理意见；遗留问题的处理意见和提交竣工验收时讨论的问题。

2）竣工验收工作。施工单位所承担的工程全部完成后，经初检符合设计要求，并具备相应的施工文件资料，应及时报请上级领导单位组织竣工验收。

竣工验收的具体工作由验收委员会负责完成。验收委员会在听取施工单位的施工情况和初检情况汇报并审查各项施工资料之后，采取全面检查、重点复查的方法进行验收。对初检时有争议的工程及确定返工或补做的工程，应全面检查和复测。对高填、深挖、急弯、陡坡路段，应重点抽查。小桥涵及一般构筑物，一般路段路基、路面及排水和安全设施等，可采取随机抽查的方式进行检查。检查过程中，必要时可采用挖探、取样试验等手段。

验收工作以设计文件为依据，按照国家有关规定，分析检查结果，评定工程质量等级，并经监理工程师签认。对需要返工的工程，应查明原因，提出处理意见，由施工单位负责按期修复。

3）技术总结。竣工验收通过后，施工单位应认真做好工程施工的技术总结，以利于施工技术水平和管理水平的不断提高。对于施工中采用的新技术和重大技术革新项目，以及施工组织、技术管理、工程质量、安全工作等方面的成绩，应进行专题总结并在公司内推广。

4）建立技术档案。技术档案包括设计文件、施工图表、原始记录、竣工文件、验收资料、专题施工技术总结等。在工程竣工验收后，由施工单位汇集整理、装订成册，按管理等级建档保存，以备以后查用。

思考与练习

1. 公路施工组织的定义是什么？
2. 公路施工组织的作用是什么？
3. 简述公路施工组织的分类。
4. 简述编制公路施工组织的步骤。
5. 公路施工有哪些特点？
6. 公路施工的组织程序是什么？

任务二　认识公路施工组织准备工作

学习目标

- 了解路桥施工组织所需基础资料及其来源。
- 了解路桥施工准备工作的分类。
- 熟悉路桥施工准备工作的内容。

◆ 能分析建设地区自然条件资料和技术经济条件资料。

工作任务

郑州东区现有一条处在施工准备阶段的市政公路，为了能更好地完成施工任务，合理地安排施工进度，减少工程建设费用，需要编写切实合理的施工组织设计文件，试安排该阶段应该做哪些工作。

相关理论

一、路桥施工组织所需基础资料及准备工作的分类

1．所需基础资料与来源

要编制出切实可行的施工组织文件，施工前必须掌握准确可靠的原始资料，有计划、有步骤地认真做好原始资料的调查、收集和分析工作。在此基础上，才能正确地制定施工方案、合理地安排施工进度，以及正确地做好各项资源供应和施工现场部署工作。编制施工组织所需要的基础资料，通常包括速设地点的各种自然条件和技术经济条件的资料。

公路施工涉及面广，专业多，材料及机具种类繁多，投资大，需要协调的问题复杂。原始资料不全或出现错误，对施工组织设计的编制和施工作业的正常进行都会造成不利影响，常常导致延误工期、质量低劣、设计变更、工程事故等严重后果。因此施工前应有计划、有步骤地认真做好原始资料的调查、收集和分析工作。

为编制设计阶段的施工组织设计文件，设计单位在野外勘察阶段由调查组进行原始资料的调查、收集。为编制施工阶段的施工组织设计文件而进行的原始资料调查，是由施工单位在施工准备阶段进行的，是对设计阶段调查结果的复核和补充。设计阶段和施工阶段的调查方法和内容基本相同，都要深入现场，通过实地勘察、座谈访问、查阅历史资料，并采取必要的测试手段获得所需数据和资料。

2．路桥施工组织准备工作分类

根据施工阶段的不同，可将施工准备工作分为两类。

（1）工程项目开工前的施工准备

工程项目开工前的施工准备又称全场性施工准备，是指在工程正式开工之前所进行的全面的施工准备工作，其目的是为工程正式开工创造必要的施工条件。

（2）各施工阶段开展施工前的施工准备

该施工准备又称分部分项工程施工准备，是指在工程项目开工之后、每个施工阶段正式施工之前所进行的各种施工准备工作，其目的是为该施工阶段正式施工创造必要的施工条件。

想一想

对于一项工程来说，在工程项目开工之前要做好施工准备工作，在各个施工阶段开展施工之前同样也要做好施工准备工作。施工准备工作既要有阶段性，又要有连贯性。那么施工组织准备工作是否要贯穿于工程项目施工的全过程中呢?

二、路桥施工准备工作内容

按照施工部署和施工方案的要求及施工总进度计划的安排，编制的施工准备工作计划的主要内容包括技术准备、劳动力组织准备、施工资源准备和施工现场准备等。

1. 技术准备

技术准备是施工准备的核心。由于任何技术上的差错和隐患都可能导致人身安全事故和质量事故的发生，造成生命、财产和经济损失。因此，必须认真做好技术准备工作。技术准备的具体内容如下：

（1）熟悉设计文件、研究施工图样及现场核对

施工单位在收到拟建工程的设计图样和有关技术文件后，应尽快组织工程技术人员熟悉、研究所有技术文件和图样，全面领会设计意图；研究核对技术文件和设计图样与说明书在内容上是否一致，全面领会设计意图；检查核对设计图样与其各组成部分之间有无矛盾或错误，所依据的水文、地质、气象、岩土等资料是否准确、可靠、齐全；路线中线、主要控制点、转角点、水准点、三角点、基线等是否准确无误；重要构筑物的尺寸、孔径大小等是否恰当，能否采用新技术或使用新材料等。同时要做出详细记录，记录应包括对设计图样的疑问和有关建议。

（2）原始资料的进一步调查、核实、分析

为了做好施工准备工作，除了要掌握有关施工项目的书面资料外，还应该进行施工项目的实地勘测和调查，获得有关数据的第一手资料，这对于正确选择施工方案、制定施工技术组织措施、合理安排施工顺序和施工进度计划以及编制一个完整的施工组织文件是非常必要的。调查工作主要包括自然条件调查和技术经济条件调查两个方面。

调查、核实、分析原始基础资料的主要内容包括：

1）对自然条件的调查、核实、分析。如对地质、水文、气象、地震、滑坡、泥石流等的调查、核实、分析。

2）对技术经济条件的调查、分析。如调查施工现场的动迁、当地可利用的地方材料、外购材料、砂石料场、水泥生产厂家及产品质量、地方能源和交通运输、地方劳动力和技术水平、当地生活物资供应、可提供的施工供水供电条件、设备租赁、当地消防治安、分包单位的力量和技术水平等状况。

（3）施工前的设计技术交底

施工前的设计技术交底一般由建设单位（业主）主持，设计、监理和施工单位（承包

商）参加。先由设计单位说明工程的设计依据、意图和功能要求，并对特殊结构、新材料、新工艺和新技术提出设计要求，进行技术交底。然后施工单位根据研究图样的记录以及对设计意图的理解，提出对设计图样的疑问、建议和变更。最后在统一认识的基础上，对所探讨的问题逐一做好记录，形成设计技术交底纪要，由建设单位正式行文，参加单位共同会签盖章，作为与设计文件同时使用的技术文件和指导施工的依据，以及建设单位与施工单位进行工程结算的依据。当工程为设计施工总承包时，应由总承包人主持进行内部设计技术交底。

（4）制定施工方案、进行施工设计

施工方案是编制施工组织首先要确定的问题，也是决定其他内容的基础。施工方案一旦确定，则整个工程的施工进程、人力、材料、机械的需要量，工程质量和施工安全，成本，以及现场的组织管理，也就随之确定下来了。因此，在全面熟悉设计图样和正确理解设计意图的基础上，应根据进一步掌握的情况和资料，对投标时初步拟定的施工方案进行重新评价和深入研究，以制定出更详尽且符合现场实际情况的施工方案。

施工方案一经确定，即可进行各项临时性结构的施工设计。这些临时性结构有：基础的围堰，沉井或钢围堰的制造场地及下水、浮运、就位、下沉等设施，钻孔桩水上工作平台，梁顶推施工的台座和浇筑场地，悬浇施工的挂篮，装配式桥梁的预制台座，安装导梁或架桥机，模板、支架和脚手架，自制起重吊装设备，施工便桥、便道及装卸码头等。施工设计需在保证安全的前提下尽量考虑使用现有的材料和设备，因地制宜，使设计出的临时结构经济适用、装拆简便、通用性强。

（5）编制施工组织设计

施工组织设计是施工准备工作的重要组成部分，也是指导施工现场全部生产活动的基本技术经济文件。编制施工组织设计的目的在于全面、合理、有计划地组织施工，从而具体地实现设计意图，优质高效地完成施工任务。因此，在施工之前，必须根据拟建道桥工程的规模、结构特点和施工合同的要求，在对原始资料调查分析的基础上，编制出一份能切实指导该工程全部施工活动的组织设计方案。

（6）编制施工预算

施工预算是根据施工图样、施工组织设计或施工方案、施工定额等文件进行编制的。施工预算是施工企业内部控制各项成本支出、考核用工、签发施工任务单、限额领料以及基层进行经济核算的依据，也是制定分包合同时确定分包价格的依据，它能对施工过程中全部的经济活动进行切实有效的控制。

2. 劳动力组织准备

（1）建立施工组织机构

根据施工项目的规模、结构特点和复杂程度，确定施工项目的施工组织机构人选；职能部门设置、人员的配备应适应工作的需要，力求精干、高效；坚持合理分工与密切协作相结合，责权具体，便于指挥和管理。选择适合施工项目管理的组织模式。

（2）设置施工班组

根据专业、工种确定合理的施工队组，技工、普工的比例要满足流水施工组织方式的要求，同时要制订出劳动力需要量计划。

(3) 人员进场与培训

在建立工地组织领导机构后，根据各分部分项工程的开工日期和劳动力需要量计划，分批分阶段地组织劳动力进场，并及时进行上岗前的培训教育工作。

阅读材料

施工人员培训教育

施工生产中的决定性因素是人，所以施工力量的集结进场和特殊工种及缺门工种的培训教育工作是施工准备工作的一项重要任务。施工中需要的工种很多，对直接为施工服务的工种及其他缺乏的工种或对技术水平要求较高的工种，进场前都应进行技术、质量、安全操作、消防和文明施工等方面的培训教育。

(4) 对施工班组和操作工人进行开工前的技术交底

在单位工程或分部分项工程开工之前，应详尽地向施工班组和操作工人进行技术交底，以保证工程能严格按照设计图样、施工组织设计、施工技术规范、安全操作规程和施工质量检验评定标准的要求进行施工。交底工作应按照管理系统自上而下逐级进行。根据不同的对象，交底可采取书面、口头和现场示范等形式。

知识拓展

技术交底的内容主要有：施工工艺、质量标准、安全技术措施、降低成本措施和施工验收规范的要求，新技术、新结构、新材料和新工艺的施工实施方案和保证措施。班组和操作工人在接受交底后，要组织其成员对所担负的工作进行认真的分析研究，弄清结构的关键部位、要达到的质量标准、需采取的安全措施，以及应掌握的操作要领，并明确任务，做好分工协作。

(5) 建立健全各项管理制度

在施工过程中，工地一般应建立技术质量责任、工程技术档案、施工图样学习、技术交底、职工考勤考核、工程材料和构件的检查验收、工程质量检查与验收、材料出入库登记和保管、安全操作、机具使用保养等管理制度。

(6) 掌握劳动力及生活设施

在施工过程中，掌握公路沿线可利用的劳动力人数、技术水平，还应了解沿线民风、民俗；公路沿线有无可利用的房屋，面积有多大；公路沿线的文化教育、生活、医疗、消防、治安情况及支援能力；环境条件，周围有无有害气体、液体，有无地方性疾病等。

3. 施工资源准备

各种材料、构件、制品、机具和设备是保证工程施工顺利进行的物质基础，这些施工资源准备工作必须在相应的工程开工之前完成，方能满足工程连续施工的要求。施工资源准备工作的内容主要包括：

（1）施工资源调查准备

1）外购资源。发货地点、规格、品种、可供应数量、运输方式及运输费用等。

2）地方资源。分布情况、质量、单价、运输方式及运输费用等。

3）自采加工资源。料场选择、料场位置、可开采数量、运距等。

（2）资源运输情况准备

公路沿线及临近地区的铁路、公路、河流的位置，车站、码头存储货物的能力及到工地的距离，装卸费和运杂费标准，公路及桥梁的最大承载能力，航道的运输能力，当地汽车修理厂的情况及水平，民间运输能力。

（3）施工资源其他情况的准备

当地水源位置、供水数量、水压、水质、水费，当地电源位置、供电的容量、电压、电费、每月停电次数，当地邮电机构设置情况。如果以上水、电、通信当地都有能力解决，应签订相应的协议书，以利于有关部门提前做好准备。

（4）施工单位能力调查准备

当地钢筋混凝土预制构件厂、木材加工厂、采石厂等建筑施工附属企业的生产能力，能否满足公路施工的需求量。在公路设计阶段，施工单位尚未明确，应向建设单位调查落实施工单位。对施工单位，主要调查其施工能力，如施工技术人员数量、施工人数、机械设备的装备水平、施工单位的资质等级及近几年的施工业绩等。对实行招、投标的工程，在设计阶段不能明确施工单位，编制施工组织设计时，应从工程设计的角度出发，提出优化的、最合理的意见作为依据。在施工阶段，施工单位已确定，施工单位能够调动的施工力量及技术装备水平都是编制施工组织设计的依据。

4. 施工现场准备

施工现场准备主要是为工程的施工创造有利的施工条件和物资保证。其准备工作内容如下：

（1）做好施工测量控制网的复测和加密工作

要按照设计单位提供的总平面图及测量控制网中给定的基线桩、水准基桩和重要桩志的保护桩等资料，在施工现场进行三角控制网的复测，补充加密施工所需的各种标桩，建立满足施工要求的工程测量控制网。

（2）施工现场的补充钻探

当地质钻探资料有时因钻孔数量较少或钻孔位置相距过远而不能充分反映实际的地质情况时，需要进行补充钻探，以查明实际的地质情况或可能存在的地下障碍物，为基础工程的施工创造有利条件。

（3）清除各种障碍物及做好“三通一平”工作

测出工程占地和征用土地的范围，拆迁房屋、电信及管线设施等各种障碍物；做好路通、水通、电通和平整场地等工作。

（4）搭建各种临时设施

按照施工总平面图的布置，修建便道、便桥；修建大型沥青加工场、混凝土搅拌站、预制场、钢筋加工厂、机修厂；为正式开工准备好生产、生活、办公、居住和存储等临时用房。当有永久建筑物可以利用时，应尽量利用。

（5）安装调试施工机具

按照施工机具需要量计划，组织施工机具进场，并根据施工总平面图的布置将施工机具安置在规定的地点。在开工前，应对施工机具进行检查和试运转。需要取得使用许可证的，应及时找主管部门办理。

（6）原材料的试验和储存堆放

按照材料的需要量计划应及时进行材料试验，如钢材的力学性能试验，预应力材料的力学性能试验，水泥、砂石等原材料的试验，以及混凝土的配合比试验等。要及时组织材料进场，进场后应按规定的地点和指定的方式进行储存和堆放。

（7）做好冬季、雨季的施工安排

按照施工组织设计的要求，落实冬季、雨季的临时设施和技术措施，做好施工安排。

（8）落实消防、环保、安全保卫措施

要设立消防、环保、安全保卫等组织机构，制定有关规章制度，设置消防、安全保卫设施。

任务实施

编制公路施工组织设计需要各种资料，根据公路工程建设的不同阶段，以及施工组织设计的具体用途不同，对资料的内容及深度要求不相同。针对工作任务中提出的郑州东区的市政公路处于施工准备阶段，需要调查、收集一些工程所在区域的自然条件和技术经济条件等资料。结合该工程具体需要收集的资料内容如下：

一、建设地区自然条件资料

该资料一般由设计单位提供，但为了能更好地建设，需要通过现场实地考察等方式来取得。

1. 地形、地貌

项目区地处河南省中西部，处于郑州市，东部与开封市接壤，此区域属于平原，地形简单，海拔在 70 ~ 120 m，地势西高东低，坡度较小。

2. 地质

该工程所在区域从西向东可分为微丘、平原两种地形，东西部高差为 50 m，沿线植被较为茂密。该地区作为天然地基，浅层介质松散，下层多为粉质土，有一定含盐量，易发生沙土液化。

3. 水文

区域内地表水主要来源于大气降水，区内年降水量分布不均，雨季（7—8 月）降雨量占全年降雨量的 70% ~80%，且各河道上陡下缓。

4. 气象

项目所在区气候属于暖温带大陆性季风半干旱气候，光照充裕，四季分明。年平均气温为20.8℃，极端最低气温为－10.1℃，极端最高气温为42.1℃，年平均降水量为630 mm，雨量集中在7月、8月。

5. 其他自然条件

对于地震、滑坡、泥石流等，该区域经调查得知没有发生过。

二、建设地区技术经济条件资料

1. 能源及生活物资供应资料

能源一般指水、电、燃料等，供应良好。

生活物资主要包括施工及生活用水的水压、水质及水费，施工及生活物资、燃料的供应及价格情况。该地区整体供应和物价均较正常。

2. 交通运输条件

该工程位于郑州市境内，主要材料运输均需依靠郑开大道和周边道路。运输条件便利。

3. 沿线筑路材料情况

本项目区域内筑路材料比较丰富，品质规格齐全，能够满足工程建设的需要。石料、沙、沙砾可向料场直接购买，石灰可向厂家购买，土料需要自采，水泥、钢材、木材和沥青可在附近购买。

4. 社会劳动力及生活设施资料

该工程位于郑州市区东部，劳动力保障方面不存在问题，生活设施相对较为齐备。

5. 通信

无线通信信号覆盖沿线大部分区域，经理部管理人员和各施工队管理人员均配备手机，在部分无线通信信号无法覆盖的区域，已联系有关部门建设临时信号塔，保证无线通信畅通。经理部和各工区均开通固定电话业务及宽带业务，方便沟通指挥生产，建立项目信息化管理体系。

施工所需基础资料的收集，对后期的施工阶段有很大的帮助，对施工组织设计具有指导作用。

施工准备工作是建设程序中的重要环节，不仅存在于开工之前，而且贯穿于整个施工过程之中。全面细致地做好施工准备工作，对于调动各方面的积极因素，合理组织人力、物力，加快施工进度，提高工程质量，节约建设资金，提高经济效益，都会起到重要的作用。

思考与练习

1. 路桥施工组织所需的基础资料有哪些？

2. 路桥施工组织所需的基础资料从何而来?
3. 路桥施工组织准备工作分为哪几类?
4. 路桥施工准备工作有哪些内容?
5. 路桥施工技术准备包括哪些工作?
6. 如何做好施工现场准备工作?

模块二

施工方案的制定

任务一　选择施工方法

学习目标

- 了解公路工程施工方案的定义、组成、编制原则、制定步骤等知识。
- 熟悉公路与桥隧工程的施工方法。
- 了解施工方法选择的依据及原则。
- 了解施工方法选择应考虑的因素。

工作任务

某地区经济较为发达，为了带动以该地为中心的周边经济的发展，需要建设相应城市之间的快速道。在和以旅游产业为主的另一城市规划建设的快速道中间部位有一条大河，该河河面较宽，整体条件良好。由于两地区人口较多，且另一城市又是以旅游业为主，因此在建桥时，需要考虑车流量大等特点。在收集相关的资料之后打算建设一座斜拉桥，拟建跨径超过400 m。试确定该桥上部结构的施工方法。

相关理论

一、公路工程施工方案

1．施工方案的定义

公路工程施工方案是指对工程项目所作的总体安排和设想，是根据建设目标和工期要求，对施工技术与方法及施工资源配置所进行的统筹规划。拟订施工方案是编制各类施工组织设计时需首要解决的问题。

在建设项目的设计阶段，施工方案是施工组织设计文件的核心内容，或者说，初步设计的施工方案和修正施工方案本身就属于施工组织设计文件。实质上，施工组织设计就是方案、修正施工方案、施工组织计划、指导性施工组织设计和实施性施工组织设计文件的统称。

设计阶段的施工方案、修正施工方案或施工组织计划，由勘测设计单位编制，并列入设计文件后按规定上报审批。指导性和实施性施工组织设计文件，则完全由施工单位根据批准的初步设计或施工图设计中的施工方案，结合建设项目的工程属性、施工条件、施工单位的技术以及管理水平进行编制。其中，指导性施工组织设计中的施工方案，作为投标书中技术文件的主要组成部分，也是评标、定标工作中进行技术评审的主要评价因素，它综合反映了一个施工企业的技术、装备和管理水平，对施工企业能否中标起着极其重要的作用。实施性施工组织设计文件中的施工方案，则是指导工程施工生产的主要技术与经济文件，通常是作为承包人开工报告的重要组成部分，须报监理和业主审批。批准后的施工方案是指导施工、开展生产、进行技术和经济活动的重要依据。

2．施工方案的组成部分

施工方案是工程项目施工技术、组织手段和相应资源的有机组合，一般由施工方法确定、施工机械选择和施工顺序安排等几个部分内容构成。但编制不同阶段的施工方案时，侧重点不同，在对施工技术、组织方法和资源配置的描述方面，其详细程度也不一样。例如，设计阶段的施工方案，主要根据建设项目的建设目标进行规划，侧重于对施工技术方法与施工资源配置（包括人力资源、机械设备、材料及建设资金等）的可行性进行编制，公路工程不论采用几阶段设计，在施工图设计阶段都要编制施工组织计划。施工组织计划由以下内容的文件组成。

提 示

公路工程设计一般可以采用二阶段或三阶段设计。二阶段设计是指初步设计和施工图设计，三阶段设计是指初步设计、施工图设计和技术设计。

（1）说明

1）贯彻国家方针政策和采用先进技术情况。

2）初步设计（或技术设计）批复意见的执行情况。

3）施工组织、施工期限、主要工程的施工方法、工期、进度及采取的措施。

4）劳动力计划及主要施工机具的使用安排。

5）主要材料供应、运输方案及临时工程的安排。

6）对缺水、风沙、高原、严寒等地区以及冬季、雨季施工所采取的措施。

7）对高速公路和一级公路的交通工程、沿线设施施工协调和分期实施等有关问题的说明。

8）施工准备工作的意见，如拆迁、用地、修建便道、便桥、临时房屋、架设临时电力线路、通信设施等。

（2）工程进度图

图中应列出工程项目名称、单位、数量、劳动量等，按年、月分别绘出各工程项目起止日期，并标出计划用人工数，绘出劳动力安排示意图等。

（3）主要材料计划表

表中列出材料的名称、规格、单位、数量、来源、运输方式，年、季计划用量等。

（4）主要施工机具、设备计划表

表中列出机具、设备的名称、规格、数量（台班数、台数）、使用期限及年、季计划用量等。

（5）临时工程数量表

包括便桥、便道、房屋、预制场、电力设施、通信设施等。列出各项临时工程的地点或桩号、工程名称、工程说明、工程数量等。

（6）公路临时用地表

列出临时用地的位置或桩号、工程名称、土地的隶属（县、乡、村、个人）关系、长度、宽度、土地类别及数量等。

3. 编制施工方案的依据

编制施工方案，首先要理解工程项目的设计要求和设计意图，然后在满足施工技术规范、质量评定标准和操作规程相关条款的具体规定的基础上，根据合同工期和业主的质量要求，结合施工现场的地形地貌、水文地质条件和施工条件，拟订施工方案，其编制依据如下：

（1）施工图设计图表及总说明。

（2）招标文件及其工程量清单。

（3）公路与桥涵工程的现行施工技术规范与相关标准，以及相关操作规程。

（4）工程所在地现场勘察与施工资源调查资料。

（5）业主的工期和质量要求。

（6）工程属性与施工条件等。

4. 施工方案的编制原则

拟订切实可行的施工方案是编制施工组织设计的关键环节，也是决定工程项目施工成效的关键因素。一个施工方案的优劣不仅决定了施工组织设计的编制质量，还对施工进度、质量和成本有直接影响。施工方案的编制应遵循以下原则：

（1）编制施工方案应以保证业主的质量要求为前提

施工方案及其施工资源配备首先要满足业主的质量要求和施工技术规范的要求，不符合业主质量要求的施工方案不予考虑。

（2）编制施工方案应满足业主的工期要求

施工方案的优劣及其施工资源配备的多少对施工进度的快慢有着直接影响。合理先进的施工技术方案有利于劳动生产率的提高，可以有效地加快施工进度。在业主对工期要求比较紧的情况下，更易于满足业主的工期要求。而施工方案不合理，且资源配备不足或不匹配时，会导致施工进度缓慢，难以满足业主的工期要求。

（3）施工方案应切实可行

施工方案编制应有针对性。施工方案应根据分部分项工程具体的工程属性和施工条件来拟订，既要考虑地形地貌、水文地质、气候气象等自然条件对施工的影响，还要考虑机械设备、材料等资源配给的可能性。一个合理的施工方案，首先应切合实际，更重要的是看操作和实施过程是否可行。

（4）施工方案应经济合理

施工方案一经确定，所包含的施工资源消耗量也随之确定，并可按概（预）算编制方法将其直接成本测算出来。这就意味着，对于同一工程项目，当采用不同的施工方案时，将会产生不同的成本。因此，可以针对同一工程项目所采用的不同施工方案进行经济性评价，以寻求成本最低的施工方案。

（5）确保生产安全

施工方案的制定要符合《公路工程施工安全技术规程》（JTJ 076—1995）有关条款的要求，消除隐患，杜绝违规作业，保证人民的生命及财产安全。

（6）施工方案应采用先进技术

新工艺、新技术、新方法的推广和应用不仅可以提高施工企业的劳动生产率，为施工企业创造良好经济效益，还能提高施工企业的技术实力和管理水平。

（7）充分发挥和利用上场机械设备的效能

机械配备不足或不匹配时，会导致施工进度缓慢，难以满足业主的工期和进度要求。因此，要充分发挥和利用上场机械设备的效能，努力提高机械化作业水平。

5. 制定施工方案的步骤

制定施工方案首先以主导或关键工程为主，考虑关联因素，对施工条件和施工现场的自然因素进行深入细致的调查。其次在全面了解工程项目的工程属性的情况下，由施工单位的技术主管部门召集有关技术人员，根据业主对工期与质量的要求，结合施工企业的机械装备和技术实力，对主导和关键工程项目的施工方法进行研究和评议，并对各种可行的施工方法，在施工技术和施工组织方面进行评估，从中选定切实可行的施工方法。主导或关键工程项目的施工方法一经确定，就需要确定施工作业次序。最后根据工序和施工顺序，进行合理的机械化选择，并配置其他施工资源，由此编写施工方案。

编制施工方案是一项先关键后辅助、先主体后局部且逐步深入细化的工作，一般按以下步骤进行。

（1）准备工作

熟悉招标文件及其工程量清单的主要内容，明确合同工期及分部分项工程项目的技术规范与质量要求；阅读施工图设计文件，了解设计意图并核对分部分项工程的工程量及几何尺寸；准备相关施工技术规范与标准；熟悉地形地貌，核验水文地质条件，了解工程所在地气象、气候条件；进行施工资源调查，摸清工程所在地可供利用的人力、设备等资源状况；进行必要的辅助工作。

（2）确定关键工程、主导工序和特殊工程的施工方法

确定施工方法时要考虑施工对象的工程属性、结构类型、施工条件、水文地质条件、气候气象条件等因素，还要结合施工企业的技术与设备优势，满足进度和质量要求。

（3）确定关键工程和特殊工程的施工顺序和作业方式。

（4）选择施工机械，配置其他施工资源。

（5）编制方案说明和详细的施工技术方案。

（6）建立质量管理体系，根据技术规范和质量要求，按《公路工程质量检验评定标准（土建工程）》（JTG F80/1—2004）拟定并编写质量控制目标与措施。

（7）根据最新的《公路工程施工安全技术规程》和《公路环境保护设计规范》等相关规范拟定并编写安全文明施工、消防和环保措施。

二、公路与桥隧工程施工方法

自20世纪70年代以来，随着科技的进步，社会化大生产水平的不断提高，新材料、新工艺、新机械也应运而生，它们被广泛推广和应用到了各个领域。特别是伴随着预应力混凝土的出现和架桥机等各类特种机械的推广应用，引起了建筑施工生产工艺的不断变革，进而形成了多种多样的施工方法。如桥梁上部结构施工就有现浇、预制安装、悬臂拼装、顶推施工等多种工艺。由于公路与桥梁工程的分部分项工程名目繁多，施工方法多种多样，在此，只介绍常见工程项目的施工方法。

1. 路基工程

路基工程主要以土石方工程和路基边坡防护工程为主，最基本的施工方法是人工挖运、砌筑和机械挖运土石方；以岩体为主的挖方段采用爆破结合机械清运的方法施工。

（1）路基填方

路基填方，最基本的施工方法是水平分层填筑法，如图2—1—1所示。但在原地面纵坡坡度大于12%的地段，可采用纵向分层填筑法施工，即沿纵坡分层，逐层填压密实，填至路堤上部时仍然采用水平填筑法分层压实。复杂的地段还有竖向填筑法，从路基一端或两端按横断面全部高度，逐步推进填筑。填土过厚，不易压实，仅用于无法自下而上填筑的深谷、陡坡、断岩、泥沼等机械无法进场的路堤。

竖向填筑因填土过厚不易压实，施工时需采取振动或夯击式压实机械、沉降量小及颗粒

均匀的沙石材料、暂不修建高级路面等措施，一般要进行沉降量及稳定性测定。

（2）土质路堑挖方

土质路堑挖方是在土质挖方路段按设计要求进行挖掘，并将挖掘出来的土石运到填方段作为路基填料或者运往弃土点抛弃的过程。开挖路堑的水文地质状况与开挖边坡的坡度大小有关，同时也与路堑边坡的稳定性密切相关，如开挖边坡过陡，施工中排水不良，或弃土堆离坡顶太近，都会引起边坡失稳，发生塌滑。路堑的开挖方法有以下几种：

1）横挖法。从路堑的一端或两端按横断面全宽逐渐向前开挖，它适用于距离较短的山体土方。路堑深度不大时，可以一次挖到设计高程；路堑较深时，可分几个台阶用机械开挖。分层横挖使得工作面纵向拉开，多层多向出土，可以容纳较多的施工机械，加快施工的进度。

2）纵挖法。沿路堑纵向将高度及深度分成不大的层次依次开挖，它适用于距离很长的集中性土石方工程。如果路堑的宽度及深度都不大，可以按横断面全宽纵向分层开挖，即分层纵挖法；如果路堑的宽度及深度都较大时，可沿纵向分层，每层先挖出一条通道，然后开挖两旁，称为通道纵挖法；如果路堑特别长，可在适当位置将路堑的一侧横向挖穿，把路堑分成几段，各段再采用纵向开挖，称为分段纵挖法。纵挖法能较大地开辟工作面，加快施工进度，作为抢工期的组织措施是可取的。

3）混合法。将横挖和通道纵挖混合使用，即先顺着路线方向开挖通道，然后沿横向坡面挖掘，以增加开挖面。在较大的挖方地段，还可横向开辟工作面。

（3）石方开挖

石方开挖主要是根据施工对象的软硬程度选择施工方法，通常分为非爆破法和爆破法两种。非爆破法施工还分为松土法和破碎法；爆破法的作业方式较多，包括浅孔爆破、深孔爆破、光面爆破和预裂爆破、微差爆破、药壶炮、猫洞炮、洞室炮等。

1）松土法（见图2—1—2）。松土法是充分利用岩体自身存在的各种裂面和结构面，用推土机牵引松土器破碎岩体，再用挖掘机或装载机配合自卸车清运岩块。特点是下坡作业，单齿松土器适合破碎较薄的岩体，多齿松土器适合破碎较厚岩体。松土法适宜开挖风化的沉积岩。

图2—1—1　路基填方——水平分层填筑法

图2—1—2　松土法

2）破碎法（见图2—1—3）。破碎法是用破碎机凿碎岩块，再用挖掘机或装载机配合自卸车清运岩块。特点是适用于岩体裂缝较多、体积较小、抗压强度低于10 MPa的岩石。由于该法作业效率不高，故不宜作为开挖岩石的主要方法，只能作为辅助手段使用。

图2—1—3　破碎法

3）爆破法。爆破法是利用炸药爆破的冲击力破碎岩石或岩体的方法。通常根据石方的集中程度、地质条件和路基断面现状选择爆破方法。

①浅孔爆破（见图2—1—4）。炮孔直径小于75 mm，深度不超过5 m的爆破。适用于孤石、整修边坡等小范围爆破。

②深孔爆破（见图2—1—5）。炮孔直径大于75 mm，深度超过5 m的爆破。适用于石方集中且地形平缓的地段，如垭口、深路堑等。

图2—1—4　浅孔爆破

图2—1—5　深孔爆破

③光面爆破和预裂爆破（见图2—1—6）。光面爆破是在开挖界限周边，适当排列一定间隔的炮孔，在有侧向凌空面的情况下，用控制抵抗线和药量的方法进行爆破，使之形成一个光滑平整的边坡面。预裂爆破是在开挖界限处按适当间距排列炮孔，在没有侧向凌空面和最小抵抗线的情况下，用控制炸药用量的方法，预先炸出几条裂缝，使被爆岩体与山体分开，以保护开挖界限以外的山体或建筑不被破坏。这两种爆破完成之后，通常会在裂坡壁上留下半个炮孔的痕迹。

a)

b)

图 2—1—6　光面爆破和预裂爆破

a）光面爆破　b）预裂爆破

④微差爆破（见图 2—1—7）。相邻药包或前后排药包以毫秒的时间间隔（一般在 15 ~ 75 ms）依次起爆，称为微差爆破。其特点是破碎效果好，节约炸药量，可降低堆积高度，利于挖掘。

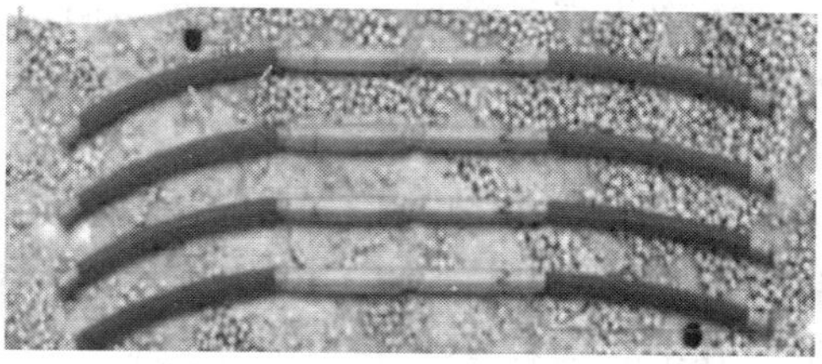

图 2—1—7　微差爆破

⑤药壶炮（葫芦炮）。将炮眼底部扩大成葫芦形，以求炸药集中埋在底部，提高起爆效果的一种炮型。适用于结构均匀的硬黏土、次坚石和坚石。当炮眼孔径小于 2. 5 m，且裂缝、地下水发育充分或雨季施工时，不宜采用。

⑥猫洞炮。将集中药包直接放入直径在 0. 2 ~0. 5 m、深度在 2 ~6 m 的水平或略有倾斜的炮洞中进行爆破的一种炮型。

⑦洞室炮。属于大爆破施工。通过导洞给药室装药，用药量在 1 t 以上的爆破。

2. 路面工程

（1）沥青路面

常见的沥青路面有热拌沥青混合料路面、贯入式沥青路面和上拌下贯式沥青路面、冷拌沥青混合料路面等。其中热拌沥青混合料路面常用于高速公路和一级公路的面层，也可用于市政道路和其他等级的公路上；贯入式沥青碎石和上拌下贯沥青碎石只可做三级、四级公路面层。

进行热拌沥青混合料路面施工时，必须在拌和厂（场站）采用拌和机拌制混合料，使用摊铺机实施摊铺作业。拌和设备的选型应根据工程量和工期综合考虑，而且，拌和机的生产能力应与摊铺能力相匹配，最好高于摊铺能力 5% 左右。沥青贯入式路面是在初步压实的碎石层上浇灌沥青，再分层撒布嵌缝料，逐层浇撒沥青所形成的4～8 cm厚的路面面层。

如图2—1—8所示，沥青表面处治路面可采用层铺法或拌和法施工。比较普遍采用的是层铺法，即将沥青材料和矿质材料逐层交替洒布（或撒布），分层碾压成型。拌和法可热拌热铺或冷拌冷铺，采用厂拌机摊铺工艺施工。

图2—1—8　沥青层铺法施工

（2）水泥混凝土路面

水泥混凝土路面施工有三种方法，即小型机具施工、轨道式摊铺机施工和滑模摊铺机施工。

小型机具施工主要指搅拌机（站）拌和混凝土、平板式振捣器（或梁）配合磨光机抹光成型的施工工艺过程。

轨道式摊铺机是混凝土摊铺的专用机械。其工艺过程为：将其搁置在轨道（也是侧模）上向前推进，实现混凝土摊铺和刮平，振捣梁配合振捣提浆，磨光机抹光成型。

滑模摊铺机的施工工艺与轨道式摊铺机基本相同。它是将各作业装置装载在同一机架上，通过位于模板外的行走装置随机移动滑动模板，迫使路面挤压成型，一次完成摊铺振捣、整平等多道工序。

（3）路面结构层

路面结构层的施工方法不多，通常天然材料垫层和底基层施工主要以平地机配合压路机为主进行施工。无机结合料稳定类底基层和基层、粒料类级配碎石底基层和基层，可采用路拌法和厂拌法两种方法施工。其中，路拌法又分为筛拌法和翻拌法。粒料类填隙碎石基层（底基层）亦可按干法和湿法施工，其工艺过程为：干法施工—洒少量水—终压，湿法施工—洒水饱和—碾压滚浆—终压。用路拌法施工时，由于难以准确控制灰、土剂量，其与厂拌法相比，混合料的内在质量比较差。

3. 桥涵工程

桥涵工程的结构形式多样，组成复杂，名目繁多。但不管桥涵工程项目的结构与组成形式如何变化，如果从桥涵的结构部位及其特征来看，桥涵主体一般都是由上部结构、下部结构和基础三部分组成。比较这三个组成部分的施工难易程度可以发现，下部结构的施工相对比较容易。因为其墩台本身的结构和施工工艺并不复杂，当基础及其基础施工的辅助设施浮出水面（地面）后，不仅为墩台的施工创造了良好的施工条件，还为墩台施工搭建了坚实的平台，滑模施工工艺的出现为更高桥墩的施工提供了有力的技术保障。而上部结构与桥梁基础则不同，一个在空中，另一个在水（地）下，受水文地质和垂直运输条件以及施工操作空间的制约，其施工难度非常大。因此，桥梁施工技术方法的革新与创造也多集中在桥梁基础和上部结构的施工方面。随着设计理论的不断创新，新材料、新工艺的不断涌现，人们针对桥梁基础和上部结构的施工工艺提出了许多施工方法。

（1）桥梁基础施工

一般来说，桥梁基础工程发展到今天，已经不受水文、地质条件的限制，所重视的是工程结构本身和经济效益。目前国内已经形成了一套与施工工艺相适应的设备。而特大桥基础已经向组合基础发展。扩大基础、桩基和沉井三大类在各自的发展中又彼此联合。这种联合就是根据不同的水文、地质条件发挥各类形式的特点组成一个整体，故出现了很多基础形式。当基础类型不同时，所采用的施工方法也不同。

1）扩大基础。如图2—1—9所示，由于扩大基础的深度与宽度相比很小，属于浅基础，故施工时常采用明挖法施工，因此又称为明挖基础。基坑开挖可采用人工结合机械作业的方式。如遇地下水，基坑排水可根据具体情况采用集水井（坑）排水法、井点排水法等进行。

图2—1—9 扩大基础

2）桩基础。其按施工方法分为钻（挖）孔灌注桩和沉入桩。

①钻（挖）孔灌注桩施工工艺。用钻孔机械或人工挖掘方式形成桩孔，而后在孔内置入钢筋骨架，灌注桩身混凝土而成桩，如图2—1—10所示。

图2—1—10 钻（挖）孔灌注桩

②沉入桩施工工艺。通过锤击、振动、射水静力及钻孔埋置等沉桩方法，将预先制作好的成品桩打入地基内形成桩基础。

3）沉井基础。沉井是井筒状结构，施工时，通过井内挖土，依靠自身重力克服井壁摩擦力后下滑至设计高程，就位后，用混凝土封底，并填塞井孔和封顶，使它成为桥梁基础。通常干旱或宽浅河流采用重力式沉井，深水河流采用浮式沉井。如图 2—1—11 所示。

图 2—1—11　沉井基础

4）围堰与筑岛。桥梁基础在浅水中施工时，在基础外围修建的临时围堵挡水设施就是围堰，如图 2—1—12 所示。围堰建成后，抽干里面的积水，可使基础工程由水中施工变为干处施工。筑岛是在水面上搭建一个平台，以便为基础施工提供一个可供施工操作的工作面。

图 2—1—12　围堰

（2）桥梁上部结构施工

桥梁上部结构的施工方法从 20 世纪 70 年代以后，随着预应力混凝土的广泛应用，到今天已经得到了迅速的发展，发生了重大的变化。在钢筋混凝土桥梁的时代，可以说主要的现场浇筑的施工方法，由于箱梁类型与跨径幅度的增加，构件生产的预制化、结构设计方法的进步、机械设备的发展，由此而引起施工方法的进步和发展，形成了多种多样的施工方法。下面将介绍桥梁上部结构的施工方法，并概括各种方法的施工特点。

1）就地浇筑法。就地浇筑法是在桥位处搭设支架，在支架上浇筑桥体混凝土，混凝土达到强度后拆除模板、支架。

就地浇筑施工无须预制场地，而且不需要大型起吊、运输设备，梁体的主筋可不中断，桥梁整体性好。它的缺点主要是工期长，施工质量不容易控制；对预应力混凝土由于混凝土收缩、徐变引起的应力损失比较大；施工中的支架、模板耗用量大，施工费用高；搭设支架影响排洪、通航，施工期间可能受到洪水和漂流物的威胁。

2）预制安装法。在预制工厂或在运输方便的桥址附近的预制厂进行梁的预制工作，然后采用一定的架设方法进行安装。预制安装法施工一般是指钢筋混凝土或预应力混凝土简支梁的预制安装。预制构件的安装方法很多，各需不同的安装设备，可根据施工的实际情况合理选择。

预制安装施工的主要特点如下：

①由于是工厂生产制作，有利于确保构件的质量和尺寸精度。

②上、下部可以平行作业，因而可缩短现场施工工期。

③能有效利用劳动力，并由此而降低工程造价。

④由于施工速度快，可适用于紧急施工工程。

⑤构件预制后由于要存放一段时间，因此在安装时已有一定龄期，可减小混凝土收缩、徐变引起的变形。

3）悬臂施工法。悬臂施工法是从桥墩开始，两侧对称进行现浇梁段或将预制节段对称进行拼装。前者称为悬臂浇筑施工，后者称为悬臂拼装施工，如图 2—1—13 所示。

图 2—1—13　悬臂施工

悬臂施工的主要特点如下：

①桥梁在施工过程中产生负弯矩，桥墩也要承受由于施工而产生的弯矩，因此悬臂施工宜在运营状态的结构受力与施工阶段的受力状态比较接近的桥梁中选用，如预应力混凝土 T 形钢构桥、变截面连续桥梁和斜拉桥等。

②非墩梁固接的预应力混凝土桥梁，采用悬臂施工时应采取措施，使墩、梁临时固结，因而在施工过程中有结构体系的转换。

③采用悬臂施工的机具设备种类很多，就挂篮而言，有桁架式、斜拉式等多种形式，可以根据实际情况选用。

④悬臂浇筑施工简便，结构整体性好，施工中可不断调整位置，常在跨径大于100 m的桥梁上采用。悬臂拼装法施工速度快，桥梁上、下结构可平行作业，但施工精度要求比较高，可在跨径100 m以下的大桥中采用。

⑤悬臂施工法可不用或少用支架，施工不影响通航和桥下交通。

4）转体施工法。转体施工是将桥梁构件先在桥位边处岸边（或路边及适当的位置）进行预制，待混凝土达到设计强度后旋转构件就位的施工方法。转体施工的静力组合不变，支座位置就是施工时的旋转支撑和旋转轴，桥梁完工后按计划要求改变支撑情况，如图2—1—14所示。

图2—1—14　转体施工

转体施工的主要特点如下：

①可以利用地形，方便预制构件。

②施工期间不断航，不影响桥下交通，并可跨越通车线路进行桥梁施工。

③施工设备少，装置简单，容易制作且便于掌握。

④节省木材和其他施工用料。转体施工与缆索无支架施工比较，可省木材80%、施工用钢60%。

⑤减少高处作业，施工工艺简单，施工迅速。当主要结构先期合拢后给施工带来方便。

⑥转体施工适合于单跨和三跨桥梁，可在深水、峡谷中建桥时采用，同时也适用于平原区以及城市跨线桥。

⑦大跨径桥梁采用转体施工将会取得较好的技术经济效益，转体重量轻型化、多种工艺综合利用，是大跨及特大跨桥施工的关键所在。

5）顶推法施工。顶推法施工是在沿桥纵轴方向的台后设置预制场地，分节段预制梁体，并用纵向预应力筋将预制节段与施工完成的梁体连成整体，然后通过水平千斤顶施力，将梁体向前顶推出预制场地，之后继续在预制场进行下一节段梁体的预制，循环操作直至施工完成，如图 2—1—15 所示。

图 2—1—15　顶推法施工

顶推法施工的特点如下：

①顶推法可以使用简单的设备建造长大桥梁，施工费用低，施工平稳、无噪声，可在深水、山谷和高桥墩桥梁施工中采用，也可在曲率相同的弯桥和坡桥上使用。

②主梁分段预制，连续作业，结构整体性好；由于不需要大型起重设备，所以施工阶段预制节段的长度一般可取用 10 ~ 20 m。

③桥梁节段固定在一个场地预制，便于施工管理和改善施工条件，避免高处作业。同时，模板、设备可以多次周转使用，在正常情况下，节段的预制周期为 7 ~ 10 天。

④顶推施工时，梁的受力状态变化很大。施工阶段梁的受力状态与运营时期的受力状态差别较大，因此在梁截面设计布索时要同时满足施工与运营要求，由此而造成用钢量较大。在施工时也可采取加设临时墩、设置当前导梁和其他措施，用以减小施工内力。

⑤顶推法宜在等截面梁上使用。当桥梁跨径过大时，选用等截面梁会造成材料用量的不经济，也增加施工难度，因此以中等跨径的桥梁为宜，桥梁的总长也以 500 ~ 600 m 为宜。

6）移动模架逐孔施工法。移动模架逐孔施工是中等跨径预应力混凝土连续梁的施工方法，它使用一套设备从桥梁的一端逐孔施工，直到对岸，如图 2—1—16 所示。

移动模架逐孔施工的主要特点如下：

①移动模架法不需设置地面支架，不影响通航和桥下交通，施工安全、可靠。

②有良好的施工环境，保证施工质量，一套模架可多次周转使用，具有在预制场生产的优点。

③机械化、自动化程度高，节省劳动力。降低劳动强度，上、下部结构可以平行作业，缩短工期。

④通常每一施工梁段的长度取用一孔梁长，接头位置一般可选在桥梁受力较小的部位。

⑤移动模架设备投资大，施工准备和操作都较复杂。

图 2—1—16　移动模架逐孔施工

⑥移动模架逐孔施工宜在桥梁跨径小于 50 m 的多孔长桥上使用。

7）横移法施工。横移法施工是在拟待安置结构的位置旁预制结构物，并横向移动该结构物，将其安置在规定的位置上。

横向位移施工的主要特点是在整个操作空间，与该结构有关的支座位置保持不变，即没有改变梁的结构体系。反之，在横向移动期间，临时制作需要支撑该结构的施工重量。横移施工多采用卷扬机、液压装置并配以千斤顶操作。由于混凝土具有较大的自重，所以横移法施工常在钢桥施工中使用。

8）提升与浮运施工法。这是一种采用竖向运动施工就位的方法。提升施工是在未来安置结构物以下的地面上预制该结构物，并把它提升就位。浮运施工是桥梁在岸上预制，通过大型浮船位移运至桥位，利用船上下起落安装就位的方法，如图 2—1—17 所示。

图 2—1—17　提升与浮运施工

采用提升和浮运的方法选取整体结构，重达数千吨，使用方法的要求如下：

①在该结构下面需要有一个适宜的地面。

②在被提升的结构物下面的地面要有一定的承载力。

③拥有一台支撑在一定基础上的提升设备。

④该结构应该是平衡的，至少在提升操作期间应是平衡的。

⑤采用浮运施工要有一系列大型浮运设备。

4. 隧道工程

隧道施工方法的选择主要依据地质、地形地貌和环境条件以及埋置深度，并结合隧道断面尺寸、长度、衬砌类型、隧道的使用功能和施工技术水平与装备等因素综合考虑确定。

根据隧道的挖掘方式，隧道施工方法分为两类，即明挖法和暗挖法。明挖法是指先从地面向下挖基坑或堑沟，修筑衬砌后再回填的施工方法；暗挖法则不开挖地面，而是采用水平掘进形成洞，采取一系列的支护与加固措施形成隧道的施工工艺。

根据隧道穿越地层的不同情况，隧道施工方法又可采用几种不同的方法。

山岭隧道采用矿山法、新奥法、掘进机法。浅埋及软土隧道采用明挖法、地下连续墙法、浅埋暗挖法和盾构法。水底隧道采用沉埋法和盾构法。

（1）新奥法

新奥法是奥地利隧道施工采用的新方法，它是在水平挖掘形成平洞后，通过监测控制围岩的变形，再以喷射混凝土和锚杆作为主要支护和加固手段，经过初期支护、监测控制、二次支护形成隧道的施工工艺。

新奥法对洞身的开挖一般采用毫秒爆破和光面爆破技术，辅以装载机装渣和自卸车运渣来进行。开挖时，可按全断面法和台阶法两种方式掘进，施工过程遵循“少扰动、早支护、勤测量、紧封闭”的原则，如图2—1—18所示。

图2—1—18 新奥法

（2）矿山法

矿山法是一种传统方法，它是以木或钢构件作为临时支撑，把洞身断面分割成几块，依次按拟定的作业次序，通过导洞扩大形成洞身。在这一过程中，逐步拆去临时支撑，代之以整体式厚衬砌作为永久性支护，这种工艺称为矿山法，如图2—1—19所示。

图2—1—19　矿山法

矿山法的开挖方式比较多，公路隧道的开挖常用上下导洞开挖法和下导洞扩大开挖法两种。施工时，遵循的基本原则是“少扰动、早支护、慎撤换、快衬砌”。

（3）明挖法

明挖法是指挖开地面，自上而下开挖土石方至设计高程后，自基底再由下而上完成隧道主体结构，最后回填恢复地面的工艺过程。采用明挖法进行隧道施工时，施工作业方法有先墙后拱法、先拱后墙法和拱墙交替法三种。至于采用哪种方法，要根据地质条件和围岩状况确定。

（4）盾构法

盾构法（见图2—1—20）是19世纪初期发明的方法，首先用于开挖英国伦敦泰晤士河水底隧道，后来被广泛推广和应用。盾构法是指用盾构机在软质地基或破碎岩层中掘进隧洞并进行衬砌的施工方法。盾构机是一种带有护罩的专用设备，利用尾部已装好的衬砌块作为支点向前推进，用刀盘切割土体，同时排土和拼装后面的预制混凝土衬砌块。盾构机掘进的出渣方式有机械式和水力式，以水力式居多。

施工时在盾构机前端切口环的掩护下开挖土体，在盾尾的掩护下拼装衬砌（管片或砌块）。在挖去盾构机前面的土体后，用盾构千斤顶顶住拼装好的衬砌，将盾构机推进到挖去土体的空间内，在盾构机推进距离达到一环衬砌宽度后，缩回盾构千斤顶活塞杆，然后进行衬砌拼装，再将开挖面挖至新进程。如此循环交替，逐步延伸而建成隧道。盾构法施工具有施工速度快、洞体质量比较稳定、对周围建筑物影响较小等特点。

图 2—1—20　盾构法

三、选择施工方法

选择施工方法主要是针对工程项目基本生产过程中的主导工程或关键工程而言，所谓主导工程是指对总工期有直接影响的施工项目或工序；而关键工程是指工艺复杂，技术要求高，其施工过程能够制约总工期的施工项目或工序。

1. 选择施工方法的依据

（1）招标文件

了解对关键工程施工技术有无特殊要求。

（2）技术规范与质量要求

满足有关规定。

（3）工期要求

在保证质量和施工安全的条件下，若工期紧，则选择较快的施工方法施工；若工期松，则以经济性为主选择施工方法。

（4）工程属性

指工程项目的规模、结构类型、地形地貌、水文地质条件和工艺与技术要求等。

（5）施工条件

指气候气象、环境和机具、设备、人力、资金等施工资源的状况。

2. 选择施工方法的基本原则

针对以上施工项目，选择施工方法时应遵循以下原则。

（1）遵循合法性原则

施工技术规范是规范施工生产过程的行为准则。违背施工技术规范的基本要求，往往就会在施工内在质量和施工安全方面出现问题，影响施工成效。当无法保证人民生命安全和财产安全，严重破坏人文及自然景观，甚至造成危害时，再好的施工方法都不足取，这是选择施工方法的先决条件。因此，选择施工方法首先要满足施工技术规范、安全操作规程和环保等有关法律、法规的要求。

（2）依据保质性原则

业主在工程承包合同中，明确提出了完成工程项目的质量要求，甚至为了保证施工项目的内在质量，业主在招标文件中有时也针对某些关键施工项目提出了具体的施工工艺要求。选择施工方法时，必须考虑业主或与法规有关的各种因素。如路拌法施工工艺就不能运用于高等级路面的施工过程中。

（3）体现经济性原则

施工方法不同时，工序及工艺不同，各种施工方法所挂接的施工资源也不一样。这就意味着，在施工条件一定的情况下，针对同一施工项目，采用不同的施工工艺时，会产生不同的施工成本。所以，承包人以追求合法利润最大化为目的，在制定施工方案时，就应该对同一施工项目可行的各种施工方法进行经济评估，通过成本测算，从中选择成本最低、效益最高的施工方法。

（4）遵循结构性原则

桥梁结构类型与施工方法有着密切的关系，如悬臂法施工就是伴随着T形钢构体系的出现和设计理论的完善而产生的。显然，选择结构类型有时要根据施工条件和自然条件考虑施工方法的可能性，而特定的施工方法又专门指向了某些特定结构类型的桥型，两者之间是相辅相成的关系。

（5）结合工程属性原则

工程属性是由社会、自然和施工条件所决定的具体工程项目所具有的特性，包括建设项目的社会背景和建设意图、项目所处的自然条件和施工条件等因素，它是在这些综合因素的影响下所形成的项目本身所固有的属性。选择施工方法时，要结合工程属性，即把业主的要求、施工条件、自然条件综合起来，统筹兼顾，抓住重点，使之切实可行。

（6）体现施工技术先进性原则

选择先进科学的施工方法，不仅反映了施工单位的技术实力和管理水平，能够赢得良好的社会信誉，还可以帮助施工单位提高劳动生产率，创造良好的经济效益。如施工中，能采用机械化施工的就不采用其他落后的施工作业方法。

（7）结合资源利用性原则

一个中标单位，可供利用的资源主要由单位固有资源和社会资源两部分组成。施工单位在招投标前，拟订施工方案时首先要清楚自己的人力、机械和技术力量的储备状况；其次，要在项目所在地进行广泛的资源调查，如了解起重设备及其最大起重吨位，有无拌和站及生产率多大，装载、运输机械能力大小等。在摸清了可供利用的资源情况后，再选择合适的施工方法。

（8）满足合同工期原则

针对同一施工项目，施工方法不同，施工周期也不一样，如混凝土板桥施工，采用装配法就比现浇法施工周期短。因此，当一个施工项目有几个可行的施工方法时，应该选择工期短、成本低的施工方法，以满足业主的工期要求。

（9）满足安全环保要求

在山岭重丘区和城市附近施工时，安全环保问题更为突出。如石方路基爆破作业，为了不大面积破坏植被，保持原有景观，防止事故发生，可采用预裂爆破、机械破碎法、松土法等施工方法，以期达到良好的环境保护和安全效果。

3. 选择施工方法考虑的因素

公路工程建设项目的基本生产过程包含的分部分项工程项目很多，针对工程项目不同的组成和结构类型，又有许多种施工方法。这些施工方法看起来名目繁多、千变万化，但从应用的角度看，每一种施工方法都有其应用环境、范围和适应条件。只要熟悉每种施工方法的工艺过程和适应条件，就不难因地制宜地选择出切实可行、经济合理的施工方法。

选择施工方法通常需要考虑以下因素：

（1）满足业主的质量与工期要求

任何施工方法的选择都应以满足业主的工期和质量要求为前提，不符合业主要求和相应行业法规的施工方法一律不得采用。

（2）降低成本

经济效益是施工单位选择施工方法的主要因素。针对同一施工项目而言，一般需要在可行的几个施工方法之间进行技术、经济比较，以寻求成本最低的施工方法。但有时，当其他技术因素和施工条件成为选择施工方法的主要矛盾时，就不得不放弃最经济的施工方法。

（3）施工方法应与施工对象的规模和结构类型相适应

各种桥型可供选择的施工方法见表2—1—1。

表2—1—1　　各种桥型可供选择的施工方法

施工方法＼桥型	简支梁桥	悬臂梁桥T形钢构	连续梁桥	钢架桥	拱桥	组合体系桥	斜拉桥	悬索桥
现场浇筑法	√	√	√	√	√	√	√	√
预制安装法	√	√		√	√	√	√	√
悬臂施工法		√	√	√	√		√	
转体施工法		√		√	√		√	
顶推施工法			√		√		√	
逐孔施工法		√	√	√	√			
横移施工法	√	√	√			√	√	
提升与浮运施工法	√	√	√			√		

（4）选择施工方法要考虑地形、水文、地质以及施工对象的属性与特点

选择施工方法时，除了要考虑施工对象的跨径、结构类型、隧道与结构基础的埋置深度等结构特征外，还要结合施工对象的材质、品性等因素综合定夺，特别是挖方作业时，开挖对象的软硬程度、节理发育程度和水文地质类型尤为重要。

(5) 选择施工方法要考虑安全和环境保护要求

所选用的方法既能保证施工安全，避免危险的作业环境，又可有效地减小破损面积，保护人文及自然景观。

(6) 选择施工方法应考虑可供利用的施工资源

施工单位的技术与设备优势是选择施工方法的基础。施工单位选择施工方法首先要考虑资源储备情况，然后调查工程所在地的社会资源。根据单位内、外可供利用的资源，再结合其他因素来合理选择施工方法。

任务实施

根据工作任务的描述，需要建设一座斜拉桥。斜拉桥的施工方法从表2—1—1中可以看出，现场浇筑法、预制安装法、悬臂施工法、转体施工法、顶推施工法、横移施工法都可以使用。

一、技术与特点分析

1. 考虑满足业主的质量与工期要求、降低成本、施工方法应与施工对象的规模和结构类型相适应，考虑地形、水文、地质以及施工对象的属性与特点、可供利用的施工资源和安全、环境保护要求。

2. 该地区处于经济发达地区，资源量相对充足。

3. 桥梁较大，有400多m长，简单的施工方法不能满足要求。

4. 车流量较大，车道较多，需要施工时整体连接交换。

5. 地质等各种条件良好。

二、拟订上部结构施工方法

基于以上分析，拟采用悬臂施工法，因为悬臂施工法各方面都比较适合，在所适用跨径方面，比较有优势，它一般可以做到300~500 m，而其他的施工方法在这个方面不具备优势；同时悬臂施工法的工艺比较成熟。悬臂施工法从20世纪80年代中期开始使用，至今发展、变化很大，但主要的工艺过程并没有改变，在大跨径连续梁桥和斜拉桥施工中是常见的施工方法。

三、悬臂施工法简介

1. 挂篮

悬臂施工法的主要设备是挂篮，在墩柱两侧先采用托架支撑浇筑一定长度的梁段，这个长度称为起步长度，然后即可拼制挂篮。应该注意施工时要保证墩与梁的临时固结，待合龙后再恢复原结构状态，如临时支座等。施工挂篮与托架挂篮是一个能够沿轨道行走的活动脚手架，悬挂在已经张拉锚固与墩身连接成整体的箱梁节段上。在挂篮上可以进行下一节段的模板、钢筋、管道的安设，混凝土浇筑和预应力张拉、灌浆等作业。完成一个循环后，新节段已和桥墩或梁体连成一个整体，成为悬臂梁的一部分，挂篮即可前移一段，再固定在新的节段位置上。如此循环，直至悬臂梁浇筑完毕。

挂篮的种类很多，其结构也各有不同。挂篮的承重结构可用万能杆件或贝雷钢架拼成，或采用专门设计的结构，它除了要能承受梁段自重和施工荷载外，还要求自重轻、刚度大、变形小及稳定性好、行走方便等。挂篮结构示意图如图 2—1—21 所示。

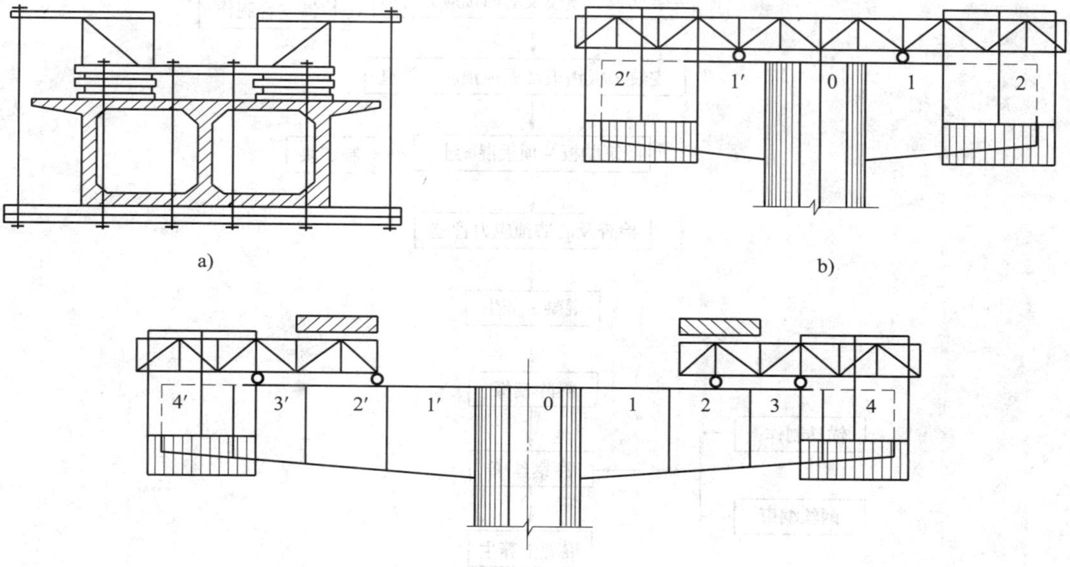

c)

图 2—1—21　挂篮结构示意图

a）挂篮横断面示意图　b）墩顶附近开始施工时，两端挂篮用桁架或其他杆件连成整体

c）施工浇筑一定长度后，将两侧的挂篮分开，各自独立浇筑

施工托架可根据墩身高度、承台形式和地形情况，分别利用墩身、承台和地面作为支撑，设立支撑托架。墩顶梁段（零号块）或墩顶附近的梁段在托架上浇筑，此时，施工挂篮就在已浇筑的梁段上拼装。托架可采用万能杆件制作，其高度和长度视拼装挂篮的需要和拟浇筑块件的长度而定。横桥向的宽度一般应与箱梁底面纵向线形的变化一致。为了消除托架在浇筑梁段混凝土时产生的变形，常用如千斤顶法、水箱法等对托架预加变形。

2. 施工工艺流程图

当挂篮安装就位后，即可在其上进行梁段悬臂浇筑混凝土作业，施工工艺流程如图 2—1—22 所示。上述工艺流程是按每一梁段的混凝土分两次浇筑排列的，即先浇筑底板混凝土，后浇筑肋板及顶板混凝土。当采用一次浇筑时，将浇筑顶板混凝土的工序与浇筑肋板及顶板混凝土的工序合并，其他工序不变。

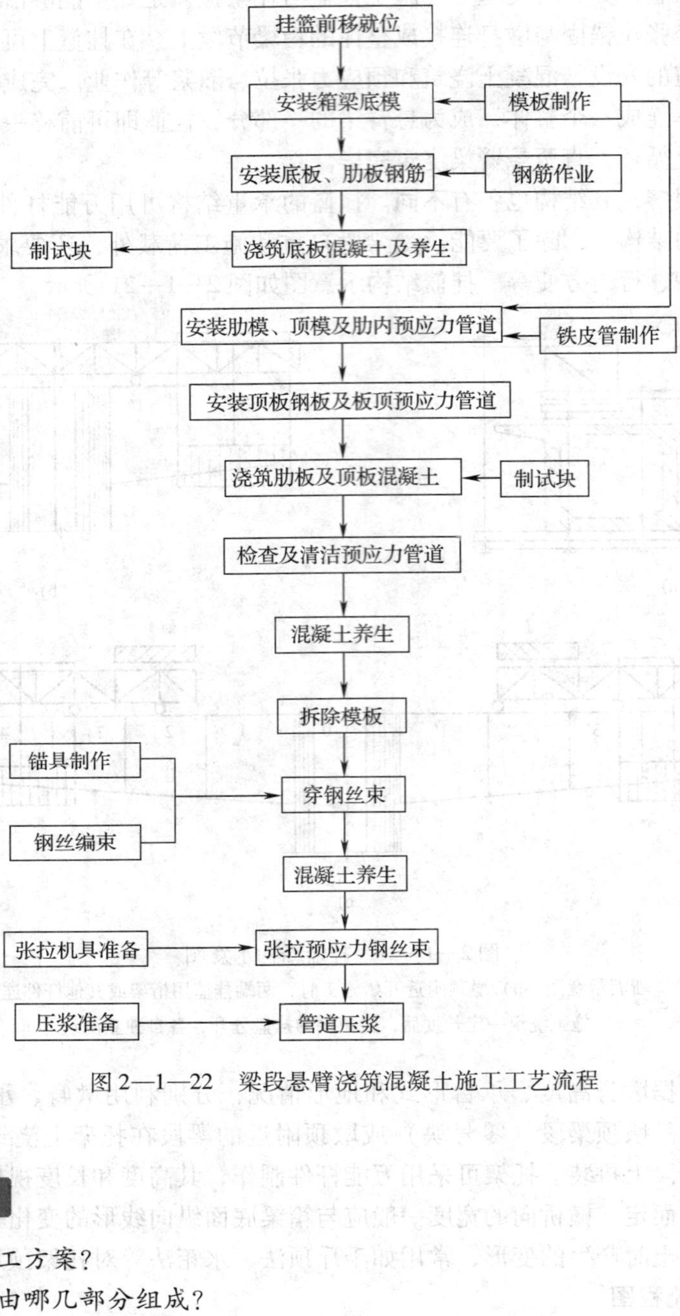

图 2—1—22　梁段悬臂浇筑混凝土施工工艺流程

思考与练习

1. 什么是施工方案?
2. 施工方案由哪几部分组成?
3. 公路与桥隧工程一般施工方法有哪些?
4. 施工方法选择应考虑哪些因素?
5. 编制施工方案的原则及依据是什么?
6. 制定施工方案的步骤有哪些?

任务二 选择施工机械

学习目标

- 了解机械化施工的现状和特点。
- 了解公路常用施工机械及其适用范围。
- 熟悉施工机械的选择原则及方法。
- 能根据施工情况合理选择施工机械，完成路面工程机械化施工组织设计。

工作任务

现有某高速公路正在进行沥青路面施工，该地区地质为沙土区，需要通过机械化手段进行施工。现要求学生按照路面施工机械选择原则和选择方法，合理选择施工机械，并简单编写沥青路面工程机械化施工组织设计方案。

相关理论

一、机械化施工和组织

1. 机械化施工的现状和特点

(1) 机械化施工的现状

目前我国公路建设中，机械化施工及其管理还是个薄弱环节。较多企业不会合理地进行机械组配，一些企业对机械化施工不能很好地进行组织管理，因而出现一系列的问题，致使机械台班大量浪费，甚至造成亏本。

随着机械化施工技术水平的不断进步，机械化施工的组织管理显得更加重要。工程管理必须要对机械化生产的每一个环节或每一个操作进行深入研究，对机械化生产每一天的使用消耗进行统计分析。现在的施工机械更向着联合型、多功能型，甚至是半自动化、智能化方向发展。专业技术人员应顺应形势的发展，从科学角度掌握机械化施工的客观规律。

（2）机械化施工的特点

1）机械化施工有利于降低工程成本。采用大规模机械化施工，使过去高成本的工作，只需要较少费用即可完成。如大型构件的预制安装、顶推施工法、回旋钻机钻孔、铲运机及自卸车运土等，这些机械将过去高投入、低产出的工程变为技术型、低投入、高产出的工程。工程造价中机械费用占有很大比例，科学合理地组织机械化施工，减少机械使用费，就可以大幅度降低工程造价。

2）机械化施工可大大缩短施工工期。当今工程施工周期大为缩短，这应当归功于机械化施工的推广。例如，一座特大桥的施工工期，过去一般需要近10年时间，而现在的工期只为原来的1/3左右。

3）机械化施工可提高工程质量。随着工程设计精度的提高、工程难度的加大，连续施工的要求更高，只有机械化施工才能满足以上各项要求。例如：高速公路的路面平整度，在机械摊铺的条件下才能达到规范要求；特大桥的大体积混凝土，必须采用混凝土输送泵运送才能保证连续浇筑；大型构件的运输等，也只有机械化作业才能满足要求，这些都是人力施工达不到的。

4）机械化施工可优化社会资源，节约社会劳动力。机械化施工减小了施工组织计划中对劳动力的需求，将更多的社会劳动力调配到更适合的工作岗位上，从而为社会节约了大量的劳动力。当然，机械化施工也刺激新型劳动力的成长，使工程施工的机械化得到普及和提高。

5）机械化施工使公路工程设计空间更为拓展，施工更创新。机械化施工不仅可以建造一个具有承载力的公路工程跨越构筑物，而且同时也在为社会创造美和艺术品。只有在机械化生产的条件下，才能同时满足施工技术和美化景观方面的要求。

6）机械化施工促进了社会化生产技术水平的提高和发展。公路施工机械作为公路建筑生产活动的劳动工具，也是在不断的改进和更新中发展的。人们为了提高生产能力，追求更高的经济效益，总是针对不同的施工需要，不断改进、革新旧机械，发明新机械，这样必将促进社会化生产技术水平的提高和发展，这也是公路生产技术发展的必然趋势。

2．机械化施工组织设计内容

机械化施工在公路工程施工中有着重要的作用，因此就需要合理、经济地对机械化施工进行组织，以保证整个工程项目施工连续均衡地进行。只有通过对施工机械的合理组织，才能让其成为施工过程中配合、刺激进度的因素，才能使整个施工组织设计更好地完成。

（1）机械化施工的作业形式

机械化施工作业具有两种形式，即单机或综合机械化作业，不论选择哪一种，都可起到加快施工进度和提高生产技术的作用。

（2）机械化施工组织设计的基本原则

一般应该遵循以下原则：

1）施工连续高效运转，确保满足工程质量标准、技术标准。

2）主导机械选择、控制合理，配套机械的选择与周围环境条件协调一致。

3）提高机械的使用率，满足均衡使用要求，降低人员的工作强度。

4）安装调试简便，转场运输方便，不形成交叉作业。

5）降低机械使用费，减少机械闲置，配套机械协调作业达到经济目标。

（3）机械化施工总体计划的内容

1）施工计划总工期。

2）重点工程的机械施工方案和方法。

3）机械化施工的步骤和操作规程、相关的机械管理人员。

4）机械最佳配置、各季度计划台班数量。

5）机械施工平面设置与机械占地布设。

6）机械作业的总体进度计划。

知识拓展

机械化施工分部分项工程计划内容

（1）分部分项工程日进度计划图表。

（2）工程项目机械配合施工的安排计划（施工方法、机械种类）。

（3）机械施工技术、安全保证措施。

（4）机械检修、保养计划和措施。

（5）机械的临时占地布设和现场平面组织措施。

想一想

机械化施工在公路工程施工中有着重要的作用，在对机械化施工组织设计时，需要考虑哪些影响因素呢？

小资料

机械化施工组织设计的影响因素

（1）机械完好率

机械需要经常维修和保养，才能保证在施工中连续作业达到最大负荷运转，这是保证机械完好率的先决条件。机械在使用过程中机件总是会消耗、损耗的，在所有施工工期范围内，机械不可能永远满负荷作业。而在机械施工中，要求机械满负荷运转，只有经常维修和保养，才能达到施工的要求，以保证施工组织计划的顺利实施。如果主导的机械出现了故障，就会导致作业断断续续，不仅影响了施工进度，还会造成其他机械台班的损失和浪费。

（2）气候影响

机械作业产生大量的热，所以在夏天应考虑机械的散热和降温，如补加机油、常换冷却水、间隔施工、机械交替作业等，这些都会影响施工组织计划，必须在开工前对机械可能遇到的发热、危险情况做充分的准备或设计。冬季气温降低，必须做好防冻措施，比如冬季加防冻液或夜间放掉冷却水，油箱加保暖包裹；同时也要做好施工运转时的保温措施，如支撑遮风棚、热水加温等。

（3）施工方案及其配套机械

施工方案的完成必须有配套的机械，在型号、功率、容积、长度等方面要达到施工方案的要求，否则就会减慢工程进度，影响工程质量，甚至损耗机器。由于公路工程机械种类多，而施工方案也不能一概而论，有常见的机械搭配方法供参考。

（4）机械配套技术

工程主导机械的选择如果是正确的，则其配套机械的质量就会直接影响施工的正常进行。配套机械的技术规格应满足工程的技术标准要求；配套机械必须具有良好的工作性能和具有足够的可靠性；应尽量采用同厂家或品牌的配套机械，以保证最佳匹配和便于维修保养。为了提高工作效率，还要尽量在数量上少用配套机械，以避免相互干扰和影响；对配套的所有机械必须定时定期检修，不能因为一台机器的故障而使整个施工生产停止。

（5）机械操作员的熟练程度

对施工影响的另一个因素是机械操作员。机械操作员首先必须熟知机械操作规程；其次，要熟悉技术标准和施工规范；最后，要充分激发其积极性和责任心，或采用效益和责任包干的方式，让操作员坚守工作岗位，兢兢业业地工作。机械操作员的有效配合是保证机械化施工顺利进行的必要条件。

（6）使用寿命与总台班数量

机械的耐用总台班是指机械设备从开始投入使用至报废前所使用的总台班数。使用寿命是在正常施工作业的条件下，在其耐用总台班内，按规定的大修理次数划分的工作周期数。实用台班数量如果超过耐用总台班，则经济效益好，否则即差。在施工组织管理中，正确估价和计算现场机械的使用寿命和已用总台班，有利于合理处理闲置的台班数量，以保证施工现场机械的连续运转。否则，当机械已接近或达到使用寿命，使用完耐用总台班还在超负荷运转，就会出现现场停机或施工中断现象。

二、常用施工机械及其适用范围

公路机械化施工需要解决两个重要问题，即施工机械的选型和配套，而了解和熟悉施工机械性能与特点，熟悉施工机械的合理应用条件与范围是保证机械选型与配套合理性的先决条件。下面主要介绍公路工程机械的技术性能和特点。

1. 路基工程机械

（1）推土机

推土机是一种自行式短距离铲土运输机械，它的特点是所需作业面小、机动灵活、转移方便、短距离运土效率高、干湿地都可独立工作。土石方施工的季节性较强，对工程量较为集中的土石方工程一般采用履带式推土机，也可以使用轮胎式推土机，如图2—2—1所示。

a) b)

图2—2—1 推土机

a）履带式推土机 b）轮胎式推土机

推土机一般用于短距离推运土方、石方、渣土等，也用于开挖沟渠、填筑堤坝、平整场地、砍树挖根、堆集沙砾石等作业。此外，还用于进行局部碾压、给铲运机助铲和预松土，以及牵引各种拖式土方机械等作业。推土机在施工工艺上根据地形、地物的具体情况，其作业方式分为波浪式铲土法、多刀推土法、槽式推土法、并列推土法和下坡推土法五种方式。推土机的基本作业分为铲土、运土、卸土和空回四个工作过程。

在路基施工过程中推土机的驾驶员一般为两名。推土机的经济运距为20～50 m，当推土机运土距离过小或超过75 m时，其生产效率会显著下降，一般情况下不超过100 m。

推土机的使用范围：铲运软土，挖松冻土和硬土，劈挖分化岩石。

（2）铲运机

铲运机是一种循环作业式的铲土运输机械，如图2—2—2所示，主要用于中等运距的土方工程，如填筑路堤、开挖路堑和大面积平整场地等，它本身能完成铲装、运输和卸铺作业，并具有一定压实和平整能力。有拖式和自行式铲运机，分为机械传动、液压传动、电力传动和静压传动等形式。在施工作业时，铲运机铲土分为一般铲土法、波浪式铲土法、跨铲铲土法、下坡铲土法和顶推铲土法五种。

铲运机的经济运距和行驶道路坡度是铲运机选型的重要依据。一般来说，运距短、坡度大、路面松软，以选择拖式铲运机为宜；如果运距较长、坡度大，宜采用双发动机驱动的自行式铲运机比较经济；路面较平坦则选用单发动机驱动的自行式铲运机较为经济。铲运机适用于中等运距（100～200 m）和道路坡度不大条件下的大量土方转移工程。如果运距太短（100 m以内），采用铲运机是不经济的，这时采用推土机或轮胎式自装自运机较为适宜；运距特长（300 m及以上），则采用自卸汽车较为经济。

图 2—2—2　铲运机

铲运机的适应范围：铲运机适合在Ⅰ、Ⅱ级土中施工，Ⅲ、Ⅳ级土应预松，最适宜在含水率低于 25% 的沙土和黏土中作业，不宜在潮湿或沼泽地段以及干燥的粉沙土或夹带岩石的土中作业。

（3）平地机

平地机是一种以铲土刮刀为主，配以其他多种可换作业装置，进行土地平整和整形连续作业的筑路机械，主要工作装置是一把刮刀。它可以调整四种作业动作，即刮刀的平面回转、刮刀的左右端升降、刮刀左右引伸和刮刀机外倾斜来完成刮刀刀角铲土侧移、刮刀刮土侧移、刮刀刮土直移和机外刮土等作业。目前自行式平地机具有机动灵活、生产率高的特点，被广泛采用，如图 2—2—3 所示。

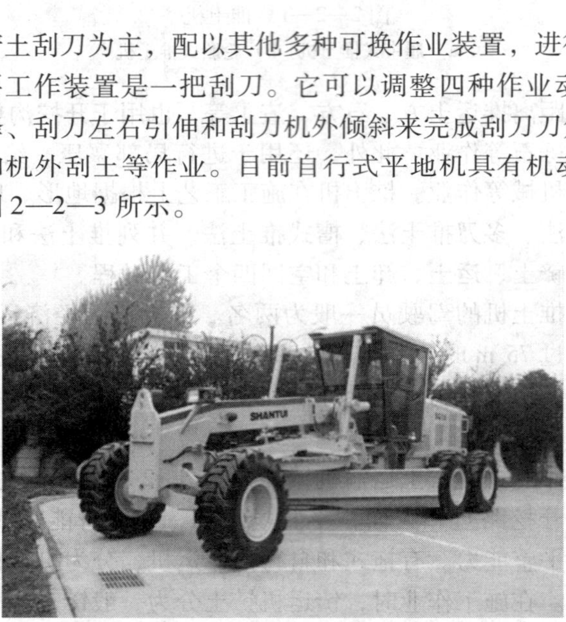

图 2—2—3　平地机

平地机的适用范围：修筑路堤横断面，路基边坡整理工程的刷坡作业，开挖边沟及路槽，平整场地等；还可用来在路基上拌和摊铺路面材料，对碎石路面和土路面进行养护；清除路肩上的杂草以及冬季道路除雪等。通常与平地机匹配的机械有碾压和运输机具。

（4）挖掘机

挖掘机是挖装土石或挖弃土石的土方施工机械，如图 2—2—4 所示。挖掘机按工作装置分为正铲挖掘机、反铲挖掘机、拉铲挖掘机、抓斗挖掘机等形式。正铲挖掘机的基本作业有侧向开挖和正向开挖两种，反铲挖掘机的基本作业有沟端开挖法和沟侧分段开挖法两种，拉铲挖掘机的基本作业有沟侧开挖法和沟端开挖法。

挖掘机具有挖掘能力强，构造通用性好，能适合不同作业要求的特点。在公路建设中，遇到开挖量较大的路堑和填筑路堤等大工程量时，单斗挖掘机与运输车辆配合作业可以获得很好的经济效果，汽车数量可按运输距离所需的运转循环时间和挖掘机的作业循环时间来确定，数量不宜过多，以保证生产率最高、成本最低为标准。

挖掘机的适用范围：挖掘机主要挖掘Ⅰ～Ⅳ级的土以及爆破后不大于斗容的石块，常与挖掘机匹配的施工机械为自卸汽车。

（5）装载机

装载机是一种可以循环进行装载作业的施工机械，如图 2—2—5 所示，分为履带式和轮胎式两种类型。装载机的基本作业由铲装、转运、卸料和返回四个工作过程组成。其可以进行松散物料铲装作业、推运堆积作业和铲运松软土等作业。

图 2—2—4　挖掘机

图 2—2—5　装载机

装载机常用于公路建设中的土石方铲运，以及推土、起重等多种作业，在运距不大或运距和道路坡度经常变化的情况下，如采用装载机与自卸车配合装运作业，会使工效下降，费用增高。在这种情况下，可单独采用装载机作为自铲运设备使用。根据经验，如果整个采装运作业循环时间少于 3 min，则把装载机作为自铲运设备使用是经济合理的。如果运距较远，采用轮胎式装载机配合自卸车采运土石方，可以提高作业效率。

（6）压实机械

压实机械是一种利用机械自重、振动和冲击等作用对压实对象重复加载，减小内部空隙，使其达到一定密实程度的施工机械。压实机械按加载方式有静作用碾压机械、振动碾压机械和夯实机械三类。在机械选择时还有钢制光轮压路机和钢制羊足碾压路机两种形式。静作用碾压机械用碾轮沿被压实材料表面作往复滚动，靠自身的静作用力，使被压层产生永久变形，以达到压实的目的。振动碾压机械用碾轮沿被压实材料表面作往复滚动，以一定频率、振幅振动，使被压层同时受到碾轮的静作用力和振动力的综合作用，以提高压实效果。

光轮压路机的线压力较小，压实深度也浅，而且压实不均匀，不适用于土坝、河堤、围堰的碾压。光轮压路机的自重可以在一定范围内调整，以改变单位线压力，一般用于整理性压实工作，对于密度要求较低的黏性土、沙砾料、风化料、冲击砾质土较为适合，如图 2—2—6 所示。

羊足碾压路机具有很大的单位面积压力及挤压力，压实深度大而均匀，并能挤碎土块，因而有很好的压实效果和较高的生产率，广泛用于黏性土料的分层碾压。羊足碾压路机的自重可以在一定范围内调整，以改变单位面积压力。如图 2—2—7 所示。羊足碾压路机对非黏性土料和高含水量黏土的压实效果不好，不宜采用。

图 2—2—6　光轮压路机

图 2—2—7　羊足碾压路机

轮胎式压路机具有弹性，在碾压时与土体同时变形，其碾压作用力主要取决于轮胎的内压力。接触面积与压实深度有着密切的关系，为了得到较大的接触面积，又增加压实深度，在轮胎允许范围内尽可能增加轮胎碾压的负荷。一般来说，刚性碾轮由于受到土壤极限强度的限制，机重不能太大，而轮胎式压路机则没有这个缺点，所以轮胎式压路机适合于压实黏性土及非黏性土，如壤土、沙壤土、沙土、沙砾料等土质，路面施工时也常采用，如图 2—2—8 所示。

振动式压路机即俗称的振动碾，其光轮碾和羊足碾适用于不同土质条件。主要优点：一是单位面积压力大，可适当增加压实厚度，碾压遍数也可适当减少；二是结构重量轻，外形尺寸小。其最大缺点就是振动及噪声大，使操作人员过度疲劳。

目前压路机多采用大直径的碾轮，并配以液压机械式传动系统（即全液压传动系统）；而且全轮驱动、前后碾轮直径相同，承担的重量也大致相同，行驶一遍等于碾压两遍，同时也使爬坡能力、转向、通过性能和稳定性得到改善。振动式压路机采用轮胎减振、铰接式机架、液压传动等多种新型结构，减振问题已经基本得到解决，故在土石方及路面施工中较多采用 5 ~ 15 t 振动式压路机来压实。

2. 路面工程机械

（1）稳定土拌和机及厂拌设备

稳定土拌和机（见图 2—2—9）是一种直接在施工现场将稳定剂和土或沙石均匀拌和的专用自行式机械，有履带式和轮胎式两种类型。主要完成无机混合料的拌和作业，旧路面铣削作业，还可用于处理软化路基。通常采用路拌法施工时才使用稳定土拌和机，一般进行高等级公路的底基层或低等级公路的基层、面层施工。一般与稳定土拌和机直接匹配的施工机械为平地机与压实机具。

图 2—2—8 轮胎式压路机

图 2—2—9 稳定土拌和机

（2）稳定土厂拌设备

稳定土厂拌设备（见图 2—2—10）是将土（碎石土、砾石土、天然料）、碎石、砾石、碎砾石和无机结合料（水泥、石灰、粉煤灰）、水等材料按施工配合比在固定地点拌和均匀的专用设备。其优点是所需配套设备少、占地面积小，级配精度高，拌和质量好；缺点是需安装在固定地点作业，整机庞大，还需配置运输车辆才能将成品运至施工现场，因此成本较高。

图 2—2—10 稳定土厂拌设备

（3）稳定土摊铺机

稳定土摊铺机（见图 2—2—11）是用来摊铺稳定土的专用机械，它可一次完成摊铺、初步成型和捣实三道工序，是一种高效的路面施工机械。摊铺机配合拌和设备、自卸车和压路机进行联合作业，即可完成基层施工的全部工作。

（4）沥青混合料拌和设备

沥青混合料拌和设备（见图 2—2—12）对集料进行掺配、加热、干燥，并与沥青拌和，

图 2—2—11　稳定土摊铺机

图 2—2—12　沥青混合料拌和设备

是专业生产沥青混合料的大型配套设备。拌和设备有强制式和滚筒式的固定式、半固定式及移动式三种。拌和设备可提高沥青混合料成品品质，减少环境污染，实现振动搅拌和无尘搅拌。

固定式拌和设备规模大，安装地点固定，生产效率高，设备性能完善，可以进行多种级配料的生产，适合工程量集中的长距离路面工程的施工。半固定式设备有几个分解的部件，由几个半平挂车装卸运输和搬迁，拼装灵活方便，多用于工程量较大的养护工程和工程量较小的新建工程，如匝道、连接线等。目前拌和设备多使用强制式拌和设备，先将骨料粗配、烘干、加热，然后再筛分、精确称量，最后加入矿粉和沥青，强制搅拌生产出混合料。但生产中产生粉尘，组件较多，结构复杂，设备庞大，需较大的用地面积。

（5）沥青混合料摊铺机

沥青混合料摊铺机（见图 2—2—13）有机械式和液压式的履带式、轮胎式、拖式三种形式。将拌和基地拌和好的混合料运至现场后，再将沥青混合料均匀地摊铺在已修整和平整好的路面基层上，螺旋输送器将混合料铺开，然后由振捣梁初步捣实铺开的料层，并由熨平装置完成加热熨平整形工作。在施工过程中实现自动控制面层厚度、自动调整路拱横坡、自动控制平整度，是现代化施工技术的集中代表。目前对7 m、12 m等铺筑宽度都能一次摊铺完成，工效高、质量佳，故其已被广泛用于各等级公路的新建、改建、扩建工程中。

图2—2—13　沥青混合料摊铺机

由于沥青混合料摊铺机行驶的舒适性好，成本较低，低温稳定性良好，所以吸引了国内外的技术人员进行研制和开发。一方面改机械式为全液压式或液压机械式；另一方面开发不受外界条件变化干扰，始终保持平行于纵横基准线不停运动的，与机械本身的垂直运动无关的自动调平装置。德国已经开发出一次铺筑成功并一起做最终压实的沥青混合料摊铺机。

（6）混凝土摊铺机

混凝土摊铺机（见图2—2—14）是将混凝土均匀地摊铺在路面基层上，然后经过振实、整平等作业程序，完成混凝土路面铺筑的路面机械。它有轨道式和滑模式两种形式。轨道式摊铺机靠固定在路基上的轨道、模板来控制摊铺厚度和平整度，一般由布料机、振实机、整

图2—2—14　混凝土摊铺机

平机、表面抹光机等组成；滑模式摊铺机将各作业装置安装在同一机架上，通过位于模板外侧的行走装置随机移动滑动模板，就能按照要求使路面板挤压成型，并可实现多种功能的摊铺，如摊铺路肩、路牙等。

想一想

图 2—2—14 所示的水泥混凝土摊铺机是轨道式摊铺机还是滑模式摊铺机？

提 示

轨道式摊铺机需配置几套模板，以适应铺筑不同板厚的路面，且对固定边模的安装、轨道的铺设要求较高，必须使边模安装符合路面板厚的要求，轨道安装符合平整度要求。另外，摊铺后模板要保留一段时间，以保证混凝土路面的早期凝固及板边沿不致坍落。但这样会影响施工进度，因为当模板移动后，摊铺机才能往前移动，使得施工的节奏变慢。

滑模式摊铺机不设固定边模，需用的模板和辅助立模的人工较少，具有较高的生产率，但对混凝土搅拌设备的要求高，必须保证混凝土及时供应和对坍落度的严格控制。另外滑模式摊铺机只包括较少的组合机械数量，但所有机械都需要安装自动找平和自动转向系统，由导向钢丝控制，整套设备的自动化程度高、技术难度大，造价和维修成本高。

由此可以看出，图 2—2—14 所示的混凝土摊铺机是轨道式摊铺机，它设有固定的边模。

3．混凝土机械

（1）混凝土搅拌站

混凝土搅拌站（见图 2—2—15）是一种将水泥、沙、石、外掺剂和水按一定的配合比周期地和自动地拌制成塑性和流态混凝土的成套机械。在混凝土工程量大、浇筑施工强度高、施工周期长、施工地点集中的大中型工程或构件预制中被广泛应用。

图 2—2—15　混凝土搅拌站

混凝土搅拌站有装配式搅拌站、整体移动式搅拌站、汽车式搅拌站等形式。其主机有锥形反转出料、锥形倾翻出料、强制漏浆式、强制行星式、强制单卧轴式、强制双卧轴式等形式的搅拌机。

装配式搅拌站的特点是拆装方便，转运便捷，既适用于现场，又适用于固定集中搅拌站，供应一定范围内的零星分散工地所需的混凝土。沙、石、水泥都能自动控制称量，自动下料，组成一条联动线，操纵简单、称量准确。整体式搅拌站是将材料储料斗、计量、搅拌、出料等设备全部安装在一个机架上集中控制，其特点是搅拌站的体积不太大，搬迁方便，结构紧凑，占地面积较小，适用于一般中小型施工现场。汽车式搅拌站是将储料斗、计量、搅拌、出料等设备全部安装在一辆专用汽车上，灵活性大，搅拌工艺先进，可视混凝土浇筑现场的变动而随时转移，只要现场具备供电、供水和供材料的条件，即能进行混凝土的搅拌。

（2）混凝土搅拌运输车

混凝土搅拌运输车是搅拌与运输合一的混凝土施工机械，适用于大中型公路工程机械化施工，如图2—2—16所示。其形式有自行式和拖式，自行式常见的有飞轮取力式、前端取力式、单独驱动式、前端卸料式、带输送机式、自行上料装置式、臂架混凝土泵式、拌筒倾翻机构式等。

图2—2—16　混凝土搅拌运输车

搅拌运输车不同于散装水泥车。散装水泥车是专为散装水泥而设计、制造和改装的专用汽车。气卸散装水泥车是目前应用最广泛的一种散装水泥运输车辆。它通过气压力将水泥等粉状的灰料，送至一定高度或水平距离。气卸散装水泥车卸料后的剩余料很少。利用气卸散装水泥车运输水泥不仅节约水泥包装费，减少场外运输损耗，避免环境污染，而且送至目的地后，还可将水泥直接快速地泵入混凝土搅拌站的水泥仓中，既省时又省力。

混凝土搅拌运输车的运输距离长短不同时，它可分别起不同的作用。短距离时，只作为运输工具使用，即将搅拌好的混凝土直接送至工地，仅做防止凝固、离析的轻微转动。长距离时，发挥搅拌及运输的双重作用。在供应基地将干料（沙、碎石、水泥）按配合比装入搅拌鼓筒内，并将水注入配水箱。运输中在抵达现场前10～15 min时，由驾驶员启动搅拌鼓筒回转，并向鼓筒内注入定量的水，运至工地现场即可卸出。

（3）混凝土输送泵

混凝土输送泵（见图2—2—17）有固定式、拖式、车载式三种，是输送混凝土的专用设备。它配有特殊管道，可以将混凝土输送到一定水平距离和高度，沿水平方向可运达200~700 m，沿垂直方向可运达115 m，如果运输距离很长，可串接两个或更多的混凝土输送泵进行多级泵送。其特点是运输工效高，可沿水平与垂直方向连续将混凝土送至浇筑地点，占地面积小，不受运输地形的影响，在输送过程中能保持混凝土原有的均匀性与塑性。但由于混凝土输送泵的进出料口及管道的直径较小，对骨料粒径的大小要求较严，不宜使用过大粒径的骨料；混凝土的配合比要受限制，不能输送干硬性混凝土，停机时要及时清除管道及机内积存的混凝土，以免堵塞管道及泵体。

图2—2—17　混凝土输送泵

4. 桥隧机械

（1）钻孔机

钻孔机是利用取土或挤土装置在地层桩位上成孔，然后灌注混凝土成桩的桩工机械，适用于除流动淤泥层以外的一切土层成孔。

钻孔机（见图2—2—18）多以履带式挖掘机（或起重机）的底盘为底架，其上设置龙门导杆，作为钻凿工具的支撑，并引导钻孔方向。挖掘机的发动机常作为钻孔机的动力装置。钻孔机按成孔方法，分为螺旋式、冲抓式、潜水式和振动式四种，前三者属于取土成孔，后一种属于挤土成孔，还有综合上述多种方法的综合钻孔机。

图2—2—18　钻孔机

（2）架桥机

架桥机（见图2—2—19）是专门吊装主梁的起重与移运设备。架桥机吊臂为一箱形梁，向前悬伸，在其前端有一个能折叠的立柱（由左、右两脚杆组成）。该机可在空载状态下自行驶入桥位，再将前立柱伸直，支撑在前方桥墩上，当梁片（或整梁）沿吊臂移动时，吊臂接近简支梁状态。吊装时，先将梁片利用特制龙门吊机转移到特制运梁车上，并将此运梁车和架桥机后端对位，再用行驶在架桥机吊臂上的两台吊梁小车将梁片吊起，沿吊臂（纵向）前行，也可横移对准位置后落梁。

图 2—2—19　架桥机

（3）盾构机

盾构机（见图 2—2—20）全名是盾构隧道掘进机，是一种隧道掘进的专用工程机械。现代盾构机集光、机、电、液、传感、信息技术于一体，具有开挖切削土体、输送渣土、拼装隧道衬砌、测量导向纠偏等功能，涉及地质、土木、机械、力学、液压、电气、控制、测量等多门学科技术，而且要按照不同的地质进行“量体裁衣”式的设计制造，可靠性要求极高。盾构机已广泛用于地铁、铁路、公路、市政、水电等隧道工程。

图 2—2—20　盾构机

5. 水平运输机械

水平运输机械包括载重汽车、自卸汽车、平板拖车、运油加油汽车、洒水汽车及各种拖拉机等，以下主要介绍载重汽车和自卸汽车。

（1）载重汽车

载重汽车在国民经济建设中应用十分广泛，它启动迅速、机动性大，可以将建筑材料由料场、供应地点、仓库等各个地方直接运至工地。运输量大、能克服多种路面的不利条件、门到门的服务是载重汽车的经济特点，但需要劳动力或机械配合装卸工作。公路工程使用的载重汽车一般分为中型货车（3 ~ 5 t）、重型货车（6 ~ 15 t）、超重型货车（15 t 以上），主要有汽油车、柴油车两类。

（2）自卸汽车

图 2—2—21　自卸汽车

自卸汽车（见图 2—2—21）是水平运输快捷、自动卸除的汽车。它车身坚固，机动性和越野性能良好，爬坡能力强。它装有金属车箱，在举升机构的顶推作用下，可将箱载的物料一次倾斜干净，卸载迅速，节省劳力，在公路建设中被普遍采用。公路工程一般使用中型（4～8 t）、重型（9～20 t）、超重型（大于 20 t）三种。公路工程机械中使用的后倾斜式自卸车（俗称汽车翻斗车）、中型自卸车都采用汽油发动机，重型汽车都采用柴油发动机。

三、施工机械的合理选择

1. 施工机械的选择原则

工程量和施工进度是合理选择机械的重要依据。一般来说，为了保证施工进度和提高经济效益，施工量大时采用大型机械，而施工量小时则采用中型、小型机械。但这不是绝对的，因为影响机械施工的因素是多方面的。选择施工机械时应遵循下述原则：

（1）保证工程质量要求与工期要求

根据工程的技术和工期要求，选择合适的施工机械是保证工程质量的重要因素之一。对于技术要求高的作业项目，应考虑采用性能优良或专用的机械，以保证工程质量和较高的生产率。但应注意不可片面追求高性能专用机械，应在满足工程质量要求的前提下，与机械的通用性相结合。

（2）保证施工安全性

在工程施工中，机械应具有可靠的安全性能，如行驶稳定、有翻车或落体保护装置、防尘隔音、危险施工项目可遥控作业等。此外，在保证施工人员、设备安全的同时，应注意保护自然环境。施工现场及其附近已有的其他建筑设施，不应因采用机械施工而受到破坏或质量降低。

（3）充分体现经济性

施工机械经济性选择的基础是施工单价，主要和机械固定资产消耗及运行费等因素有关。固定资产消耗与施工机械的投资成正比，包括折旧费、大修费和投资的利息等费用；而机械的运行费用则是与完成施工量成正比的费用，包括劳动工资、直接材料费、燃料费、润滑材料费、劳保设施费等。采用大型机械进行施工，虽然一次性投资大，但可以分摊到较大的工程量当中，对工程成本影响较小。因此在选择机械时，必须权衡工程量与机械费用的关系，同时要考虑机械的先进性和可靠性，这是影响经济效益的重要因素。采用先进的机械设备，由于其技术性能优良、构造简易、易于操作、故障与维修费大大降低，最终可取得较好的经济效益。

（4）保证施工机械的适应性

在路基工程中，施工范围非常广泛，施工条件千变万化，选用的施工机械一方面类型应适合于工地的气候、地形、土质、施工场地大小、运输距离、施工断面形状尺寸、工程质量要求等；另一方面，机械的容量要与工程进度及工程量任务相符合，尽量避免因机械工作能力不足或剩余，造成延缓工期或机械利用效率太低的现象，在条件允许的情况下，尽量选择最能满足施工内容的机种和机型。

（5）尽量合理组合

合理地进行机械组合是发挥机械设备效能的重要因素，也是机械化施工的一个基本要求，它包括技术性能和机械类型及其数量两个方面合理配置的问题。在机械化施工中尽量选用系列产品。整个机械化施工中，应减少同一功能机械的品种类型，力求尽可能使用统一、标准化的系列产品，以便于维修和管理。

除此之外，施工单位要结合机械装置情况及机械完好率、新购机械的可能性等具体实际情况，对机械进行选择和组合。因地制宜，将机械化、半机械化相结合，确实做到技术上合理和经济上有利，达到两方面的有机统一。

2. 施工机械选择方法

在公路工程施工中，选择机械时有各种各样的考虑。根据机械的技术性能，针对各项作业的具体情况，可由下述几个方面出发，进行机械的合理选择。

（1）根据作业内容选择

路基工程施工作业内容包括：土石方挖掘、装载、运输、填筑、压实、整形及挖沟等基本内容，以及伐树除根、松土、爆破、表层清理和处置等辅助性作业，每种作业都由相应的施工机械完成。表2—2—1列出各项作业内容可选择机械的种类，可供参考。

表2—2—1　　各项作业内容可选择机械的种类

工程类别	作业内容	选择的机械设备
准备工作	①清基（树丛、草皮、淤泥、黑土、岩基、冰雪等清除）和料场准备 ②松土、破冻土（0.2 m）	伐木机、履带式拖拉机和推土机、挖掘机、装载机、水泵、高压水泵、松土器、大犁、平地机
土方开挖	①底宽大于2.5 m的河渠、基坑、池塘、港口、码头、采土场等 ②小型沟渠和基坑	推土机、铲土机、挖掘机、装载机、冲泥机、吸泥机、开挖机、清淤机
石方开挖	①砾石开采 ②岩石开采 ③石料破碎	①挖掘机、推土机 ②移动式空气压缩机、凿岩机、挖掘机、推土机、爆破设备等 ③破碎机、筛分机
冻土开挖	河渠、基坑、池塘、港口、码头	推土机、冻土犁、冻土锯、冻土拍、冻土钻、冻土铲

续表

工程类别	作业内容	选择的机械设备
土石填筑	①大中小型堤坝、高质量路基、场地、台阶等 ②小型堤坝、路基、梯田、台阶	①推土机、铲运机、羊足碾压路机 ②夯板碾压机、洒水车、平地机、推土机、铲运机大犁
运输	①机械设备调运 ②土石运输	①火车、轮船、载货汽车、汽车、起重机 ②推土机、铲运机、装载机、汽车
整形	①削坡 ②平整	①平地机、大犁、推土机、铲运机、挖掘机 ②平地机、推土机、铲运机、大犁

实践表明，对于中小型工程，选择通用性较好的机械较为经济合理；而大型工程应当更注重根据作业内容进行选择，才能获得最佳的技术经济指标。具体选择时，首先选定作业的主要机械，再根据其生产能力、工作参数及施工条件选择辅助机械，以保证工程连续均衡地开展。

（2）根据土质条件选择

土、石是机械施工的主要对象，其性质和状态直接影响施工机械作业的质量、工效及成本等，因此，土质条件是选择机械的一个重要的依据。

（3）根据土质的工程特性选择

土质条件不仅对机械的通行性有影响，而且也左右着机械进行各种施工作业的可能性和难易程度。工程特性不同的土质，施工时应选择不同的机械。为了便于选择施工机械，称较为干燥的黏土、沙石、沙砾石、软石、块石和岩石等为硬土，称淤泥、流沙、沼泽土和湿陷性大的黄土、黑土及软弱黏土（含水量较大）等为软土。硬土开挖和运输机械的选择见表2—2—2，软土开挖机械的选择见表2—2—3，各种土壤的压实机械的选择见表2—2—4。

表2—2—2　　硬土开挖和运输机械的选择

施工机械 土质	推土机	铲运机	正铲挖掘机	反铲挖掘机	装载机	松土器	开沟机	平地机	自卸汽车	底卸汽车	钻孔机	凿岩机
黏土和壤土	√	△	√	√	√	√	√	√	√	√		
沙土	√	√	√	√	√	√	√	√	√	√		
沙砾石	√	×	√	√	√	×	△	△	√	△		
软岩和块岩	△	×	√	△	△	×	×	×	√	×	√	√
岩石	×	×	×	×	△	×	×	×	√		√	√

注：√—适用，△—尚可用，×—不可用。

表 2—2—3　　软土开挖机械的选择

施工机械 / 水分状况	通用推土机	低比压推土机接地比压（kPa）			水陆两用挖掘机	挖泥船
		19.6～29.4	11.8～19.6	<11.8		
湿地	△	√	√	√	√	×
轻沼泽地	×	√	√	√	√	×
重沼泽地	×	×	△	√	√	△
水下泥地	×	×	×	√	√	√

注：√—适用，△—尚可用，×—不可用。

表 2—2—4　　各种土壤的压实机械的选择

土质名称 / 机械名称	块石、圆石、砾石、	砾石土	沙	沙质土	黏土、黏性土	混杂沙石的黏土、黏性土	非常软的黏土、黏性土	非常硬的黏性土	备注
静力式压路机	B	A	A	A	B	B	C	C	用于路基、路面
自行式轮胎压路机	B	A	A	A	A	A	C	B	最经常使用
牵引式轮胎压路机	B	A	A	A	A	A	C	B	用于坡面，坡长 5～6 m 是最有效率的
振动式压路机	A	A	A	A	C	B	C	C	用于路基基层
夯实机	A	A	A	A	C	B	C	C	用于狭窄地点的碾压作业
夯锤	B	A	A	A	B	B	C	C	用于狭窄地点的碾压作业
推土机	A	A	A	A	B	B	C	A	用于摊平作业
沼泽地区推土机	C	C	C	C	B	B	A	C	用于含水量高的土壤

注：A—适用使用，B—无适合的机械时使用，C—不适合使用。

（4）根据运距选择

根据运距选择机械主要是针对铲土运输机械而言的，考虑土的状态、性质及工程规模，结合现场条件，可见表 2—2—5。

表 2—2—5　　施工机械经济运距

施工机械	履带推土机	履带装载机	轮胎装载机	拖式装载机	自引式铲运机	轮式拖车	自卸汽车
经济运距（m）	<80	<100	<150	100～500	200～1 000	>2 000	>2 000
道路条件	土路不平	土路不平	土路不平	土路不平	土路不平	土路不平	土路不平

（5）根据气象条件选择

气象条件也是影响机械施工的因素之一，如雨季、冬季施工时，应特别加以考虑。

雨或积雪融水会直接影响土的状态，从而导致机械通行性下降，工作性能变坏。我国大部分地区都有程度不同的连续降雨天气，即雨季。在此期间，如不停工就不得不考虑使用效率差的履带式机械，代替干燥条件下机动灵活、效率较高的轮胎式机械进行作业。

（6）冬季施工使用的机械

冬季施工所使用的机械，应考虑进行冻土开挖、填筑、碾压等作业时，机械施工能否达到规定的技术要求。同时，应选用与破冻土等特殊作业相适应的机械，如松土器、冻土犁等。选择合适的施工机械，还要考虑与工程间接有关的条件，比如对较大的单位来说，同时可能承担几个不同的施工任务，这时应考虑机械设备相互之间的协调与配合。此外，诸如电力、燃料、润滑材料的供应，机械维修与管理，机械的迁移等，都对选择机械有一定的制约。要综合分析，抓住主要矛盾，选择经济适用的机械。

（7）作业效率

不同的机械，在相同条件下，作业效率是不相同的，准确地求出作业效率是困难的。表 2—2—6 是在不同作业条件和技术状况下施工机械作业效率的参考值。

表 2—2—6　　施工机械作业效率参考值

作业条件	机械技术状况				
	优秀	良好	普通	较差	很差
优秀	0. 83	0. 81	0. 76	0. 70	0. 63
良好	0. 78	0. 75	0. 71	0. 65	0. 60
普通	0. 72	0. 69	0. 65	0. 60	0. 54
较差	0. 63	0. 61	0. 57	0. 52	0. 45
很差	0. 52	0. 50	0. 47	0. 42	0. 32

任务实施

路面工程机械化施工组织设计

针对工作任务的描述——“某高速公路正在进行沥青路面施工，该地区地质为沙土区，需要通过机械化手段进行施工”，做路面工程机械化施工组织设计。

一、沥青路面施工准备

沥青混合料路面施工的主要内容有沥青混合料的制备、混合料的运输与摊铺以及混合料摊铺层的压实。为保证沥青混合料路面的施工质量、有效地利用机械化设施，在施工组织方面应作如下考虑：

1．沥青混合料拌和站选择

为保证路面施工有足够的沥青混合料供应，则应设置专门的沥青混合料拌和站。选择沥青混合料拌和站厂址时应考虑如下几方面因素：

（1）沥青混合料的施工温度

沥青混合料由拌和站运至施工现场，随运距的增大其温度会逐渐降低，当温度过低时会影响路面摊铺后的质量。沥青混合料的施工温度应不低于《沥青路面施工及验收规范》（GB 50092—1996）规定值。实践证明：沥青混合料的运输时间不应超过 45 min（气温在10℃以下，车速在 40 km/h 以上）。

（2）沥青混合料的合理运输距离

从沥青混合料的施工要求可以看出，运距越远，温降也越大。此外从工程成本费用方面来分析，运距越远，工程成本也越高。因此，在工程施工中，如沥青混合料的总运输费用大于沥青混合料拌和站搬迁一次的搬迁费，则拌和站应选新址比较合理。

2．沥青混合料拌和设备

（1）拌和机的种类

目前，各国采用的沥青混凝土拌和机可分为三大类，见表 2—2—7。

表 2—2—7　　沥青混合料拌和机分类表

分类标准	第一类	第二类	第三类
生产方式	循环作业式	连续作业式	综合作业式
拌和方式	自由拌和	自由拌和、强制拌和	强制拌和
配料称量条件	冷料称量送入烘干筒	冷料称量送入烘干筒	烘干后筛分称量
矿粉送入方式	与沙石料同时送入	直接送拌和机	直接送拌和机

（2）拌和机生产效率

沥青混合料拌和机是修建沥青混合料路面机械化的主体机械，其生产能力的大小是确定其他设备数量的重要依据。因此拌和机生产效率的计算是十分重要的。

综合作业式沥青混合料拌和机的生产效率可用下式表示：

$$Q=\frac{60mk_{\mathrm{B}}}{t}$$

式中　Q——综合作业式沥青混合料拌和机生产效率，t/h；

m——拌和机每次卸下沥青混合料的质量，t；

k_B——时间利用系数；

t——拌和机一次所需时间，min，$t = t_1 + t_2 + t_3$。

其中：t_1——拌和机加料时间，min；

t_2——拌和机拌和时间，min；

t_3——拌和机卸料时间，min。

二、根据施工准备选择所需施工机械

由工作任务的条件，结合表2—2—2～表2—2—4，选择沥青混合料路面摊铺作业机械化主要由摊铺机、自卸汽车和振动压路机三者进行联合作业。由于沥青混合料摊铺机可以一次将沥青混合料进行摊铺、捣实和熨平成路面设计断面形状，从而大大缩短了沥青混合料的摊铺时间，并保证了路面面层的质量。

三、施工顺序设计

1. 自卸汽车由沥青混合料拌和站装料运至施工现场。为防止沥青材料粘在车箱上，装料前需在车箱内涂抹石油或废润滑油。如运距较远、室温较低时应加保温设备，以保证摊铺和压实温度。

2. 自卸汽车倒车，使汽车后轮支靠在摊铺机前端的推动辊上，此时将汽车变速箱放在空挡位置。

3. 自卸车将部分料卸入摊铺机料斗内并输送至摊铺面，然后摊铺机以适当的速度推动汽车前进，此时汽车边前进边卸料，而摊铺机边前进边摊铺。

4. 摊铺机摊铺的料层由振捣器初步捣实。

5. 熨平器对已铺好的料层进行最后的整平。

6. 压路机压实路面。

摊铺机在摊铺过程中可以沿前进方向连续施工。由于路面宽度问题使得摊铺机不能一次摊铺完成时，应根据路面宽度和摊铺机宽度在可调范围内进行调整。

思考与练习

1. 机械化施工的特点有哪些？
2. 机械化施工组织的设计内容是什么？
3. 机械化施工常用的施工机械有哪些？
4. 选择施工机械时有哪些原则？
5. 施工机械的选择方法有哪些？

任务三　确定施工方式与施工顺序

学习目标

- 了解公路施工过程的定义、分类、要素、组织原则、组织任务等内容。
- 掌握施工作业方式的选择原则。
- 掌握安排施工顺序的原则和确定施工顺序的方法。

工作任务

某市已规划建设一条环城道路，其中的一段跨过四条河，拟在这四条河流上修建四座小桥，试安排修建四座小桥的施工顺序。

相关理论

一、公路施工过程组织

1. 公路施工过程的定义及分类

施工过程就是生产建筑产品的过程，是由一系列相联系的施工生产活动所组成的，是劳动者利用劳动工具作用于劳动对象的过程。为了更有效地组织施工生产，必须首先研究施工生产过程的内容，施工生产过程的内容是相互联系的劳动过程和自然过程的结合。公路施工过程有两方面的含义：劳动过程离不开人、材料、机械等，自然过程如混凝土硬化过程养生、乳化沥青分裂过程等。

按施工过程的劳动性质及在基本建设中起的作用不同，可将施工过程划分为以下几种：

（1）施工准备过程

施工准备过程是指建筑产品在投入生产前所进行的全部生产技术准备工作，如可行性研究、勘察设计、施工准备等。

（2）基本施工过程

基本施工过程是指为完成产品而进行的生产活动，即施工现场所发生的活动，如路基、路面、桥涵等的施工。

（3）辅助施工过程

辅助施工过程是指为保证基本施工过程的正常进行所需的各种辅助生产活动，如机械设备维修、动力的生产、材料加工等。

（4）服务施工过程

服务施工过程是指为基本施工过程和辅助施工过程服务的各种服务过程，如原材料、半成品、机具、燃料等的供应与运输等。

2. 公路施工过程的要素

组织公路工程施工，必须研究施工过程的最小要素，以适应施工组织、计划、管理等工作。

现行的公路工程设计概（预）算文件编制办法，将公路工程划分为：路基，路面，桥梁涵洞，交叉工程，隧道，其他工程及沿线设施，临时工程，管理、养护服务房屋八个项目。每个项目又细分为若干个分部、分项工程。如独立大桥工程分为桥头引道、基础、下部构造、上部构造、沿线设施、调治及其他工程、临时工程七个分部工程。公路施工过程是按照上述分部、分项工程按结构顺序施工。为了更好地管理施工过程，使施工组织设计做得更科学、合理、详细，将施工过程依次划分为以下几部分：

（1）动作与操作

动作是指工人在劳动时一次完成的最基本的活动，如筛分试验中的取筛子、向筛中放料等。

操作由若干个相互关联的动作组成，如消化生石灰这个操作是由拿工具—走向化灰池—向池中放水—将生石灰投入池中—搅拌等若干个相互关联的动作组成的。完成一个动作所耗用的时间长短与占用空间大小等，是制定劳动定额最重要的基础资料。

（2）工序

工序由若干个操作组成。工序是指施工技术相同，在劳动组织上不可分割的施工过程，是一个工人或一组工人，在一个工作地上，对同一种劳动对象连续进行的施工生产活动。工作地是工人们进行生产活动的场所，也称施工现场。如劳动对象（石砌挡墙）不动，而由若干个工人顺序地对其进行施工生产活动，即挖基坑—砌基础—砌墙身，每一种生产活动就称为一道工序。再如“现浇混凝土基础”这一工程项目可分解成以下几道工序：挖基坑—安装钢筋—支模板—制备混合料—浇筑混凝土—自然养生—拆除模板。从上述施工工艺流程可以看出，各工序由不同的工种或使用不同的机具依次或平行完成，工序在工人数量、施工地点、施工工具及材料等方面均不发生变化。如果上述因素中某个因素发生改变，就意味着从一道工序转入另一道工序。工序是公路工程预算定额的最小子目。

（3）操作过程

操作过程是由几个在技术上相互关联的工序组成的，可以相对独立完成某一分部、分项工程。在施工组织设计时，一般把工序作为最小的施工过程要素。

3. 公路施工过程组织原则

影响施工过程组织的因素有很多，如施工地点、施工性质、建筑产品结构、材料、机械设备条件、自然条件等。施工过程的组织灵活多样，没有完全相同的模式。但是不管施工过程的组织怎样变化，为了降低工程成本，缩短施工工期，保证工程质量，都应遵守以下基本原则：

（1）施工过程的连续性

施工过程的连续性是指建筑产品的施工过程各阶段、各工序的进行，在时间上是紧密衔接的，不发生不合理的中断现象，即在施工过程中，劳动对象始终处于被加工、检验状态，或处于自然过程中（如混凝土的硬化）。

保持和提高施工过程的连续性可以降低成本。施工过程的连续性要求，凡是能平行进行的不同工序活动（在不同的施工段上），必须组织平行作业，平行性是连续性的必然要求（流水作业法即可体现这一特性）。施工过程的连续性，与施工技术水平有关，同时也与施工组织工作的水平有关。

（2）施工过程的协调性

施工过程的协调性（也称比例性）是指建筑产品的施工过程各阶段、各工序之间，在生产能力上要保持一定的比例关系，不发生脱节和比例失调的现象（如某专业队人数多，生产能力强，造成产品过剩；而另一专业队人数少，生产能力较差，产品供应跟不上，这就属于比例失调，施工过程中应当避免）。协调性在很大程度上取决于施工组织设计的正确性。在施工过程中，由于材料原因（如品种变化、货源改变等）、采用新工艺、自然因素的变化等的影响，都会使实际生产能力发生变化，造成产品比例失调。因此，施工组织工作必须根据变化了的情况采取措施，及时调整各种比例关系，保证施工过程的协调性。协调性是保证施工生产顺利进行的前提，使施工生产过程中人力和设备得到充分利用，避免产品在各个施工阶段和工序之间的停顿、等待，从而缩短施工工期，施工生产过程的协调性在很大程度上取决于施工组织设计的正确性。

（3）施工过程的均衡性

施工过程的均衡性（也称节奏性）是指施工过程的各个环节，都要按照施工计划的要求，在一定时间内，生产出相等或递增数量的产品，使各生产班组或设备的任务量保持相对稳定（即各施工段劳动量大致相等），不发生时松时紧现象（即使用同一种材料、机械或半成品的项目不要安排在同一时间施工）。均衡性能充分利用工时，有利于保证生产质量、降低成本，有利于劳动力和机械设备的调配。实现生产的均衡性，必须保持生产的比例性，加强计划管理，强化生产指挥系统，搞好施工技术和物资准备。

（4）施工过程的经济性

施工过程的经济性是指施工过程除了满足技术要求外，必须讲求经济效益，要用最小的劳动消耗尽量取得最大的生产成果。上述连续性、协调性和均衡性最终都要通过经济效果集中反映出来。

通过以上几点可以看出：连续性、协调性和均衡性是相互制约的、有关联的。施工组织过程中，连续性、协调性和均衡性使用得好，施工过程的经济性自然就能保证。

4. 公路施工过程组织任务

(1) 施工过程空间组织的任务

公路施工过程的空间组织主要解决如何设置项目管理和生产机构以及这些机构及其机械、设备在施工过程中的空间（或平面）布置问题。具体任务如下所述。

1) 组建项目管理机构。根据拟建项目的工程属性和施工需要建立项目施工管理机构和生产机构。其中，项目管理机构的项目经理和主要技术负责人应满足招标文件的强制性资格要求，项目经理部下设的各职能机构需根据承包人可供利用的人力资源状况及施工项目需要确定，一般包括工程技术部、质检部、机械部、材料部、经营计划部、劳动安保部、财务部、综合办公室以及中心试验室等职能部门。同时，还需建立健全质量与安全保证体系。

2) 建立生产作业单位。生产机构是开展施工活动的主要力量，开工前，在项目经理部的领导下，还要根据工程属性及施工方案的需要，组建施工作业班组。其设置如下：

①按工艺原则（工艺专业化）设置作业单位。生产单位（班组）的设置方法是，将同工种的工人和所需机械设备集中在一起，为完成同一工艺（工序）施工而组建生产作业单位。如木工班、钢筋班、车队、开山爆破组等。

a. 特点。这类班组只能完成一道工艺（工序），一般不能独立生产产品（包括构件、半成品或分项工程）。

b. 适用范围。适用于多品种、多规格的产品生产，以单件生产为主。

c. 优点。有助于提高班组人员的专业技能；能充分发挥班组人员及其机具、设备的潜力；设备投资少；便于专业化管理，有利于形成默契、高效的团队，具有较强的适应产品品种变化的能力。

d. 缺点。施工组织管理难度大，其关键环节是调配、协作与配合。

②按对象原则设置作业单位。生产作业单位的设置方法是将生产某种产品（指构件、半成品或分项工程）所需的工人、机具设备集中在一起，为完成该产品需进行不同工艺施工而组建的生产作业单位。

a. 特点。这类班组为生产某种产品而组建，可以完成该产品包含的若干道工序，独立地进行该种产品的生产。

b. 适用范围。适用于少品种、少规格的产品生产，以批量生产为主，如混凝土构（配）件、大梁、涵管预制厂、桥涵施工队、路面施工队等。

c. 优点。可以组织流水作业，实现连续与均衡生产；便于施工组织与集中管理；省时省料，便于质量控制。

d. 缺点。设备分散，不能充分发挥设备潜力；设备投入大；对产品品种变化的适应能力较差。

3) 合理布置生产设备、生活及服务设施的平面位置，绘制施工总平面图，保证生产、生活及服务过程安全畅通。

4) 合理布设临时辅助设施，切实安排各工序及其工艺过程的操作空间和工作面，保证施工安全和施工过程的流畅性和连续性。

（2）施工过程时间组织的任务与时间组织类型

1）时间组织的主要任务

①任务。合理选择作业方式，科学安排施工顺序，编制并优化进度计划。

②目的。保证质量，缩短工期，以达到合同工期要求，降低成本。

2）建筑性施工生产的时间组织类型

①单段多工序型，指施工项目只有一个施工段并含有若干道工序的施工生产过程，如单向掘进的独立隧道工程。这类施工生产过程的时间组织比较简单，一般按工艺顺序确定施工工期即可。施工组织过程中需要重点解决各道工序的生产力配置问题。

②多段多工序型，指一个工程项目包含或可划分为若干个施工段，而每个施工段又含有若干道工序的施工生产过程。这类施工生产过程的时间组织比较复杂，可按实际工程属性和施工条件，采用多种方式进行生产组织，并需解决各施工段的施工顺序和施工资源配置问题，加强生产过程的组织协调和调度工作。

③混合型，指一个建设项目中存在多个施工段，即包含相对独立的单段多工序生产过程，又含有相对独立的多段多工序的施工生产过程。公路建设项目具有点多线长和固定分散的特点，多属于混合型时间组织类型。

二、施工作业方式的选择原则

1. 满足合同工期要求

针对同样的施工项目，选择不同的施工方式组织生产，其作业周期也不一样，选择施工方式时应结合业主的工期要求加以选择。

2. 充分贯彻施工过程组织的原则

当施工方式不同时，施工生产过程的均衡性、节奏性和连续性也不同，最终体现出不同的经济效益，因此，选择施工方式要在保证工期的前提下，以提高经济效益为目的，充分贯彻连续性原则，优先采用流水作业法组织施工，保持均衡生产，充分挖掘施工潜力，避免施工资源损失与浪费，降低施工成本，提高经济效益。

3. 遵循客观规律

任何工程项目，在一定的施工与自然条件下都有特定的工程属性，其施工过程也存在固有的客观规律。进行工程项目施工时，要遵循工程项目施工的客观规律选择施工方式，以便建立良好的施工秩序，顺利进行施工生产。

4. 充分利用施工资源

组织平行、顺序和流水作业时，其资源流动的状态完全不同。平行作业资源投入量大，管理不便，积压流动资金，制约施工进程；顺序作业资源投入量小，但间歇作业，不能充分发挥设备潜力；流水作业法资源投入量持续稳定，可连续作业，能够充分挖掘设备潜力。选择施工方式时要充分利用施工资源，建立高效的运作秩序，以便多快好省地完成施工任务。如具备流水施工条件，但为了片面追求工程进度而采用平行作业法组织施工，进而产生资金积压、难以组织施工资源等负面作用，就会影响生产秩序与经济效益。

5. 因地制宜，切实可行

施工方式的选择应根据业主的工期要求，结合具体的施工与自然条件进行选择，要适应相应的施工方法的需要和具体的施工组织条件，避免不切实际的生搬硬套和脱离施工客观规律。如为了组织流水作业，不管结构有无界限，进行不合理的分段，施工过程划分不合理，都会导致作业班组施工过多而产生资源浪费和管理困难等问题。

6. 施工方式与施工方法的适应

施工方式选择要与施工方法相适应，不能脱离施工方法的制约关系而胡乱选择施工方式。比如采用装配法施工的梁板桥，上部结构预制和下部结构及其基础施工固然要采用平行作业法。而下部结构施工，当桥墩较多时，可按墩台划分工段，优先采用流水作业法组织施工，若采用顺序作业法或平行作业法施工则不科学、不合理，这是由装配法施工的性质所决定的。

三、施工顺序的安排

施工顺序泛指建设项目分部分项工程的先后作业次序，它反映了工程项目施工的内在规律，也是选定施工方式的主要依据。虽然一个工程项目的施工顺序多种多样，看似杂乱无章，但在确定施工顺序时，抓住规律，仔细分析分部分项工程之间的逻辑与因果关系，在满足业主特定限制条件（工期、技术规范、工艺要求等）的前提下，总能选出最佳的施工顺序。

1. 安排施工顺序的原则

安排施工顺序须仔细分析分部分项工程之间的逻辑关系，统筹兼顾。一般遵循以下原则：

（1）必须符合工艺必然的衔接要求

公路施工项目各分部分项工程之间存在一定的层次和顺序关系，如工程总体施工应符合“先下后上、先主体后局部、先内后外”的客观规律，违背这些规律，就无法正常地组织施工。

（2）必须与施工方法相适应

施工方法不同，其施工过程也不同。如梁板桥采用装配法或现浇法施工时，其施工工序和工艺顺序就不一样。装配法在用于上部结构和下部结构施工时，采用平行或搭接作业方式施工，旨在压缩工期，而现浇法只能按其固定的程序逐次完成各道工序。显然，安排施工顺序不能脱离施工方法。

（3）考虑水文、地质等自然因素的影响

安排施工顺序时，必须充分考虑洪水、雨季、冬季、不良地质地段的影响，有的因素对施工顺序的安排起着决定性的作用。如桥梁下部工程一般安排在汛期到来之前完成或从汛期之后开始。

（4）考虑影响全局的关键工程，合理安排施工顺序

如路线中的大中桥、隧道、深路堑等，如不提前完工，势必影响后续施工项目作业，故

应先行施工，为后继工程运送材料和机具设备创造条件。

（5）必须遵循施工过程的组织原则

施工过程中，之所以精心安排施工顺序，就是为了更好地贯彻连续性、均衡性和节奏性的要求，以便建立良好的施工秩序，适应工程施工的客观规律，从而达到压缩工期、提高投资效益的目的。

（6）必须考虑安全生产的要求

如石方路基施工时需划分若干工段，为保证施工安全，一般不进行相邻工段连续爆破，土方爆破和清渣运输往往需间隔、跳跃式安排施工作业顺序，让爆破与清渣作业保持一定的安全距离。

（7）压缩工期原则

采用不同的施工顺序将会产生不同的时间组织成果，对总工期的影响很大。因此，应因地制宜地采取施工组织措施，通过优化施工顺序来压缩工期。如路面基层和面层施工时，可以采用搭接和顺序施工。当路线较长、有条件组织搭接作业时，让面层施工与基层施工相隔一定时间相继开工，就会有效地压缩工期。

（8）经济效益原则

理论上，任何施工项目在特定的施工条件下，都有一个对应于投资最低点的工期，称为最优工期。如业主工期要求允许，作为承包人就应该按正常的施工条件和施工组织条件选择施工方式，科学安排施工顺序，以求最优工期，创造良好的经济效益。

2．确定施工顺序的方法

无论从总体安排还是局部施工考虑，施工顺序对施工总工期都有直接影响。为了寻求工程施工的客观规律，建立良好的施工秩序，需进一步探讨施工顺序安排的基本理论和方法，以便指导施工实践，科学合理地安排施工顺序。

知识拓展

从施工组织条件来看，常见的施工项目可选择顺序作业法、平行作业法和流水作业法三种方式施工，流水作业是比较常用的。

1．顺序作业法

这是当施工任务含有若干个施工段时（人为划分或自然形成），由同一班组工人，完成一个施工段，再接着完成另一个施工段，依次按顺序进行，直至完成全部施工段的作业方法。

2．平行作业法

这是当施工任务含有若干个施工段时，各个施工段同时开工，平行生产，同时完工的一种作业方法，即施工任务含有多少个施工段，就相应地组织多少个施工队。

3．流水作业法

这是当施工任务含有若干个施工段时，其各个施工段相隔一定时间依次投入施工生产，相同的工序依次进行，不同的工序则平行进行的一种作业方法。

（1）流水作业施工作业顺序的确定方法

当分部分项工程的结构类型及施工工艺相同时，合理划分施工段后，可以按以下方法确定施工顺序：

1）m 个施工段 2 道工序时，施工次序的确定。对于这类问题可以用约翰逊—贝尔曼法则来解决。这个法则的基本思路是：先行工序施工工期短的要排在前面施工，而后续工序施工工期短的要排在后面施工。首先列出 m 个施工段的流水节拍表，然后，在表中依次选取最小数，而且每列只选一次，若此“数”属于先行工序，则从前面排，反之，则从后面排。

具体步骤通过示例详解如下：

①填列流水节拍表，见表 2—3—1。

表 2—3—1　　流水节拍表　　天

施工段 工序	A	B	C	D	E	F
a	4	4	6	8	3	2
b	7	4	5	1	6	3

②绘制施工次序排列表，见表 2—3—2（熟练后可不绘制此表，而在表 2—3—1 下边加一栏，直接排序）。

表 2—3—2　　施工次序排列表

施工次序 填表次序	1	2	3	4	5	6
1						D
2	F					
3		E				
4					B	
5			A			
6				C		
列中最小数	2	3	4	5	4	1
施工段号	F	E	A	C	B	D

③填表排序。即按约翰逊—贝尔曼法则填充表 2—3—2，从而可将各个施工段的施工次序排列出来。

本示例中，根据表 2—3—1，各施工段的施工次序排列如下：

第一个最小数是 1，属于后续工序，所以填列在表 2—3—2 中施工次序的最后一格，并将表 2—3—1 中 D 施工段这一列划去。

第二个小数是 2，属于先行工序，所以填列在表 2—3—2 中施工次序的最前面一格，并将表 2—3—1 中 F 施工段这一列划去。

以此类推，将表 2—3—2 填列完毕，可确定各个施工段的最优施工次序为 F、E、A、C、B、D。

④绘制施工进度图，确定施工总工期。本示例按流水作业法组织施工，其施工进度图如图 2—3—1 所示，其总工期为 28 天。

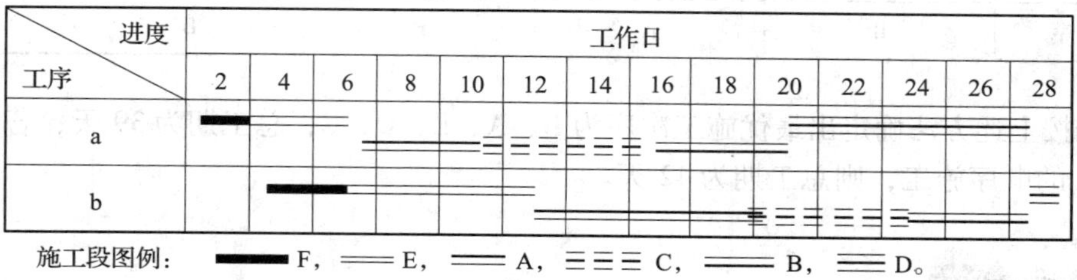

图 2—3—1　最优施工次序流水作业进度图

若不按约翰逊—贝尔曼法则所确定的施工次序，一般不能取得最短施工总工期。如本示例若按表 2—3—1 的施工次序，即按 A、B、C、D、E、F 的次序施工，则总工期至少需要 34 天，比 28 天多 6 天。

2）m 个施工段 3 道工序时，施工次序的确定。对于这类问题，如果符合下列两种情况中的一种，就可采用约翰逊—贝尔曼法则。这两种情况如下：

①第 1 道工序中最小的施工期 a_{min} 大于或等于第 2 道工序中最大的施工期 b_{max}，即 $a_{min} \geqslant b_{max}$。

②第 3 道工序中最小的施工期 c_{min} 大于或等于第 2 道工序中最大的施工期 b_{max}，即 $c_{min} \geqslant b_{max}$。

对于 m 个施工段 3 道工序时，施工次序的排序问题只要符合上述两条中的一条时，即可按下述步骤来求得最优施工次序：

第一步：将各个施工段中第 1 道工序 a 和第 2 道工序 b 的流水节拍（施工期）依次加在一起，即 a + b。

第二步：将各个施工段中第 2 道工序 b 和第 3 道工序 c 的流水节拍（施工期）依次加在一起，即 b + c。

第三步：将上两步中得到的流水节拍表（施工工期表）看成两道工序的流水节拍表（施工工期表），见表 2—3—3 中的 a + b 和 b + c。

第四步：按上述 m 个施工段 2 道工序时的排序方法，求出最优施工次序。

第五步：按所确定的施工次序绘制施工进度图，确定施工总工期。

现举例说明见表 2—3—3。

表 2—3—3　　流水节拍表　　天

工序＼施工段	A	B	C	D	E
a	3	2	8	10	5
b	5	2	3	3	4
c	5	6	7	9	7
a + b	8	4	11	13	9
b + c	10	8	10	12	11
最优次序	B	A	E	D	C

本例按上述方法确定出最优施工次序为 B、A、E、D、C，总工期为 39 天；若按 A、B、C、D、E 的顺序施工，则总工期为 42 天。

工程应用

如果 m 个施工段 3 道工序不满足上述特定条件，应如何确定最优施工次序呢？对于这种情况，可采用穷举法找出最优施工次序。即还是按照上述原理，将工序重新组合成虚拟的 2 道工序（包括所有可能的情况），再按约翰逊—贝尔曼法则确定最优施工次序。

举例说明，见表 2—3—4。

表 2—3—4 为 4 个施工段，3 道工序，但是不满足上述特定条件，可以把 a、b、c 三道工序重新组合成以下 2 道工序（包括了所有组合情况）：（a，b + c）；（a + c，b）；（a + b，c）；（a + b，b + c）；（a + c，b + c）；（a + b，a + c）。注意：先行工序和后续工序的位置不能颠倒，即（a + c，a + b）的组合是错误的。

表 2—3—4　　流水节拍表　　天

工序＼施工段	A	B	C	D
a	3	4	7	9
b	3	5	6	4
c	5	6	8	7

3）m 个施工段工序多于 3 道时的施工次序确定及工期

①m 个施工段工序多于 3 道时，施工次序的确定。当工序多于 3 道时，求解最优施工次序变得比较复杂，但是，仍可以将工序按一定方式进行组合，将其变成虚拟的 2 道工序，然后再按约翰逊—贝尔曼法则确定较优的施工次序。

由于组合方式很多，每一次只能得到较优施工次序，只有列出所有组合方式，才能从众多较优解中找到最优施工次序。但是，即使没有列出所有组合方式，也可以得到相对最优解。下面举例说明本法的应用。

某施工任务有 4 个施工段，每个施工段有 4 道相同工序，其流水节拍表（作业时间表）见表 2—3—5，求其最优施工次序及最短施工总工期。

表 2—3—5　　流水节拍表　　天

工序＼施工段	A	B	C	D
a	6	2	5	3
b	4	7	1	2
c	8	9	3	6
d	1	5	4	8

若不排序，按直接编阵法得施工总工期为 43 天。

解：组合 1 见表 2—3—6。

表 2—3—6　　流水节拍表　　天

工序＼施工段	A	B	C	D
a + b	10	9	6	5
c + d	9	14	7	14
较优次序	D	C	B	A

较优次序为 D、C、B、A，按直接编阵法得施工总工期为 35 天。

组合 2 见表 2—3—7。

表 2—3—7　　流水节拍表　　天

工序＼施工段	A	B	C	D
a + c	14	11	8	9
b + d	5	12	5	10
较优次序	D	B	C	A

较优次序为 D、B、C、A，按直接编阵法得施工总工期为 33 天。

组合 3：见表 2—3—8。

表 2—3—8 **流水节拍表** 天

施工段 / 工序	A	B	C	D
a + d	7	7	9	11
b + c	12	16	4	8
较优次序	B	A	D	C

较优次序为 B、A、D、C，按直接编阵法得施工总工期为 44 天。

组合 4 见表 2—3—9。

表 2—3—9 **流水节拍表** 天

施工段 / 工序	A	B	C	D
a	6	2	5	3
b + c + d	13	21	8	16
较优次序	B	D	C	A

较优次序为 B、D、C、A，按直接编阵法得施工总工期为 37 天。

组合 5 见表 2—3—10。

表 2—3—10 **流水节拍表** 天

施工段 / 工序	A	B	C	D
a + b + c	18	18	9	11
d	1	5	4	8
较优次序	D	B	C	A

较优次序为 D、B、C、A，按直接编阵法得施工总工期为 33 天。结果同组合 2。

从以上五种组合中找出最优顺序为 D、B、C、A，总工期为 33 天，比按 A、B、C、D 顺序施工的总工期减少了 10 天。还有其他组合方式，有兴趣的读者可以继续做下去。

②直接编阵法计算工期。在实际工程中，对于小型施工项目的排序问题，就如上例一样，可以通过直接编阵法计算工期，而不必每一次都画出进度图来确定施工工期。

直接编阵法计算工期的原理是：只要具备了开工要素就开工，属于紧凑法施工组织安排。具体计算见下例：

某施工任务有 A、B、C、D 四个施工段，每个施工段有 a、b、c、d 四道工序，各道工序在各个施工段上的作业工期（即流水节拍）见表 2—3—11，表 2—3—11 中（）外的数字为原始数据，（）内的数字为新元素数据。

直接编阵法计算工期的步骤如下：

a. 计算第一行新元素。对于第一行新元素，可以直接累加得到。因为，对于 a 工序来说，所有施工段上的工作面都是闲置的，只要有生产力就可以开工，所以，可以直接用旧元素值加左边新元素值得到该新元素值。也就是说，到第 26 天，a 工序（作业队）就完成了所有施工段上的施工任务。

b. 计算第一列新元素。对于第一列（即首施工段 A）各新元素，也是直接用旧元素的值加上面新元素的值得到该新元素值。因为，所有工序（专业队）都是闲置的，即生产力能满足要求，只要有工作面就可以开工，所以，每累加一个数，也就是一道工序已完成了在首施工段 A 上的操作。

c. 计算其他新元素值。对于其他新元素值，用旧元素值加上面或左边两者新元素中的较大值（之所以加较大值是为了具备开工要素，上面的数值说明有无工作面，左边的数值说明有无生产力）得该新元素值，从第二行起顺序进行，直至完成。具体计算结果见表 2—3—11。本例施工总工期为 42 天。

表 2—3—11　　流水节拍表　　天

施工段 工序	A	B	C	D
a	6	4（10）	7（17）	9（26）
b	3（9）	5（15）	6（23）	4（30）
c	5（14）	6（21）	8（31）	7（38）
d	4（18）	7（28）	8（39）	3（42）

注：（）中的数值为新元素，施工总工期是 42 天。

（2）合同段总体施工顺序的确定

一个合同段的基本生产过程是由一系列分部分项工程或操作过程组成的，这些分部分项工程形态各异，分布不同。但土木工程施工一般遵循“先下后上、先主体后局部”的施工规律，公路建设项目也不例外。

小资料

公路工程（包括市政道路）安排施工的顺序应该是：地下管网（由深及浅）—路基工程—基层—面层—附属工程。桥涵或交叉工程为：基础—下部结构（自下而上）—上部结构（自下而上）—引道—附属工程等。

施工组织时，首先要遵循上述施工规律，根据施工对象的结构类型、水文地质条件与施工条件，结合业主的工期和技术规范要求，把合同段的基本生产过程分解为具有独立施工条件的分部分项工程，并确定施工生产线。

其次，要分析各条生产线上的分部分项工程的结构组成和工艺性质，据此选择施工方法，再把结构类型与工艺相同且具备独立施工条件的分项工程进一步分离出来，合理划分施工段落，安排分部分项工程的施工顺序。

桥梁施工时，首先要根据结构类型选择基本的施工方法，如装配法。然后，自下而上分析装配法施工的工艺过程，把具备独立施工条件的分部分项工程分离出来，分析各分部分项工程之间的逻辑关系，安排施工顺序。比如，扩大基础和下部结构施工按“先下后上”的工艺顺序，即扩大基础—墩台身—墩台帽—支座施工，上部结构的预制可与下部结构安排成平行和搭接作业方式进行施工。前提条件是：按阶段性工期目标，要求在相同的作业周期内同时完工，不影响桥面铺装工程的开工。

关于分项工程的划分，主要以“工艺性质是否相同，是否具备施工条件，能否组织单独施工”为条件，可以逐层逐次细分。不管深入到哪个层次，都可分析其工艺流程，安排施工顺序，划分施工段后，即可实施不同的作业方式组织施工。比如，上述基础开挖和墩台砌筑即可分为先后不同的两道主导工序，若按墩台位置划分成不同的几个施工段后，即可根据需要按不同的作业方式组织施工。

最后，当把所有的分部分项工程都分解成以工序为主的施工对象时，便可按合同段基本生产过程—生产线—分部工程—分项工程—工序的架构，梳理出以分部分项工程为主的总体施工顺序，或以工序为主的关键工程（其中的一个分部分项工程）的施工顺序，确定其逻辑关系，据此编制进度计划。同时也可按分部分项工程的施工工艺及其顺序关系编写施工技术方案。

任务实施

结合任务，选用三种常见的施工顺序进行比较。

一、顺序作业法（见图2—3—2）

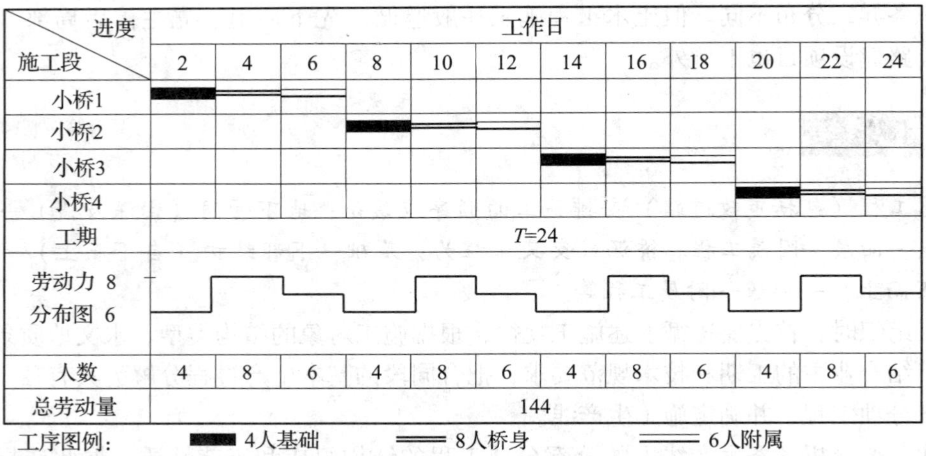

图2—3—2　顺序作业法

二、平行作业法（见图2—3—3）

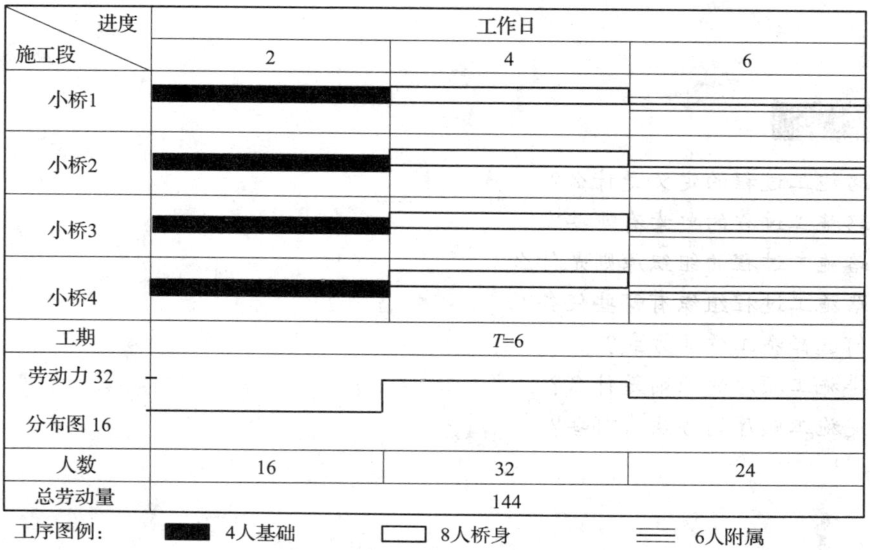

图2—3—3　平行作业法

三、流水作业法（见图2—3—4）

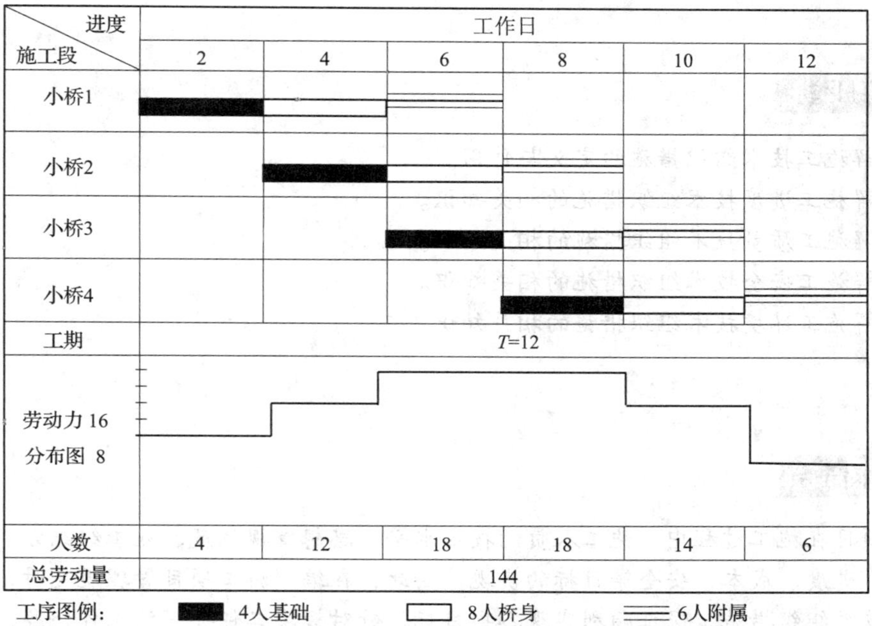

图2—3—4　流水作业法

从以上三个施工顺序的对比中可以看出，工程施工要符合客观规律，建立良好的施工秩序，同时要考虑工期和劳动量等方面。流水作业法相对较为合理，工期虽然不是最短的，但是组织起来是最合理的，没有产生窝工、任务紧和重等现象，因此，针对本任务应选择流水施工方法。

思考与练习

1. 公路施工过程的定义是什么?
2. 公路施工过程的要素有哪些?
3. 公路施工过程的组织原则是什么?
4. 公路施工过程组织有哪些任务?
5. 如何选择施工作业方式?
6. 安排施工顺序的原则是什么?
7. 确定施工顺序的方法有哪些?

任务四　确定施工技术组织措施

学习目标

- 了解施工技术组织措施的定义与作用。
- 了解施工进度技术组织措施的相关知识。
- 了解施工质量技术组织措施的相关知识。
- 了解施工安全技术组织措施的相关知识。
- 了解施工环境技术组织措施的相关知识。

工作任务

工程项目在施工过程中，施工人员的技术水平、思想重视程度、施工组织方式都会影响工程质量、进度、成本、安全等目标的实现。因此，在编制施工项目管理规定时，要设计相应的施工技术组织措施，保证顺利实现各项目标。针对模块二任务一的工作任务，要在河面上建一座斜拉桥，试编写施工安全技术组织措施。

相关理论

一、施工技术组织措施的定义与作用

1. 施工技术组织措施的定义

施工技术组织措施就是指在技术、组织上为确保工程质量、安全、成本、工期、环保和季节性施工等目标的实现所采用的方法。施工技术组织措施的编制，能使业主全面了解承包人的现代化管理水平，增强对承包方完成项目的信心。因此，技术组织措施是工程项目施工组织设计必不可少的内容。

2. 施工技术组织措施的作用

由于施工技术组织措施是施工组织设计内容的补充和延续，因此它的主要作用如下：

（1）从施工组织管理角度看，它体现了对施工资源的科学组织与管理，是降低施工成本的保证。

（2）从施工技术角度看，它可使技术要求更深化、更具体，从而保证工程质量和施工安全。

（3）施工技术组织措施得力，能加快施工进度、保证合同工期。

（4）编制施工技术组织措施，能使参加项目施工的全体施工人员的施工行为标准化、程序化、规范化。

（5）它可以明确项目各个层次人员的岗位责任，能够使项目领导、管理人员及生产一线职工有明确的目标。

（6）它能够更好地落实施工组织设计的要求，使项目全体员工按照施工组织设计的要求进行施工，保证项目始终按照施工组织设计的要求和规定进行。

二、施工进度技术组织措施

1. 影响施工进度的主要因素

为了对工程项目的施工进度进行有效的控制，必须在施工进度计划实施之前对影响工程项目施工进度的因素进行分析，进而提出保证施工进度计划的措施，以实现对工程项目施工进度的主动控制。

实际上，影响施工进度的因素很多。这些因素可归纳为人的因素、材料因素、技术因素、资金因素、工程水文地质因素、气象因素、环境因素、社会环境因素，以及其他难以预料的因素。本任务主要从施工承包单位的角度来考虑影响施工进度的因素，归纳起来有以下几个方面：

（1）项目经理部配置的管理人员不能满足施工需要，管理水平低、经验不足，致使工程组织混乱、不能按预定进度计划完成任务。

（2）施工人员资质、资格、经验、水平及人数不能满足施工需要。

（3）施工组织设计不合理，施工进度计划不合理，施工方案采用不得当。

（4）施工工序安排不合理，不能解决工序之间在时间上的先后和搭接问题，达不到保证质量、充分利用空间、争取时间、实现合理安排工期的目的。

（5）不能根据施工现场情况及时调配劳动力和施工机具。

（6）施工机械设备配置不合理，不能满足施工需要。

（7）施工供水、供电设施及施工机械设备出现故障。

（8）材料供应不及时，材料的数量、型号及技术参数错误，供货质量不合格。

（9）总承包人协调各分包人能力不足，相互配合工作不及时、不到位。

（10）承包人与分包人、材料供应商及其他协作单位发生合同纠纷、引起仲裁或诉讼。

（11）承包人（分包人）自有资金不足或资金安排不合理，无法支付相关应付费用。

（12）安全事故、质量事故的调查、处理。

（13）关键材料、设备、机具被盗和破坏。

（14）施工现场管理不善，出现瘟疫、传染病及施工人员食物中毒。

（15）承包人（分包人）由于管理机构调整、股权调整、人员调整、资产重组等原因无法履约相关合同。

2．施工进度技术组织措施的内容

（1）进行施工进度控制及动态管理

利用网络计划编制施工进度，优化施工安排，确定关键线路及关键工作。充分利用工程项目中各项工作间的关系，在互相不干扰的情况下，尽量同步安排多项工作进行立体交叉的平行流水作业。由于施工的时间和空间组织是在施工前预先进行的，因此在施工过程中必须结合实际及时调整和优化网络计划。

（2）做好施工现场的组织与协调工作

对于现场出现的影响进度的情况，要通过加强调度协调解决；对于施工中对工期影响大的重点工程，要优先保证物资和设备的供应，加强施工管理和控制。

（3）建立施工进度管理的岗位责任制及管理制度

为保证和加快施工进度，建立目标管理制度，各阶段进度目标具体落实到人，明确职责，实行严格的奖惩考核制度；实行技术保证制度，严格执行技术交底制度，保证施工人员在施工前明确各项工程及各道工序的结构、质量要求、施工要领等，尽量避免误工、返工等现象出现。

（4）项目各职能部门的保障工作。

（5）与施工进度有直接关系的协调控制。

三、施工质量技术组织措施

公路工程建设项目是1个复杂、庞大的系统工程，质量是工程建设中的关键所在，任何环节或部位出问题，都会给工程建设造成严重后果，甚至造成巨大的经济损失。所以，公路工程建设必须遵循“百年大计，质量第一”的建设方针，进行“全方位、全过程、全员”的施工质量控制，提高施工过程中全体人员的质量意识，加强和保证施工质量。

1. 影响工程质量的主要因素

影响工程质量的因素贯穿整个施工过程，归纳起来主要有五个方面，即人（man）、材料（material）、机械（machine）、方法（method）和环境（environment），简称为4M1E因素。

（1）人员素质

人是生产经营活动的主体，也是工程项目建设的决策者、管理者和操作者。人员的素质将直接或间接地对规划、决策、勘察、设计和施工的质量产生影响。因此，建筑行业实行经营资质管理和各类专业从业人员持证上岗制度，是保证人员素质的重要管理措施。

（2）工程材料

工程材料的选用是否合理、产品是否合格、材质是否经过检验、保管使用是否得当等，都将直接影响建设工程的结构刚度和强度，影响工程外表及观感，影响工程的使用功能和使用安全。

（3）机械设备

机械设备对工程质量也有重要的影响，其质量功能优劣直接影响施工质量。施工机械设备的类型是否符合工程施工特点、性能是否先进稳定、操作是否方便安全等，都会影响工程的质量。

（4）施工方法

在工程施工中，施工方案是否合理，施工工艺是否先进，施工操作是否正确，都将对工程质量产生重大的影响。大力推进采用新技术、新工艺、新方法，不断提高工艺技术水平，是保证工程质量稳定提高的重要因素。

（5）环境条件

环境条件往往对工程质量产生特定的影响。加强环境管理，改进作业条件，把握好技术环境，辅以必要的措施，是控制环境对质量影响的重要保证。所以工程项目施工前，要对影响工程质量的环境采取针对性的有效措施，确保工程质量。

2. 施工质量技术组织措施的主要内容

（1）建立和完善质量保证体系，落实质量管理组织机构，明确质量责任。

（2）建立项目质量监控流程。

（3）实行各项质量管理制度及岗位责任制。

（4）设立重点、难点及技术复杂的分部分项工程的质量控制点，并制定控制措施。

（5）制定对技术复杂、易出质量问题的部位采取的施工措施。

（6）制定冬、夏两季的施工措施。

（7）编写工序作业指导书。

四、施工安全技术组织措施

施工安全技术组织措施是施工组织设计的重要组成部分，它是具体安排和指导工程安全施工的安全管理与技术文件。它能够针对每项工程在施工过程中可能发生事故隐患和安全问题的环节进行预测，从而在技术上和管理上采取措施，消除或控制施工过程中的不安全因素，防范事故的发生。制定施工安全技术组织措施应遵循“消除、预防、减少、隔离、个体保护”的原则。

1. 安全控制的方针与目标

“安全第一，预防为主”是安全控制的方针。“安全第一”是指在施工生产中，要把施工人员的人身安全放在首位，人身安全有保障，安全施工生产才能得以进行。“预防为主”是指以一定措施进行安全控制，减少或消除事故隐患。“预防为主”是实现“安全生产”的重要手段，是安全控制的主导思路。

安全控制以减少或消除不安全行为和设备、材料的不安全状态，改善生产环境和保护生态环境，实现安全管理为目标。总之，安全控制旨在减少或消除施工生产中的不安全因素，确保施工人员人身安全和施工场地财产安全。

2. 影响施工安全的主要因素

(1) 人为因素

1) 施工生产一线人员缺乏必要的安全生产知识及法律法规的学习、教育和培训。

2) 特种作业人员未经过严格的专门培训，无证上岗。

3) 操作工人的身体健康状况不佳，操作不熟练。

(2) 机械设备因素

有些施工机械设备年久失修或带病作业，加之施工中超负荷运转，加重设备的老化程度，很容易造成安全事故。

(3) 材料因素

有些安全防护用品本身就存在一些安全隐患，如材质不合格、无合格证及检测报告等。

(4) 方法因素

1) 安全防护用品的使用方法不正确，对建筑施工安全也有很大影响。

2) 安全管理方法简单或不正确，未建立健全各项安全生产规章制度及责任制，没有很好地以制度管理人、约束人，没有明确处罚、处理的依据，很容易造成事故或隐患的扩大化。

(5) 施工环境因素

在施工过程中，常会遇到一些不利于施工的天气，如刮风、下雨等。此时如果进行施工就很不安全，尤其是高处作业更危险。

3. 施工安全技术组织措施的内容

施工安全技术组织措施是针对每项工程的特点而制定的，编制安全技术组织措施的技术人员必须掌握工程概况、施工方法、施工环境、施工条件等第一手资料，并熟悉各项安全法规、标准，才能编写有针对性的安全技术措施。对大型工程，除必须在施工项目管理规划中编制施工安全技术总措施外，还应编制单位工程或分部分项工程安全技术措施，详细地制定出有关安全方面的防护要求和措施。所以，为确保该单位工程或分部分项工程的安全施工，可分为以下几方面的内容措施：

（1）施工安全保证措施

1）明确安全责任。针对各工种的特点和施工条件，建立健全施工安全管理制度和安全操作规程，要求各级安全员忠于职守，本着对工程高度负责的精神，对一切违反规定的劳动和违章行为及时予以指正。

2）做好安全技术交底工作。各项施工方案、施工工序在付诸实施前，工程师和专职安全员必须事先做好技术交底，强化职工安全保护意识，杜绝违章。特别是对于易燃易爆材料，在施工前要制定详尽的安全防护措施，确保施工安全。

3）建立安全生产设施管理制度和劳动防护用品发放制度，确保工程设施、设备、人员的安全。定期或不定期地对安全生产设施进行检查，发现问题及时进行处理，配备劳动防护用品和必要的安全生产设施。

4）密切与业主、当地政府之间的协调联系，及时贯彻执行下达的文件、批示。

（2）施工现场安全措施

1）施工现场的布置应符合防火、防触电、防雷击等安全要求，现场的生产生活用房、仓库、材料堆放场、修配间、停车场等临时设施，按监理工程师批准的总平面布置图进行统一部署。

2）施工场区内的地坪、道路、仓库、加工场、水泥堆放场四周采用沙或碎石进行场地硬化，危险地点悬挂警示灯或警告牌。在工作坑地点设防护围栏和明显的红灯警示，并在醒目的地方设置固定的大幅安全标语及各种安全操作规程牌。

3）现场实行安全责任人负责制，具体制定各项安全施工规则，检查施工执行情况，并对职工进行安全教育。组织有关人员学习安全防护知识，并进行安全作业考试，考试合格的职工才具备进入施工作业面作业的资格。

4）重视业主和设计人员提供的气象资料和水文资料，做好抗灾和防洪工作。按照业主和监理要求做好每年的汛前检查工作，配置必要的防汛物资和器材，按要求做好汛情预报和安全度汛工作。若发现有可能危及人身、工程、财产安全的灾害预兆时，应采取切实可行的防灾害措施，确保人身、工程、财产的安全。

5）定期举行安全会议，适时分析安全工作形势，由项目经理部成员、工区责任人和安全员参加并做好记录。

6）加强安全检查，建立专门的安全监督岗，实行安全生产承包责任制。在各自业务范围内，对应实现的安全生产负全责。遇有特别紧急的事故征兆时，应停止施工，采取措施确保人员、设备和工程结构安全。

7）施工现场的生产、生活区按《中华人民共和国消防法》有关规定，配备一定数量常规的消防器材，明确消防责任人，并定期按要求进行防火安全检查，及时消除火灾隐患。

8）住房、库棚、修理间等消防安全距离应符合《中华人民共和国消防法》有关规定，严禁在室内存放易燃、易爆、有毒等危险品。

9）氧气瓶不得沾染油脂。乙炔瓶应安装防火安全装置。氧气瓶和乙炔瓶必须隔离存放，隔离存放的距离应符合有关的安全规定。

10）现场工作人员应佩戴统一的安全帽，高处作业人员应系好安全带。

11）施工现场临时用电应严格按《施工现场临时用电安全技术规范》（JGJ 46—2005）中有关的规定办理。

12）施工现场和生活区应设置足够的照明，其照度应不低于国家有关规定。夜间施工或特殊场所照明应充足、均匀。潮湿和易触电、带电场所的照明供电电压不应大于 36 V。

（3）预防事故的措施

1）改进生产工艺，实现机械化、自动化施工。

2）设置安全装置，包括防护装置、保险装置、信号装置和危险警示。

3）安排预防性的机械强度实验和电气绝缘检验。

4）进行机械设备的保养和有计划的检修。

5）文明施工。

6）正确使用劳动防护用品。

7）强化民主管理，认真执行操作规程，普及安全技术知识教育。

五、施工环境技术组织措施

随着社会的进步、经济的迅速发展，施工环境的保护显得越来越重要。工程项目施工阶段，往往会进行大量的土石方工程施工，极大地改变了原有环境稳定的自然形态。控制施工现场的各种粉尘、废水、废气、固体废弃物、噪声、振动等对环境的污染和危害，成为安全施工、文明施工的重要内容。

1. 施工环境保护的意义

（1）施工环境保护是保证人民身体健康和体现社会文明进步的需要。采取专项措施防止粉尘、噪声和水源污染，保护好施工现场和周边环境，是保证施工人员和周边居民身体健康、展现以人为本和社会文明进步的具体体现。

（2）施工环境保护是现代化生产的客观要求。现代化施工生产广泛采用的新技术、新工艺、新设备，对环境的质量要求很高，尤其是一些精密仪器。超标的粉尘、振动都有可能损坏设备，影响其使用效率。

（3）施工环境保护是消除外部干扰和保证施工顺利进行的需要。随着人们法制观念和自我保护意义的增强，施工扰民问题的反映越来越强烈。减小施工对环境的污染和对居民正常生活的干扰，不但可以减小由于施工引起的与当地居民的矛盾，同时也保证了施工生产的顺利进行。

（4）节约能源、保护人类生存环境，是保证社会与企业可持续发展的必然要求。现代社会化大生产在给人们带来诸多方便的同时，环境污染和能源紧缺等问题也凸显出来。“可持续发展和环境保护”是 21 世纪的主题，保护自然环境是社会和企业的责任与义务，同时也有利于社会和企业的可持续发展。

2. 施工环境技术组织措施的内容

为了保护和改善生活环境与生态环境，防止由于建筑施工造成的作业污染和扰民，保障施工人员和建筑工地附近居民的身体健康，施工单位应努力做好环境保护工作。

（1）规范施工现场的场容，保持作业环境的整洁卫生。

（2）减小工程施工对周围环境的破坏。

（3）组织落实各种环境保护管理制度。

（4）妥善处置施工现场的固体废弃物。

（5）严格控制强噪声作业时间。

（6）严格控制人为噪声，比如无故摔打模板、使用高音喇叭等。

（7）及时处理施工废水、废油污染等。

任务实施

安全技术组织措施的编写

一、安全管理保证体系

某公路施工项目安全管理保证体系如图 2—4—1 所示。

二、施工安全管理保证措施

1. 安全生产管理

（1）明确安全目标，杜绝一切安全事故与火灾事故的发生。

（2）建立健全各级各部门的安全生产责任制，责任落实到人，且总分包之间必须签订安全生产协议书。

（3）新进企业的工人须进行公司、施工队和班组的三级教育。对上岗员工进行严格把关，做到上岗前都要经过安全教育。

（4）要进行分部分项工程安全技术交底。

（5）必须建立定期安全检查制度，且检查有记录。

（6）特种作业须持证上岗，且必须遵章守纪、佩戴标志。

（7）建立工伤事故处理档案，认真按规定进行处理和报告，做好“四不放过”工作。

2. 材料堆放（略）

3. 个人防护

（1）进入施工区域的所有人员必须戴安全帽。

（2）高处作业人员必须佩戴安全带，安全带要扣挂在牢固处、高挂低用。

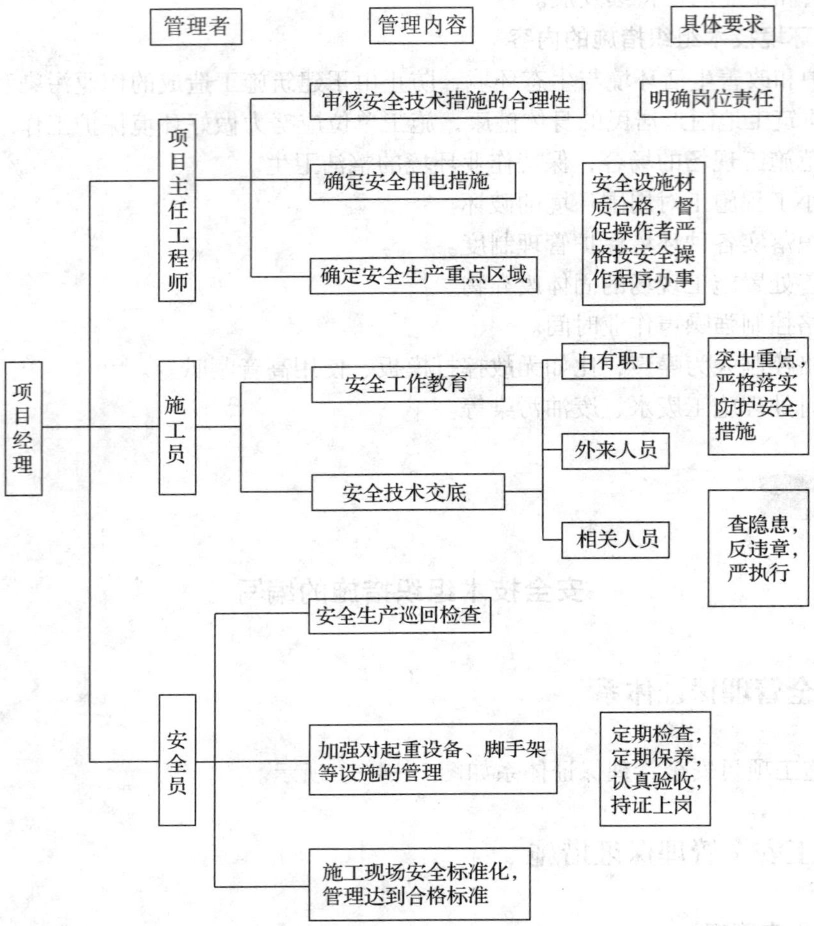

图 2—4—1　安全管理保证体系图

（3）所有参加电气作业的人员应穿绝缘鞋或戴绝缘手套。

（4）从事电气焊、剔凿、磨削作业人员应使用面罩、护目镜。

（5）特殊工种必须持证上岗，并配备安全防护用品。

4. 施工现场高处作业安全措施（略）

5. 易燃、有毒化学品使用安全措施（略）

6. 施工现场临时用电安全防护措施（略）

三、防火、用电的安全保证措施

1. 人员组成

消防保卫组织成员

总指挥：项目经理　　副指挥：安全经理

报警：夜间设值班人员（消防电话："119"）

组员：全体现场管理人员

灭火队：全体保安

2. 安全组织体系（见图2—4—2）

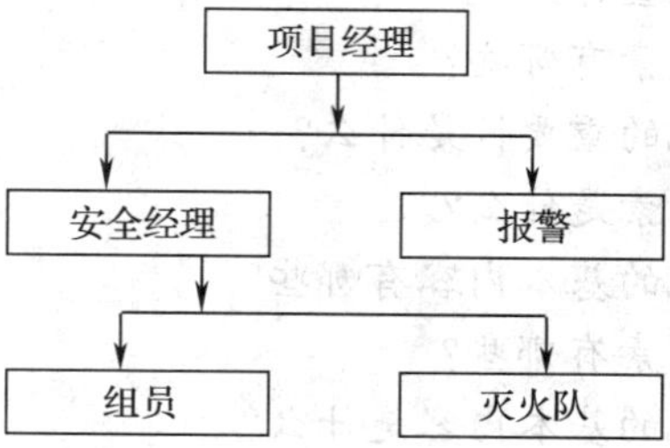

图2—4—2　安全组织体系

3. 工程开工前准备

（1）单位工程在开工前15天，应到主管部门办理"工程施工现场安全许可证"。

（2）应上报工程的施工组织设计、消防保卫方案和预案，以及相关的图样、组织机构情况。

4. 消防管理（略）

5. 用火用电措施

（1）施工现场、生活区用明火必须上报保卫部。生火时不准用汽油、煤油等液体引火。在火炉附近不准堆放可燃物品，使用火炉取暖必须上报保卫部审批。

（2）照明线必须按规定正式架设，不准乱拉、乱接，由正式电工安装，库房照明灯不准超过100 W，居住地照明应用36 V低压。

（3）电气焊必须"三证"（操作证、上岗证、动火证）齐全方可作业。动火证只在指定地点和规定时间内使用有效，严格落实消防局文件的精神。

（4）冬季施工使用电热器具，须有工程技术部门提供的安全技术资料，并经现场防火负责人同意，报公司保卫部审批。

6. 消防设施、器材管理

（1）现场配备消防器材，应根据工程情况、结构施工阶段，每50 m^2不少于1瓶，装修阶段每30 m^2不少于1瓶，现场每120 m范围内设一个消火栓，配水带、水枪，设立标志牌，主管径不小于100 mm，出水口直径不小于65 mm。

（2）施工现场设消防泵房，24小时有人值班，竖管每隔一层设一个出水口，配套齐全。

（3）消防设施、器材必须每年维修保养一次，不能使用过期的灭火器材，确保消防设施、器材灵敏、有效、好用。

（4）冬季施工用的保温材料，包括竖管及临时管线保温，必须按有关文件执行。

（5）现场消火栓、灭火器材周围3 m之内不准堆放物品，且不得埋压圈占或挪作他用。

思考与练习

1. 施工技术组织措施的定义是什么？
2. 施工技术组织措施有哪些作用？
3. 影响施工进度的主要因素有哪些？
4. 施工质量技术组织措施的重要性是什么？
5. 影响施工质量的主要因素是什么？
6. 施工质量技术组织措施的基本内容有哪些？
7. 影响施工安全的主要因素有哪些？
8. 施工安全技术组织措施的基本内容是什么？
9. 施工环境保护技术组织措施的基本内容是什么？

模块三

施工进度计划的编制

任务一　编制施工进度横线图

学习目标

◆ 了解施工进度计划的编制依据、作用、编制步骤。
◆ 熟悉施工进度计划的三种表示方法。
◆ 了解施工进度计划的基本作业方法。
◆ 了解组织流水作业的基本方法及流水施工的主要参数。
◆ 能正确编制施工进度横线图。

工作任务

某地有一项建4道小涵洞的施工任务。假定4道小涵洞的劳动量相等，施工条件、技术配备、工程数量等完全相同，请按不同的作业方法做出其施工进度横线图，并分析采用不同的作业方法施工时的工期。

相关理论

为了简洁、方便地表达施工进度计划，通常有三种表示方式，分别为横线图、垂直图和网络图。施工进度横线图是施工进度计划表示方法中的一种，本任务仅介绍横线图的编制方法。

一、工程施工进度计划

施工进度计划是施工组织设计的中心内容，它要保证建设工程按合同规定的期限交付使用。施工中的其他工作必须围绕并适应施工进度计划的要求安排施工。施工进度计划的种类与施工组织设计相适应，分为总进度计划和单位工程施工进度计划。

1. 施工进度计划的编制依据

(1) 上级或合同规定的开工、竣工日期。

(2) 设计图样、定额资料等。

(3) 工程项目所在地的水文、地质、气象等自然情况。

(4) 工程项目所在地资源可利用情况。

(5) 项目部可能投入的施工力量、机械设备和主要材料的供应及到货情况。

(6) 影响施工的经济条件和技术条件。

(7) 主要工程的施工方案。

(8) 工程项目的外部条件等。

2. 施工进度计划编制的作用

(1) 有助于领导部门抓住关键，统筹全局。

(2) 有利于施工企业合理布置人力、物力，正确指导施工生产活动的顺利进行。

(3) 有利于工人群众明确目标，更好地发挥主动精神。

(4) 有利于施工企业内部及时配合，协同作战。

3. 施工进度计划的编制步骤

(1) 项目描述

包含项目目标、项目范围、执行方法、完成计划等内容，是用于对项目总体进行概要性说明的文档形式。

(2) 分解施工项目，确定施工方法

划分的施工项目要与施工方法一致，便于查定额，不发生漏项。施工方法的选择要具有先进性和合理性。

(3) 工作描述

要明确地描述项目所包含的各项工作的具体内容和要求，并将其作为编制项目进度计划的依据。确定工作的逻辑关系。

(4) 计算工程数量和项目的劳动量

依据项目分解情况，按照设计图样和计算规则完成，劳动量计算要准确。

(5) 计算生产周期

可采用以施工队人数和机械确定工期，按规定工期确定施工队人数和机械的两种方法。

(6) 编制施工进度图。

(7) 施工进度计划的检查与调整。

二、施工进度计划的表示方法

施工进度计划主要是用施工进度图来表达的。施工进度图简单易懂，有助于领导部门抓住关键，正确指导施工生产活动的顺利进行；有利于施工企业内部及时配合。它是控制施工进度、指挥施工活动的依据，也是编制作业计划、物资供应计划、机具调度计划、资金使用计划等施工组织文件的依据。施工进度图按其形式分为横线图、垂直图和网络图。

1. 横线图

横线图（也称横道图），它是以时间为横坐标，以各分部分项工程或施工工序为纵坐标，按一定的先后施工顺序和工艺流程，用带时间比例的水平横线表示对应项目或工序持续时间的施工进度计划图表。

如图3—1—1所示，横线图常用的格式有横向工段式和横向工序式两种表现形式，用水平横向线条形象地表示出各工序的施工进度，其线条的长度表示施工持续时间的长短，线条的位置表示施工过程，线上可以用数字表示劳动力数量或资源的所需数量，有时也可以采用不同的线条符号表示作业班组或施工段。

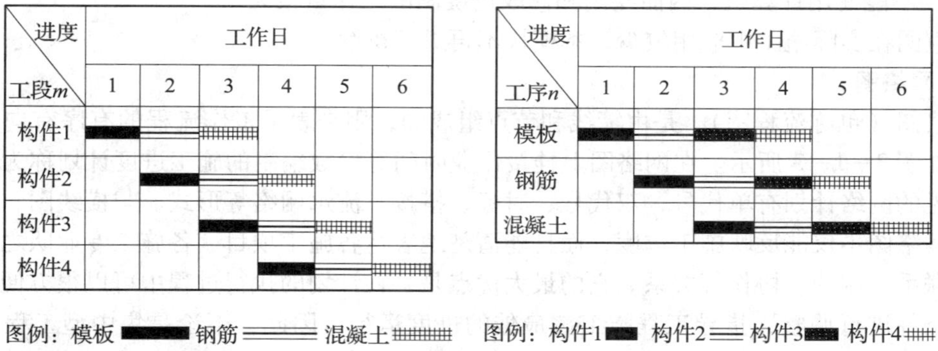

横向工段式　　横向工序式

图3—1—1　横线图

本任务主要讲解施工进度计划横线图的编制方法。

横线图的优点是简单、直观、易懂、容易编制，但有以下缺点：

（1）工程量的实际分布情况不清楚，也无法表示。

（2）施工日期和施工地点的关系不明确，即什么日期在什么地点施工不明确。

（3）不能表示各工程项目之间的衔接情况及施工专业队之间的相互配合关系。

（4）不能绘制对应施工项目的平面示意图。

2. 垂直图

垂直图（也称斜线图）的常用格式有工段式和工序式两种，以纵坐标表示施工日期，以横坐标表示里程或工程位置，用不同的线条或符号表示各项工程及其施工进度，如图3—1—2所示。

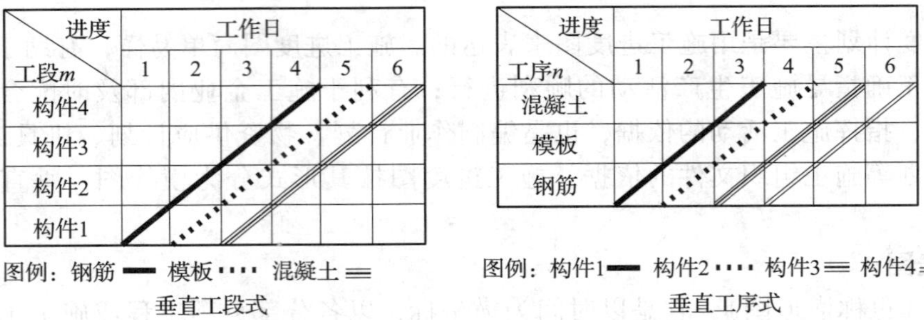

图3—1—2　垂直图

垂直图的优点是工程量的分布情况、工程项目的相互关系、施工的紧凑程度、施工期限都十分清楚。但其仍有一些不足之处：

（1）不能反映哪些工作是关键工作。

（2）计划安排的优劣程度很难评价。

（3）反映不出某些工作的时差。

（4）不能使用计算机，因而绘制和修改进度图的工作量很大。

垂直图在实际施工中应用较少，本模块不再进行讲解。

3. 网络图

网络图（也称流程图），是由箭线和节点组成的，用来表示工作流程的有序有向的网状图形，如图3—1—3所示。在网络图上挂接作业时间等参数编制的施工进度计划称为网络计划。常见的网络计划有单代号、双代号、时标、搭接、流水网络等形式。与横线图、垂直图相比，网络图不仅能反映施工进度，而且能清楚地表达各施工项目、各施工专业队之间错综复杂的联系、制约、协作等关系。它的最大优点是，在计划的执行过程中可以很方便地根据当时的条件进行调整，指导工程施工按最佳的进度运行。因此，不论是集中型工程还是线形工程，都可以用网络图表示工程进度，尤其是时标网络图更能准确、直观地表达工程进度。

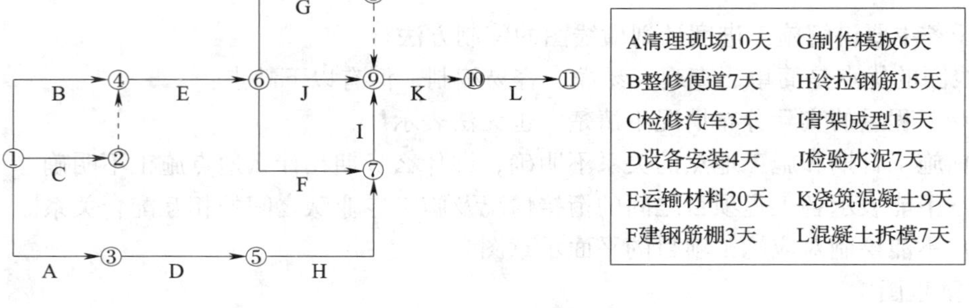

图3—1—3　网络图

三、施工进度计划基本作业方法

在施工组织方面，就公路工程总体而言，其施工组织具有集中与线形分布的双重性，且多属于多工段多工序型生产组织类型。因此，施工过程时间组织是通过作业班组在施工对象间进行作业的运动方式来表现的。在公路施工过程中，公路施工的时间组织有三种基本作业方法：顺序作业法、平行作业法、流水作业法。在进行公路施工组织设计时，这三种作业方法既可以单独运用，也可以综合运用；顺序作业法、平行作业法、流水作业法及其综合运用法既可以用横线图表示，也可以用网络图表示。

1. 顺序作业法

顺序作业法是指从某一个施工段开始做起，各专业作业班组按工艺顺序先后投入，完成一个施工段的全部施工任务后，接着再去完成另一个施工段的任务，直至完成全部任务的作业方法。其横线图如图 3—1—4 所示。顺序作业法的特点：任何时段投入的劳动力和材料需要量少，有利于资源组织管理；作业地点集中，便于施工管理；设备投入少，但利用率不高；不能充分利用工作面争取时间，生产周期长；专业作业班组和材料供应都为间歇作业，不能连续施工，浪费劳动资源，生产效率低下。其工期可以按式（3—1—1）计算：

$$T = mt \tag{3—1—1}$$

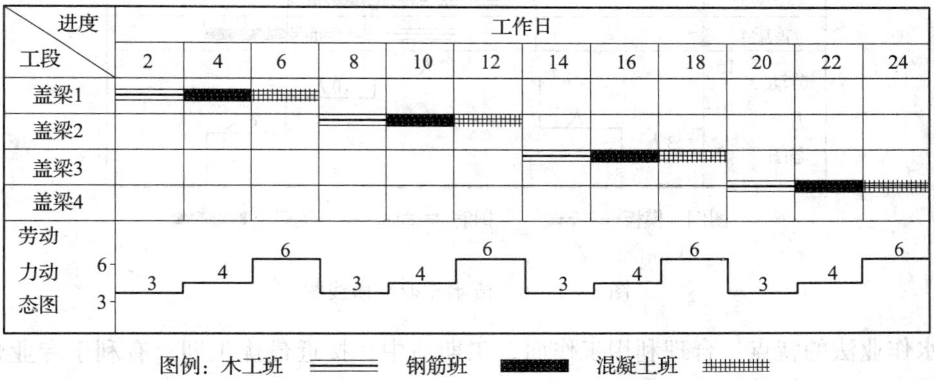

图 3—1—4　顺序作业法横线图

2. 平行作业法

平行作业法是指各施工段同时开工进行第一道工序作业，完成第一道工序后，按照工艺顺序依次投入后继工序的专业队组，直至完成工段上所有的工序，其横线图如图 3—1—5 所示。平行作业法的特点：可充分利用工作面，生产周期短；劳力、材料及机械投入量大、时间集中，施工节奏性和均衡性较差；各专业队组间歇作业，不能连续施工，施工连续性较差；作业地点分散，不便进行组织管理。其工期可以按式（3—1—2）计算：

$$T = t \tag{3—1—2}$$

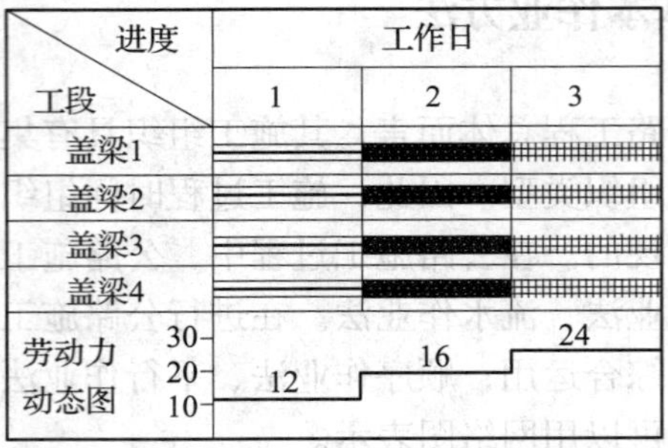

图 3—1—5　平行作业法横线图

3. 流水作业法

流水作业法是指各工段相隔一定时间依次开工，各班组按工艺顺序依次投入，相同的工序连续生产，不同工序平行生产的作业方法。其横线图如图 3—1—6 所示。

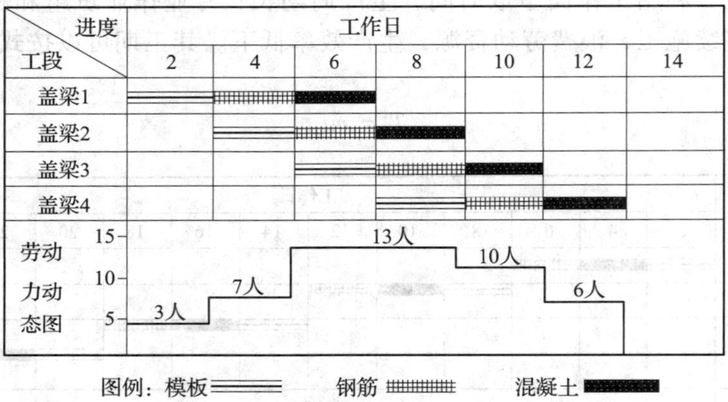

图 3—1—6　流水作业法横线图

流水作业法的特点：合理利用工作面，工期适中，接近最优工期；有利于专业化施工，提高专业班组的熟练程度及专业技能，保证工程质量，提高生产率；同一工序的班组连续作业，不同工艺的班组衔接紧凑，具有较好的施工连续性；单位时间投入的工料均衡，符合资源供应的客观规律，有利于资源组织和管理，具有较好的施工节奏性；协调和组织工作难度大，应加强协调和调度管理。采用流水作业法组织施工，施工段的数量和工作面的大小必须满足一定的要求，才能更好地发挥其优越性。

4. 作业方法之间的比较

通过对顺序作业法、平行作业法、流水作业法的比较，可以发现流水作业法是一种比较科学的施工组织方法，它建立在合理分工、紧密协作和大批量生产的基础上。在实际工程中，这三种作业法不仅可以单独使用，而且可以根据具体条件将三种基本作业方法综合运用。在实际工程中常用的有平行流水作业法、平行顺序作业法、立体交叉平行流水作业法。

四、流水施工组织及流水施工主要参数

在公路工程施工过程中，将建筑产品施工的各道工序分配给不同的专业队依次去完成，每个专业队沿着一定的方向移动，在不同的时间相继对各个施工任务（施工段）进行相同的施工，由此形成专业队、施工机械和材料供应的移动路线，称为流水线。

1．组织流水作业的基本方法

（1）划分施工段

划分施工段就是把劳动对象（工程项目）按自然形成或人为地划分成劳动量大致相等的若干段。如果把一个标段的路线工程部分划分成1 km一段，就属于人为地把劳动对象划分成了若干施工段。

（2）划分工序

划分工序就是把劳动对象（工程项目）的施工过程划分成若干道工序或操作过程，每道工序或操作过程分别按工艺原则建立专业班组，即有几道工序，原则上就应该有几个专业施工队。

（3）确定施工顺序

确定施工顺序就是各个专业班组按照一定的施工顺序，依次、连续地由一个施工段转移到下一个施工段，不断地完成同类施工。如路线的施工顺序是施工准备、施工放样、路基、路面等，各专业班组按照这个施工顺序，由一个施工段转移到下一个施工段，直至完成全部工程。

（4）估算流水时间

施工单位根据能达到的生产力水平和流水强度，确定流水节拍和流水步距。

（5）施工过程的时间组织

为了缩短工期，提高经济效益，减少施工工人和施工机械的不必要的闲置时间，本施工段上各相邻工序之间或本工序在相邻施工段之间进行作业的时间，应尽可能地相互衔接起来，即施工段之间、工序之间尽可能连续。

【例3—1—1】 有5道涵洞，对其基础施工采用流水作业法。

分析：①5道涵洞，自然形成5个施工段。

②将基础分成三道工序：施工放样、挖基坑、砌基础。

③分别组成三个专业施工队，即施工放样3人、挖基坑4人、砌基础8人。

④施工顺序：施工放样→挖基坑→砌基础。具体时间组织成果如图3—1—7所示。

由图3—1—7可见，当涵洞1的施工放样工序完成后，涵洞1的挖基坑作业可以进行；同时，涵洞2的施工放样和涵洞1的挖基坑作业平行进行施工；以此类推，形成流水作业。

2．流水施工的主要参数

流水作业的施工过程是一个相对独立和完整的系统，在这一系统中，决定流水作业状态和结果的主要因素称为流水作业参数。流水施工主要参数包括时间参数、工艺参数和空间参数。

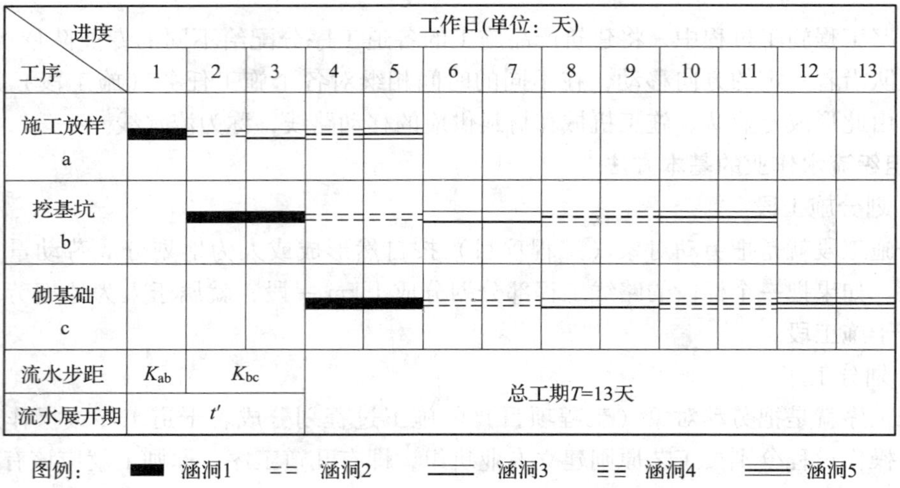

图 3—1—7 流水作业施工进度图

（1）时间参数

在施工过程中，每一工序的完成都要消耗时间。组织流水作业时，用来表达流水作业在时间排列上所处的状态的参数称为时间参数，主要有流水节拍、流水步距、流水展开期等。

1）流水节拍 t_i。流水节拍是指一道工序（作业班组）在一个施工段上的持续时间。如图 3—1—7 所示，施工放样工序在各施工段上的流水节拍都等于 1 天，挖基坑工序在各施工段上的流水节拍都等于 2 天等。当施工段数目确定后，流水节拍的长短即影响总工期。从理论上讲，流水节拍越短越好。但是实际上，由于工作面的限制，流水节拍 t_i 有一个界限。流水节拍 t_i 有以下几种计算方法：

①定额法。在实际工程中，根据实有工人和机械数量按式（3—1—3）确定流水节拍 t_i：

$$t_i = \frac{Q_i S}{Rn} \tag{3—1—3}$$

式中 t_i——流水节拍；

Q_i——某施工段的工程数量；

S——某工序的时间定额；

R——施工人数或机械台数；

n——作业班制数，即 1 班、2 班、3 班。

②工期反算法。如果施工任务紧迫，必须在规定日期内完成施工任务，可采用倒排进度的方法求流水节拍。首先根据要求的总工期 T 倒排进度，确定某一工序（施工过程）的施

工作业总持续时间 T_i，再根据施工段数 m 反求流水节拍 t_i：

$$t_i = \frac{T_i}{m} \tag{3—1—4}$$

然后检查反求的流水节拍 t_i 是否大于最小流水节拍 $t_{\min}$，如果不满足，可通过调整施工段数和专业队人数及作业班次，再综合考虑其他因素，重新确定。$t_{\min}$ 的计算公式为：

$$t_{\min} = \frac{A_{\min} Q_i S}{A} \tag{3—1—5}$$

式中 $A_{\min}$——每个人或每台机械所需的最小工作面积；

A——一个施工段实际具有的工作面数；

Q_i——某施工段的工程数量；

S——某工序的时间定额。

2）流水步距 K。流水步距是指两相邻工序的专业队组相继投入同一（第一）施工段开始工作时的时间间隔，即开始时间差。在图 3—1—7 中，施工放样专业队从第一天开始作业，挖基坑专业队从第二天开始作业，则这两支专业队之间的流水步距 $K=1$。在施工段数目和流水节拍确定的条件下，流水步距越大，总工期就越长；反之，流水步距越小，总工期就越短。

3）流水展开期 t'。从第一个施工专业队开始作业起，到最后一个施工专业队开始作业止，其时间间隔称为流水展开期，用 t' 表示。显然，流水展开期之后，全部施工专业队都进入流水作业，每天的各种资源需要量保持不变，各专业队每天完成相应的工作量。开始了连续、均衡而紧凑的流水作业阶段。由图 3—1—7 可见，流水展开期 t' 的数值等于各流水步距 K 值之和。

除此之外，时间参数还有技术间歇时间和组织间歇时间。技术间歇时间是由于材料特点或者工艺要求，施工组织中考虑的工艺等待时间。如混凝土的凝结硬化、油漆的干燥等。组织间歇时间是由于施工技术或施工组织的原因，造成流水步距以外增加的间歇时间，如施工进行中的检查、校正，施工人员和机械的转移等需用的时间都是组织间歇时间。

（2）工艺参数

工艺参数包括施工过程数和流水强度，它们反映了流水作业过程的工艺特征、顺序以及工艺作业过程的快慢程度，在很大程度上，它决定了流水施工作业的速度。

1）施工过程数 n。在流水作业中，通常把一个施工段的施工过程称为一项施工任务，若有 m 个工段，就有 m 项施工任务。这些施工任务的施工生产过程均可划分为 n 个具有独自工艺特点的工序（或操作过程），其划分数量 n 即称为施工过程数，又称工序数。

2）流水强度 v。流水强度又称流水能力或生产能力，指每一作业班组在单位时间内所完成的工程数量，它反映了流水作业工艺过程流动的强弱程度，决定了施工的速度（如瓦工组在每工作班砌筑的圬工体积数值），称为流水强度。流水强度越大，专业队应配备的机械、需用的人工及材料等也就越多，工作面相应增大，施工期限将会缩短。流水强度按下列公式计算。

机械施工时的工序流水强度按式（3—1—6）计算：

$$v_i = \sum_{i=1}^{x} R_i C_i \qquad (3—1—6)$$

式中 v_i——工序 i 的机械作业流水强度；

R_i——某种施工机械台数；

C_i——该种施工机械的台班产量定额（时间定额的倒数）；

x——投入同一工序的主导施工机械种类。

人工操作时的工序流水强度按式（3—1—7）计算：

$$v_i = R_i C_i \qquad (3—1—7)$$

式中 v_i——工序 i 的人工作业流水强度；

R_i——每一专业班组人数；

C_i——平均每一个工人每班产量，即产量定额（时间定额的倒数）。

（3）空间参数

执行任何一项施工任务，都要占用一定范围的空间。在组织流水作业时，用工作面、施工段数这两个参数表达流水作业在空间布置上所处的状态，这些参数称为空间参数。

1）工作面。某一专业工种的工人或某种型号的机械在进行施工操作时所必须具备的活动空间称为工作面。工作面的大小决定了最多能安置多少工人和布置多少台机械操作。它反映了空间组织的合理性。工作面的布置以最大发挥工人和机械的效力为目的，并遵守安全技术和施工技术规范的规定。

2）施工段数。划分施工段的目的主要是多创造工作面，为下道工序尽早开工创造条件，不同的工序（不同工种的专业施工队）在不同的工作面上平行作业。只有划分施工段，才能展开流水作业。

任务实施

任务分析：4 道小涵洞自然形成了 4 个施工段，可把每一个施工段划分成三道工序，即基础、洞身、洞口。可以采用下面三种基本作业方法完成该施工任务：假设 4 道涵洞的劳动量是一样的，每道涵洞，基础由 4 人，3 个工作日完成；洞身由 8 人，3 个工作日完成；洞口由 6 人，3 个工作日完成。

下面按三种不同的作业方法做出其施工进度横线图，并计算相应的工期。

一、顺序作业法

按照顺序作业法做出该工程的横线图，如图 3—1—8 所示。

由图 3—1—8 可以看出，顺序作业法完成 m 个施工任务所需的总施工时间 T 为完成一个任务所需时间 t 的 m 倍，即 $T = mt = 4 \times 9$ 天 $= 36$ 天。

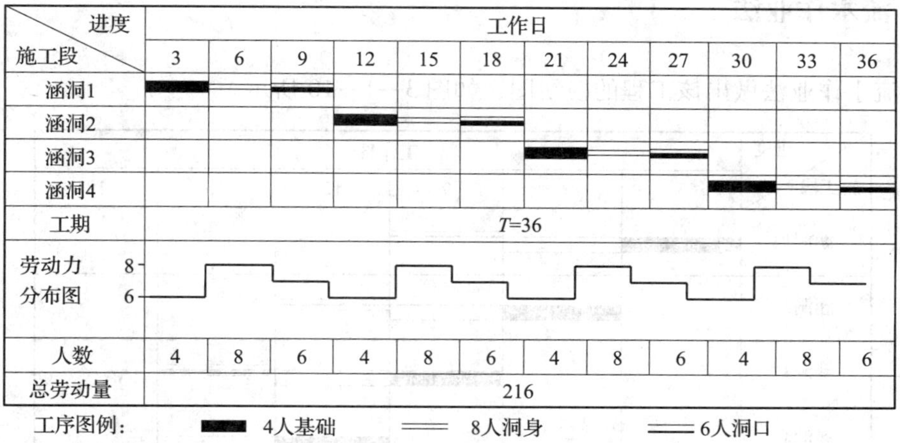

图 3—1—8　顺序作业法横线图

二、平行作业法

按照平行作业法做出该工程的横线图，如图 3—1—9 所示。

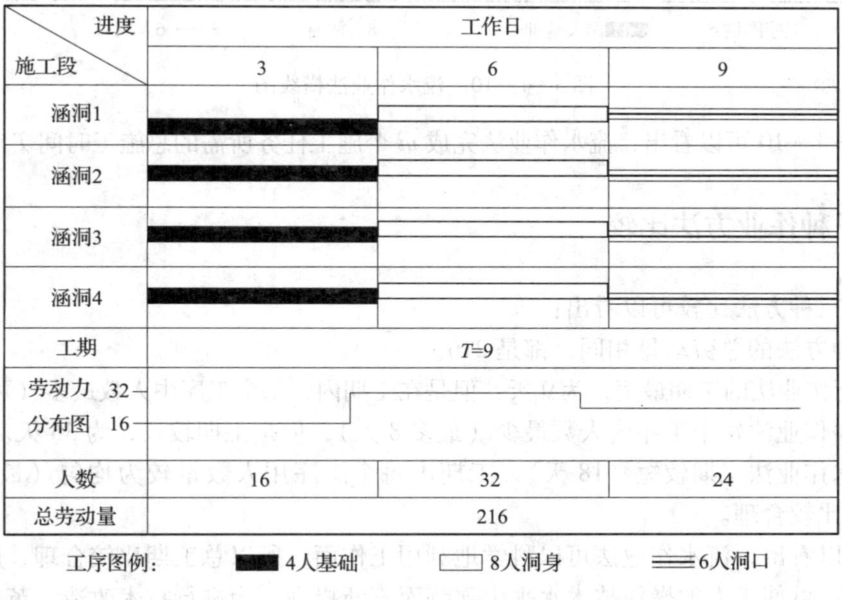

图 3—1—9　平行作业法横线图

由图 3—1—9 可以看出，用平行作业法组织生产，完成 m 个施工任务所需的总施工时间 T 等于完成一个任务所需的时间 t，如完成涵洞 1 任务所需的时间 $t=9$。即 $T=t=9$ 天。

三、流水作业法

按照流水作业法做出该工程的横线图，如图 3—1—10 所示。

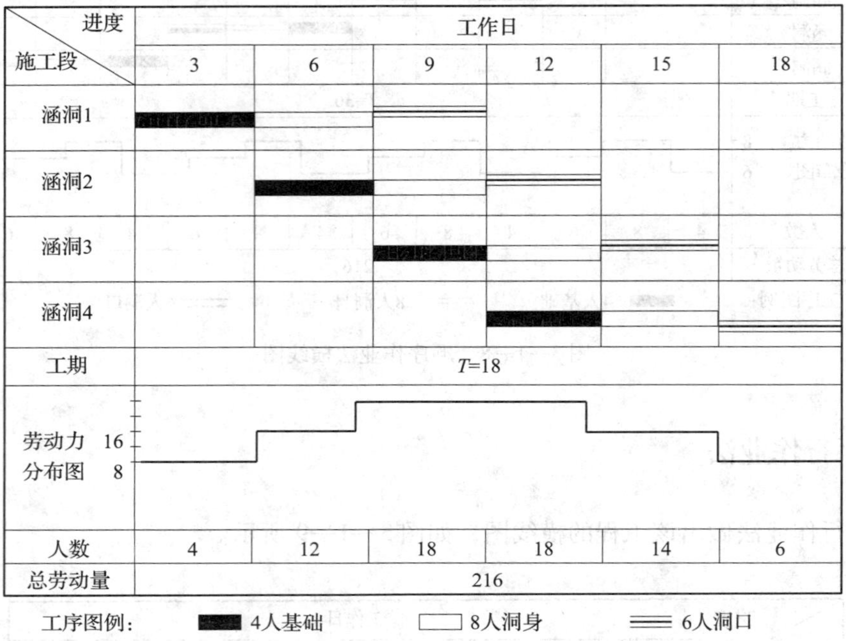

图 3—1—10 流水作业法横线图

由图 3—1—10 可以看出，流水作业法完成 m 个施工任务所需的总施工时间 T，$T=18$ 天。

四、三种作业方法比较

由上面三种方法比较可以看出：

1. 三种方法的总劳动量相同，都是 216。
2. 平行作业法的工期最短，为 9 天，但是在工期内，每个工序中人数最多（可达 32 人）。
3. 顺序作业法每个工序内人数最少（最多 8 人），但是工期较长，为 36 天。
4. 流水作业法工期较短（18 天），工期内每个工序用人数量较为均匀（最多 18 人），所以总工期比较合理。

由此可以看出，流水作业法可以科学地利用工作面，所以总工期比较合理，施工队采用专业化施工，可使工人的操作技术水平由熟练而不断提高，为进行技术改造、革新创造了条件，更能保证工程质量，同时获得更高的劳动生产率。另外，专业施工队实行连续作业，相邻专业施工队之间搭接紧凑，体现了施工的连续性；单位时间内需要投入施工现场的资源数量较为均衡，有利于资源供应的组织工作；施工有节奏，为文明施工和进行施工现场的科学管理创造了条件。所以流水作业法是一种比较科学的施工组织方法，它建立在合理分工、紧密协作和大批量生产的基础上。但是采用流水作业法组织施工，施工段的数量和工作面的大小必须满足工作要求，流水作业法才能更好地发挥其优越性。

工程应用

某隧道施工进度横线图

一、工程概况

某隧道分为左、右两条隧道，为单向行车单洞双车道分离式隧道。右线隧道进口桩号为K9 +983（设计高程为142.975 m），出口桩号为K11 +255（设计高程为146.623 m），隧道全长1 272 m，隧道纵坡为0.314%；左线隧道出口桩号为K9 +980（设计高程为142.965 m），进口桩号为K11 +250（设计高程为146.431 m），隧道全长1 270 m，隧道纵坡为0.314%；隧道左线位于半径为3 200 m的左偏圆曲线上，隧道右线位于半径为2 800 m的左偏圆曲线上，其中隧道右线全线设置 -2%超高。

二、自然水文、地质情况

1. 气象水文

本地区属于温带（半）湿润季风气候，一年四季分明，无霜期为140天左右，隧道区南侧为大伙房水库，水量丰富。

2. 地形地貌

隧道位于辽宁省，地形复杂，冲沟发育。山体总体呈近东西走向，南陡北缓。南侧坡角一般在20°~30°，局部可达70°。北侧一般在15°~20°，最低处海拔121.7 m，最高处海拔267.4 m，相对高差145.7 m，属于低山地貌。

3. 水文地质条件

隧道区属于半湿润季风气候，冬季属于枯水期，基岩裂隙水及第四系孔隙水较贫乏。隧道围岩以混合岩为主，含水性差，但节理裂隙及断裂构造普遍发育，且连通性好，透水性强，隧道开挖过程中极易产生渗水现象。丰水期会产生涌水现象。

三、施工工期安排

根据我单位较大断面公路隧道施工经验，以及拟投入的机械设备和劳动力，按照拟订的施工方案和进度进行施工，考虑到施工中不可预见因素，安排总工期为8个月，满足业主的工期要求。计划2007年4月1日开工，2007年11月20日竣工。隧道施工进度横线图如图3—1—11所示。

序号	工程项目	单位	数量	定额	劳动日（工日）	工期 开始	工期 结束	每班平均人数	工作日（天）
1	施工准备				184	4.1	4.10	23	8
2	采沙石料	m	3975	2.56	10176	5.1	8.31	106	96
3	运输材料	t	5943	0.42	2496	5.20	9.30	24	104
4	洞外石方	m	1632	0.49	800	4.11	4.30	50	16
5	下部导坑	m	2683	1.61	4320	5.1	9.15	40	108
6	上部导坑	m	1600	1.59	2444	5.10	9.22	24	106
7	扩大	m	3533	1.62	5724	5.20	10.2	54	106
8	挖底	m	3819	1.61	6148	5.30	10.12	58	106
9	浇边墙	m	836	3.17	2650	6.5	10.17	25	106
10	浇拱圈	m	1170	3.17	3710	6.15	10.27	35	106
11	拱背填片石	m	366	1.31	480	7.1	10.31	5	96
12	压浆	m	451	2.77	1248	7.10	11.10	13	96
13	浇筑盖板	m	313	0.69	216	10.1	10.31	9	24
14	整修路拱	m	1512	0.26	393	1027	11.15	25	16
15	浇路面	m	1479	0.28	414	11.1	11.20	25	16
16	砌水沟	m	185	2.10	388	10.1	10.31	15	26

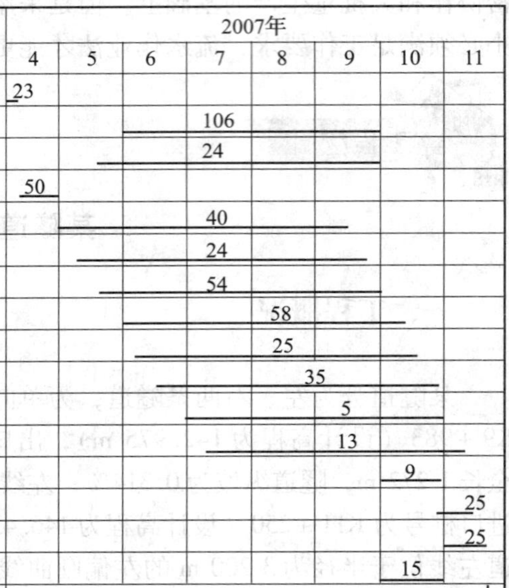

说明：1. 进度线上数字为人数；
2. 采用流水作业方法
3. 本图采用厘米格纸绘制，工期数值可变化。

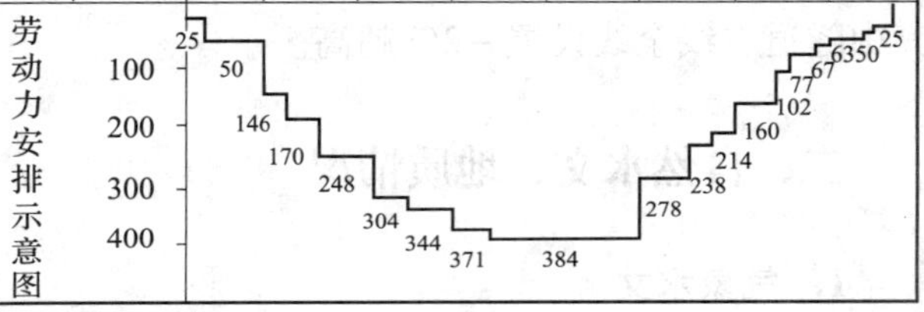

图 3—1—11　隧道施工进度横线图

编制横线式施工进度图的步骤如下：

1．作图的准备工作。

2．编制作业工期计算表。

3．绘制施工进度线。

4．多方案反复比较、评价，择优定案。

注：图 3—1—11 左半部分是以分部分项工程或工序为主要内容的表格，包括工程量、劳动量、工作日等；右半部分是施工进度图表，横道线的长短表示施工的期限，横道线所在的位置表示施工的内容，线上可以用数字标出劳动力或资源的需要数量。

思考与练习

1．什么是工程施工进度计划？

2．公路施工进度计划的表示方法有哪几种？

3．简述公路施工进度计划的编制步骤。

4．简述几种施工进度计划表示方法的优缺点。

任务二　认识施工进度网络图

学习目标

- 了解施工进度计划网络图的分类。
- 了解双代号网络图的组成及识图方法。
- 了解单代号网络图的特点及组成。
- 熟悉双代号时间坐标网络图的特点及适用情况。

一、施工进度计划网络图的分类

1. 按表示方法分类

（1）双代号网络计划图

双代号网络计划图简称双代号网络图，是以一条箭线表示一项工作，用箭线首尾两个节点（圆圈）编号作为代号的网络图。

（2）单代号网络计划图

单代号网络计划图是以单代号表示法绘制的网络图。网络图中，每个节点表示一项工作，箭杆线仅用来表示各项工作之间相互制约、相互依赖的关系。

2. 按有无时间坐标分类

（1）时间坐标网络计划图

时间坐标网络计划图简称时标网络图，它是与时间坐标联系在一起的网络图，即将网络图的箭杆线按时间比例画成横道线，并保持原有网络的逻辑关系，是网络计划优化的工具。

（2）非时间坐标网络计划图

非时间坐标网络计划图是指不按时间坐标绘制的网络计划，即是一般网络或抽象网络，其箭杆线无时间比例，只代表非矢量的逻辑关系。

二、双代号网络计划图

双代号网络计划是目前应用较为普遍的一种网络计划形式，因此在这里先介绍双代号网络图的基本知识。它是利用网络技术表示一项工程任务或一个计划中各项工作的先后、衔接关系和所需时间、资源，其工作用两个代号表示，这种工作流程图称为网络图，如图3—2—1所示。

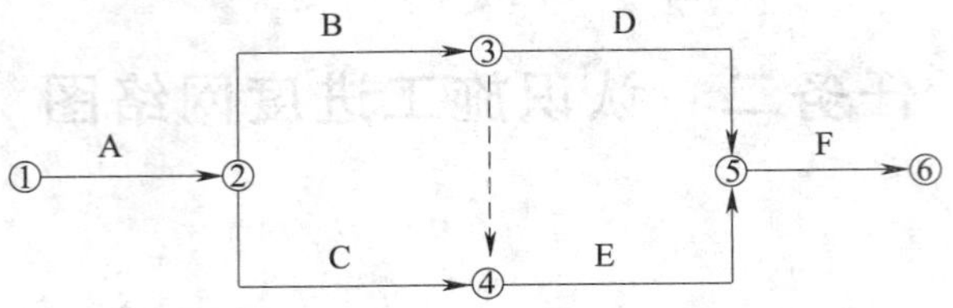

图3—2—1　双代号网络图

1. 双代号网络图的组成

双代号网络图由三个要素组成，即箭杆线、节点和流（方向）。

（1）箭杆线

箭杆线表示一项工作，它代表了某个专业队（工序）在某个施工段上的操作过程。

根据施工组织设计阶段的不同，箭杆线所表示的工作取决于网络的层次（即详细程度），可能是单位工程（如某段路线、桥梁工程等），也可能是分部工程（如路基工程、路面工程、土石方工程、砌筑工程等）、分项工程（如浆砌块石、沥青混凝土、挡土墙、挖基坑等）。

箭杆线又分为实箭杆线和虚箭杆线。实箭杆线简称实箭线，它表示的工作既消耗了时间又消耗了资源或只消耗了其中的一种，如挖基坑这项工作需要消耗人工、机械和时间；再如混凝土的凝结硬化需要消耗时间。实箭线常用“———→”表示。虚箭杆线简称虚箭线，它表示的工作既不消耗时间又不消耗资源，它只是用来表达工作之间的逻辑关系（逻辑关系是在网络图中，根据施工工艺和施工组织要求正确反映出各道工序之间的相互依赖和相互制约的关系）。虚箭线常用“－－－－→”表示。

（2）节点

节点表示工作与工作之间的衔接关系，它具有相对性，代表前一项工作的结束，后一项工作的开始。常用圆圈加一编号表示，即“ⓘ”。

（3）流（方向）

流代表线路从头至尾连成一线，说明了各项工作的工艺关系，表示完成某些操作过程所需消耗的各种资源。

2. 双代号网络图的识图

（1）工作的表示方法

一个工作用一条箭线和两个节点表示，常有实工作和虚工作两种，如图3—2—2所示。虚工作表达一种逻辑关系，起连接前后工作的作用，也起隔断工作关系的作用。

（2）箭线

箭线有内向箭线和外向箭线之分。如图3—2—3所示，对节点i，凡是箭头指向i节点的箭线称为内向箭线；对节点j，凡是箭头指出去的箭线称为外向箭线。

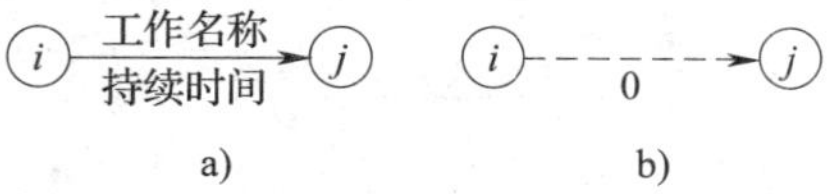

图 3—2—2　实工作和虚工作的表示方法

a）实工作　b）虚工作

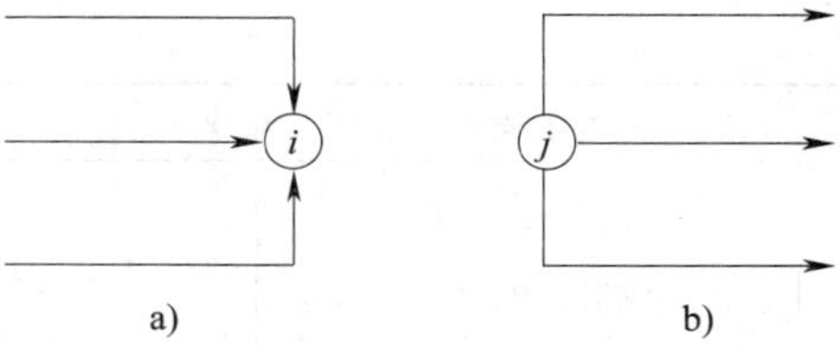

图 3—2—3　内向箭线与外向箭线

a）内向箭线　b）外向箭线

（3）节点

指网络图的箭线进入或引出处带有编号的圆圈。它表示其前面若干项工作的结束或表示其后面若干项工作的开始。其特点是：不消耗时间和资源；标志着工作的结束或开始的瞬间；两个节点编号表示一项工作。所有的节点都应该统一编号。在对网络图的节点进行编号时，箭尾节点的号码应小于箭头节点的号码。节点有开始节点、结束节点和中间节点，开始节点只有外向箭头，结束节点只有内向节点，中间节点既有内向箭线又有外向箭线，如图 3—2—4 所示。

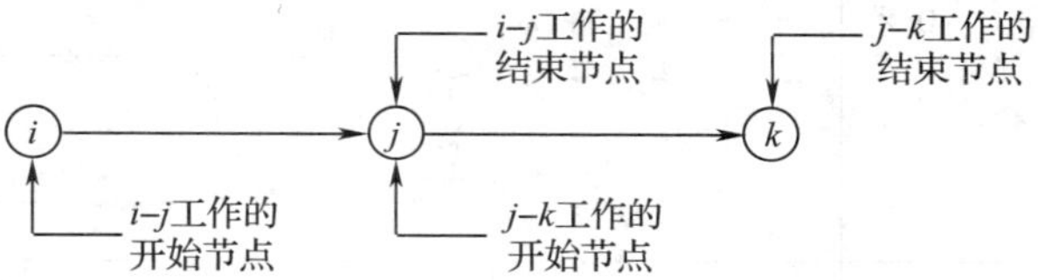

图 3—2—4　节点的种类

（4）工作关系

如图 3—2—4 所示，*j* 节点上所有的内向箭线称为紧前工作。*j* 节点上所有的外向箭线称为紧后工作。在 *j* 节点之前完工的工作，都是先行工作。在 *j* 节点之后开工的工作，都是后续工作。就某一工作而言，与其同时施工（作业）的工作，都是该工作的平行工作，从同一节点开始的工作，肯定是平行工作。如图 3—2—5 所示，A 是 C 的紧前工作，D 是 C 的紧后工作，A 和 B 都是 C 的先行工作，C 和 D 都是 A 的后续工作。具体工作间的逻辑关系及表示方法见表 3—2—1。

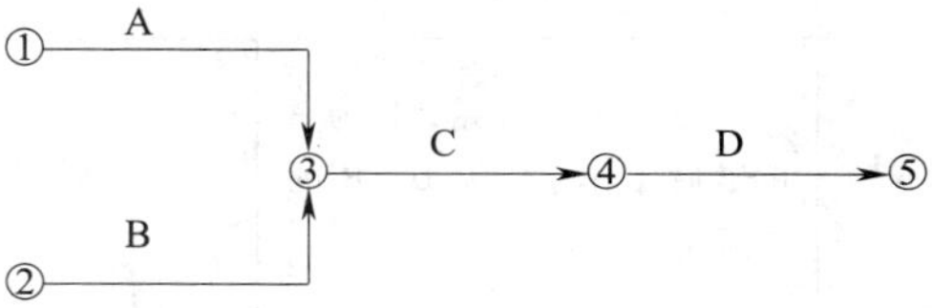

图 3—2—5　工作关系

表 3—2—1　　工作间的逻辑关系及其表示方法

序号	工作间的逻辑关系	表示方法
1	A、B、C 无紧前工作，即工作 A、B、C 均为计划的第一项工作，且平行进行	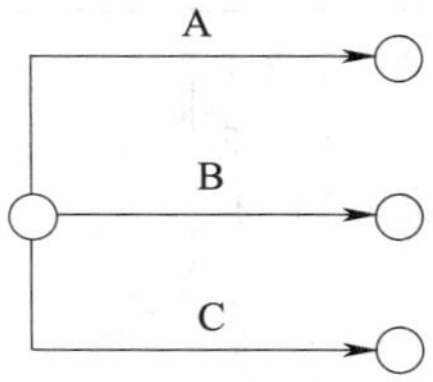

续表

序号	工作间的逻辑关系	表示方法
2	A完成后，B、C、D才能开始	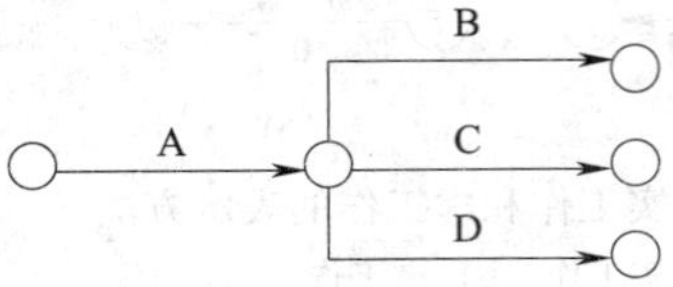
3	A、B、C均完成后，D才能开始	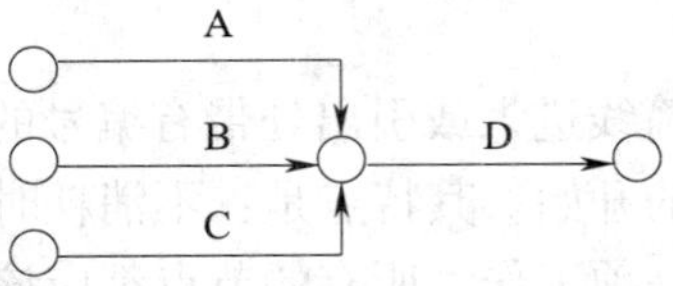
4	A、B均完成后，C、D才能开始	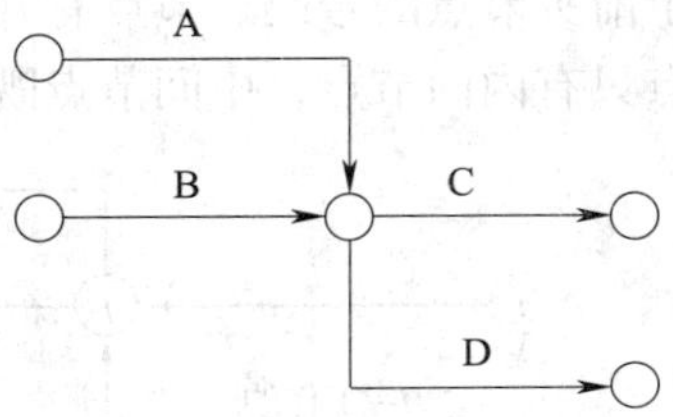
5	A完成后，D才能开始；A、B均完成后E才能开始；A、B、C均完成后，F才能开始	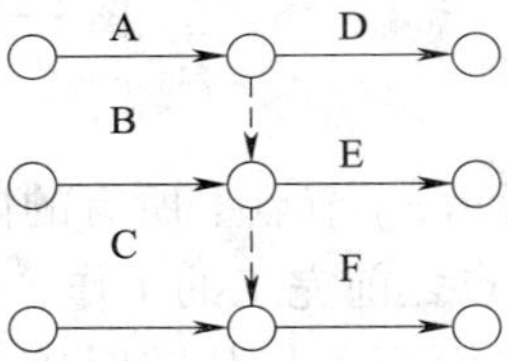
6	A与D同时开始，B为A的紧后工作，C为D、B的紧后工作	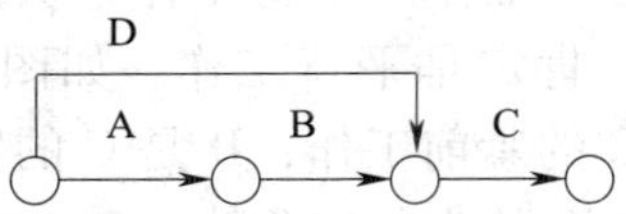
7	A、B均完成后，D才开始；A、B、C均完成后，E才开始；D、E完成后，F才开始	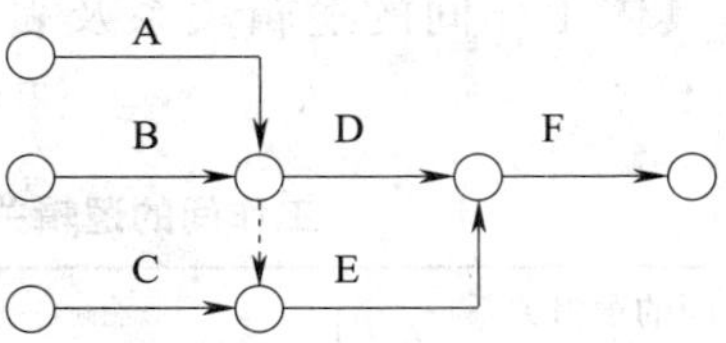
8	A结束后，B、C、D才开始；B、C、D结束后，E才开始	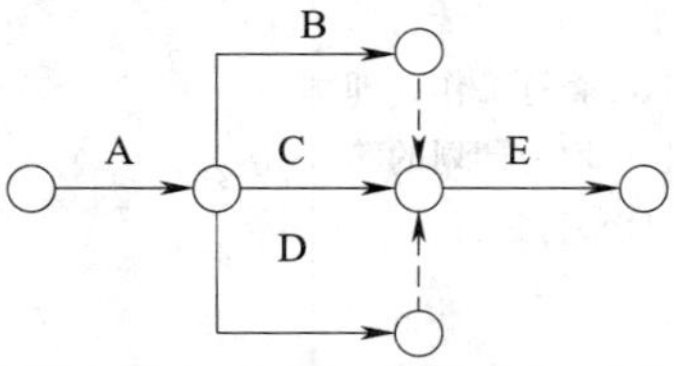

续表

序号	工作间的逻辑关系	表示方法
9	A、B 完成后，D 才能开始；B、C 完成后，E 才能开始	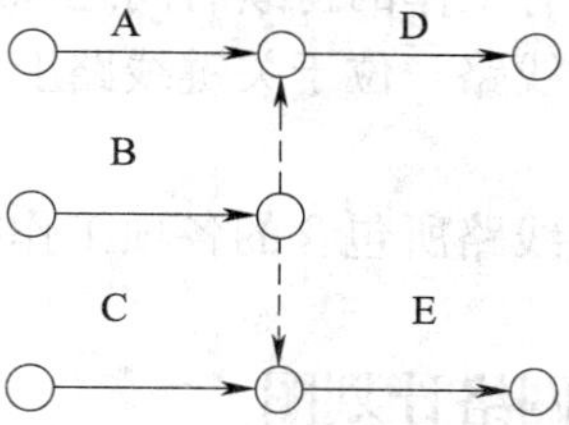
10	工作 A、B 分为三个施工阶段，分段流水施工，A_1 完成后进行 A_2、B_1；A_2 完成后进行 A_3、B_2；A_2、B_1 完成后进行 B_2；A_3、B_2 完成后进行 B_3	第一种表示方法 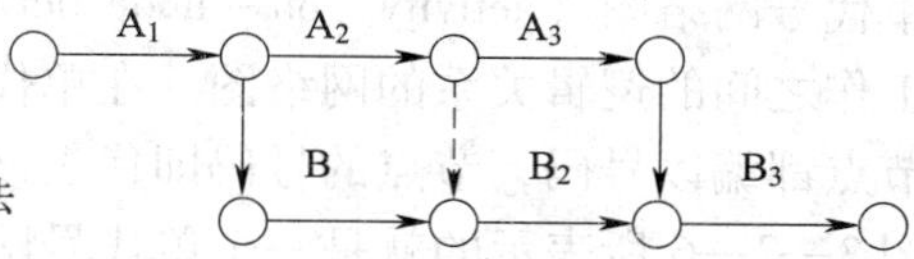 第二种表示方法 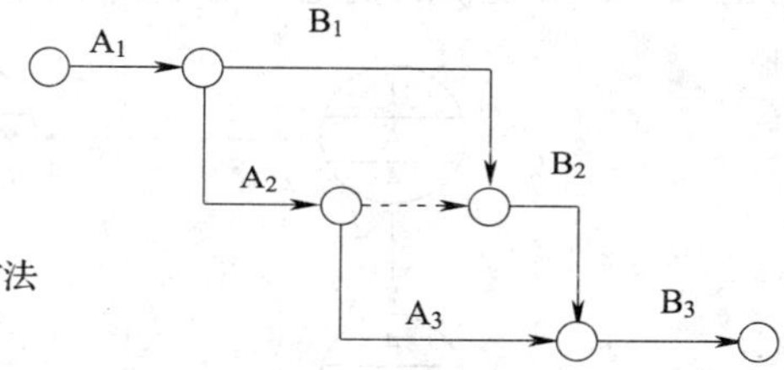
11	A、B 均完成后，C 才能开始；A、B、C 分为三段作业交叉进行；A、B 分为 A_1、A_2、A_3 和 B_1、B_2、B_3 三个施工段，C 分为 C_1、C_2、C_3 三个施工段	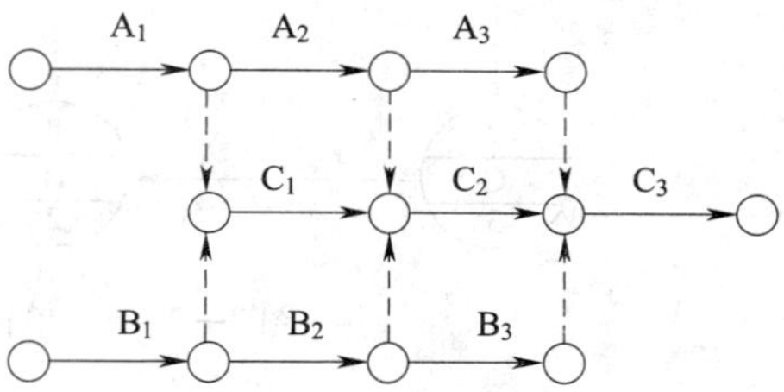
12	A、B、C 为最后三项工作，即 A、B、C 无紧后作业	有三种可能的情况 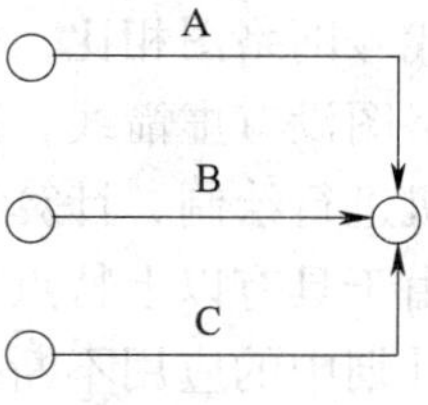 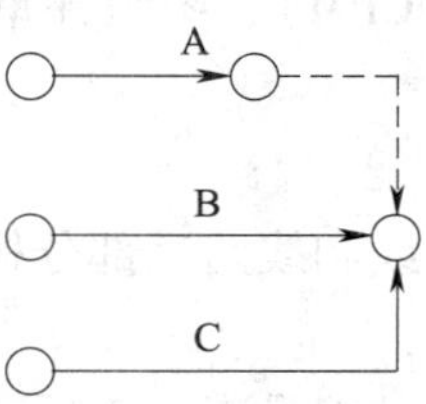 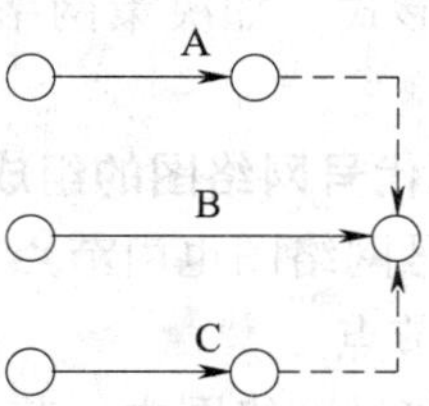

（5）线路

从开始节点到结束节点（沿箭流方向）为一条线路。一个网络图中的线路往往有多条，在各条线路中，所有工作的持续时间之和最长的线路称为关键线路。除关键线路之外的其他线路都称为非关键线路。位于关键线路上的工作称为关键工作，除关键工作之外的其他工作称为非关键工作。

线路时间是指线路所包含的各项工作持续时间的总和，也称为该条线路的计划工期。

三、单代号网络计划图

单代号网络图（activity－on－node network）是以节点及其编号表示工作，以有向箭线表示工作之间的逻辑关系的网络图。在单代号网络图中，每一项工作都用一个节点来表示，每个节点都编以号码，节点的号码即代表该节点所表示的工作，“单代号”的名称就由此而来。图3—2—6所表示的就是一个单代号网络图。

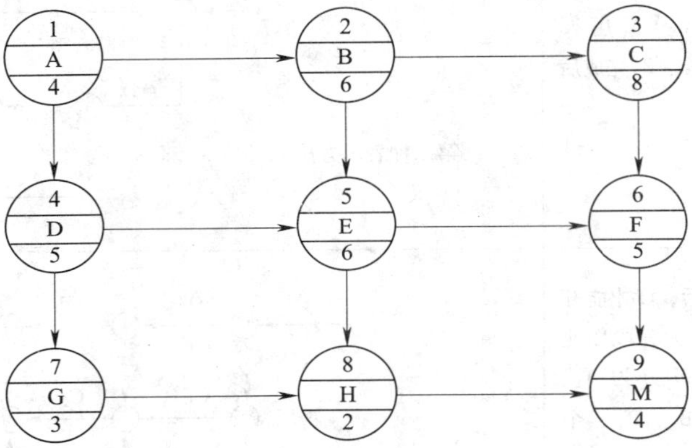

图3—2—6　单代号网络图

1. 单代号网络图的特点

与双代号网络图相比，单代号网络图的逻辑关系容易表达，绘图简便，便于检查修改；单代号网络图没有虚箭线，产生逻辑错误的可能较小。单代号网络图用节点表示工作，更适合用计算机进行绘制、计算、优化和调整。

正是由于具有以上特点，近年来国内外对单代号网络图逐渐重视起来。特别是随着计算机在网络计划中的应用不断扩大，单代号网络图得到了广泛的应用。最新发展起来的几种网络计划形式，如决策网络（DCPM）、图示评审技术（GERT）等，都是采用单代号表示的。

2. 单代号网络图的组成

单代号网络图也由节点、箭线和线路三部分构成。

（1）节点

在单代号网络图中，节点及其编号表示一项工作。节点可以采用圆圈，也可以采用方框或矩形框表示。节点所表示的工作名称、工作持续时间、节点编号一般都标注在圆圈或方框内，如图 3—2—7 所示。

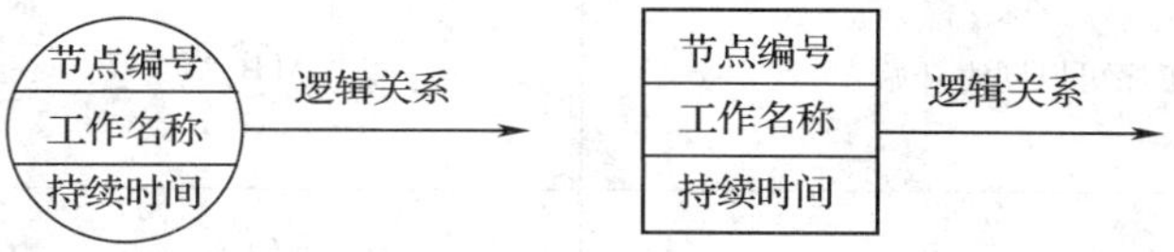

图 3—2—7　单代号网络图节点的表示方法

单代号网络图中的节点必须编号，其号码可间断但严禁重复。在对网络图的节点进行编号时，箭线的箭尾节点编号应小于箭头节点编号。

（2）箭线

单代号网络图中的箭线仅表示工作间的逻辑关系，它既不占用时间也不消耗资源。单代号网络图中表达逻辑关系时并不需使用虚箭线。箭线应画成水平直线、折线或斜线，且箭线水平投影的方向应自左向右。箭线的箭头表示工作的前进方向，箭尾节点工作为箭头节点工作的紧前工作。

（3）线路

单代号网络图中从起点节点出发，沿着箭头方向连续通过一系列箭线和节点，直至到达终点节点的通路，称为线路。

单代号网络图中的关键线路的确定方法与双代号网络图相同，这里不在叙述。关键线路用较粗的箭线或双箭线来表示，以示与非关键线路上的工作区别。

（4）单代号网络图逻辑关系的表示方法

单代号网络图中的逻辑关系非常容易表达，如工作 i 是工作 j 的紧前工作，工作 j 是工作 i 的紧后工作，就只需用一根有向箭线将代表工作 i 的节点和代表工作 j 的节点连接起来，箭尾连接紧前工作 i 节点，箭头连接紧后工作 j 节点即可，如图 3—2—8 所示。

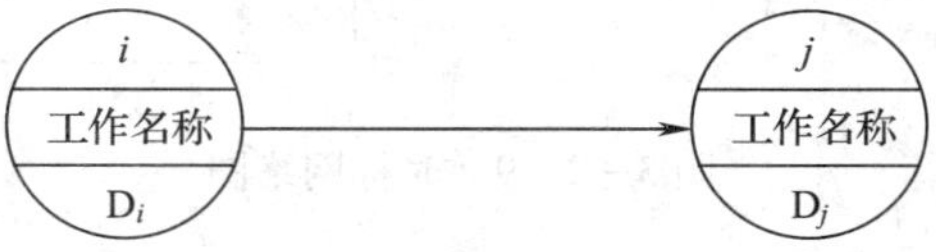

图 3—2—8　单代号网络图的逻辑关系

单代号网络图逻辑关系的表示方法见表 3—2—2。

表 3—2—2　　**单代号网络图逻辑关系的表示方法**

描述	图示
A 工序完成后进行 B 工序	
B、C 工序完成后进行 D 工序	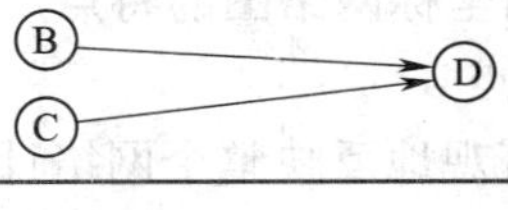

续表

描述	图示
B 工序完成后，C、D 工序可以同时开始	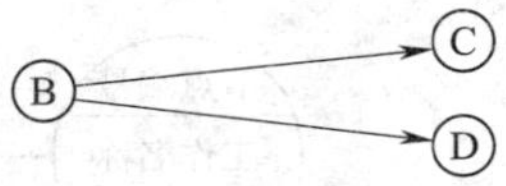
A 工序完成后，进行 C 工序，B 工序完成后，可以同时进行 C、D 工序	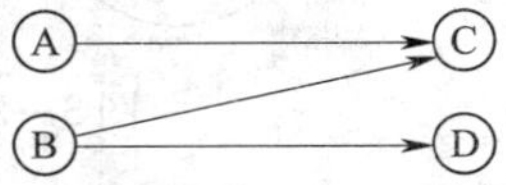

四、双代号时间坐标网络图

1. 时间坐标网络图

时间坐标网络图（简称时标网络图）是网络计划的另一种表示形式，如图 3—2—9 所示。它在一般网络计划的上方或下方增加一个时间坐标，箭线的长短即表示该工作持续时间的长短。它能够表达工程各项工作之间恰当的时间关系，使网络图易于理解，方便使用，但修改起来比较麻烦。

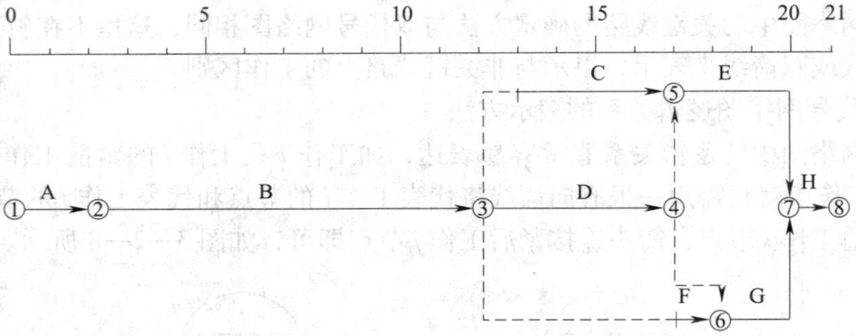

图 3—2—9　时标网络图

2. 时间坐标网络图的适用情况

（1）工作项目较少，并且工艺过程简单的工程施工计划。

（2）在进行资源优化过程中，使用时标网络图进行逐日资源平衡调整最为方便。

（3）对于大型复杂的工程，可以先用时标网络图的形式绘制各分部、分项工程的网络计划，然后再综合起来绘制出较简明的总网络计划。

（4）为了直观地表示每道工序的时间进程，可将已编好的网络计划再编制成时标网络计划。

3. 时间坐标网络图的特点

（1）优点

1）能直观地反映整个网络计划的时间进程。

2）可迅速地一边绘图一边计算，且可及时调整。

3）可用于资源优化。

4）调整优化后，可直接作为进度计划下达给承包人使用。

（2）缺点

1）不能反映总时差，在图上不能利用时差进行优化。

2）工期长，箭线就长，图就长，给绘图和看图指导施工造成不便。

3）时标网络计划的调整比较烦琐。

4）时标网络图在画图前仍需编制双代号网络图，计算出最早或最迟时间，增加了工作量。

小资料

网络计划图与横道图一样都是时间组织的一种成果，任何一个横道图（紧凑法）都可以改画成网络计划图。阅读图3—2—10所示的横线图及图3—2—11所示的网络图，分析网络图的优点。

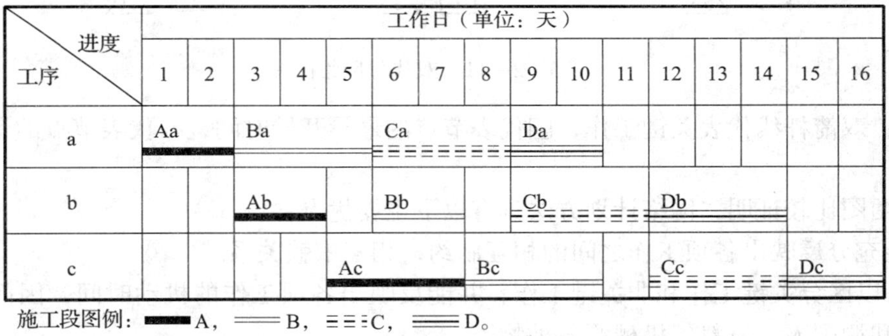

图3—2—10　紧凑法作业流水施工横线图

图3—2—10所示为一个横线图，把a工序在A施工段上的施工过程（工作过程）称为Aa工作，在B施工段上的施工过程称为Ba工作，在C施工段上的施工过程称为Ca工作，在D施工段上的施工过程称为Da工作。把b工序在A施工段上的施工过程称为Ab工作，在B施工段上的施工过程称为Bb工作，在C施工段上的施工过程称为Cb工作，在D施工段上的施工过程称为Db工作。同理，c工序在各施工段上的施工过程分别称为：Ac、Bc、Cc、Dc工作。其工作之间的逻辑关系见表3—2—3。

表3—2—3　工作逻辑关系

工作代号	Aa	Ba	Ab	Ca	Bb	Ac	Da	Cb	Bc	Db	Cc	Dc
紧前工作	—	Aa	Aa	Ba	Ba、Ab	Ab	Ca	Ca、Bb	Bb、Ac	Cb、Da	Cb、Bc	Db、Cc
流水节拍	2	3	2	3	2	3	2	3	3	3	3	2

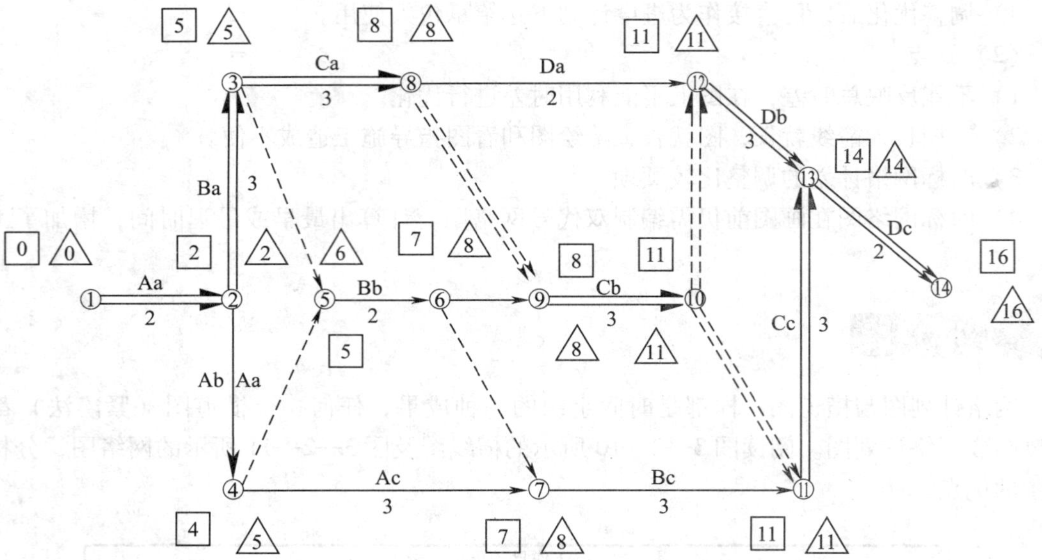

图 3—2—11　双代号网络图

说明：双箭杆线代表关键工作，□代表节点的最早开始时间，△代表节点的最迟开始时间。

以上两图比较证明，网络计划方法具有以下主要优点：

1．能充分反映出各项工作之间的相互制约，相互依赖关系。

2．可以区分关键工作和非关键工作，并能反映出各项工作的机动时间，因而，可以更好地运用和调配人、材料、机械等各种物资。

3．可以利用计算机进行计算工作。

4．能够进行计划的优化比较，选出最优方案。

由此可见，采用网络计划法，能加强工程的管理，但在资源有限的条件下，并不能使施工速度加快很多。

目前，网络计划技术在公路工程中得到普遍采用，尤其是大型工程项目、重点工程项目。在公路施工招投标中，网络计划图是施工组织设计中不可缺少的一部分。

思考与练习

1．简述施工进度计划网络图的分类。

2．简述双代号网络计划图的组成及基本元素。

3．简述单代号网络计划图的组成元素及特点。

4．简述时标网络图的优缺点及适用情况。

任务三　编制施工进度网络图

学习目标

- 熟悉双代号网络计划图的绘制方法。
- 了解双代号网络计划图时间参数的计算及关键路线的确定方法。
- 熟悉单代号网络计划图的绘制方法。
- 了解单代号网络计划图时间参数的计算及关键路线的确定方法。
- 了解时间坐标网络计划图的绘制方法。

工作任务

某公路是316国道中的一段，为一条重要的省际干线，线路起于K22+760，止于K90+000，全长60.268 km。按二级公路标准建设，设计行车速度为40 km/h，整体式路基宽度为8.5 m/12 m，路面宽7.0 m。本标段新修涵洞60道819.26横延米，其中钢筋混凝土盖板涵52座625.84横延米，在钢筋混凝土盖板涵中有三座结构尺寸基本相同，这三座盖板涵自然形成三个独立的施工段，每座盖板涵的施工工序可划分为基础、墙身、盖板、回填4道工序，其施工的工艺流程如图3—3—1所示。本任务要求绘制双代号网络计划图并计算网络计划图中各时间参数及标注关键线路。

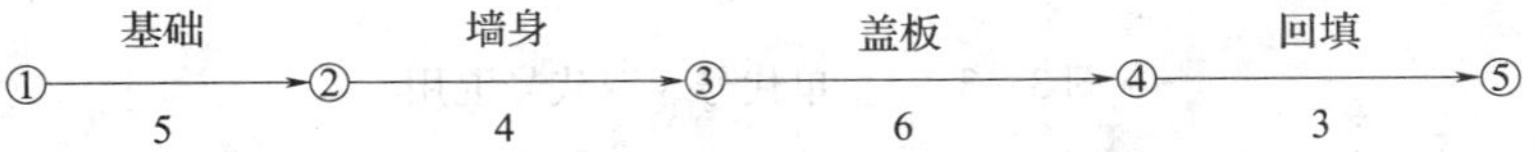

图3—3—1　涵洞施工工艺流程图

本任务中的三座涵洞尺寸基本相同，劳动量相同，考虑施工的合理性及劳动力的均衡性，可以采用流水施工的作业方法来绘制施工网络计划图。

相关理论

一、双代号网络计划图的绘制

在绘制双代号网络图时，应特别注意虚箭线的使用。在某些情况下，必须借助虚箭线才能正确表达工作之间的逻辑关系。在双代号网络图中，虚工作一般起联系、区分和断开作用。

联系作用是指应用虚工作连接工作之间的工艺联系和组织联系。

区分作用是指当两项工作的开始节点和结束节点都相同时，应用虚工作加以区分。

断开作用是指当网络图的中间节点有逻辑错误——把本来没有逻辑关系的工作联系起来了，这时需要用虚工作断开无逻辑关系的工作联系。

1. 画双代号网络计划图的基本规则

（1）一个网络计划图中只允许有一个开始节点和一个结束节点。图 3—3—2a 中有两个开始节点，图 3—3—2b 中有两个结束节点，所以图 3—3—2 是错误的。

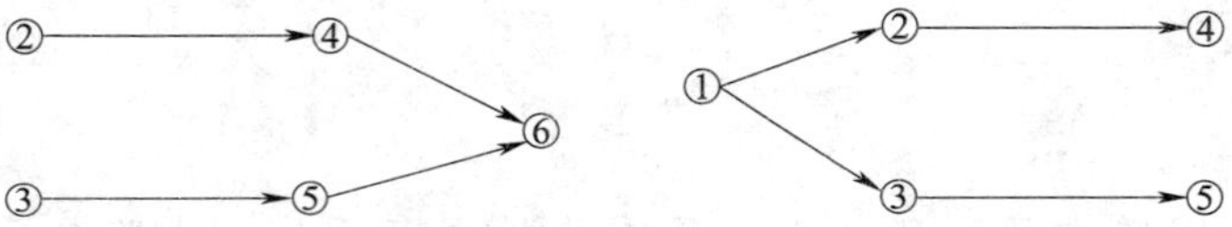

a)　　　　　　　　b)

图 3—3—2　多个开始节点和结束节点

（2）一个网络计划图中不允许单代号、双代号混用，因此，图 3—3—3 是错误的。

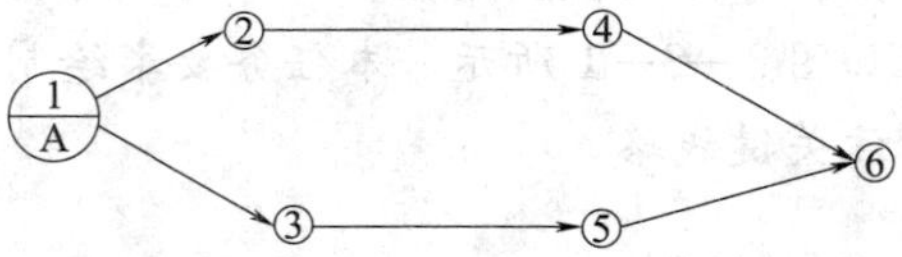

图 3—3—3　单代号、双代号混用

（3）节点大小要适中，编号应由小到大，但可以跳跃，如图 3—3—4 所示。

图 3—3—4　编号由小到大

（4）一对节点之间只能有一条箭线，因此，图 3—3—5 是错误的，一对节点之间不能出现无头箭杆。

（5）网络计划图中不允许有循环线路，因此图 3—3—6 是错误的。

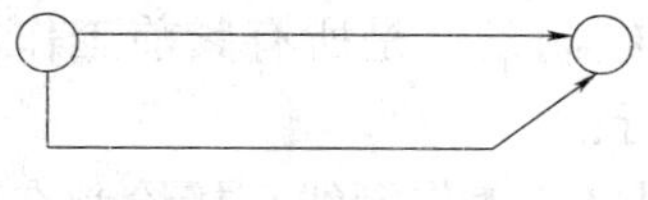

图 3—3—5 一对节点有多条箭线

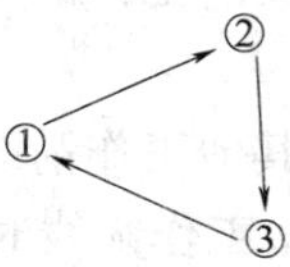

图 3—3—6 有循环线路

（6）网络计划图中不允许有相同编号的节点或相同代码的工作，如图 3—3—7 所示有两个③号节点，两个 E 工作，所以图 3—3—7 是错误的。

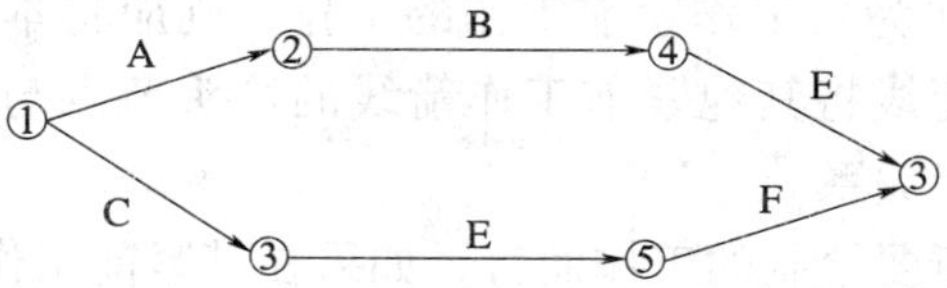

图 3—3—7 节点和工作重复

（7）网络计划图的布局应合理，要尽量避免箭线的交叉，如图 3—3—8a 应调整为图 3—3—8b。当箭线的交叉不可避免时，可采用“暗桥”或“断线”方法来处理，如图 3—3—9 所示。

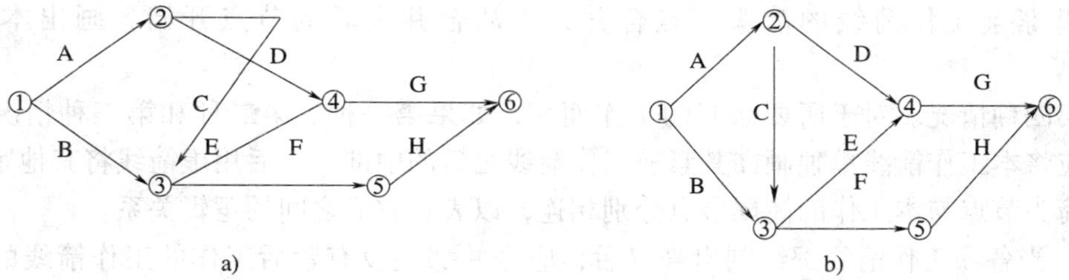

图 3—3—8 箭线交叉

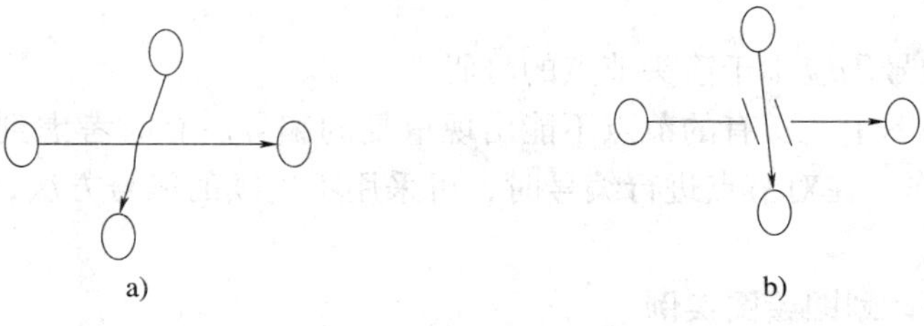

图 3—3—9 交叉和暗线

a）暗桥 b）断线

2. 双代号网络图的绘制方法

双代号网络图的绘制方法视各人的经验而不同，但从根本上说，都要在既定逻辑关系的基础上，统筹安排。当已知每一项工作的紧前工作时，可按下述步骤绘制双代号网络图：

（1）绘制没有紧前工作的工作箭线，使它们具有相同的开始节点，以保证网络图只有一个起点节点。

（2）依次绘制其他工作箭线。这些工作箭线的绘制条件是所有紧前工作箭线都已经绘制出来。在绘制这些工作箭线时，应按下列原则进行：

1）当所要绘制的工作只有一项紧前工作时，则将该工作箭线直接绘制在其紧前工作之后即可。

2）当所要绘制的工作有多项紧前工作时，应按以下四种情况分别予以考虑：

①第一种情况。对于所要绘制的工作（本工作）而言，如果在其多项紧前工作中存在一项（且只存在一项）只作为本工作紧前工作的工作，则应将本工作箭线直接画在该紧前工作箭线之后，然后用虚箭线将其他紧前工作箭线的箭头节点与本工作的箭尾节点分别相连，以表达它们之间的逻辑关系。

②第二种情况。对于所要绘制的工作而言，如果在其紧前工作中存在多项只作为本工作紧前工作的工作，应将这些紧前工作的箭头节点合并，再从合并之后的节点开始，画出本工作箭线，然后用虚箭线将其他紧前工作箭线的箭头节点与本工作的箭尾节点分别相连，以表达它们之间的逻辑关系。

③第三种情况。对于所要绘制的工作而言，如果不存在第一种和第二种情况时，应判断本工作的所有紧前工作是否都同时是其他工作的紧前工作。如果上述条件成立，应将这些紧前工作箭线的箭头节点合并，再从合并之后的节点开始，画出本工作箭线。

④第四种情况。对于所要绘制的工作而言，如果第一种、第二种和第三种情况都不存在，则应将本工作箭线单独画在其紧前工作箭线之后的中部，然后用虚箭线将其他紧前工作箭线的箭头节点与本工作的箭尾节点分别相连，以表达它们之间的逻辑关系。

（3）当各项工作箭线都绘制出来以后，应合并那些没有紧后工作的工作箭线的箭头节点，以保证网络图只有一个结束节点（多目标网络计划除外）。

（4）当确认所绘制的网络图正确后，即可进行节点编号。双代号网络图的节点编号要遵循以下两个原则：

1）箭尾节点的号码应小于箭头节点的号码。

2）在一个网络图中，所有的节点不能出现重复的编号。有时考虑到可能在网络图中会增添或改动某些工作，在对节点进行编号时，可采用不连续的编号方法，即可预先留出备用的节点号。

3. 双代号网络计划图绘图实例

【例 3—3—1】 绘出表 3—3—1 所对应的工作关系的双代号网络计划图。

表 3—3—1　　工作关系

工作	A	B	C	D	E	G	H
紧前工作	—	—	—	—	AB	BCD	CD

绘图步骤：

首先分析工作关系。

第一步，从一个共同的起点节点开始，绘制工作 A、工作 B、工作 C、工作 D。

第二步，按前述原则（2）的第一种情况绘制工作 E，工作 E 的两项紧前工作 A、B 中，存在一项且只存在一项工作 A 只作为工作 E 的紧前工作则应将工作 E 直接画在工作 A 之后，然后用虚箭线将工作 B 的箭头节点与工作 E 的箭尾节点相连。

第三步，按前述原则（2）的第三种情况绘制工作箭线 H，工作 H 的两项紧前工作 C、D，同时也是工作 G 的紧前工作则应将这两项紧前工作 C 和 D 的箭头节点合并，再从合并之后节点开始，画出 H 工作箭线。（注意：要增加虚箭线合并）

第四步，按前述原则（2）的第四种情况绘制工作箭线 G，前三种情况都不存在。

把 G 工作单独画在其紧前工作 B、C 之后的中部，然后用虚箭线将其紧前工作 B、C 的箭头节点与 G 工作的箭尾节点分别相连，以表达它们之间的逻辑关系。

第五步，检查逻辑关系，确认给定的逻辑关系表达正确，合并那些没有紧后工作的工作 E、G、H 的箭头节点，以保证网络图只有一个结束节点。

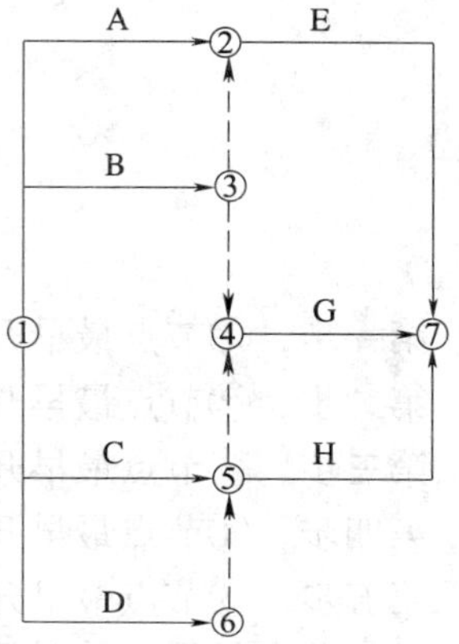

图 3—3—10　绘制完成的双代号网络计划图

第六步，对进行节点编号，得到给定逻辑关系的双代号网络计划图，如图 3—3—10 所示。

二、双代号网络计划图时间参数的计算及关键线路的确定

1. 节点时间参数的计算

节点时间参数包括节点的最早可能开始时间（ET）和节点的最迟可能开始时间（LT）。节点时间参数的计算方法有分析法、图算法、矩阵法、表算法、电算法。在此只讲图算法。

（1）节点的最早可能开始时间（ET）

1）定义。节点的最早可能开始时间即节点可以开工的最早时间，表示该节点的紧前工作已全部完工。

2）计算方法。从开始节点起，沿箭线方向，依次计算每一个节点，直至结束节点。计算公式为式（3—3—1）：

$$ET_j = (ET_i + D_{i-j})_{max} \quad \text{（只看内向箭线）} \qquad (3—3—1)$$

式中 ET_j——j 节点的最早可能开始时间；

ET_i——i 节点的最早可能开始时间；

D_{i-j}——$i-j$ 工作的工期。

口诀：从左往右，（只加内向箭线）累加取大。

3）规定。开始节点最早可能开始时间为零，即 $ET_1=0$。

【例 3—3—2】 根据网络图，计算节点的最早可能开始时间和计划总工期。

节点的最早可能开始时间（ET）计算步骤如图 3—3—11 所示。

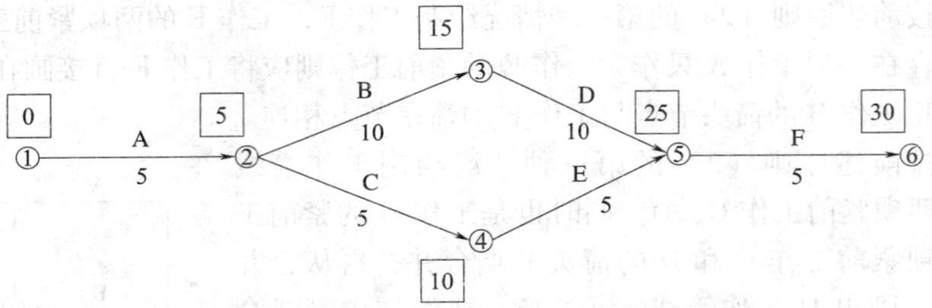

图 3—3—11　节点最早可能开始时间标注

第一步，①节点最早开始时间为 0。

第二步，②节点最早开始时间为①节点最早开始时间加 A 工作工期，即 0 + 5 = 5。

第三步，③节点最早开始时间为②节点最早开始时间加 B 工作工期，即 5 + 10 = 15。

第四步，④节点最早开始时间为②节点最早开始时间加 C 工作工期，即 5 + 5 = 10。

第五步，⑤节点最早开始时间为③节点最早开始时间加 D 工作工期，即 15 + 10 = 25；而不是④节点最早开始时间加 E 工作工期即 10 + 5 = 15，因为 F 工作必须等 D、E 工作都完成后，才能开始，D 工作最早结束时间是第 25 天，E 工作最早结束时间是第 15 天，所以⑤节点最早开始时间是第 25 天而不是第 15 天。

第六步，⑥节点最早开始时间为⑤节点最早开始时间加 F 工作工期，即 25 + 5 = 30。

总结：由以上计算可见，计划总工期为 30 天。

（2）节点的最迟可能开始时间（LT）

1）定义。节点的最迟可能开始时间表示节点开工不能迟于这个时间，若迟于这个时间，将会影响计划的总工期。

2）计算方法。从结束节点开始，逆箭线方向，依次计算每一个节点，直至开始节点。计算公式为式（3—3—2）：

$$LT_i = (LT_j - D_{i-j})_{min} \qquad (3—3—2)$$

式中　LT_i——i 节点的最迟可能开始时间；

LT_j——j 节点的最迟可能开始时间；

D_{i-j}——$i-j$ 工作的工期。

口诀：从右往左，（只看外向箭线包括虚箭线）递减取小。依次一个节点一个节点地计算，不要看线路，不要远看，只看前后两个节点。

3）规定。结束节点最迟可能开始时间为结束节点的最早可能开始时间，即计划的总工期。

【例 3—3—3】 根据网络图，计算节点的最迟可能开始时间，并在网络图上标注出来。

节点的最迟可能开始时间（LT）计算如图 3—3—12 所示。

第一步，⑥节点最迟开始时间为 30。

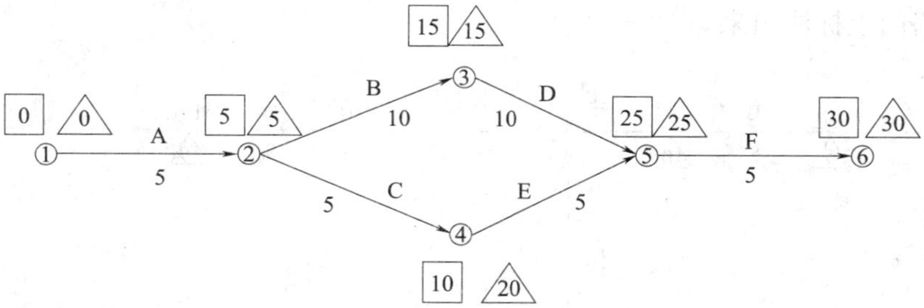

图 3—3—12　节点最早和最迟可能开始时间标注

第二步，⑤节点最迟开始时间为⑥节点最迟开始时间减去 F 工作工期，即 30 - 5 = 25。

第三步，④节点最迟开始时间为⑤节点最迟开始时间减去 E 工作工期，即 25 - 5 = 20。

第四步，③节点最迟开始时间为⑤节点最迟开始时间减去 D 工作工期，即 25 - 10 = 15。

第五步，②节点最迟开始时间为③节点最迟开始时间减去 B 工作工期，即 15 - 10 = 5；而不是④节点最迟开始时间减去 C 工作工期即 20 - 5 = 15，因为②节点最迟必须开始时间是 5，才不会影响总工期，如果是 15 则总工期将推迟 10 天，所以②节点最迟开始时间是 5 而不是 15。

第六步，①节点最迟开始时间为②节点最迟开始时间减去 A 工作工期，即 5 - 5 = 0。

总结：由以上计算可见，关键线路为①②③⑤⑥。关键线路上节点的最早、最迟开始时间相同。

2. 工作（工序）时间参数（过程参数）的计算

（1）工作的最早开始、最早结束时间

1）工作的最早开始时间（ES）。$i-j$ 工作的最早开始时间 ES_{i-j} 与 i 节点的最早开始时间 ET 相等。即 $ES_{i-j} = ET_i$。

2）工作的最早结束时间（EF）。$i-j$ 工作的最早结束时间 EF_{i-j} 等于工作的最早开始时间 ES_{i-j} 加上工作的工期 D_{i-j}。即 $EF_{i-j} = ES_{i-j} + D_{i-j}$。

（2）工作的最迟开始、最迟结束时间

1）工作的最迟开始时间（LS）。$i-j$ 工作的最迟开始时间 LS_{i-j} 等于工作的最迟结束时间 LF_{i-j} 减去工作的工期 D_{i-j}。即 $LS_{i-j} = LF_{i-j} - D_{i-j}$。

2）工作的最迟结束时间（LF）。$i-j$ 工作的最迟结束时间 LF_{i-j} 等于 j 节点的最迟开始时间 LT_j。即 $LF_{i-j} = LT_j$。

表达方式如图 3—3—13 所示。

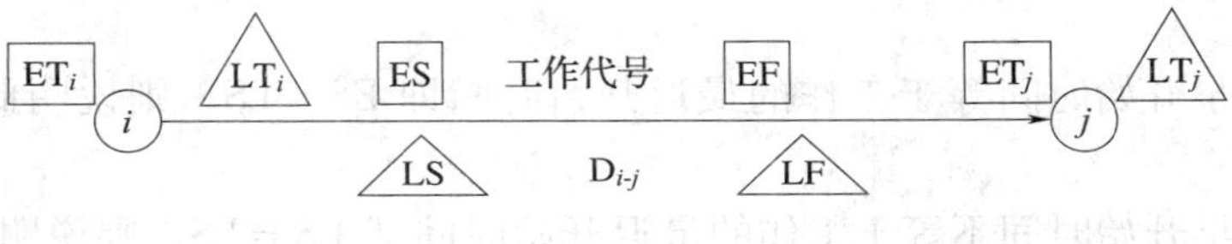

图 3—3—13　工作的最早开始时间和最早结束时间

【例3—3—4】 根据网络图3—3—14，计算工作的最早开始、最早结束和最迟结束时间，并在网络图上标注出来。

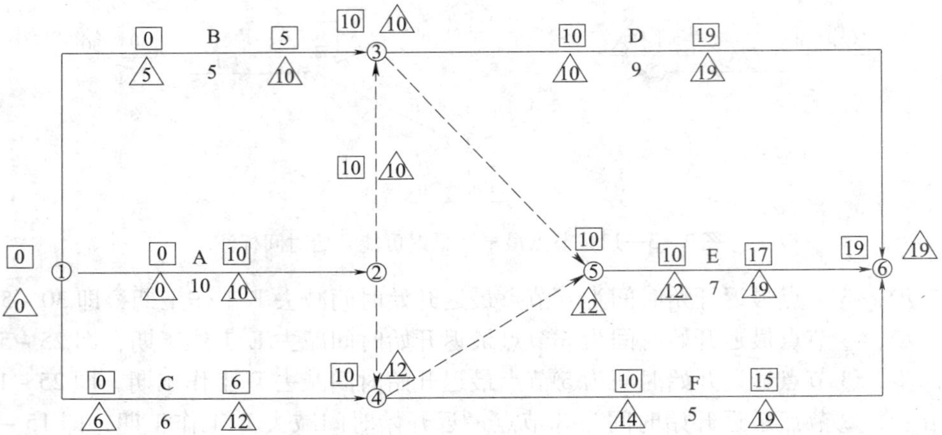

图3—3—14 工作最早开始、最早结束和最迟结束时间标注

各工作时间参数计算步骤如下：

第一步，A工作最早开始时间不能早于①节点最早开始时间即 $ES_A=0$，A工作最早结束时间等于A工作最早开始时间加A工作工期即 $EF_A=ES_A+10=10$。

第二步，B工作最早开始时间不能早于①节点最早开始时间即 $ES_B=0$，B工作最早结束时间等于B工作最早开始时间加B工作工期即 $EF_B=ES_B+5=0+5=5$。

第三步，C工作最早开始时间不能早于①节点最早开始时间即 $ES_C=0$，C工作最早结束时间等于C工作最早开始时间加C工作工期即 $EF_C=ES_C+6=0+6=6$。

同理，得 $ES_D=10$，$EF_D=ES_D+9=10+9=19$；$ES_E=10$，$EF_E=ES_E+7=10+7=17$；$ES_F=10$，$EF_F=ES_F+5=10+5=15$。

第四步，A工作最迟结束时间不能迟于②节点最迟开始时间即 $LF_A=10$，A工作最迟开始时间等于A工作最迟结束时间减去A工作工期即 $LS_A=LF_A-10=0$。

第五步，B工作最迟结束时间不能迟于③节点最迟开始时间即 $LF_B=10$，B工作最迟开始时间等于B工作最迟结束时间减去B工作工期即 $LS_B=LF_B-5=5$。

第六步，C工作最迟结束时间不能迟于④节点最迟开始时间即 $LF_C=12$，C工作最迟开始时间等于C工作最迟结束时间减去C工作工期即 $LS_C=LF_C-6=12-6=6$。

同理，$LF_D=19$，$LS_D=LF_D-9=19-9=10$；$LF_E=19$，$LS_E=LF_E-7=19-7=12$；$LF_F=19$，$LS_F=LF_F-5=19-5=14$。

总结：

若工作的最早开始时间等于工作的最迟开始时间即 $ES=LS$，则说明此工作没有时差，为关键工作。

若工作的最早开始时间不等于工作的最迟开始时间即 $ES\neq LS$，则说明此工作有机动时间可利用。

此图的关键线路为①②③⑨⑥。

3. 工作的时差计算

时差反映工作在一定条件下的机动时间范围。通常分为总时差（TF）、局部时差（FF）、相干时差（IF）和独立时差（DF）。

（1）总时差 TF_{i-j}

定义：在不影响任何一项紧后工作的最迟必须开始时间的条件下，本工作所拥有的最大机动时间。换句话说，它是在保证本工作以最迟完成时间完工的前提下，允许该工作推迟其最早开始时间或延长其持续时间的幅度。总时差 TF_{i-j} 可以用节点时间参数来计算，也可以用过程参数来计算。

1）用节点时间参数来计算

$$TF_{i-j} = LT_j - ET_i - D_{i-j} \qquad (3—3—3)$$

式中 TF_{i-j}——$i-j$ 工作的总时差；

LT_j——j 节点的最迟可能开始时间；

ET_i——i 节点的最早可能开始时间；

D_{i-j}——$i-j$ 工作的工期。

2）用过程参数来计算

$$TF_{i-j} = LS_{i-j} - ES_{i-j} = LF_{i-j} - EF_{i-j} \qquad (3—3—4)$$

式中 TF_{i-j}——$i-j$ 工作的总时差；

LS_{i-j}——$i-j$ 工作的最迟可能开始时间；

ES_{i-j}——$i-j$ 工作的最早可能开始时间；

LF_{i-j}——$i-j$ 工作的最迟可能结束时间；

EF_{i-j}——$i-j$ 工作的最早可能结束时间；

D_{i-j}——$i-j$ 工作的工期。

总结：如果总时差等于0，其他时差也都等于0；总时差不但属于本工作，而且可以传递，为一条线路所共有；总时差最小的工作为关键工作，关键工作组成的线路为关键线路；总时差等于0，说明本工作没有机动时间；总时差大于0，说明本工作有机动时间；总时差小于0，说明计划工期超过了上级规定工期，应进行调整。

（2）局部时差 FF_{i-j}

定义：在不影响任何一项紧后工作的最早开始时间，本工作所拥有的最大机动时间。换句话说，局部时差 FF_{i-j} 是在不影响紧后工作按最早开始时间开工的前提下，允许该工作推迟其最早开始时间或延长其持续时间的幅度。局部时差 FF_{i-j} 可以用节点时间参数来计算，也可以用过程参数来计算。

1）用节点时间参数来计算

$$FF_{i-j} = ET_j - ET_i - D_{i-j} \qquad (3—3—5)$$

式中 FF_{i-j}——$i-j$ 工作的局部时差；

ET_j——j 节点最早可能开始时间；

ET_i——i 节点最早可能开始时间；

D_{i-j}——$i-j$ 工作的工期。

2）用过程参数来计算

$$FF_{i-j}=ES_{j-k}-ES_{i-j}-D_{i-j} \tag{3—3—6}$$

式中 FF_{i-j}——$i-j$ 工作的局部时差；

ES_{j-k}——紧后工作最早开始时间；

ES_{i-j}——$i-j$ 工作最早开始时间；

D_{i-j}——$i-j$ 工作的工期。

总结：局部时差属于本工作，不能传递；局部时差小于等于总时差；使用局部时差对紧后工作没有影响。

（3）相干时差 IF_{i-j}

定义：一个工作的终点上的一对节点时间参数之差。计算公式为：

$$IF_{i-j}=LT_j-ET_j \tag{3—3—7}$$

式中 IF_{i-j}——$i-j$ 工作的相干时差；

LT_j——j 节点最迟可能开始时间；

ET_j——j 节点最早可能开始时间。

总结：相干时差可以传递，前后工作可共用；相干时差 + 局部时差 = 总时差。

（4）独立时差 DF_{i-j}

定义：在不影响紧前工作最迟结束时间及紧后工作最早开始时间的条件下，本工作所拥有的机动时间。它可以用节点时间参数来计算，也可以用过程参数来计算。

1）用节点时间参数来计算

$$DF_{i-j}=ET_j-LT_i-D_{i-j} \tag{3—3—8}$$

符号意义同前。

2）用过程参数来计算

$$DF_{i-j}=ES_{j-k}-LF_{h-i}-D_{i-j} \tag{3—3—9}$$

式中 ES_{j-k}——紧后工作最早开始时间；

LF_{h-i}——紧前工作最迟结束时间。

其他符号意义同前。

总结：独立时差属于本工作，不能传递；独立时差小于等于局部时差；使用独立时差对紧前、紧后工作都没有影响。

工作各种时差的标注方法如图 3—3—15 所示。

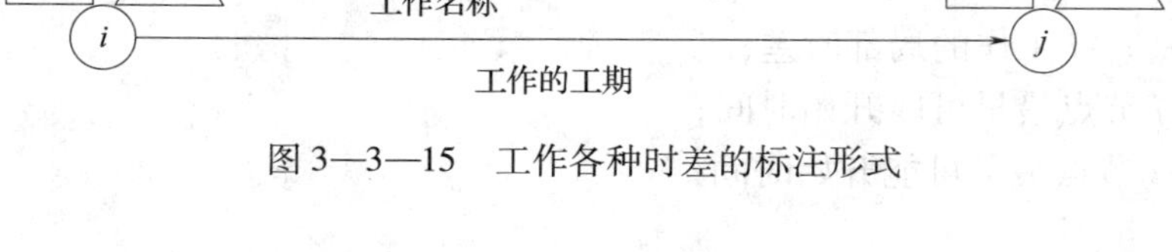

图 3—3—15 工作各种时差的标注形式

【例 3—3—5】 用节点时间参数计算图 3—3—16 中各工作的总时差 TF_{i-j}、局部时差 FF_{i-j}、相干时差 IF_{i-j}和独立时差 DF_{i-j}，并找出关键线路。

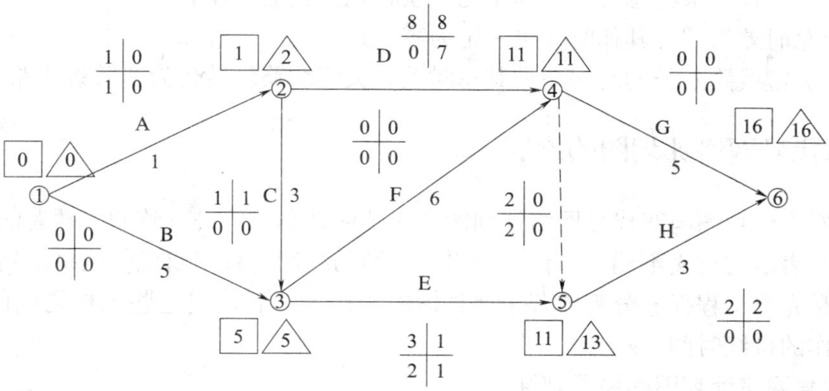

图 3—3—16 工作的各种时差标注网络图

解：计算步骤：

总时差 TF_{i-j}

$TF_A=2-0-1=1$，$TF_B=5-0-5=0$，$TF_C=5-1-3=1$，$TF_D=11-1-2=8$，

$TF_F=11-5-6=0$，$TF_E=13-5-5=3$，$TF_G=16-11-5=0$，$TF_H=16-11-3=2$，

$TF_{虚工作}=13-11-0=2$。

局部时差 FF_{i-j}

$FF_A=1-0-1=0$，$FF_B=5-0-5=0$，$FF_C=5-1-3=1$，$FF_D=11-1-2=8$，

$FF_F=11-5-6=0$，$FF_E=11-5-5=1$，$FF_G=16-11-5=0$，

$FF_H=16-11-3=2$，$FF_{虚工作}=11-11-0=0$。

相干时差 IF_{i-j}

$IF_A=2-1=1$，$IF_B=IF_C=5-5=0$，$IF_D=IF_F=11-11=0$，

$IF_E=IF_{虚工作}=13-11=2$，$IF_G=IF_H=16-16=0$。

独立时差 DF_{i-j}

$DF_A=1-0-1=0$，$DF_B=5-0-5=0$，$DF_C=5-2-3=0$，$DF_D=11-2-2=7$，

$DF_F=11-5-6=0$，$DF_E=11-5-5=1$，$DF_G=16-11-5=0$，

$DF_H=16-13-3=0$，$DF_{虚工作}=11-11-0=0$。

关键线路为①③④⑥。

4. 关键线路的确定

（1）总时差最小的工作所组成的线路是关键线路。

（2）关键线路上所有节点的两个时间参数相等，反过来，如果节点的两个时间参数相等，该节点不一定是关键线路上的节点，要成为关键线路上的节点，还需加上条件：箭尾节点时间 + 工作持续时间 = 箭头节点时间，满足此两条件的工作，即为关键工作。

（3）总结

1）关键线路在网络图中不一定只有一条。

2）非关键工作如果将总时差全部用完，就转化为关键工作。

3）如果总时差为零，其他时差也一定为零。

4）当非关键线路延长的时间超过其总时差，关键线路就转化为非关键线路。

三、单代号网络计划图的绘制

单代号网络计划图与双代号网络计划图所表达的计划内容是一致的，两者的区别仅在于绘图的符号所表示的意义不同。单代号网络计划图的绘制过程与双代号网络计划图的绘制过程一样，也是先将工程任务分解成若干项具体的工作，然后确定这些工作之间的相互关系，以及各项工作的持续时间。

1. 单代号网络计划图的绘图规则

（1）当单代号网络图中有多项起点节点或多项结束节点时，应在网络图的两端分别增加一个虚拟的起点节点和结束节点，如图3—3—17所示。

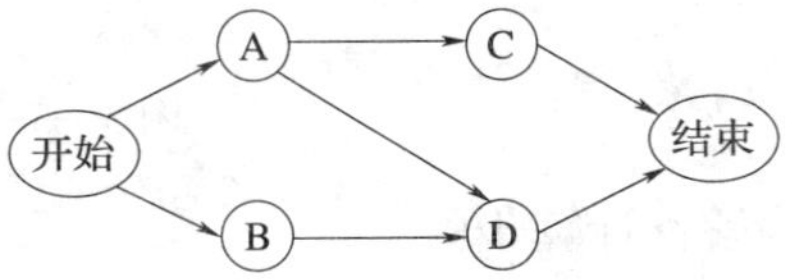

图3—3—17　多项起点节点和结束节点的处理方法

（2）在绘制网络图时，应避免箭线交叉。当交叉不可避免时，可采用“暗桥”或“断线”。

（3）在网络图中不允许出现其他没有内向箭线的工作节点和没有外向箭线的工作节点。

其他原则和双代号网络计划图绘图原则相同。

2. 单代号网络计划图的绘图

【例3—3—6】 绘出表3—3—2工作关系的单代号网络计划图。

表3—3—2　　**工作关系**

工作	A	B	C	D	E	F	G	H	I
紧后工作	C、D、E、F	E、F	G	H	H	I	—	—	—

图3—3—18所示为单代号网络计划图。

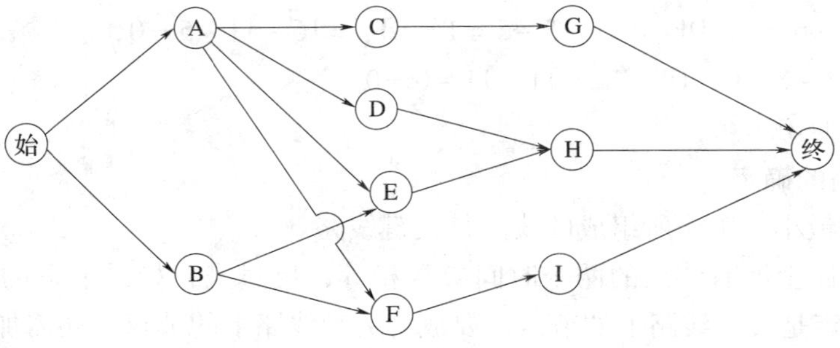

图3—3—18　单代号网络计划图

总结：单代号网络图的绘制比较简单，其各项工作之间的相互关系容易表达；单代号网络图的绘制不用虚箭线，便于检查和修改；需要常用“暗桥”解决交叉问题。

四、单代号网络计划图的时间参数计算及关键线路的确定

1. 工作的最早时间参数

（1）工作的最早可能开始时间（ES）

1）定义。工作的最早可能开始时间表示该工作的所有紧前工作都已完工，本工作可以开工。

2）计算方法。从开始节点起，沿箭线方向，依次计算每一个节点时，只看内向箭线，取所有紧前工作中，最早结束时间最大者，作为该工作最早可能开始时间 ES_i，直至结束节点。

3）规定。开始节点最早可能开始时间为零，即 $ES_1=0$。

（2）工作的最早可能结束时间（EF）

工作的最早可能结束时间 EF_i 为：

$$EF_i = ES_i + D_i \quad (i=1, 2, 3, \cdots, n) \qquad (3—3—10)$$

式中 D_i——第 i 项工作的持续时间；

n——网络图中结束节点的编号。

2. 工作的最迟时间参数

（1）工作的最迟必须结束时间（LF）

1）规定。结束节点最迟必须结束时间等于结束节点的最早可能结束时间，即 $LF_n = EF_n$。则 $LS_n = LF_n - D_n$。

2）计算方法。从结束节点开始，逆箭线方向，依次计算每一个节点时，只看外向箭线，取所有紧后工作中最迟必须开始时间的最小者，作为该工作的最迟必须结束时间，直至开始节点。

（2）工作的最迟必须开始时间（LS）

1）定义。工作的最迟必须开始时间表示该工作开工不能迟于这个时间，若迟于这个时间，将会影响计划的总工期。

2）计算。工作的最迟必须开始时间 LS_i 为：

$$LS_i = LF_i - D_i \quad (i=1, 2, 3, \cdots, n) \qquad (3—3—11)$$

3. 工作的各种时差计算

（1）总时差 TF_i

在单代号网络计划图中，工作的总时差的概念与双代号网络图完全相同。其计算公式为：

$$TF_i = LF_i - ES_i - D_i = LF_i - EF_i = LS_i - ES_i \qquad (3—3—12)$$

（2）局部时差 FF_i

由于单代号网络计划图中无节点时间参数，工作 i 的所有紧后工作中，最早可能开始时

间不一定相同，因而在计算工作的局部时差时公式稍有变化，为：

$$FF_i = \min(ES_j) - ES_i - D_i$$
$$= \min(ES_j) - EF_i \qquad (i < j) \qquad (3—3—13)$$

式中：min（ES_j）为工作 i 的所有紧后工作中最早可能开始时间的最小者。

（3）相干时差 IFi

$$IF_i = TF_i - FF_i \qquad (3—3—14)$$

（4）独立时差 DF_i

$$DF_i = FF_i - \max(IF_h) \qquad (h < i) \qquad (3—3—15)$$

式中：max（IF_h）为工作 i 的所有紧前工作中相干时差的最大者，当 $DF_i < 0$ 时，取 $DF_i = 0$。

表示方法如图 3—3—19 所示。

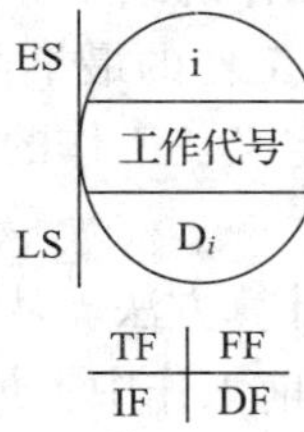

图 3—3—19　工作各种时差的标注形式

4. 关键线路的确定

单代号网络计划图中确定关键线路的方法与双代号网络计划图基本相同。只是由于没有节点时间参数，所以不能用节点时间参数均相等这种方法来判别关键线路。

在单代号网络计划图中，总时差为零的工作为关键工作，由关键工作所组成的自始至终的线路为关键线路。

【例 3—3—7】 计算如图 3—3—20 所示的单代号网络计划图的各种时间参数，并确定关键线路。

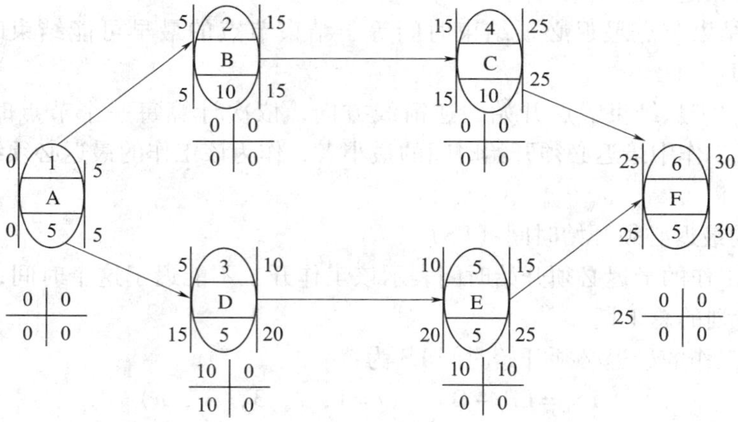

图 3—3—20　单代号网络计划图

计算结果填于图 3—3—20 上，关键线路为①②④⑥。

五、时间坐标网络计划图的绘制方法

时间坐标网络计划图可以按节点最早时间、节点最迟时间标画。这种时间坐标网络计划图主要供计划管理人员分析计划和实施资源优化使用。

1. 按节点最早时间标画时标网络

【例3—3—8】 将表3—3—3中各项工作的工程量，确定其各自的工作时间，并绘制双代号时标网络计划图。

表3—3—3 **工作关系**

工作代号	A	B	C	D	E	F	G	H
工作名称	测量工作	土方工程	路基施工	安装排水	清除杂物	路面施工	路肩施工	清理场地
紧后工作	B	C、D、E	F、G	F	G	H	H	—
工作时间	2	10	5	4	1	3	2	1

具体步骤如下：

（1）先做出双代号网络计划图，如图3—3—21所示。

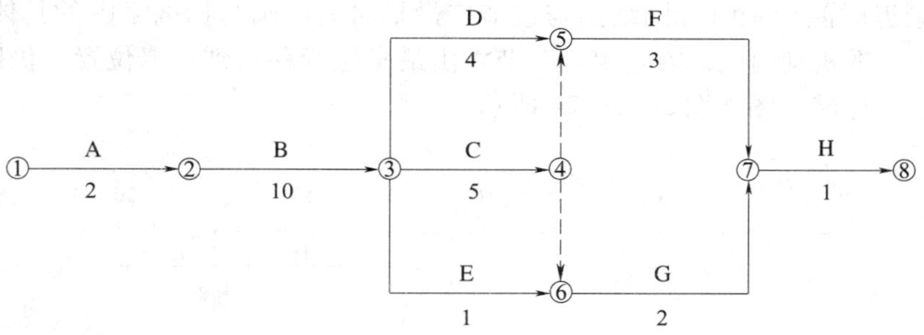

图3—3—21 双代号网络计划图

（2）计算各节点的时间参数，并找出关键线路，如图3—3—22所示。

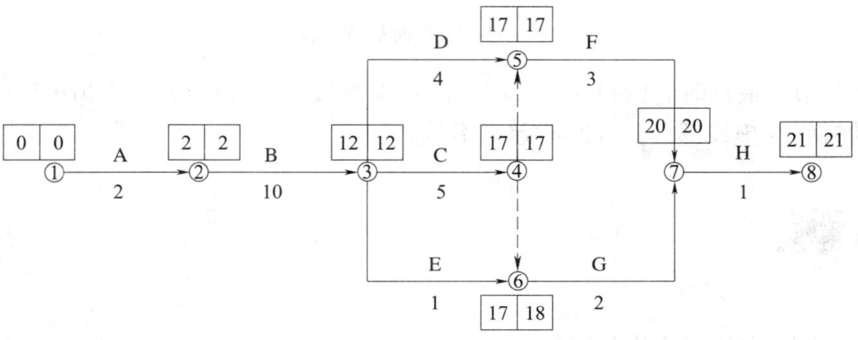

图3—3—22 标注时间参数及关键线路的双代号网络计划图

（3）做出时间坐标，按节点最早时间把关键线路标画在图中适当位置。

（4）按节点最早时间标画非关键线路，标画时应注意：工作用实箭线表示，箭线的长度表示工作持续时间的长短；虚工作仍用虚箭线表示；机动时间用虚线表示，并在实箭线与虚箭线分界处加一个截止短线；纵向没有时间含义。按以上步骤可画得如图 3—3—23 所示的时标网络图。

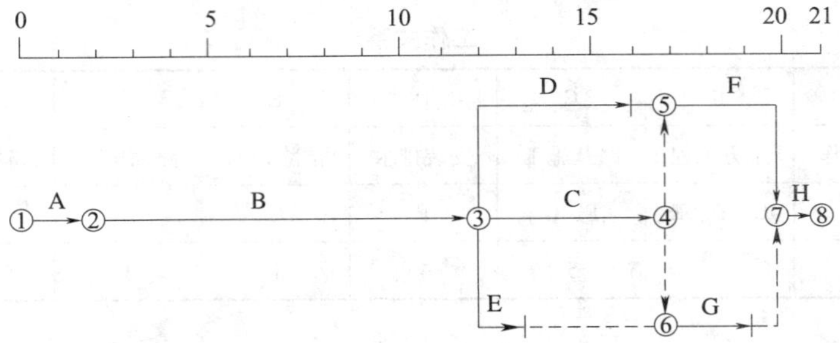

图 3—3—23　时标网络图

2. 按节点最迟时间标画时标网络图

按节点最迟时间标画时标网络图与按节点最早时间标画时标网络图的具体步骤完全相同，只是各工作的机动时间画在左侧，各节点由最早位置移动到最迟位置。仍以例 3—3—8 为例，得到的时标网络图如图 3—3—24 所示。

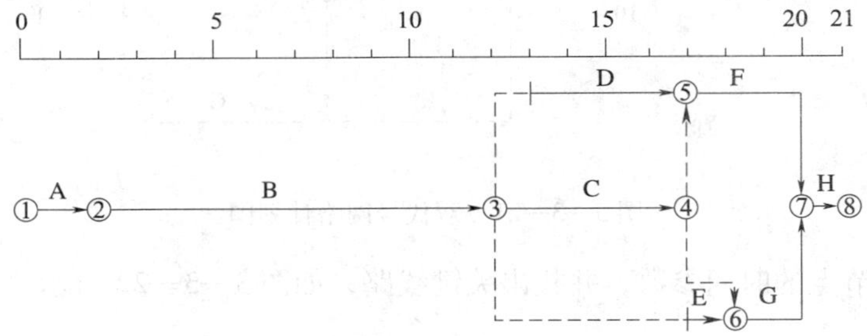

图 3—3—24　时标网络图

注意：按节点最迟时间标画的时标网络图不能直接得到任何时差，即图 3—3—24 中各工作的机动时间（虚线部分）什么时差都不是。

一、双代号网络计划图的绘制

1. 根据已知的工艺流程图及个工作之间的逻辑关系做出双代号网络计划图，如图 3—3—25 所示。

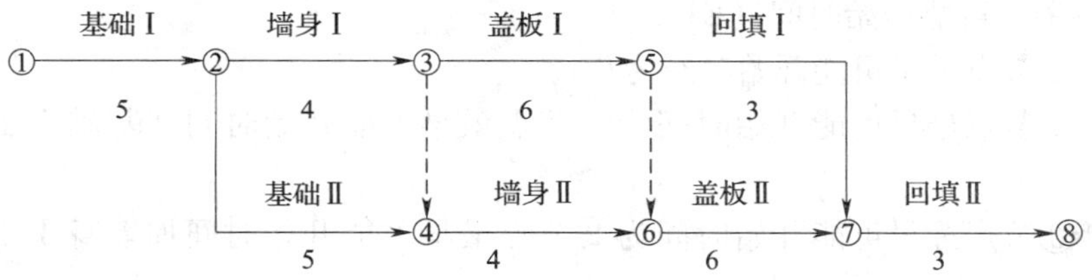

图 3—3—25　双代号网络计划图

2. 逐步完善双代号网络计划图，如图 3—3—26 所示。

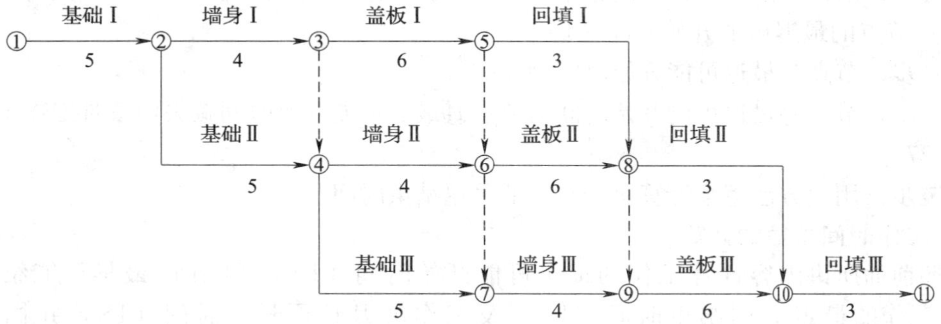

图 3—3—26　完善的双代号网络计划图

3. 调整并完成双代号网络计划图，如图 3—3—27 所示。

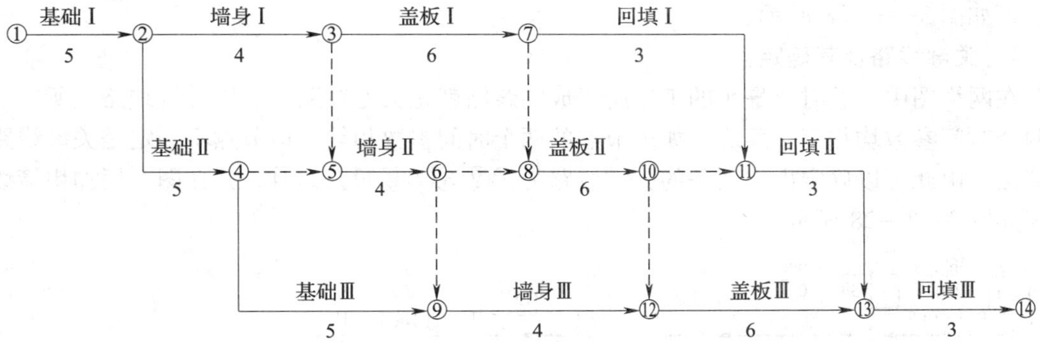

图 3—3—27　完成的双代号网络计划图

二、双代号网络计划图时间参数的计算

计算网络图时间参数的目的在于通过网络图上各项工作和各个节点的时间参数的计算，找出网络图中的关键线路并进行网络计划的优化、调整和计划的控制。网络计划的时间参数按其特性可分为两类：控制性时间参数和协调性时间参数。

1. 节点时间参数的计算

（1）节点最早可能开始时间（ET）

第一步，①节点最早可能开始时间为0。

第二步，②节点最早可能开始时间为①节点最早可能开始时间加基础Ⅰ工作工期，即0+5=5。

第三步，③节点最早可能开始时间为②节点最早可能开始时间加墙身Ⅰ工作工期，即5+4=9。

第四步，④节点最早可能开始时间为②节点最早可能开始时间加基础Ⅱ工作工期，即5+5=10。

第五步，以此方法逐个计算出各个节点的最早开始时间，如图3—3—27所示。

（2）节点的最迟可能开始时间（LT）

第一步，节点⑭最迟可能开始时间为30。

第二步，节点⑬最迟可能开始时间为节点⑭最迟可能开始时间减去回填Ⅲ工作工期，即30−3=27。

第三步，用此方法逐个计算每个节点的最迟结束时间。

2. 工作时间参数的计算

按照前面所讲内容计算工作的最早可能开始时间（ES）、工作的最早可能结束时间（EF）、工作的最迟必须结束时间（LF）及工作最迟必须开始时间（LS）并标注如图3—3—28所示。

3. 工作的时差计算

以此计算工作的总时差（TF）、自由时差（FF）、相干时差（IF）、独立时差（DF）并标注，如图3—3—28所示。

4. 关键线路及其确定

在网络图中，总时差最小的工作所组成的线路就是关键线路，所以关键线路上所有节点的两个时间参数均相等；反之，如果节点的两个时间参数相等，该节点不一定是关键线路上的节点。由此可以确定出本任务的关键线路为①②③⑦⑧⑩⑫⑬⑭，并在图上用加粗箭线标注，如图3—3—28所示。

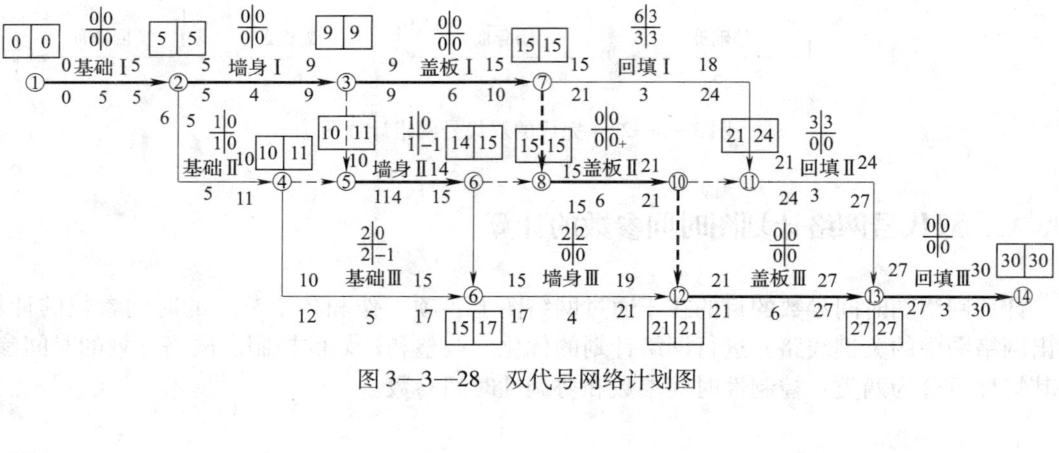

图3—3—28 双代号网络计划图

思考与练习

1. 双代号网络计划图的基本原则和绘制步骤是什么？
2. 单代号网络计划图的基本原则和绘制步骤是什么？
3. 双代号网络计划图中，虚工作怎样表示？其作用是什么？
4. 试述总时差在实际工程施工中的意义和作用。

任务四　优化施工进度网络图

学习目标

- 掌握网络计划的工期优化。
- 掌握网络计划的资源优化。
- 掌握网络计划的费用优化。

工作任务

网络计划经计算后，得出的是初始方案，这个方案只是一种可行方案，要获得最佳方案，还必须进行网络计划的优化。网络计划的优化就是通过利用时差，不断改善网络计划的初始方案，在满足既定的条件下，按照某一衡量指标来寻求最优方案。根据网络计划优化条件和目标的不同，通常有工期优化、时间优化和资源优化等。

本任务要求将某工程网络计划的实施工期优化至 40 天。工作优先压缩顺序为 G、B、C、H、E、D、A、F，如图 3—4—1 所示。

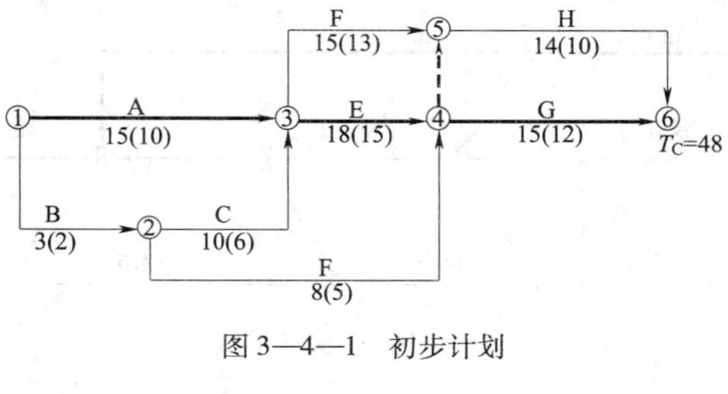

图 3—4—1　初步计划

相关理论

一、工期优化

在网络计划中，关键线路控制着施工任务的总工期，当计划的总工期超过了上级要求的总工期时，必须从关键线路着手。缩短关键线路的方法有：优化原来的组织计划，压缩关键工作的持续时间。

1. 优化原来的组织计划

（1）将顺序工作调整为平行工作（A 工作与 B 工作不在同一工作面上），如图 3—4—2 所示。

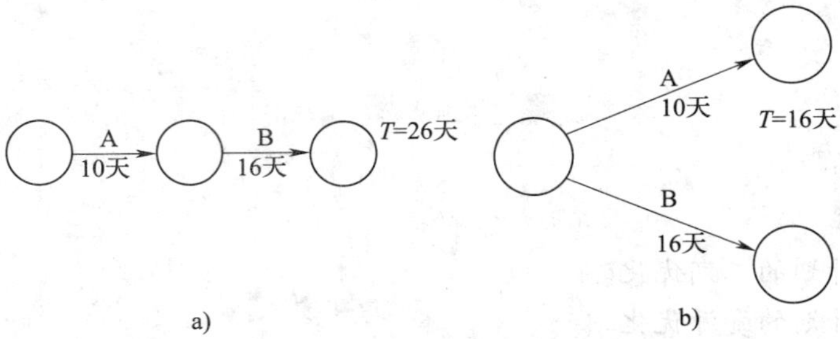

图 3—4—2　顺序的调整

a）顺序工作　b）平行工作

（2）将顺序工作调整为交叉工作

如某一辅线工程，里程是 3 km，计划分为三个工程项目，即施工准备工作 18 天，路基工程 15 天，路面工程 6 天。

1）若顺序施工，工期为 39 天，如图 3—4—3 所示。

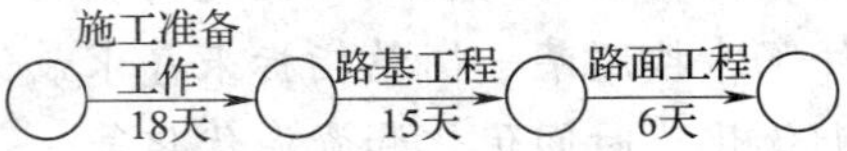

图 3—4—3　顺序工作

2）若采用交叉作业，工期为 25 天，如图 3—4—4 所示。

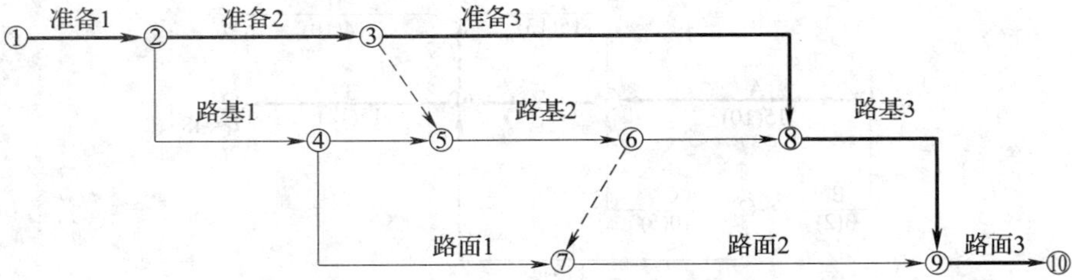

图 3—4—4　交叉工作

将这段路分成三个施工段，按流水作业方法组织，则工作关系见表3—4—1。

表3—4—1 **工作关系**

工作	准备1	准备2	准备3	路基1	路基2	路基3	路面1	路面2	路面3
紧前工作	—	准备1	准备2	准备1	准备2、路基1	准备3、路基2	路基1	路基2、路面1	路基3、路面2
持续时间	6	6	6	5	5	5	2	2	2

（3）延长非关键工作的持续时间

如图3—4—5所示的网络计划图，计划工期27天，上级要求工期为25天。在工作面允许的情况下，按照劳动量相等的原则，可以把C工作延长2天，把E工作延长1天，从C工作中抽走4人，从E工作中抽走1人。这样就可使工期满足要求，但关键线路发生了变化，如图3—4—6所示。

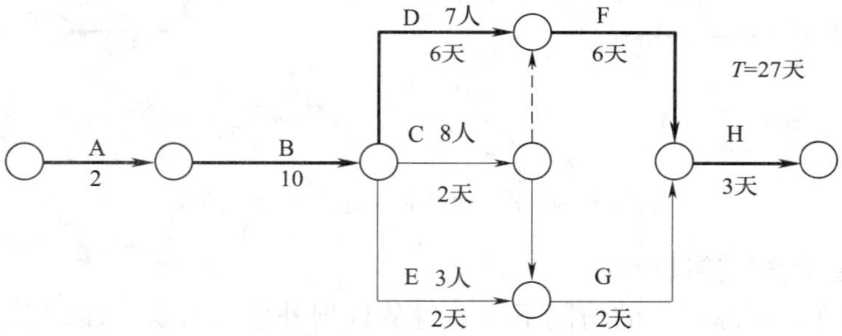

图3—4—5 原计划

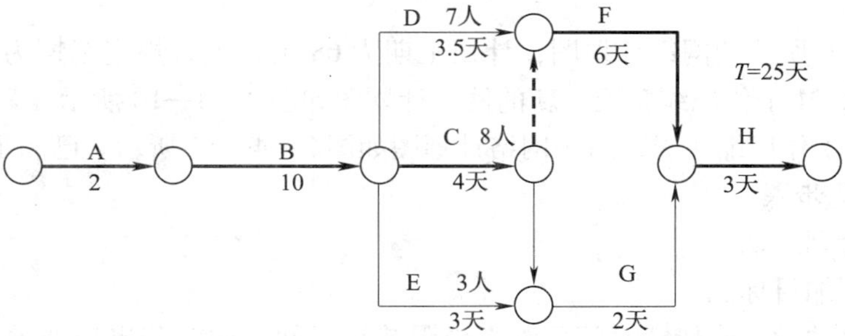

图3—4—6 延长非关键时间

（4）推迟非关键工作的开始

如图3—4—7所示的网络计划图，计划工期为27天，上级要求25天完工。在工作面允许的条件下，推迟C工作的开工时间，将C工作的8人全部投入B工作。新的网络计划图能满足上级要求，如图3—4—8所示。

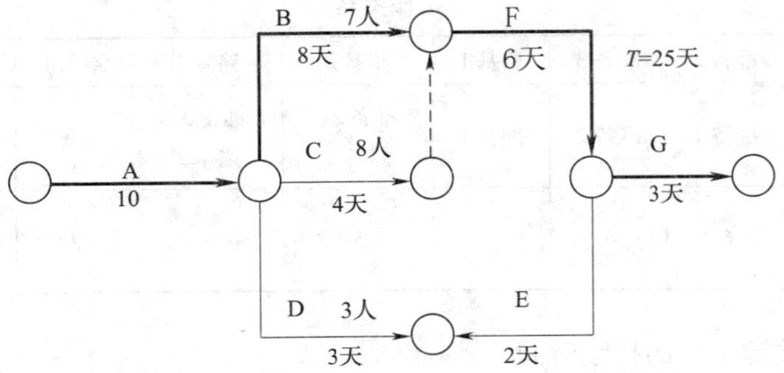

图 3—4—7　原计划

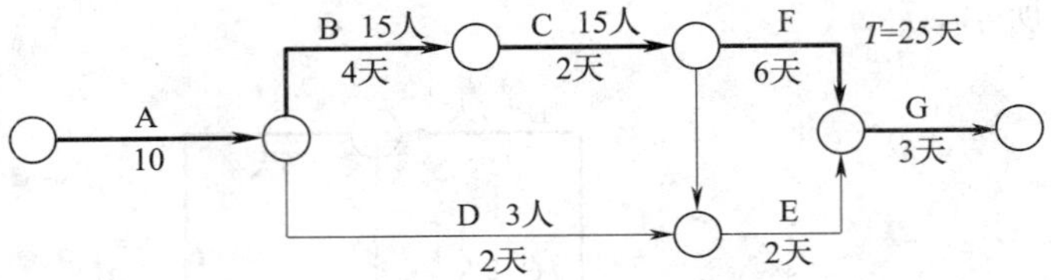

图 3—4—8　推迟非关键工作的开始

2. 压缩关键工作的持续时间

在工作面允许、资源充足的情况下，通过从计划外增加资源，压缩关键工作的持续时间，以达到缩短工期的目的。需要注意的是，在压缩关键线路的同时，会使某些时差较小的次关键线路上升为关键线路，这时需要再次压缩新的关键线路，如此逐渐逼近，直到达到规定工期为止。

如图 3—4—9 所示的网络计划图，计划工期为 68 天，上级规定工期为 60 天。第一次，J 工作压缩 5 天，M 工作压缩 3 天，新的网络计划图如图 3—4—10 所示。

第二次，Q 工作压缩 4 天，新的网络计划图如图 3—4—11 所示。已满足规定工期要求。

3. 工期优化步骤

（1）计算计划工期。

（2）界定压缩目标。

（3）优先将关键工作持续时间压缩至极限持续时间。此时若出现新关键线路使原关键工作成为非关键工作，则减少压缩幅度使之仍保持为关键工作，即“松弛”。

（4）完成步骤 3 后，如计划工期仍大于要求工期，继续压缩某些关键工作的持续时间，对多条关键线路的不同关键工作应设定相同的压缩幅度。

（5）经过步骤 4 逐步压缩关键工作的持续时间后，使计划工期缩短幅度达到要求工期，工期优化过程结束。

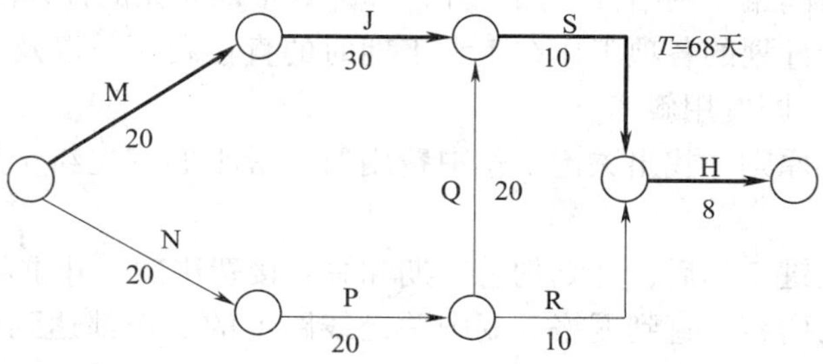

图 3—4—9 原计划

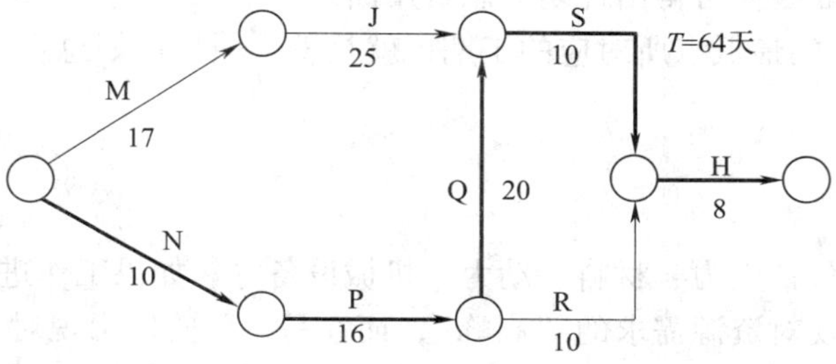

图 3—4—10 第一次压缩

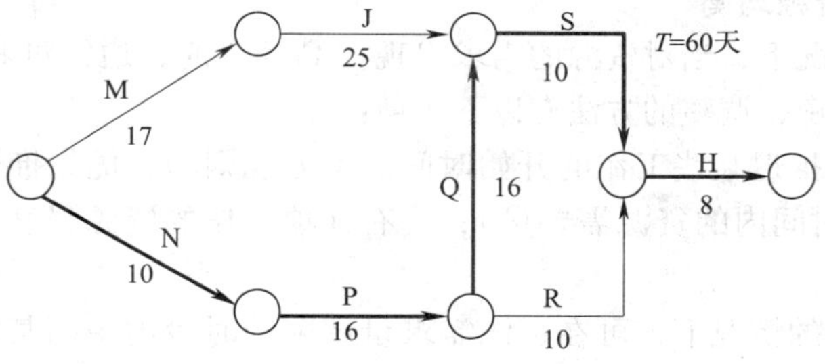

图 3—4—11 第二次压缩

二、时间—费用优化

前面所讨论的工期优化没有考虑费用问题。事实上，要想缩短工期，一般都需要增加劳动力、加班加点、增加其他资源，而这些都会引起费用增加，因此费用与工期有着密切的关系。公路工程项目的总费用包括直接费用和间接费用。直接费用是指完成工程所需的人工、材料、机械等费用；间接费用包括管理费用、福利、利息和一切不便于计入直接费用的其他附加费用。直接费用随着工期的缩短而增加，间接费用则随着工期的缩短而减少。因此，对于一个工程项目来说，有时间—费用的优化问题。

时间—费用优化的基本步骤如下：

1. 按正常工作时间编制网络计划图，并计算计划工期和完成计划的直接总费用。

2. 列出构成整个计划的各项工作在正常工期时的直接费用，以及关键工作每缩短单位时间所增加的费用额，即费用斜率。

3. 根据费用最小原则，找出关键工作中费用斜率最小的首先给予压缩，这样可以使直接费用的增加最少。

4. 计算加快某关键工作后，计划的总工期和总直接费用额，并重新确定关键线路。

5. 重复3和4的内容，直到网络计划中关键线路上的工作都达到最短持续时间，而不能再压缩为止。

6. 根据以上计算结果便可以得到一条时间—直接费用曲线。如果时间—间接费用曲线也已知，叠加这两条曲线便可得出计划的总费用曲线。

7. 总费用曲线上的最低点所对应的工期，就是整个项目计划总费用最低的最优工期。

三、资源优化

这里所说的资源包括人力、材料、动力、机械设备等。如果工作进度安排不恰当，就会在计划的某些阶段出现对资源需求的“高峰”，而在另一些阶段出现对资源需求的“低谷”。这种资源的不均衡，会造成资源供应不足，或资源供应过剩，同时也会给工程组织和管理带来许多麻烦。资源优化的目的，就是为了解决这些问题。下面介绍两种资源优化的情况。

1. 规定工期的资源均衡

在工期限定的情况下，当对资源的需求出现“高峰”时，通常对非关键工作进行调整，以使资源尽量达到均衡，调整的方法有以下三种：

（1）利用时差，推迟某些工作的开始时间。推迟规则为：优先推迟资源强度小的工作（资源强度是指单位时间内的资源需要量）；当有几项工作的资源强度相同时，优先推迟机动时间大的工作。

（2）在条件允许的情况下，可在资源需求量超限的时段内中断某些工作，以减少对资源的需要量。

（3）改变某些工作的持续时间。

2. 资源有限使工期最短

当一项工程计划经过调整资源均衡之后，如果所需要的资源很充足，就可以下达实施了。但是，当资源供应有限时，就要根据有限的资源去安排工作。下面介绍一种资源有限的分配方法——备用库法。

备用库法分配有限资源的基本原理为：设想可供分配的资源储藏在备用库中，任务开始后，从库中取出资源，按工作的“优先安排规则”给即将开始的工作分配资源，并考虑到尽可能最优的组合，分配不到资源的工作推迟开始。随着时间的推移和工作的结束，资源陆续返回备用库中。当库中的资源达到能满足即将开始的一项或几项工作的资源需要时，再从备用库中取出资源，按这些工作的优先安排规则进行分配。这样反复循环一直到所有工作都分配到资源为止。

资源分配的优先安排规则如下：

（1）优先安排机动时间少的工作。

（2）当几项工作的机动时间相同时，优先安排持续时间短的和资源强度小的工作。

应注意的是：优先保障关键工作的资源安排和力争减少资源的库存积压，提高利用率。灵活地运用以上优先安排规则，并考虑尽可能最优的组合。

任务实施

针对工作任务，将如图 3—4—1 所示的网络计划优化，步骤如下：

第一步，计算初始网络计划的时间参数（见图 3—4—12）。

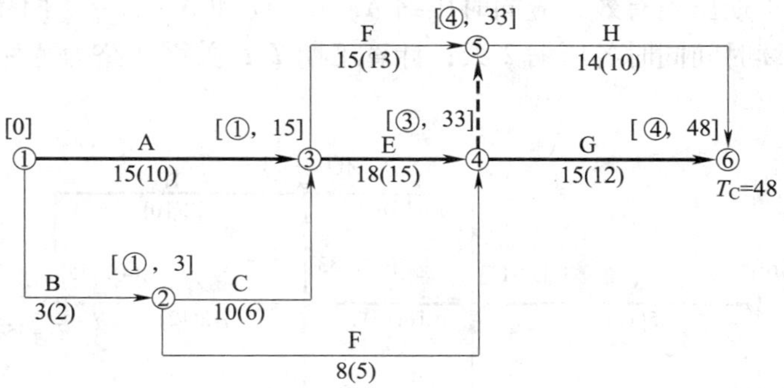

图 3—4—12　初始时间参数

第二步，确定网络计划应予压缩的天数为 8 天。

第三步，将 G 工作的持续时间压缩为极限持续时间，重新计算网络计划时间参数，新的关键线路取代了原关键线路（见图 3—4—13）。

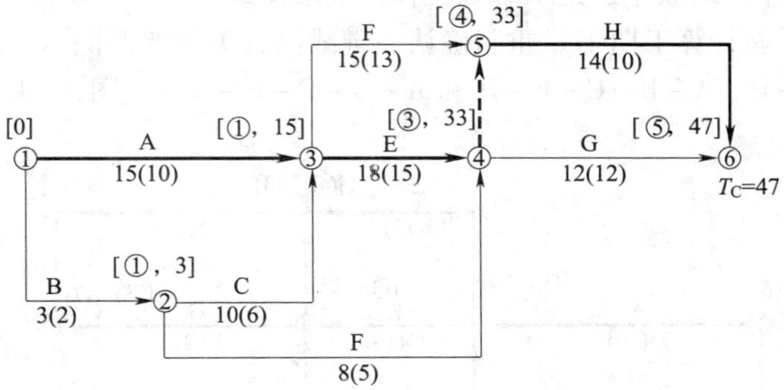

图 3—4—13　压缩 G 工作的持续时间

工作压缩后成了非关键线路，应比照关键线路 47 天将 G 工作的压缩幅度恢复。经过调整 A－E－G 恢复为与 A－E－H 等长的关键线路；G 工作的关键工作地位也得到恢复（见图 3—4—14）。

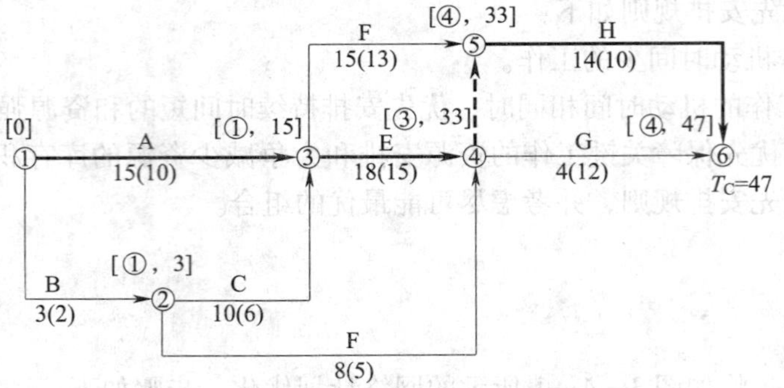

图 3—4—14 恢复关键线路

第四步，为使工期压缩有效，应同时压缩 A－E－G 和 A－E－H 两条关键线路。取 G、H 两工作的极限持续时间同时各压缩 2 天；计算工期 T_c；关键线路为 A－E－G 和 A－E－H（见图 3—4—15）。

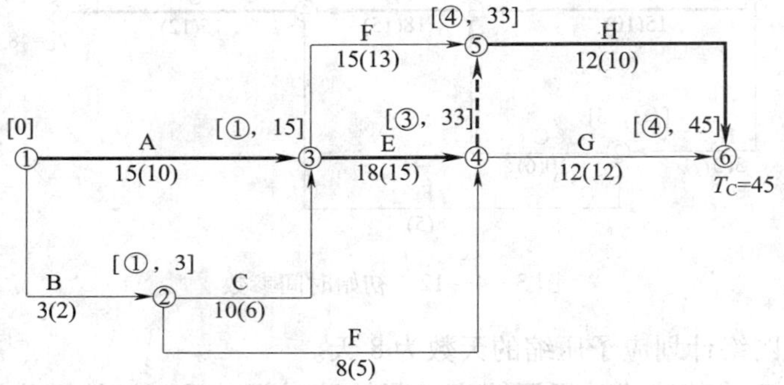

图 3—4—15 压缩两条关键线路的工作时间

第五步，依工作压缩顺序，先压缩 E 工作至极限持续时间（3 天），再压缩 A 工作至适当程度（2 天）。重新计算工期 T_c，重新确认关键线路，关键线路除 A－E－G 和 A－E－H 外，新增了 A－F－H、A－B－C－F－H 和 A－B－C－E－G（见图 3—4—16）。

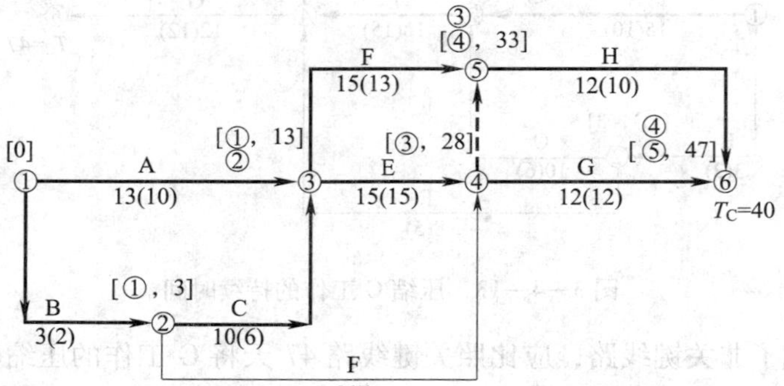

图 3—4—16 压缩其他工作的时间

施工组织设计编制的质量是合理确定工程造价的关键，加强设计的编制质量对确定工程造价有很重要的作用。由于设计工作做得不够深入，就会对工程造价的确定带来很大的麻烦，同时也为合同的正常执行带来困难。因此，在施工组织设计的编制过程中，施工方案的选定不能简单地用行政命令的手段决定，而应当依靠集体的智慧，进行认真的比较讨论，从技术、经济两个方面综合评定。施工方案的设计是施工组织设计的中心环节，工程造价能否得到控制，首先取决于方案是否优良。在设计过程中，应对各种方案进行比较，在充分论证的基础上，从中选择最佳的设计方案。有时也可以博采众长，形成新的、更完善的方案。

思考与练习

1. 时间—费用优化的步骤是什么？
2. 资源分配的优先原则是什么？

模块四

资源需要量计划的编制

任务一　劳动力需要量计划

学习目标

- 了解施工进度计划与资源需要量计划的关系。
- 了解设置施工作业班组及其组织优化的一般要求。
- 了解设置施工队及劳动组织优化的一般要求。
- 能正确计算施工项目的劳动力需要量。
- 能够编制劳动力需要量计划。

工作任务

广西某公路是国道主干线重庆至湛江公路的重要组成部分，其中No2标北起HC市都安县保平乡，起点桩号K126+000，路线经过拉友、板旺、光隆、坝牙，终点为耀南，终点桩号为K154+131，全长28.1 km。项目部主要承揽路面工程施工任务，合同工期为335天。路面工程施工进度计划如图4—1—1所示。试编制劳动力需求量计划。

通过完成该任务，学生应领会组建作业班组和施工队的一般要求，能够配置与整合人力资源，根据施工进度图计算劳动力需要量，并可编制劳动力需要量计划表。完成该任务首先应该熟悉组建生产作业单位的一般要求；其次，在识读施工进度图的基础上利用施工组织资料和进度计划资源需要量，编制劳动力需要量计划。

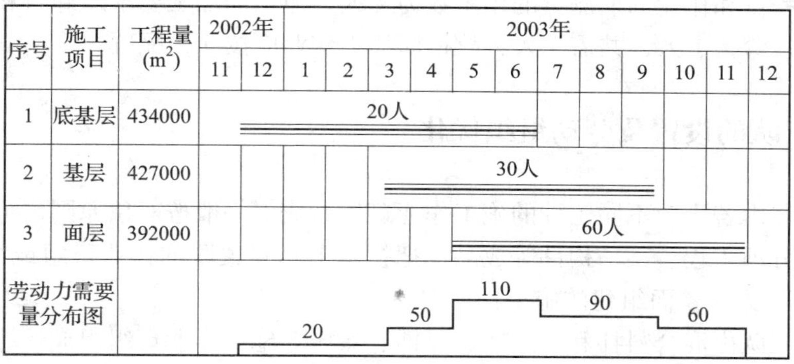

图 4—1—1　某路面工程施工进度计划

相关理论

一、施工进度计划与资源需要量计划的关系

施工进度计划是编制资源需要量计划的先决条件。在施工进度计划确定以后，才可依据施工进度计划编制资源需要量计划。施工进度计划是编制资源需要量计划的主要依据。施工进度与施工资源投入量成反比关系，即针对某个施工项目而言，施工资源投入量越大，其作业周期越短。当进度计划编制完成后，意味着每个施工项目的作业周期业已确定，据此，结合拟选的施工方法和工程量的大小，便可计算出所有的施工资源需要量。

二、施工作业班组设置及其组织优化

施工作业班组按一般工艺原则来组建，即将具备某一专项技能的劳动者组织起来，为完成某个主要工序配置生产技术和作业人员，并配备必要的生产工具、机械和设备来组建班组。

组建施工作业班组时一般应满足以下要求：

1. 保证每个成员的最小工作面

$$人工数量 = 施工作业面面积（m^2）/最小工作面（m^2/人）\quad (4—1—1)$$

2. 同一工种工人的技术等级应搭配合理

一般技工的施工技术水平对工程质量和进度的影响较大，因此，充分调动技工的积极性，挖掘潜力，有益于保证工程质量和工程进度。但只有技工，没有普工辅助，技工的施工技术效力也难以发挥出来，技工和普工应合理搭配，才能充分发挥技工的作用。通常根据施工需要，一个技工应有一个或几个普工辅助进行生产活动。

3. 按施工工艺要求的最低限度配备施工人数

测算的人数低于施工工艺要求配置的最低人数时，应以工艺要求为主，配置劳动力。如钢筋加工按工程量和作业周期测算的用工数为 4 人，但钢筋加工要求运卸料和除锈 2 人，上料和下料 2 人，弯钩 1 人，共需 5 人，故钢筋加工作业应按 5 人配置。

三、施工队的设置及劳动组织优化

施工队往往由若干个不同工种的施工作业班组组成，一般按对象原则进行组建，即为了完成某个分部分项工程、某一构件等成品，把技术上相互关联的作业班组或个人组合起来，以加工“成品”为对象而组建的施工作业单位。

如路面施工队由混合料拌和、运输、摊铺、碾压等施工作业班组组成，拥有完成路面结构层的所有施工机械和设备，并以加工路面（按分部分项工程验收的成品）为对象，将技术上相互关联的几个施工作业班组组织起来，联动作业。组建施工队时的一般要求有以下几点：

1. 按机械作业需要配置辅助人工数量

施工队拥有完成不同工序的各种机械，机械化作业往往需要人力配合施工。当人机联动作业时，应根据机械的规格型号及其生产率合理搭配人工数量，争取达到人机联动的最佳生产效率。如利用摊铺机摊铺水泥石灰稳定沙砾和沥青混合料时，配置的人工数量就不一样，通常在充分发挥摊铺机的作业效率的前提下，辅助作业的人工数量以够用为度。摊铺机辅助作业人工数量的多少与摊铺机的规格型号以及产量有关。

2. 紧前紧后工序的施工力量配置应协调一致

如挖土与运土、运土与夯实、运送混凝土和浇筑混凝土、制模与绑扎钢筋、隧道钻孔与出渣均为紧前紧后工序。为了充分挖掘紧前工序的潜力，保证施工作业班组的最佳作业效率，配备劳动力时，应保持紧前紧后工序在施工能力上的比例关系，即紧后工序的生产能力一般应略大于紧前工序 5% ~10%，使各工序的总工效相等。

3. 根据施工技术含量配备必要的专业技术人员

施工队一般完成的是技术含量较高的施工项目，所以，应配置熟悉工艺流程和施工技术的专业技术人员，必要时还需配备测量、检测、安全等专业工程师辅助施工，围绕“成品”加工开展专业性较强的生产技术工作。

4. 根据施工方式组建施工队

施工作业方式不同时，选择施工队的组成也不同。顺序作业和平行作业方式多数选用由不同工种的班组组成的综合施工队，而流水作业方式通常选用专业班组，如大桥墩台和基础施工分别由墩台施工队和基础施工队完成，而小桥涵不分基础和涵台全部由一个综合施工队完成。

小资料

某工程施工作业队的设置和任务划分

工程项目位于黄山市徽州区富溪乡境内，设计为双向四车道，山岭重丘区高速公路，全封闭，全立交，设计行车速度为 80 km/h。合同段施工范围：ZK199 + 502

(YK199+540) ~K205+450段除路基基层、路面外的所有路基、桥涵及隧道等土建工程。

合同段设计有隧道2 977 m/0.5座(石头岭隧道左洞、石头岭隧道右洞);大中桥共4 898 m/21座(富溪1~21桥);涵洞45.73 m/2座;路基挖方42万方,填方15万方,挡护及排水圬工4.5万方。其中桥隧约占设计线路的80%。隧道工区由隧道二公司组建,负责石头岭隧道的全部施工任务;路桥工区由路桥二公司组建,负责全段路基土石方、涵洞、桥梁的全部施工任务。

一、隧道工区作业队的设置及任务划分

根据隧道工程的特点,隧道工区设5个作业队,即开挖支护作业队、装渣运输作业队、钢筋作业队、混凝土作业队、综合作业队。

开挖支护作业队负责本标段石头岭隧道洞身开挖及初期支护;装渣运输作业队负责石头岭隧道洞渣装车和运输至弃土场,以及装运设备保养、维修;钢筋作业队负责钢拱架制作和钢筋制作安装;混凝土作业队负责洞内仰拱、拱墙、路面及沟槽等混凝土施工;综合作业队负责模板台车端头、路面、水沟及电缆沟等的模板制作安装,以及其他辅助工作。

二、路桥工区作业队的设置及任务划分

根据本标段桥梁、路基工程的特点及工期要求,路桥工区设七个桥梁施工作业队和两个路基施工作业队。

1. 桥梁施工作业队的施工任务划分

本标段桥梁多,下部结构形式多样,将相同上部结构的桥梁尽量划分在同一施工队伍,遵循工程量大体相等,资源配置合理,施工机械设备调运方便的原则,对桥梁施工作业队的任务划分如下:

本标段桥梁上部结构有35 m简支T梁、20 m空心板梁和25 m、30 m、40 m连续箱梁。考虑到简支35 mT梁及20 m空心板梁集中预制及架设方便,将富溪14号桥、16号桥简支T梁的预制安装以及富溪2号桥、5号桥、6号桥、7号桥、8号桥、10号桥、20号桥空心板梁的预制安装安排由第七施工队施工;连续箱梁除富溪1号桥、3号桥、4号桥由第七施工队施工外,其余均由施工相应下部结构的施工队施工(施工任务划分见表4—1—1)。施工每座桥梁梁部的施工队同时要完成本座桥的桥面铺装及附属工程。

表4—1—1　　桥梁施工作业队施工任务划分

施工作业队	任务划分
第一施工队	富溪1号桥、2号桥、3号桥、4号桥、5号桥、6号桥、7号桥、8号桥、10号桥下部结构
第二施工队	富溪9号桥、11号桥
第三施工队	富溪12号桥
第四施工队	富溪14号桥、16号桥下部结构及富溪13号桥
第五施工队	富溪20号桥下部结构及18号桥、21号桥
第六施工队	富溪19号桥
第七施工队	富溪1号桥、2号桥、3号桥、4号桥、5号桥、6号桥、7号桥、8号桥、10号桥、14号桥、16号桥、20号桥上部结构以及富溪15号桥、17号桥

2. 路基施工作业队的施工任务划分

路基施工作业队负责本标段路基土石方、涵洞、挡护及排水工程的全部施工任务。

其中路基作业一队负责石头岭隧道至富溪13号桥之间路基土石方、YK201+022钢筋混凝土盖板涵、ZK201+161钢筋混凝土盖板涵、挡护及排水工程的全部施工任务。

路基作业二队负责富溪13号桥至本标段终点路基土石方、挡护、排水及全段路面底基层的全部施工任务。

四、劳动力需要量计划

劳动力配备遵循足量供应、保证质量、尽量均衡的原则。

足量供应是指本工程将根据预算工程量和工期安排劳动力足额供应，确保每一阶段的工程进度和质量。

保证质量是指每一个劳务队伍和作业班组均根据工程的技术含量和工程特点配备相应数量的技术人员和质量检查人员，特种作业人员100%持证上岗。

尽量均衡是指安排劳动力资源，尽量保持劳动力资源曲线的平滑，防止一紧一松，造成人员窝工。

1. 劳动力需要量示意图

劳动力需要量示意图（见图4—1—2）反映了施工期间劳动力的动态变化，是衡量施工组织设计合理性的重要标志。图4—1—2a表示出现了短缺的劳动力高峰，图4—1—2b表示劳动力数量起伏不定。这两种情况都不便于施工管理，增大了临时设施的规模，在施工安排上应尽量避免。图4—1—2c在一个较长的时间内劳动力保持平衡，符合施工规律，是最理想的情况。

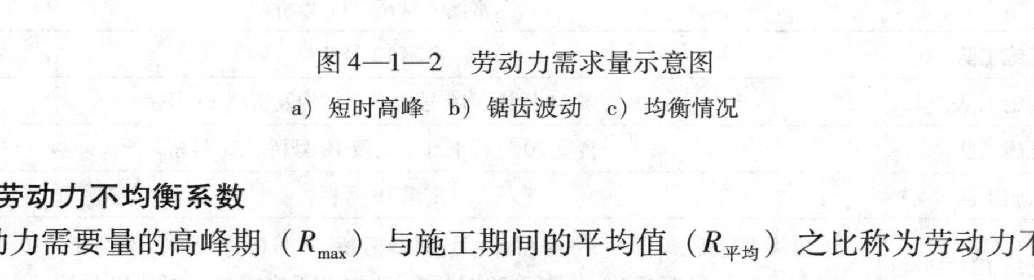

图4—1—2　劳动力需求量示意图

a）短时高峰　b）锯齿波动　c）均衡情况

2. 劳动力不均衡系数

劳动力需要量的高峰期（R_{max}）与施工期间的平均值（$R_{平均}$）之比称为劳动力不均衡系数。其值应大于等于1，一般不超过1.5。其值按式（4—1—2）计算。

$$K=\frac{R_{max}}{R_{平均}} \tag{4—1—2}$$

式中 R_{max}——施工期间劳动力需要量最大数；

$R_{平均}$——施工期间加权平均人数，即总劳动量/计划总工期。

3．劳动力需要量计划表

根据劳动力需要量图，可以编制劳动力需要量计划（见表4—1—2）。劳动力需要量计划是作为安排劳动力的平衡、调配和衡量劳动力耗用指标、安排生活福利设施的依据，其编制方法是将施工进度计划表内所列各施工过程每天（或旬、月）所需工人人数按工种汇总而得。

表4—1—2　劳动力需要量计划表

序号	工种	人数	需要人数及时间					备注
			年度					
			1季度	2季度	3季度	4季度	合计	

五、劳动需要量计算示例

某水泥混凝土路面工程施工任务，路面厚度为20 cm。工程量为50 000 m^2，分散拌和，手推车运输，人工铺筑。查施工进度计划，该项施工任务在120天内完成，采用1班制作业，试确定日劳动力需要量。

1．根据预算定额，确定工料机消耗量

水泥混凝土路面工程的预算定额编号为［172－2－2－17－1］。

经查，完成1 000 m^2（定额单位）水泥混凝土路面需要：

人工：290.3 工日/1 000 m^2

250 L以内混凝土搅拌机：7.43 台班/1 000 m^2

水泥混凝土真空吸水机：3.48 台班/1 000 m^2

混凝土切缝机：3.36 台班/1 000 m^2

4 000 L以内洒水汽车：1.44 台班/1 000 m^2

从上述资料可以看出，250 L以内混凝土搅拌机是控制施工进度的主导机械，若按正常的施工条件组织施工，保证机械工效，充分发挥机械潜力，平均每个台班合理配置的人工数量为：

$$290.3\div7.43=39.07\rightarrow39\text{ 人}$$

2．计算劳动量

$$D_{人工}=50\ 000\ m^2\times290.3\text{ 工日}/1\ 000\ m^2=14\ 515\text{ 工日}$$

3．计算机械作业量

$$D_{\text{搅拌机}}=50\ 000\ \text{m}^2\times 7.43\ \text{台班}/1\ 000\ \text{m}^2=371.5\ \text{台班}$$

$$D_{\text{吸水机}}=50\ 000\ \text{m}^2\times 3.48\ \text{台班}/1\ 000\ \text{m}^2=174\ \text{台班}$$

$$D_{\text{切缝机}}=50\ 000\ \text{m}^2\times 3.36\ \text{台班}/1\ 000\ \text{m}^2=168\ \text{台班}$$

$$D_{\text{洒水车}}=50\ 000\ \text{m}^2\times 1.44\ \text{台班}/1\ 000\ \text{m}^2=72\ \text{台班}$$

4．计算日劳动力需要量及机械台数

当要求该项施工任务 120 天完成时（$T_i=120$），每日需要：

$R_{\text{人工}}=D_{\text{人工}}/(T_{\text{人工}}\times n)=14\ 515\div(120\times 1)=120.96$ 人，取 121 人；

$R_{\text{搅拌机}}=D_{\text{搅拌机}}/(T_{\text{搅拌机}}\times n)=371.5\div(120\times 1)=3.10$ 台，适当加班取 3 台；

$R_{\text{吸水机}}=D_{\text{吸水机}}/(T_{\text{吸水机}}\times n)=174\div(120\times 1)=1.45$ 台，取 2 台；

$R_{\text{切缝机}}=D_{\text{切缝机}}/(T_{\text{切缝机}}\times n)=168\div(120\times 1)=1.40$ 台，适当加班取 1 台；

$R_{\text{洒水机}}=D_{\text{洒水机}}/(T_{\text{洒水机}}\times n)=72\div(120\times 1)=0.6$ 台，取 1 台。

根据以上计算结果，在正常的施工条件下，每日合理配置人数在 117 ~ 121 人，施工时可按施工组织需要调整。

任务实施

根据施工进度图中的时间坐标进程，逐月统计每月已（或应）开工的施工任务（平行作业）的个数，并明确确定各施工任务的开工和结束时间，这样就为现场主管部门提供劳动力进退场的时间，再逐月汇总各施工任务（指每月平行作业的施工任务）的每班平均人数，保证及时调配，协调平衡，以满足施工的需要。最后可绘制劳动力资源分布图，并编制劳动力需要量计划，见表 4—1—3。

表 4—1—3　　劳动力需要量计划表

作业时间		施工项目	劳动力分配	需要量	备注
2002.11.01	2003.03.10	底基层	20	20	
2003.03.10	2003.05.01	底基层	20	50	
		基层	30		
2003.05.01	2003.06.03	底基层	20	110	
		基层	30		
		面层	60		
2003.06.30	2003.09.26	基层	30	90	
		面层	60		
2003.09.26	2003.11.02	面层	60	60	

思考与练习

1. 施工进度计划与资源需要量计划有何关系?
2. 资源供应计划的编制原则是什么?
3. 资源供应计划的编制依据有哪些?
4. 编制资源供应计划的要求是什么?
5. 资源供应计划的编制程序有哪些?
6. 组建施工队伍时的一般要求有哪些?
7. 组建施工作业班组时的一般要求有哪些?

任务二　施工机具与设备需要量计划

学习目标

- 了解机械化施工组织设计的内容。
- 了解影响机械化施工组织的设计因素。
- 了解经济车辆数的确定方法。
- 掌握主要施工机具与设备需要量计划的编制方法。
- 掌握其他机械作业计划的编制方法。

工作任务

根据模块四任务一的工作任务情境，某项目部进行路面工程施工，按照图4—1—1所示的路面工程施工进度计划表，试确定路面工程项目的主要机械需要量计划。

施工机具与设备需要量计划是指工程项目在施工生产过程中，对机具、设备资源的统筹规划。它以合同段的施工进度计划为依据，并在已完成的施工进度计划的基础上编制而成。施工机具、设备需要量计划的编制与施工方案的选择密切相关，相辅相成。制订施工机具、设备的需要量计划时，应充分考虑施工方法与施工机具选择的一致性和协同性，合理配置、整合和优化施工机具及设备资源。

通过完成该任务，应熟悉组件机械化施工组织的主要内容，在识读施工进度图的基础上，利用施工组织资料和进度计划计算资源（机具、设备）需要量，进而编制机械、设备需要量计划。

相关理论

一、机械化施工组织设计的内容

随着我国公路建设的迅速发展，机械化施工已成为公路施工主要的施工方法。公路施工具有周期长、流动性大、施工协作性高，以及受外界干扰及自然因素影响等特点，因此，公路实施机械化施工，必须事先做好计划，即编制好机械化施工组织设计。

不论是施工企业、业主，还是监理单位，对一个工程项目来说，施工组织设计的内容安排、文件编制等方面都是一致的。机械化施工组织设计可分为机械化施工总体计划和分部分项工程计划。

1. 机械化施工总体计划的内容

（1）确定施工计划总工期。

（2）重点工程的机械施工方案和方法。

（3）机械化施工的步骤和操作规程、相关的机械管理人员。

（4）机械最佳配置、各季度计划台班数量。

（5）机械施工平面设置与机械占地布设。

（6）确定机械作业的总体进度计划。

2. 机械化施工分部分项工程计划内容

（1）分部分项工程日进度计划图表。

（2）工程项目机械配合施工的安排计划（施工方法、机械种类）。

（3）机械施工技术、安全保证措施。

（4）机械检修、保养计划和措施。

（5）机械的临时占地布设和现场平面组织措施。

二、经济车辆数的确定

机械化施工中工程运输车辆需要量很大，费用所占比例也很大，现以土石方运输的汽车与挖掘机、装载机配套的工程运输车需要数量的计算为例予以说明。

1. 一般方法

（1）铲斗容积比的选择

挖掘机和汽车的利用率达到最高值时的理论铲斗容积比（汽车容量与挖掘机斗容量之比）是随着运距的增加而提高，随着汽车平均行驶速度的增快而降低，也就是随着汽车循环时间的增加而提高的。当运距为 1 ~ 2.5 km 时，理论的铲斗容积比为 4 ~ 7；运距在

3～5 km时，理论的铲斗容积比为7～10。结合我国当前的情况，自卸汽车容量较小，可取3～5，最大不超过7～8。实践表明，铲斗容积比宜取低值，但车箱不能过小，以免装载不便而延长装卸时间，而且容易损坏车箱。

（2）汽车载重量的利用程度

它与铲斗容积比、汽车载重量或车箱容积以及土的密度等因素有关。装满自卸车车箱所需铲装次数 n 一般应满足下列条件：

$$\frac{Q}{W} \leqslant n \leqslant \frac{V}{V_1} \quad (4—2—1)$$

式中 Q——自卸车的载重量，t；

W——铲斗中土的质量，t；

V_1——铲斗中土的松方容积，m^3；

V——铲斗容积，m^3。

与挖掘机、装载机配套适宜的车辆，其铲装次数一般在3～5次，而车辆载重量的利用程度也是考核配套合理性的另一个重要指标。

（3）与一台挖掘机、装载机配套的自卸车车辆数 N

$$N = \frac{T}{t_1} \quad (4—2—2)$$

式中 T——自卸车的工作循环时间，$T = t_1 + t_2 + t_3 + t_4$。

其中：t_1——用装载机械装满一车箱所需时间，min；

t_2——重车运输行驶时间和空车返回的行驶时间，min；

t_3——在卸料点倒车转向和卸料的时间（见表4—2—1），min；

t_4——在装载机械近旁的调车时间（见表4—2—2），不包括因等候装车耽误的时间，如果计算因等候装车耽误的时间，应按实际发生的时间（或平均时间）计算。

表4—2—1　运输车辆的倒车和卸车时间 t_3　min

作业条件	后卸车	底卸车	侧卸车
顺利	1.0	0.4	0.7
一般	1.3	0.7	1.0
不顺利	1.5～2.0	1.0～1.5	1.5～2.0

表4—2—2　运输车辆的调车时间 t_4　min

作业条件	后卸车	底卸车	侧卸车
顺利	0.5	0.15	0.15
一般	0.3	0.5	0.5
不顺利	0.8	1.0	1.0

求出车辆数一般取大于此数的整数，以满足运输车辆的要求。配套汽车的生产率应取挖掘机、装载机的生产率或车队生产率两者之中的最小值。在生产率计算中，应计入配套机械

的时间利用率，使其符合实际情况。

2. 优化方法——排队论法

上述计算车辆数量的公式中，装车时间和行驶时间均假定是固定不变的。但实际上，车辆的工作循环时间难以保持相等，因为在装载机械附近有时是排队等候装车，有时会无车可装，因而降低了装载机械的生产率。

排队论法是用统计学来处理装车时间和行驶时间变化的方法。工程实践表明，采用排队论法求出的机械实际生产率和最经济的车辆数比较符合实际情况。运用这一方法时，认为装载时间出现的概率呈泊松分布或指数分布。

设 N 为车队中汽车的车辆数；a 为汽车的平均到达率，以每小时到达的次数计（按无延误计算，不包括装车时间）；L 为挖掘机每小时平均装车辆数；$r=a/L$ 为每小时到达率与每小时装车辆数的比值。设 P_0 为挖掘机无车可装的概率；P_t 为挖掘机有一辆车或 n 辆车可装的概率。因此在挖掘机前不是无车可装，就是有一辆车可装，概率 P_0 和 P_t 之和必须为 1，故

$$P_0=1-P_t$$

为了计算 P_t 和 P_0 值，可先按下述方法求出 γ 值：

$$a=\frac{1}{t_2}$$

$$L=\frac{1}{t_1}=\frac{Q_w}{V}$$

$$\gamma=\frac{a}{L}=\frac{t_1}{t_2}=\frac{V}{Q_w\cdot t_2} \quad (4—2—3)$$

式中　Q_W——挖掘机的生产率；

V——汽车车箱的堆装容积。

挖掘机无车可装的概率 P_0 和有车可装的概率 P_t，取决于汽车的辆数 N 和 γ。P_0 值可用式（4—2—4）精确计算出来。

$$P_0=\left[\sum_{i=0}^{N}\frac{N!}{(N-i)!}(\gamma)^i\right]^{-1} \quad (4—2—4)$$

运用排队论法确定挖、运机群可能达到的生产率 Q，可用式（4—2—5）计算：

$$Q=1.03Q_W P_t \quad (4—2—5)$$

式中　Q_W——挖掘机的正常生产率；

1.03——计算值与现场实测值比较的校正系数。

与一台挖掘机配套的最适宜车辆数的近似值 N' 可由式（4—2—6）计算：

$$N'=\frac{1}{\gamma} \quad (4—2—6)$$

在沥青混凝土、水泥混凝土面层机械化施工中，也可用排队论法求得经济车辆数。

3. 机械的维修及保养计划

机械化施工组织设计中，应该包括对机械的维修保养计划，同时它也是机械化施工管理的组成部分。工地上的土木技术人员有时只顾眼前的工作，忽视了机械的状态而强行工作，常常导致功率降低，甚至造成机械故障或更严重的后果。所以正确使用机械，是提高工作效

率，降低机械使用费的主要途径。一台机械在生产、维修、质量和安全方面的重要性，要从以下几方面进行评价。

（1）生产

1）机械在生产使用中的状态（重点在运转效率）。

2）工地及计划中是否有闲置的备用机械。

3）机械故障的出现对机械的影响程度及对进度的影响程度。

（2）维修

1）机械发生故障的频率（是否应尽快维修）。

2）机械发生故障的维修时间是否导致长时间停工。

3）机械修理故障所消耗的费用是否值得。

（3）质量

1）带故障的机械对工程质量是否有影响。

2）故障机械的修理费用与影响质量效果的关系。

（4）安全

1）因机械故障可能引起的伤害程度。

2）机械故障可能引起的公害程度。

从以上四个方面综合评价机械的现状及维修的重要性，以便在施工组织中合理权衡各方面的关系。机械维修从开始到结束都要做好记录，一是备查，二是统计费用，三是对机械操作员负责的机械进行追踪管理。维修记录见表4—2—3。

表4—2—3　　机械维修存档记录表

机械规格名称	厂家名称	维修原因	维修方式	维修部位	维修时间	备注

机械师：　　　　　　　　　　　　记录员：

（5）保养

保养大致可分为定期保养和日常保养。定期保养是拆卸分解整套机械的保养，恢复其原来的性能，使其能长期使用；日常保养是指每周、每月进行保养。机械故障检查记录表见表4—2—4，机械保养存档记录表见表4—2—5。

表4—2—4　　机械故障检查记录表

机械规格名称	操作员	厂家名称	正在施工的作业	受损部位	初步结论	时间	备注

检修员：　　　　　　　　　　　　记录员：

表 4—2—5　　机械保养存档记录表

机械规格名称	厂家名称	操作员	保养部位	维修部位	保养级别	保养时间	备注

机械师：　　　　记录员：

1）每日保养。这是每天开始运转和运转结束后必做的保养，由机械操作员和辅助操作人员负责完成，包括擦拭、检查、调整和补充燃料、润滑油脂和冷却水。

2）每周保养。对每日保养所做不到的润滑油补充和离合器、制动器调整等保养工作，应每周保养一次。保养工作除操作人员及其辅助操作人员以外，还需机械师指导保养。要及早发现漏油、裂缝、螺栓螺母的松动以及反常发热等异常情况，必须清理机械、记录结果、填报记录。

3）每月保养。这种保养主要在当地的机械维修基地，由机械师和操作员进行检查、保养。保养规模大，除更换一些零部件外，也拆卸一部分外围部件进行保养。同时记录结果，填报记录表。

4）润滑管理。在机械故障中，机件长期得不到润滑是主要原因。润滑工作的标准因机械种类不同而不同，一般按机械使用说明书所记载的标准执行即可。如果有特殊的规格，或有特殊的运转条件时，就要和机械制造厂家协商，采取适当的维护保养措施。进行正确的润滑工作，必须遵守以下四个原则：

①润滑必须在适当的时期进行。

②润滑必须在适当的部位进行。

③润滑必须选用适当润滑油。

④润滑油用量要适中。

三、主要机械需要量计划的编制

主要机具、设备的供应计划反映了完成合同段的全部施工任务所需要的机种以及各机的需要量、规格型号、作业开始及结束时间和各机种作业的延续时间。它是机械化施工组织的基础，也是优化设备资源，协调、调度和安排机械作业的依据。主要设备机具的供应计划根据施工总进度计划制订。下面以混凝土路面施工为例，说明主要施工机具、设备作业计划的确定步骤。

1. 确定施工任务

根据施工进度图中的时间坐标进程，逐月统计每月已（或应）开工的施工任务（平行作业）的个数，并确定和记录各施工任务的开工和结束时间。比如，查某合同段进度计划可知，该合同段面层为水泥混凝土路面，路面厚度为 20 cm，工程量为 50 000 m^2。计划于 6 月

1 日开工，9 月 31 日完工，计划工期 120 天。施工方法为分散拌和，手推车运输，人工铺筑，采用一班制作业。

2. 确定机械种类及需要量

（1）查表

查《公路工程预算定额》（JTG/T B06－02－2007），确定机械种类及其台班消耗量。水泥混凝土路面工程的预算定额编号为［173－2－2－17－1］。查表可知，完成 1 000 m^2（定额单位）水泥混凝土路面需要：

250 L 以内混凝土搅拌机	7.43 台班
水泥混凝土真空吸水机	3.48 台班
混凝土路面切缝机	3.36 台班
4 000 L 以内洒水汽车	1.44 台班

（2）计算机械作业量

按各施工任务的实际工程量和相应机械台班消耗定额列出完成该任务需要的机种，并分别计算各种机械的作业量。

根据《公路工程预算定额》（JTG/T B06－02－2007）可知，完成该项施工任务

所需主要机种及其作业量计算如下：

$D_{搅拌机}=50\ 000\ m^2\times 7.43$ 台班/1 000 $m^2=371.5$ 台班

$D_{吸水机}=50\ 000\ m^2\times 3.48$ 台班/1 000 $m^2=174$ 台班

$D_{切缝机}=50\ 000\ m^2\times 3.36$ 台班/1 000 $m^2=168$ 台班

$D_{洒水车}=50\ 000\ m^2\times 1.44$ 台班/1 000 $m^2=72$ 台班

（3）确定机械需要量

根据各种机械的作业量、作业周期并考虑作业班制及工作面等条件，确定完成每项施工任务时各种机械的需要量。当要求该项施工任务 120 天完成时（$T_i=120$），假定采用一班制作业（$n=1$），各种机械每日需要量为：

$R_{搅拌机}=D_{搅拌机}/(T_{搅拌机}\times n)=371.5\div(120\times 1)=3.10$ 台，适当加班取 3 台；

$R_{吸水机}=D_{吸水机}/(T_{吸水机}\times n)=174\div(120\times 1)=1.45$ 台，取 2 台；

$R_{切缝机}=D_{切缝机}/(T_{切缝机}\times n)=168\div(120\times 1)=1.40$ 台，适当加班取 1 台；

$R_{洒水车}=D_{洒水车}/(T_{洒水车}\times n)=72\div(120\times 1)=0.6$ 台，取 1 台。

施工主导机械的每日需要量确定后，其他辅助机械可根据施工组织情况或采取必要的施工组织措施调整每日需要量，但不管如何调整，都要保证主导机械效率的最大化。

3. 编制主要机械需要量计划表

按以上方法确定每一项施工任务的机种及各机种的作业量和每日需要台数，再逐月汇总各施工任务（指每月平行作业的施工任务）需要的相同机种及其每日需要台数，即可制订出整个合同段的主要机具、设备计划。表 4—2—6 为路基填方工程机械作业计划表。

表 4—2—6　　路基填方工程机械作业计划表　　天

规格名称	工程	所需机械台数																			
		9月																			
		9	10	11	12	13	14	15	16	17	18	19	20	21	22	23	24	25	26	27	28
推土机	清除障碍物	12	12	5	5	5	5	5	5	5	5	5					15	15	10	10	10
	清除表土			4	4	4	4	4	4	4	4	4	4	4					5	5	5
	排水	1	1	1	1	1	1	1	1	1	1	1	1	1							
	挖掘									1	1	1	1	1	5	5	7	7			
	铺平									1	1	1	1	1	1	1	1	1			
	搬运便道	2	2	2																	
轮式铲运机	清除表土			4	4	4	4	4	4	2	2	2									
	挖掘								6	6	6	10	10	10	9	9					
	表面综压													1	1	1	1	1	1		
	便道铲土	1	1	1																	
羊足压路机	碾压							1	1	1	1	1	1	1	1	1	1	1			
平地机	表面刮削			1	1	1	1	1	1	1	1										
	铺平							1	1	1	1	1	1	1	1	1	1	1			
	表面精加工															2	2	2	2	2	2
挖掘机	挖掘							2	2	2	2	2	2	2	2	2	2	2			
	排水			1	1	1															
压路机（10 t）	表面终压															1	1	1	1	1	1
压路机（20 t）	表面终压															1	1	1	1	1	1
翻斗车	排水				6	6	6	6	6												
	挖运										9	9	9	9	9	9	9	9			

四、其他机械作业计划的编制

1. 施工主导机械作业计划

施工主导机械作业计划应与总进度计划的总体安排一致，在总进度计划的基础上绘制，步骤如下：

（1）根据施工总体进度计划，在横道图中按施工次序列出采用机械化施工且由主导机械控制施工进度的作业项目名称，并将主导机械的机种列入主导机械栏内。

（2）在施工总进度计划中，查出以上各作业项目的开、竣工时间（与总进度计划一致）

及作业周期，并确定每日需要台数（见表4—2—7中横道上方的数字）。

（3）按各作业项目的开、竣工时间及作业周期（与总进度计划一致），绘制主导机械的横道图。

2. 常用机械作业计划

某种机械作业计划应与总进度计划的总体安排一致，仍在总进度计划的基础上绘制，步骤如下：

（1）根据施工总体进度计划，列出使用该种机械的所有作业项目，并按其实际工程量和机械台班消耗定额确定各作业项目的作业周期及作业量（与总进度计划对应并一致），图4—2—1中“台班数量”中的数字即是该数值。

（2）依据开、竣工时间和作业周期（与总进度计划对应并一致）绘制该种机械的横道图，如图4—2—2所示。

序号	名称	数量	单位	台班数量	工序工期	机械化施工进度										备注
						1月	2月	3月	4月	5月	6月	7月	8月	9月	10月	
0	准备工作	2 714	m^2	90		2										载重车
1	汽车运材料	6 147	m^3	2 140					11							载重车
2	集中土方开挖	53 471	m^3	182			9									挖掘机
3	汽车运土石方	63 714	m^3	1452			12									自卸车
4	桥梁混凝土	1 436	m^3	120					1							自卸车
5	管涵安装	625	m^3	68							1					起重机
6	桥涵吊板	382	m^3	45							1					起重机
7	沿线设施安装	253.5	t	120										1		电焊机

图4—2—1　某工程主导机械作业横道图

序号	名称	数量	单位	台班数量	工序工期	机械化施工进度										备注
						1月	2月	3月	4月	5月	6月	7月	8月	9月	10月	
0	准备工作	2 714	m^2	40		1										电焊机
1	汽车运材料	6 147	m^3	0					0							电焊机
2	集中土方开挖	53 471	m^3	0			0									电焊机
3	汽车运土石方	63 714	m^3	0			0									电焊机
4	桥梁混凝土	1 436	m^3	120					1							电焊机
5	管涵安装	625	m^3	68							1					电焊机
6	桥涵吊板	382	m^3	45							1					电焊机
7	沿线设施安装	253.5	t	120										1		电焊机

图4—2—2　某工程电焊机械作业横道图

任务实施

编制主要机械需要量计划

一、确定施工任务

根据施工进度图中的时间坐标进程，逐月统计每月已（或应）开工的施工任务（平行作业）的个数，并确定各施工任务的开工和结束时间。

底基层：2002 年 12 月 1 日至 2003 年 6 月 30 日，计划工期 210 天。

基层：2003 年 3 月 10 日至 2003 年 9 月 26 日，计划工期 196 天。

面层：2003 年 5 月 1 日至 2003 年 11 月 2 日，计划工期 182 天。

二、确定机械种类

进一步明确各项施工任务的施工方法，查《公路工程预算定额》（JTG/T B06－02－2007）确定每项施工任务的机械种类（本例未考虑拌和站的安装与拆除，路面钢筋及封油层的机具、设备资源消耗）。

1. 底基层

级配碎石厚 16 cm，采用机械铺料，拖拉机带铧犁拌和，压路机碾压。查《公路工程预算定额》（JTG/T B06－02－2007）［131－2－2－2－9＋12×8］“级配碎石路面”知，完成该施工任务需要的机械为：

120 kW 自行式平地机　　0.28 台班/1 000 m^2

75 kW 履带式拖拉机　　0.27 台班/1 000 m^2

6～8 t 光轮压路机　　0.14 台班/1 000 m^2

12～15 t 光轮压路机　　1.09 台班/1 000 m^2

6 000 L 以内洒水车　　0.36 台班/1 000 m^2

2. 基层

水泥稳定碎石厚 18 cm，厂拌法施工，摊铺机分两幅摊铺，压路机压实。查《公路工程预算定额》（JTG/T B06－02－2007）［109－2－1－7－5＋6×3］“厂拌基层稳定土混合料”和［121－2－1－9－7］“机械铺筑厂拌基层稳定土混合料”可知，完成该施工任务需要的机械为：

3.0 m^3以内轮胎式装载机　　0.57 台班/1 000 m^2

6～8 t 光轮压路机　　0.14 台班/1 000 m^2

12～15 t 光轮压路机　　1.27 台班/1 000 m^2

300 t 以内稳定土厂拌设备　　0.30 台班/1 000 m^2

7.5 m 以内稳定土摊铺机　　0.35 台班/1 000 m^2

6 000 L 以内洒水车　　　　　0. 31 台班/1 000 m^2

混合料运输的平均运距为 9 km。查《公路工程预算定额》（JTG/T B06－02－2007）[120－2－1－8－13＋15×16]“厂拌基层稳定土混合料运输”知：10 t 以内自卸车 8. 06＋(9－1)÷0. 5×0. 86＝21. 82 台班/1 000 m^3＝3. 93 台班/1 000 m^2。

3. 面层

混凝土面层厚 26 cm，搅拌楼拌和，滑模式混凝土摊铺机摊铺。查《公路工程预算定额》（JTG/T B06－02－2007）[173－2－2－17－5＋6×6]“水泥混凝土路面”知：

3. 0 m^3 以内轮胎式装载机　　　　1. 2 台班/1 000 m^2
滑模式水泥混凝土摊铺机　　　　0. 49 台班/1 000 m^2
混凝土电动刻纹机　　　　8. 91 台班/1 000 m^2
混凝土电动切缝机　　　　3. 82 台班/1 000 m^2
6 m^3 以内混凝土搅拌运输车　　　　3. 58 台班/1 000 m^2
60 m^3/h 以内混凝土搅拌站　　　　0. 85 台班/1 000 m^2
6 000 L 以内洒水车　　　　1. 90 台班/1 000 m^2

6t 以内自卸车运送混凝土平均运距为 8. 5 km，查《公路工程预算定额》（JTG/T B06－02－2007）[178－2－2－19－5＋7×15]“自卸汽车运输水泥混凝土”知：

6t 以内自卸车　　　　41. 89 台班/1 000 m^3＝10. 89 台班/1 000 m^2

三、确定机械需要量

根据以下公式计算施工机械需要量，可采用列式法或表算法进行计算。

$$施工项目机械台班消耗量（作业量）＝施工项目工程数量×台班消耗定额 \tag{4—2—7}$$

$$施工项目单位时间机械需要量＝施工项目机械台班消耗量/施工项目作业周期 \tag{4—2—8}$$

1. 底基层每日机械需要量

120 kW 自行式平地机　　　　434 000÷1 000×0. 28÷210＝0. 58（台）→1 台
75 kW 履带式拖拉机　　　　434 000÷1 000×0. 27÷210＝0. 56（台）→1 台
6～8 t 光轮压路机　　　　434 000÷1 000×0. 14÷210＝0. 29（台）→0 台
12～15 t 光轮压路机　　　　434 000÷1 000×1. 09÷210＝2. 25（台）→振动压路机 2 台
6 000 L 以内洒水车　　　　434 000÷1 000×0. 36÷210＝0. 74（台）→1 台（与基层共用）

2. 基层每日机械需要量

3. 0 m^3 以内轮胎式装载机　　　　427 000÷1 000×0. 57÷196＝1. 24（台）→1 台
6～8 t 光轮压路机　　　　427 000÷1 000×0. 14÷196＝0. 3（台）→0 台
12～15 t 光轮压路机　　　　427 000÷1 000×1. 27÷196＝2. 77（台）→振动压路机 2 台
300 t 以内稳定土厂拌设备　　　　427 000÷1 000×0. 30÷196＝0. 65（台）→1 台
7. 5 m 纵内稳定土摊铺机　　　　427 000÷1 000×0. 35÷196＝0. 76（台）→1 台

6 000 L 以内洒水车　427 000 ÷ 1 000 × 0.31 ÷ 196 = 0.68（台）→1 台

10 t 以内自卸车　427 000 ÷ 1 000 × 3.93 ÷ 196 = 8.56（台）→9 台

3. 面层每日机械需要量

$3.0\ m^3$ 以内轮胎式装载机　392 000 ÷ 1 000 × 1.2 ÷ 182 = 2.58（台）→3 台

滑模式水泥混凝土摊铺机　392 000 ÷ 1 000 × 0.49 ÷ 182 = 1.06（台）→1 台

混凝土电动刻纹机　392 000 ÷ 1 000 × 8.91 ÷ 182 = 19.19（台）→两班制 9 台

混凝土电动切缝机　392 000 ÷ 1 000 × 3.82 ÷ 182 = 8.23（台）→两班制 4 台

$6\ m^3$ 以内混凝土搅拌运输车　392 000 ÷ 1 000 × 3.58 ÷ 182 = 7.71（台）→两班制 4 台

$60\ m^3/h$ 以内混凝土搅拌站　392 000 ÷ 1 000 × 0.85 ÷ 182 = 1.83（台）→2 台

6 000 L 以内洒水车　392 000 ÷ 1 000 × 1.90 ÷ 182 = 4.09（台）→两班制 2 台

6 t 以内自卸车　392 000 ÷ 1 000 × 10.89 ÷ 182 = 23.46（台）→24 台

思考与练习

1. 机械化施工组织设计的内容有哪些？
2. 机械化施工组织设计的影响因素有哪些？
3. 主要施工机械需要量计划的编制步骤有哪些？
4. 施工主导机械作业计划的编制步骤有哪些？

任务三　材料需要量计划

学习目标

- 了解施工材料的组成。
- 熟悉材料需要量的计算步骤和计算方法。
- 熟悉施工主要材料计划表的编制方法。
- 能根据各种材料的供应量计算其每日需要量。

工作任务

根据模块四任务一的工作任务情境，某项目部进行路面工程施工，按照图 4—1—1 所示的路面工程施工进度计划表，试编制一份主要材料需要量计划。

材料需要量是指工程项目建设的全过程中根据实际施工活动的需要，各分部分项工程材料的需要数量。在项目的施工过程中，材料的消耗量大，所用的品种多、规格复杂，在工程总造价中所占的比例比较大（一般占50%～70%）。而主要材料需要量计划，是备料、供料和确定仓库、堆场面积及组织运输的依据，其编制方法是将施工进度计划表中各施工过程的工程量，按材料品种、规格、数量、使用时间、材料的来源及运输方式计算汇总。

通过完成该任务，应明确主要材料包括的内容，正确计算各分部分项工程的材料消耗量，在计算出各种材料的每日需要量的基础上，正确编制主要材料需要量计划。

相关理论

一、施工材料的组成

工程项目施工采用的材料名目繁多，数不胜数。但不管一个建设项目使用了多少材料，一般都根据用量大小和价值高低分为主要材料和辅助材料，简称主材和辅材。主材是指用量大、价格高的工业原料，如钢材、木材、水泥和沥青等；辅材是指制作半成品、成品所必需使用的零星的、低值易耗的辅助材料，如铁皮、铁丝、焊条和草袋等，用量较小。在施工过程中，人们通常编制的材料需要量计划主要是针对主材需要量进行统筹规划，旨在节约材料，降低成本，既能盘活流动资金，又能保障供给，满足施工需要。

材料需要量计划一般在已拟订了施工方案的基础上，并在制订了施工进度计划后进行编制，其编制依据如下：

（1）施工图设计文件。

（2）招标文件及其工程量清单。

（3）施工方案和施工进度计划。

（4）公路工程概算或预算定额。

（5）施工承包合同。

二、材料需要量的计算步骤和计算方法

1. 计算步骤

（1）根据施工进度图中的时间坐标进程，逐月统计每月已（或应）开工的施工任务（平行作业）的个数，并确定和记录各施工任务的开工和结束时间。

（2）确定材料种类，计算各种材料需要量。

（3）划定主材种类，计算主材每日消耗量。

2. 计算方法

施工方案确定后，施工进度也编制结束了，这时就可以着手编制材料需要量计划。计算

材料需要量主要是根据完成的工程量和所选用材料消耗定额进行的。在编制竞标性施工组织设计时，要根据标书上指定的材料消耗标准进行材料需要量计算。实施性施工组织设计采用企业的或行业的材料消耗定额，在计算主要材料的需要量计划时是比较粗略的，而单位工程或分部分项工程的实施性施工组织设计计算所需要的材料种类一般都比较详细，几乎除了低值易耗品外都要进行需要量计算，给出材料需要量计划。

计算分部分项工程的材料需要量，首先应明确分部分项工程的施工方案及施工方法，然后根据工程施工内容套用定额，按式（4—3—1）、式（4—3—2）计算分部分项工程的材料消耗量。

施工项目材料消耗量（供应量）=施工项目工程数量×材料消耗定额　　(4—3—1)

施工项目每日消耗量=施工项目材料消耗量（供应量）/作业工期　　(4—3—2)

施工项目工程数量=施工项目实际（设计）工程量/定额单位

编制竞标性施工组织设计时，材料用量计划一般要给出主要材料的用量，并列出主要材料需要量计划表。

编制指导施工和施工准备的施工组织设计时，施工组织总设计只给出主要材料及地方材料的需要量计划，并列出其需要量计划表。而实施性施工组织设计中的单位工程施工组织设计材料计划项目比较细，除了低值易耗品及占材料费中按比例列材料费的项目不做计划外，其余所有材料项目都要给出详细的材料计划，并列出需要量计划表，作为领发料和材料核算的依据。

【例4—3—1】 查某合同段进度计划可知，该合同段面层为C30水泥混凝土路面，路面厚度为20 cm，工程量为35 000 m^2。计划于6月1日开工，8月31日完工，计划工期为90天。施工方法为分散拌和，手推车运输，人工铺筑，采用一班制作业。求其材料供应量及材料日消耗量。

解：(1) 查《公路工程预算定额》（JTG/T B06－02－2007）［172－2－2－17－1］“水泥混凝土路面”可知，每完成1 000 m^2 C30水泥混凝土路面所消耗的材料种类和定额为：

M32.5水泥	76.908 t
碎石（4 cm）	169.32 m^3
中（粗）砂	93.84 m^3
锯材	0.066 m^3
光圆钢筋	0.004 t
型钢	0.054 t
石油沥青	0.099 t
煤	0.02 t
水	29 m^3
其他材料费	273.0元

(2) 计算材料供应量

M32.5水泥	35 000÷1 000×76.908=2 691.78（t）
碎石（4 cm）	35 000÷1 000×169.32=5 926.2（m^3）

中（粗）砂　　$35\ 000 \div 1\ 000 \times 93.84 = 3\ 284.4$（$m^3$）

锯材　　$35\ 000 \div 1\ 000 \times 0.066 = 2.31$（$m^3$）

光圆钢筋　　$35\ 000 \div 1\ 000 \times 0.004 = 0.14$（t）

型钢　　$35\ 000 \div 1\ 000 \times 0.054 = 1.89$（t）

石油沥青　　$35\ 000 \div 1\ 000 \times 0.099 = 3.465$（t）

煤　　$35\ 000 \div 1\ 000 \times 0.02 = 0.7$（t）

水　　$35\ 000 \div 1\ 000 \times 29 = 1\ 015$（$m^3$）

其他材料费　　$35\ 000 \div 1\ 000 \times 273.0 = 9\ 555$（元）

（3）计算材料日消耗量

M32.5 水泥　　$35\ 000 \div 1\ 000 \times 76.908 \div 90 = 29.9$（t）

碎石（4 cm）　　$35\ 000 \div 1\ 000 \times 169.32 \div 90 = 65.8$（$m^3$）

中（粗）砂　　$35\ 000 \div 1\ 000 \times 93.84 \div 90 = 36.5$（$m^3$）

石油沥青　　$35\ 000 \div 1\ 000 \times 0.099 \div 90 = 38.5$（kg）

煤　　$35\ 000 \div 1\ 000 \times 0.02 \div 90 = 7.8$（kg）

水　　$35\ 000 \div 1\ 000 \times 29 \div 90 = 11.3$（$m^3$）

锯材、型钢和光圆钢筋为周转性材料，只考虑一次性使用量和实际周转次数。煤、石油沥青等均属于辅材，由于用量很少，可考虑一次性备料。而水泥、碎石和中（粗）砂均为主材，因用量很大，可根据施工要求和资金周转状况分期分批备料。

三、主要材料需要量计划的编制

主要材料包括施工需要的钢材、水泥、木材、沥青、石灰、沙、石料、爆破器材等，以及有关临时设施和拟采取的各种施工技术措施用料，预制构件及其他半成品也应列入主要材料计划中。

主要材料需要量计划是备料、供料和确定仓库、堆场面积及组织运输的依据，其编制方法是将施工进度计划表中各施工过程的工程量，按材料品种、规格、数量、使用时间、材料的来源及运输方式计算汇总。其表格形式见表 4—3—1。

表 4—3—1　　主要材料计划表

序号	材料名称及规格	单位	数量	来源	运输方式	年度、季度需要量										备注
						××××年					××××年					
						一季度	二季度	三季度	四季度	合计	一季度	二季度	三季度	四季度	合计	
1	2	3	4	5	6	7	8	9	10	11	12	13	14	15	16	17

主要材料计划的编制过程同劳动力需要量计划类似，一般按年度和季度进行编制。

任务实施

编制路面工程主要材料需要量计划

一、确定施工任务

根据施工进度图中的时间坐标进程，逐月统计每月已（或应）开工的施工任务（平行作业）的个数，并确定各施工任务的开工和结束时间。

底基层：2002 年 12 月 1 日至 2003 年 6 月 30 日，计划工期 210 天。

基层：2003 年 3 月 10 日至 2003 年 9 月 26 日，计划工期 196 天。

面层：2003 年 5 月 1 日至 2003 年 11 月 2 日，计划工期 182 天。

二、确定材料种类及需要量

进一步明确各项施工任务的施工方法，查《公路工程预算定额》（JTG/T B06 - 02 - 2007）确定每项施工任务的材料种类并计算供应量（本例未考虑拌和站的安装与拆除、封油层及路面钢筋的材料消耗等）。

1. 底基层

级配碎石厚 16 cm，查《公路工程预算定额》（JTG/T B06 - 02 - 2007）［131 - 2 - 2 - 2 - 9 + 12 × 8］“级配碎石路面”可知，完成该施工任务需要的材料为：

石屑　　434 000 ÷ 1 000 ×（12.10 + 8 × 1.51）= 10 494.12（m^3）

1.5 cm 路用碎石　　434 000 ÷ 1 000 ×（18.25 + 8 × 2.28）= 15 836.7（m^3）

2.5 cm 路用碎石　　434 000 ÷ 1 000 ×（30.42 + 8 × 3.80）= 26 395.88（m^3）

3.5 cm 路用碎石　　434 000 ÷ 1 000 ×（36.50 + 8 × 4.56）= 31 673.32（m^3）

5 cm 路用碎石　　434 000 ÷ 1 000 ×（24.34 + 8 × 3.04）= 21 118.44（m^3）

2. 基层

水泥稳定碎石厚 18 cm，查《公路工程预算定额》（JTG/T B06 - 02 - 2007）［109 - 2 - 1 - 7 - 5 + 6 × 3］“厂拌基层稳定土混合料”可知，完成该施工任务需要的材料为：

M32.5 水泥　　427 000 ÷ 1 000 ×（16.755 + 3 × 1.117）= 8 585.26（t）

碎石　　427 000 ÷ 1 000 ×（220.32 + 3 × 14.69）= 112 894.53（m^3）

水　　427 000 ÷ 1 000 ×（21 + 3 × 1）= 10 248（m^3）

3. 面层

C30 水泥混凝土面层厚 26 cm，查《公路工程预算定额》（JTG/T B06 - 02 - 2007）［172 - 2 - 2 - 17 - 5 + 6 × 6］“水泥混凝土路面”可知，完成面层施工所需要的材料为：

M32.5 水泥 $392\,000 \div 1\,000 \times (76.908 + 3.845 \times 6) = 39\,191.38$ (t)
碎石（4 cm） $392\,000 \div 1\,000 \times (169.32 + 8.47 \times 6) = 86\,294.88$ (m^3)
中（粗）砂 $392\,000 \div 1\,000 \times (93.84 + 4.69 \times 6) = 47\,816.16$ (m^3)
锯材 $392\,000 \div 1\,000 \times 0.001 = 0.39$ (m^3)
型钢 $392\,000 \div 1\,000 \times 0.001 = 0.39$ (t)
石油沥青 $392\,000 \div 1\,000 \times (0.138 + 0.006 \times 6) = 68.21$ (t)
煤 $392\,000 \div 1\,000 \times (0.028 + 0.001 \times 6) = 13.33$ (t)
水 $392\,000 \div 1\,000 \times (31 + 2 \times 6) = 16\,856$ (m^3)
其他材料费 $392\,000 \div 1\,000 \times (304.1 + 5.0 \times 6) = 130\,967.2$ (元)

三、划定主材，计算主材每日需要量

1. 底基层

石屑 $434\,000 \div 1\,000 \times (12.10 + 8 \times 1.51) \div 210 = 50.0$ (m^3)
1.5 cm 路用碎石 $434\,000 \div 1\,000 \times (18.25 + 8 \times 2.28) \div 210 = 75.4$ (m^3)
2.5 cm 路用碎石 $434\,000 \div 1\,000 \times (30.42 + 8 \times 3.80) \div 210 = 125.7$ (m^3)
3.5 cm 路用碎石 $434\,000 \div 1\,000 \times (36.50 + 8 \times 4.56) \div 210 = 150.8$ (m^3)
5 cm 路用碎石 $434\,000 \div 1\,000 \times (24.34 + 8 \times 3.04) \div 210 = 100.6$ (m^3)

2. 基层

M32.5 水泥 $427\,000 \div 1\,000 \times (16.755 + 3 \times 1.117) \div 196 = 43.8$ (t)
碎石 $427\,000 \div 1\,000 \times (220.32 + 3 \times 14.69) \div 196 = 576$ (m^3)

3. 面层

M32.5 水泥 $392\,000 \div 1\,000 \times (76.908 + 3.845 \times 6) \div 182 = 215.3$ (t)
碎石（4 cm） $392\,000 \div 1\,000 \times (169.32 + 8.47 \times 6) \div 182 = 474.1$ (m^3)
中（粗）砂 $392\,000 \div 1\,000 \times (93.84 + 4.69 \times 6) \div 182 = 262.7$ (m^3)

四、编制主要材料需要量计划表

按以上计算结果，将有关数据填入主要材料需要量计算表中，见表4—3—2。

表4—3—2　　某路面工程主要材料需要量计划

主材名称	规格	施工任务	开工时间	完工时间	供应量（m^3）	每日消耗量（m^3或t/天）	备注
石屑		底基层	2002-12-01	2003-06-30	10 494.1	50.0	
路用碎石	1.5 cm	底基层	2002-12-01	2003-06-30	15 836.7	75.4	
路用碎石	2.5 cm	底基层	2002-12-01	2003-06-30	26 395.9	125.7	
路用碎石	3.5 cm	底基层	2002-12-01	2003-06-30	31 673.3	150.8	

续表

主材名称	规格	施工任务	开工时间	完工时间	供应量（m^3）	每日消耗量（m^3或t/天）	备注
路用碎石	5 cm	底基层	2002-12-01	2003-06-30	21 118.4	100.6	
水泥	32.5 级	基层	2003-03-10	2003-09-26	8 585.3	43.8	
	M32.5 级	面层	2003-05-01	2003-11-02	39 191.4	215.3	
碎石		基层	2003-03-10	2003-09-26	112 894.5	576	
碎石	4 cm	面层	2003-05-01	2003-11-02	86 294.9	474.1	
中（粗）砂		面层	2003-05-01	2003-11-02	47 816.2	262.7	

思考与练习

1. 材料需要量计划编制的依据是什么？
2. 描述主要材料需要量的计算步骤。

模块五

施工平面图设计

任务一　施工总平面图设计

学习目标

◆ 了解施工总平面图布置的作用。
◆ 掌握施工总平面图布置的原则和步骤。
◆ 能够依据施工总平面图布置的原则，完成总平面图绘制。

工作任务

某高速公路项目上建设的第×合同段，技术标准为高速公路，工程项目包括路基工程、桥涵工程以及沿线设施，试根据工程实际情况设计安置施工总平面图。

相关理论

根据施工过程空间组织的原则，对施工过程所需工艺流程、施工设备、原材料堆放、动力供应、场内运输、半成品生产、仓库料场、生活设施等项进行空间特别是平面的规划和设计，并以平面图的形式加以表达，这项工作称为施工平面图设计。施工平面图设计是施工组织设计最主要的内容之一。

施工平面图按照作用不同可分为施工总平面图以及单位工程施工平面图，本任务主要讲解施工总平面的设计。

一、施工总平面图的作用

施工总平面图是拟建项目施工场地的总布置图。它按照施工方案和施工进度的要求，对施工现场的道路交通、材料仓库、附属企业、临时房屋、临时水电管线等做出合理的规划布置，从而正确处理全工地施工期间所需各项设施和永久建筑、拟建工程之间的空间关系。它的主要作用如下：

1. 确定生产要素的空间位置及为施工服务的各种设施的位置。

2. 确保在施工过程中，各施工队伍间互不干扰，有秩序地进行施工作业。

3. 确保在施工过程中，有效地组合利用各种资源和服务设施并使其安全运行。

4. 减少施工场地内物、料的二次转运费，降低施工成本。

5. 施工现场平面布置图是现场平面管理的依据，是现场调度指挥的标准，是施工单位进行统筹组织与施工的主要依据。

施工平面图布置是否合理将对施工图预算的编制有较大的影响，合理的施工平面图布置可以有效地降低运输费用，保证运输方便，减少临时性建筑物的修建费用，减少占地以及青苗补偿费用等。

二、施工总平面图布置的原则和依据

1. 施工平面图布置的原则

（1）施工平面布置紧凑合理，在保证顺利施工的前提下，充分利用原有地形、地物，尽量减少施工用地以利于降低工程成本。

（2）充分考虑水文、地质、气象等自然条件的影响，慎重考虑避免自然灾害的措施。

（3）合理组织运输的形式和路线的布设，保证运输方便通畅，减少二次搬运和运输距离，力求材料直达工地。

（4）施工管理机构位置布置必须有利于全面指挥，临时房屋及设施的布置可以充分利用各种原有建筑物、构筑物。

（5）施工区域的划分和场地的确定，既要与施工进度、施工方法、工艺流程和机械设备等相适应，也要满足方便施工和生活的要求。比如生产作业区域的布置要满足施工手段和施工方法的要求；制作、加工等辅助性生产区域的布置要满足方便施工操作的要求；生活区域的布置要满足方便职工生活、休息，与施工现场不相干扰的要求。

（6）如果工程需要分期施工，施工平面布置要符合施工方案中安排的施工顺序。

（7）施工平面布置图必须符合安全生产、文明生产的规定和要求。

（8）合理、科学地规划，使平面布置准备工作的投资最经济。

2. 施工平面图布置的依据

（1）建设地区的自然条件和技术经济条件。

（2）各种设计资料，包括建筑总平面图、地形地貌图、区域规划图、建筑项目范围内有关的一切已有和拟建的各种设施位置。

（3）建设项目的建筑概况、施工方案、施工进度计划，以便了解各施工阶段情况，合理规划施工场地。

（4）建设项目施工总资源需要量计划和施工设施计划，以便规划工地内部的储放场地和运输线路。

（5）各构件加工厂规模、仓库及其他临时设施的性质、形式、面积等。

（6）其他相关资料。

三、施工总平面图布置的内容

1. 公路建设项目施工用地范围内地形和等高线；全部地上、地下已有和拟建的建筑物、构筑物及其他设施位置和尺寸。

2. 全部拟建的建筑物、构筑物和其他基础设施的坐标网。

3. 选择对外交通运输方案，选择场内运输方式。

4. 布置各种施工辅助设施，布置仓库堆场、办公及生活福利设施。

5. 施工供水、供电、供风、通信系统的规模及站网位置，布置干管、干线。

6. 规划出弃渣线路，安排弃渣场地、堆料场地等，做好场地土石方平衡以及开挖土石方调配。

7. 建设项目施工必备的安全、防火和环境保护设施布置。

对于规模庞大、建设周期相对较长的建设项目，施工现场的布置会随着工程的进展不断发展变化，因此，施工总平面图可能会按照不同的施工阶段绘制成若干张，或者根据工地的情况变化进行及时的调整和修正，以适应不同时期的需要。

四、施工总平面图的设计步骤

施工总平面图的设计，首先从研究大宗材料、成品、半成品和生产工艺设备的供应情况以及运入施工现场的运输方式开始，其设计可以按以下步骤进行：

1. 场外交通道路的引入设计

设计全工地性施工总平面图时，当大宗材料由铁路运来时，首先要解决铁路的引入问题；当大批材料是由水路运来时，应首先考虑原有码头的运用和是否增设专用码头问题；当大批材料是由公路运入工地时，由于汽车线路可以灵活布置，因此，一般先布置场内仓库和加工厂，然后再布置场外交通的引入。

（1）铁路运输

当大量物资由铁路运入工地时，应首先解决铁路由何处引入及如何布置问题。一般大型工业企业、厂区内都设有永久性铁路专用线，通常可将其提前修建，以便为工程施工服务。但由于铁路的引入将严重影响场内施工的运输和安全，因此，铁路的引入应靠近工地一侧或两侧。仅当大型工地分为若干个独立的工区进行施工时，铁路才可引入工地中央。此时，铁路应位于每个工区的侧边。

（2）水路运输

当大量物资由水路运进现场时，应充分利用原有码头的吞吐能力。当需增设码头时，卸货码头不应少于两个，且宽度应大于2.5 m，一般用石或钢筋混凝土结构建造。

（3）公路运输

当大量物资由公路运进现场时，由于公路布置较灵活，一般先将仓库，加工厂等生产性临时设施布置在最经济合理的地方，再布置通向场外的公路线。

2. 确定仓库与材料堆场的位置

通常考虑设置在运输方便、位置适中、运距较短并且安全防火的地方。区别不同材料、设备和运输方式来设置。

（1）当采用铁路运输时，仓库通常沿铁路线布置，并且要留有足够的装卸前线。如果没有足够的装卸前线，必须在附近设置转运仓库。布置铁路沿线仓库时，应将仓库设置在靠近工地一侧，以免内部运输跨越铁路。同时仓库不宜设置在弯道处或坡道上。

（2）当采用水路运输时，一般应在码头附近设置转运仓库，以缩短船只在码头上的停留时间。

（3）当采用公路运输时，仓库的布置较灵活。一般中心仓库布置在工地中央或靠近使用的地方，也可以布置在靠近外部交通连接处。沙石、水泥、石灰、木材等仓库或堆场宜布置在搅拌站、预制场和木材加工厂附近；砖、瓦和预制构件等直接使用的材料应该直接布置在施工对象附近，以免二次搬运。工业项目建筑工地还应考虑主要设备的仓库（或堆场），一般笨重设备应尽量放在车间附近，其他设备仓库可布置在外围或其他空地上。

3. 确定各类加工厂位置

各类加工厂的布置应以方便使用、安全防火、运输费用最少、不影响建筑安装工程施工的正常进行为原则。一般应将加工厂集中布置在同一个地区，且多处于工地边缘。各种加工厂应与相应的仓库或材料堆场布置在同一地区。

（1）混凝土搅拌站

根据工程的具体情况可采用集中、分散或集中与分散相结合的三种布置方式。当现浇混凝土量大时，宜在工地设置混凝土搅拌站；当运输条件好时，以采用集中搅拌或选用商品混凝土最有利；当运输条件较差时，以分散搅拌为宜。

（2）预制加工厂

一般设置在建设单位的空闲地带上，如材料堆场专用线转弯的扇形地带或场外临近处。

（3）钢筋加工厂

区别不同情况，采用分散或集中布置，对于需进行冷加工、对焊、点焊的钢筋和大片钢筋网，宜设置中心加工厂，其位置应靠近预构件加工厂；对于小型加工件，利用简单机具成型的钢筋加工，可在靠近使用地点的分散的钢筋加工棚里进行。

（4）木材加工厂

要视木材加工的工作量、加工性质和种类决定是集中设置还是分散设置几个临时加工棚。一般原木、锯材堆场布置在铁路专用线、公路或水路沿线附近；木材加工场也应设置在这些地段附近；锯木、成材、细木加工和成品堆放，应按工艺流程布置。

（5）砂浆搅拌站

对于工业建筑工地，由于砂浆量小分散，可以分散设置在使用地点附近。

（6）金属结构、锻工、电焊和机修等车间

由于它们在生产上联系密切，应尽可能布置在一起。

4. 布置内部运输道路

根据各加工厂、仓库及各施工对象的相对位置，研究货物转运图，区分主要道路和次要道路，进行道路的规划。规划厂区内道路时，应考虑以下几点：

（1）合理规划临时道路与地下管网的施工程序

在规划临时道路时，应充分利用拟建的永久性道路，提前修建永久性道路或者先修路基和简易路面，作为施工所需的道路，以达到节约投资的目的。若地下管网的图样尚未出全，必须采取先施工道路，后施工管网的顺序时，临时道路就不能完全建造在永久性道路的位置，而应尽量布置在无管网地区或扩建工程范围地段上，以免开挖管道沟时破坏路面。

（2）保证运输通畅

道路应有两个以上进出口，道路末端应设置回车场地，且尽量避免临时道路与铁路交叉。厂内道路干线应采用环形布置，主要道路宜采用双车道，宽度不小于6 m，次要道路宜采用单车道，宽度不小于3.5 m。

（3）选择合理的路面结构

临时道路的路面结构，应当根据运输情况和运输工具的不同类型而定。一般场外与省、市公路相连的干线，因其以后会成为永久性道路，因此，一开始就建成混凝土路面；场区内的干线和施工机械行驶路线，最好采用碎石级配路面，以利修补，场内支线一般为土路或沙石路。

5. 布置行政与生活临时设施

行政与生活临时设施包括办公室、汽车库、职工休息室、开水房、小卖部、食堂、俱乐部和浴室等。根据工地施工人数，可计算这些临时设施的建筑面积。应尽量利用建设单位的生活基地或其他永久建筑，不足部分另行建造。

一般全工地性行政管理用房宜设在全工地入口处，以便对外联系；也可设在工地中间，便于全工地管理。工人用的福利设施应设置在工人较集中的地方，或工人必经之处。生活基地应设在场外，距工地500～1 000 m为宜。食堂可布置在工地内部或工地与生活区之间。

6. 布置临时水电管网及其他动力设施

当有可以利用的水源、电源时，可以将水电从外面接入工地，沿主要干道布置干管、主线，然后与各用户接通。临时总变电站应设置在高压电引入处，不应放在工地中心；临时水池应放在地势较高处。当无法利用现有水电时，为了获得电源，可在工地中心或工地中心附近设置临时发电设备，沿干道布置主线；为了获得水源可以利用地上水或地下水，并设置抽水设备和加压设备（简易水塔或加压泵），以便储水和提高水压。然后把水管接出，布置管网。施工现场供水管网有环状、枝状和混合式三种形式，根据工程防火要求，应设立消防站，一般设置在易燃建筑物（木材、仓库等）附近，并须有通畅的出口和消防车道，其宽度不宜小于6 m，与拟建房屋的距离不得大于25 m，也不得小于5 m，沿道路布置消火栓时，其间距不得大于100 m，消火栓到路边的距离不得大于2 m。

临时配电线路布置与水管网相似。工地电力网，一般3~10 kV的高压线采用环状，沿主干道布置；380/220 V低压线采用枝状布置。工地上通常采用架空布置，距路面或建筑物不小于6 m。

上述布置应采用标准图例绘制在总平面图上，比例一般为1∶1 000或1∶2 000。应该指出，上述各设计步骤不是截然分开、各自孤立进行的，而是互相联系、互相制约的，需要综合考虑，反复修正才能确定下来。当有几种方案时，还应进行方案比较。

任务实施

某高速公路项目上建设的第×合同段，主线起止桩号为：K0+000~K75+979，路线全长76.28 km，其中利用原一级公路拓宽改建27.08 km，新建49.2 km。技术标准为高速公路，路基宽度为26 m，路面宽度为24.5 m，计算设计行车速度为100 km/h，全线设置辅道长82.634 km，新建36.63 km，辅道按三级公路标准建设。本项目位于第YHTJ-2+000合同段，起止桩号为K14+000~K28+000，全长7.622 km。

本合同段包含下列工程项目。

路基工程：清理现场、临时工地、土石方工程、排水工程和防护工程。

桥涵工程：中桥、小桥、互通式和分离式立交桥、通道、涵洞、人行天桥等。

沿线设施：改路、改渠、改沟和接线工程。

1. 施工便道设计及施工

项目开工后，路基范围内拉通一条纵向施工便道，便道宽7 m，采用挖掘机、推土机、平地机、压路机和自卸汽车施工。当有河沟、渠道横穿主线时，安装临时过水圆管涵来保证农田用水和泄洪的需要。

2. 施工驻地的设置

计划将项目部驻地设置在K22+200的路基左侧。

3. 水泥混凝土拌和站及预制场的设置

根据招标文件的要求，结合实际情况，计划在K28+000合同终点处路基右侧设置一个水泥混凝土拌和站及预制场，在K22+200的路基右侧设置一个水稳拌和站以及料场。

4. 施工用电和施工用水

本合同段沿线电力资源十分丰富，能满足本施工用电的需要，生活、施工用电将以外电输送为主。施工中，将准备3台发电机作为备用电源。

沿线水系发达，水源丰富，水质洁净，施工用水可直接就近取用，生活用水采取打井取水。如遇旱季或供水困难时，计划用水车运输来保证生活及施工用水。

5. 施工通信

本合同段所在的村镇都开通了程控电话，移动网络也基本覆盖了全线。施工中，将以对讲机、程控电话和移动电话作为主要的施工通信工具。另外项目驻地还将配置传真机、开通互联网，以加强与业主和外界的联络。

6. 临时工程总体布置与数量

本合同段临时工程布置详见施工总平面布置图（见图5—1—1），临时工程数量详见临时工程用地计划表（略）。

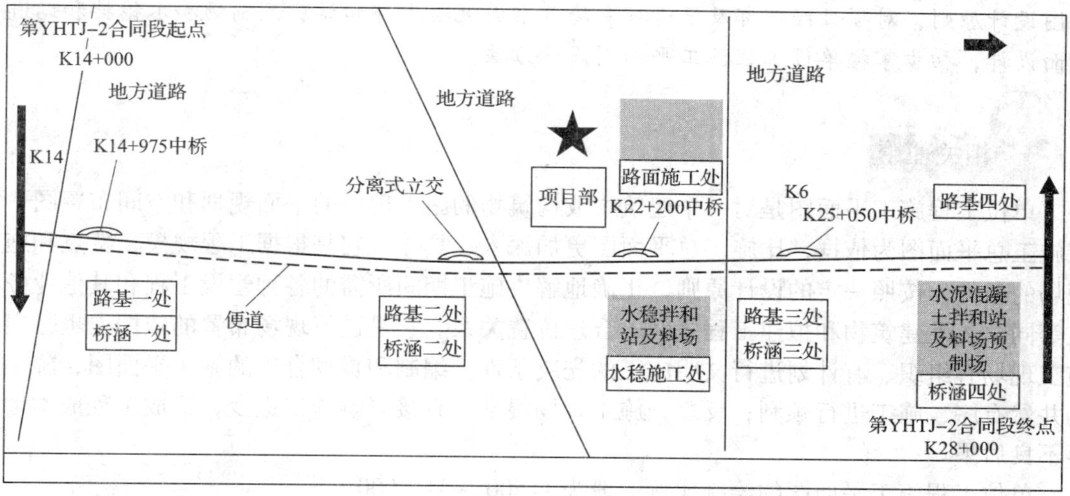

图5—1—1 施工总平面布置图

思考与练习

1. 施工总平面图布置的内容有哪些？
2. 施工总平面图布置的原则和依据有哪些？
3. 施工总平面图布置的步骤是什么？

任务二 单位工程施工平面图设计

学习目标

◆ 了解单位工程施工平面图布置的意义和作用。
◆ 掌握单位工程施工平面图布置的原则和步骤。

工作任务

根据任务一给出的工作任务，在施工总平面图设计完成的基础上，根据单位工程施工平面图设计原则，对项目经理部及沥青拌和场、水泥混凝土拌和站、预制场和水稳拌和站进行平面设计，初步掌握单位工程施工平面图设计方法。

相关理论

单位工程施工平面图是对一个建筑物或构筑物的施工现场的平面规划和空间布置图，它以施工总平面图为依据，比施工总平面图更加深入、具体。它是根据工程规模、特点和施工现场的条件，按照一定的设计原则，正确地解决施工期间所需的各种暂设工程和其他业务设施等同永久性建筑物和拟建工程之间的合理位置关系。它是进行现场布置的依据，也是实现施工现场有组织、有计划进行文明施工的先决条件。编制和贯彻合理的施工平面图，施工现场井然有序，施工进行顺利；反之，施工现场混乱，直接影响施工进度，造成工程成本增加等不良后果。

单位工程施工平面图的绘制比例一般为1∶500 ~1∶2 000。

一、单位工程施工平面图的设计内容

1. 建筑总平面图上已建和拟建的地上地下的一切房屋、构筑物以及其他设施（道路和各种管线等）的位置和尺寸。
2. 测量放线标桩位置、地形等高线和土方取弃场地。
3. 自行式起重机械开行路线、轨道式起重机的轨道布置和固定式垂直运输设备位置。
4. 各种加工厂、搅拌站、材料，加工半成品、构件、机具的仓库或堆场。
5. 生产和生活性临时设施的布置。
6. 场内道路的布置和引入的铁路、公路和航道位置。
7. 临时给排水管线、供电线路、蒸汽及压缩空气管道等布置。
8. 一切安全及防火设施的位置。

二、单位工程施工平面图的设计依据

在进行施工平面图设计前，应认真研究施工方案，并对施工现场作深入细致的调查研究，并对原始资料进行周密分析，使设计与施工现场的实际情况相符，从而使其确实起指导施工现场空间布置的作用。设计所依据的资料如下：

1. 拟建工程施工图及有关资料包括一切地上地下拟建和已建的房屋和构筑物。它是正

确确定临时房屋和其他设施位置，以及修建工地运输道路和解决排水等所需的资料。

2. 一切已有和拟建的地下、地上管道位置。在设计施工平面图时，可考虑利用这些管道或需考虑提前拆除或迁移，并需注意不得在拟建的管道位置上面建临时建筑物。

3. 建筑区域的竖向设计和土方平衡图。它们在布置水电管线和安排土方的挖填、取土或弃土地点时需要用到。

4. 自然条件调查资料包括气象、地形、水文及工程地质资料。主要用于布置地表水和地下水的排水沟，确定易燃、易爆及有碍人体健康的设施的布置，安排冬季、雨季施工期间所需设施的地点。

5. 技术经济条件调查资料包括交通运输、水源、电源、物资资源、生产和生活基地情况。它对布置水、电管线和道路等具有重要作用。

6. 单位工程施工方案和进度计划，从中可了解各个施工阶段的情况以及垂直运输机械和其他施工机具的位置、数量和规划场地，以便分阶段布置施工现场。

7. 各种材料、构件、半成品等资源需要量计划，以便确定仓库和堆场的面积、形式和位置。

8. 其他需要掌握的有关资料和特殊要求。

三、单位工程施工平面图的设计原则

1. 在满足施工条件下，要紧凑布置，尽可能减少施工用地，不占用农田。在市区改建工程中，只能在规定时间内占用公路或人行街道。一切临时性建筑设施，尽量不占用或少占用拟建永久性建筑物的位置，以免造成不应有的搬迁和拆除。能利用的原有建筑尽量利用，以利节约。

2. 最大限度缩短工地内部运距，尽量减少场内的二次搬运。各种材料构件、半成品应按进度计划分期分批进场，尽量布置在使用地点附近或在垂直运输机械的回转半径内。

3. 临时设施的布置应便于工人的生产和生活，使工人休息室距施工地点距离最近，往返节省时间。

4. 要符合劳动保护、技术安全及防火的要求。

根据上述设计原则，结合现场的实际情况，根据各类工程的不同特点分阶段布置平面图。可安排几个可行的方案，从施工用地的面积，施工临时道路，管线长度，施工场地利用率，场地材料搬运量及搬运距离等方面进行分析比较，选其技术合理、费用经济的方案。

四、单位工程施工平面图的设计步骤

1. 垂直运输机械的布置

垂直运输机械的位置直接影响搅拌站、加工厂及各种材料和构件等的位置及道路和水电线路的布置，因此，它是施工现场布置的核心，必须首先确定。

由于各种起重机械的性能不同，其布置方式也不同，以下是几种常见起重设备的布置方式：

（1）固定式垂直运输设备的布置

固定式垂直运输设备包括井架、门架、桅杆式起重机等，它们的布置主要根据其力学性能、建（构）筑物的平面形状和大小、施工段的划分情况、起重高度、材料和构件的重量、运输道路等情况而定。其目的是充分发挥起重机械的能力，做到使用安全、方便，便于组织流水施工，并使地面与楼面上的水平运输距离最短。固定式起重运输设备中卷扬机的位置与井架、门架等距离要适中，以使司机能够看到整个升降过程。井架、龙门架的数量要根据施工进度，垂直提升的构件和材料数量，台班的工作效率等因素确定，其服务范围一般为50～60 m，其位置应布置在窗口处为宜，以避免砌墙留槎和减少井架拆除后的修补工作。井架应立在外脚手架之外，并有一定距离为宜，一般为5～6 m。

（2）自行杆式起重机的布置

布置自行杆式起重机时，要考虑其起重高度、构件的重量、回转半径、吊装方法、建（构）筑物的平面形状等。对于装饰工程一般只考虑固定式垂直运输设备最小起重臂长（L_{min}）的影响，避免臂杆与已建结构件相碰撞。自行杆式起重机的开行路线要尽量短，尤其是对汽车式或轮胎式起重机，尽量使其停机一次能吊足够多的构件，避免反复打支腿影响吊装的速度。

（3）塔式起重机的布置

塔式起重机既可以进行垂直运输也可以进行现场的水平运输，它分为轨道式、固定式、内爬式、附着式四种。现分别介绍如下：

1）轨道式塔式起重机的布置。布置塔式起重机的轨道时要结合建（构）筑物的平面形状和四周的场地条件综合考虑，要使建（构）筑物平面尽量处于塔臂的活动范围之内，避免出现“死角”，要使构件、成品及半成品、堆放位置及搅拌站前台尽量处于塔臂的活动范围之内，同时，做好轨道四周的排水工作。布置塔吊时还要注意安塔、拆塔是否有足够的场地，尤其是拆塔。同时还应注意塔基是否坚实可靠，双塔回转时是否有重合碰撞的可能等。

轨道式塔吊一般沿建筑物长向布置，其位置、尺寸取决于建筑物平面形状、尺寸、构件重量、起重机的性能以及周边的地的条件等。通常，轨道布置方式有以下三种布置，如图5—2—1 所示。

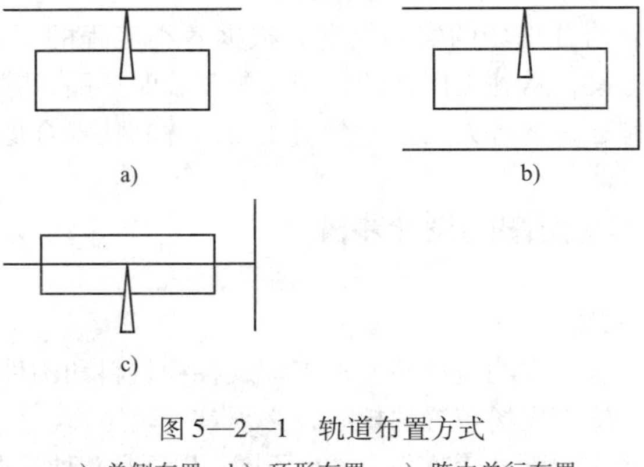

图 5—2—1　轨道布置方式

a）单侧布置　b）环形布置　c）跨内单行布置

①单侧布置，如图 5—2—1a 所示。当建筑物宽度较小，构件重量不大，选择起重力矩在 450 kN · m 以下时，可采用单侧布置方案。其优点是轨道长度较短，且有较为宽敞的场地堆放构件和材料。此时起重半径应满足下式要求：

$$R \geqslant B + A$$

式中 R——塔式起重机的最大回转半径，m；

B——建筑物平面的最大宽度，m；

A——建筑外墙面至塔轨中心线的距离。一般当无阳台时，A = 安全网宽度 + 安全网外侧至轨道中心线距离；当有阳台时，A = 阳台宽度 + 安全网宽度 + 安全网外侧至轨道中心线距离，m。

②双侧布置或环形布置，如图 5—2—1b 所示。当建筑物宽度较大，构件重量较重时，应采用双侧布置或环形布置，此时，起重半径应满足下式要求：

$$R \geqslant B/2 + A$$

式中符号意义同前。

③跨内单行布置，如图 5—2—1c 所示。由于建筑物周围场地狭窄，不能在建筑物外侧布置轨道，或由于建筑物较宽、构件较重时，塔式起重机只有采用跨内单行布置，才能满足技术要求，此时最大起重半径应满足下式：

$$R \geqslant B/2$$

式中符号意义同前。

2）固定式塔式起重机的布置。固定式塔式起重机不需铺设轨道，但其作业范围比有轨式塔式起重机小。

3）附着式塔式起重机占地面积小，且起重高度大，可自升高，但对建（构）筑物作用有附着力。其塔基多为桩基或厚大体积的钢筋混凝土塔基，塔基的施工与结构基础施工尽量同步进行。

4）内爬式塔式起重机布置在建（构）筑物内侧，且作用有效范围大，适用于高层建（构）筑物的施工。两种机械的布置均应在满足起重高度和起重量的前提下进行，使拟建建（构）筑物在塔吊半径的回转范围之内。

塔式起重机的位置及尺寸确定之后，应当复核起重量、回转半径、起重高度三项工作参数是否能够满足建筑物吊装技术要求。若复核不能满足要求，则调整上述各公式中 A 的距离。若 A 已是最小安全距离时，则必须采取其他的技术措施，最后，绘制出塔式起重机服务范围。它是以塔轨两端有效端点的轨道中点为圆心，以最大回转半径为半径画出两个半圆，连接两个半圆即为塔式起重机服务范围。

在确定塔式起重机服务范围时，最好将建筑物平面尺寸包括在塔式起重机服务范围内，以保证各种构件与材料直接吊运到建筑物的设计部位上，尽可能不出现死角；若实在无法避免，则要求死角越小越好，同时在死角上应不出现吊装最重、最高的预制构件，且在确定吊装方案时，提出具体的技术和安全措施，以保证这部分死角的构件顺利安装。例如，将塔式起重机和龙门架同时使用，以解决这个问题。但要确保塔吊回转时不能有碰撞的可能，确保施工安全。

此外，在确定塔式起重机服务范围时应考虑有较宽的施工用地，以便安排构件堆放以及使搅拌设备出料斗能直接挂钩起吊。同时也应将主要道路安排在塔吊服务范围之内。

2. 确定搅拌站、仓库、材料和构件堆场以及加工厂的位置

搅拌站、仓库、材料和构件堆的布置应尽量靠近使用地点或在起重机服务范围以内，并考虑到运输和装卸料方便。

根据施工阶段、施工部位和起重机械的类型不同，材料、构件堆场的位置一般应遵循以下几点要求：

（1）当采用固定式垂直运输设备时，施工材料宜布置在垂直运输机械附近，首层、基础和地下室所有的砖、石等材料宜沿建筑物四周布置，并距坑、槽边不小于0.5 m，以免造成槽、坑土壁的塌方事故，二层以上的材料、构件布置时，对大宗的重量大的和先期使用的材料，应尽可能靠近使用地点或起重机附近布置，而少量的、轻的和后期使用的材料，则可布置得稍远一点。混凝土、砂浆搅拌站、仓库应尽量靠近垂直运输机械；当采用自行杆式起重机进行水平或垂直运输时，应沿起重机的开行路线来布置，且其位置应在起重臂的最大起重半径范围内；当采用塔式起重机进行垂直运输时，应布置在塔式起重机有效的起重幅度范围内。

（2）多种材料同时布置时，对大宗的、重量大的和先期使用的材料尽可能靠近使用地点或起重机附近布置；而少量的、轻的、后期使用的材料则可布置得稍远一些。如砂、石、水泥等大宗材料的布置，可尽量布置在搅拌站附近，使搅拌材料运至搅拌机的运距尽量短。

（3）按不同的施工阶段、材料的特点，在其相同的位置上可布置不同的材料。

3. 确定现场运输道路的布置

现场道路必须满足材料、构件等物品的运输及消防要求。现场的主要道路应尽可能利用永久性道路。现场道路布置时，单行道路宽不小于3.5 m，双行道路宽在6 m以上，以保证现场车辆行驶畅通。为使运输工具有回转的可能性，道路应围绕单位工程环形布置，转弯半径要满足最长车辆拐弯的要求。路基要坚实，做到雨期不泥泞、不翻浆。道路两侧要设有排水沟，以利雨期排水，排水沟深度不小于0.4 m，底宽不小于0.3 m。

4. 确定各类临时设施的位置

临时设施分为生产性临时设施，如砂浆搅拌棚和水泵房、木工加工房；非生产性临时设施，如办公室、工人休息室、警卫室、食堂、厕所等。

（1）木工棚的位置，宜布置在建（构）筑物四周稍远一点的位置，且有一定的材料、成品堆放场地。

（2）易燃易爆品仓库应远离锅炉房等。

（3）现场的生活福利设施也为非生产性临时设施，应尽量少设；必须设置的临时设施应考虑使用方便，但又不妨碍施工，并要符合防火、保卫的规定。

5. 布置水电管网

（1）施工水网的布置

现场用水包括生产、生活、消防用水三大类。在可能的条件下，建筑装饰工程施工用水及消防用水要尽量利用工程永久性供水系统，以便节约临时供水设施费用。

1）施工用的临时给水管，一般由建设单位的干管或自行布置的干管接到施工现场。布置时应力求管网长度最短，管径大小、龙头的位置与数量按工程实际规定的大小而定。管道应埋入地下，尤其是受天气寒冷的影响，要埋至冰冻层以下，避免冬季施工时水管冻裂，其布置形式有环形、枝形、混合式三种。

2）供水管网应按防火要求布置室外消火栓。消火栓应沿道路设置，距道路应不大于2 m；距建筑物外墙不应小于5 m，也不应大于25 m；消火栓的间距不应超过长20 m，并应设有明显的标志；周围3 m以内不准堆放建筑材料。高层建筑的施工用水应加设高压泵或设蓄水池以满足高空用水的需要。

3）为了排除地面水和地下水，应及时修通下水道，最好与永久性排水系统相结合并结合现场地形在建筑物周围设置地面水和地下水的沟渠。

（2）施工供电布置

1）为了维修方便，施工现场一般采用架空配电线路，且要求现场架空线与施工建筑物水平距离不小于10 m，与地面距离不小于6 m，跨越建筑物或临时设施时，垂直距离不小于2.5 m。

2）现场线路应尽量架设在道路的一侧，且尽量保持线路水平，以免电杆受力不均，在低压线路中，电杆间距应为25～40 m，分支线及引入线均应由电杆处接出，不得由两杆之间接线。

3）单位工程施工用电应在全工地性施工总平面图中一并考虑。一般情况下，计算出施工期间的用电总数，提供给建设单位解决，不另设变压器。只有独立的单位工程施工时，才根据计算的现场用电量选用变压器，其位置应远离交通要道口处，布置在现场边缘高压线接入处，四周用铁丝网围住。

建筑施工是一个复杂多变的生产过程，各种施工机械、材料、构件等随着工程的进展而逐渐变动和消耗。因此，在整个施工过程中，它们在工地上的实际布置情况是随时在改变着的。为此，对于大型建筑工程，施工期限较长或建筑工地较为狭小的工程，就需要按施工阶段来布置几个施工平面图，以便能把不同施工阶段内，工地上的合理布置具体地反映出来。对较小的建筑物，一般按主要施工阶段的要求布置施工平面图，但同时考虑其他施工阶段对场地如何周转使用。在布置重型工业厂房的施工平面图时，应考虑到一般土建工程同其他专业工程配合问题，应先以一般土建施工单位为主，会同各专业施工单位，通过协商制定综合施工平面图。在综合施工平面图上，则根据各个专业工程在各个施工阶段中的要求，将现场平面合理划分，使各个专业工程各得其所，具备良好的施工条件，以便各个单位根据综合平面图布置现场。

任务实施

一、项目经理部以及沥青搅拌场的平面设计

项目经理部及沥青搅拌场在第一批人员进出场后，首先做好“四通一平”工作，然后进行临时房屋建设。临时房屋建设包括办公室、宿舍、工地实验室、会议室、食堂、浴室、卫生间、仓库、机修车间和污水处理池。根据初步估算修建临时房屋面积共计 2 113 m^2。为了丰富职工业余生活，还将在驻地内修建篮球场和职工娱乐室。驻地建设以环保为原则，以人为本，在不铺张浪费的前提下，营造一个清洁、舒适的工作环境。施工驻地需临时用地约 4.3 亩（1 亩 =666.7 m^2）。具体布置如图 5—2—2 所示。

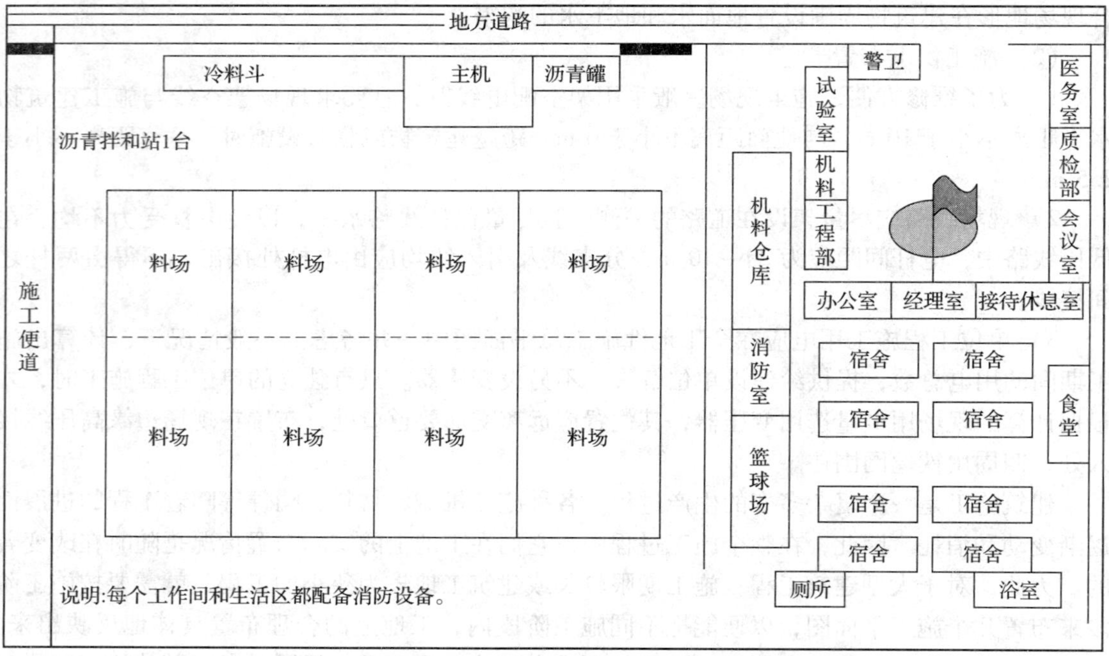

图 5—2—2　项目经理部及沥青拌和场

二、水泥混凝土拌和站及预制场的设计

水泥混凝土拌和站及预制场在总平面图确定其位置的基础上根据现场任务量计算进行合理布置，确定各预制场、加工场以及拌和站的平面位置和面积大小，具体布置如图 5—2—3 所示。

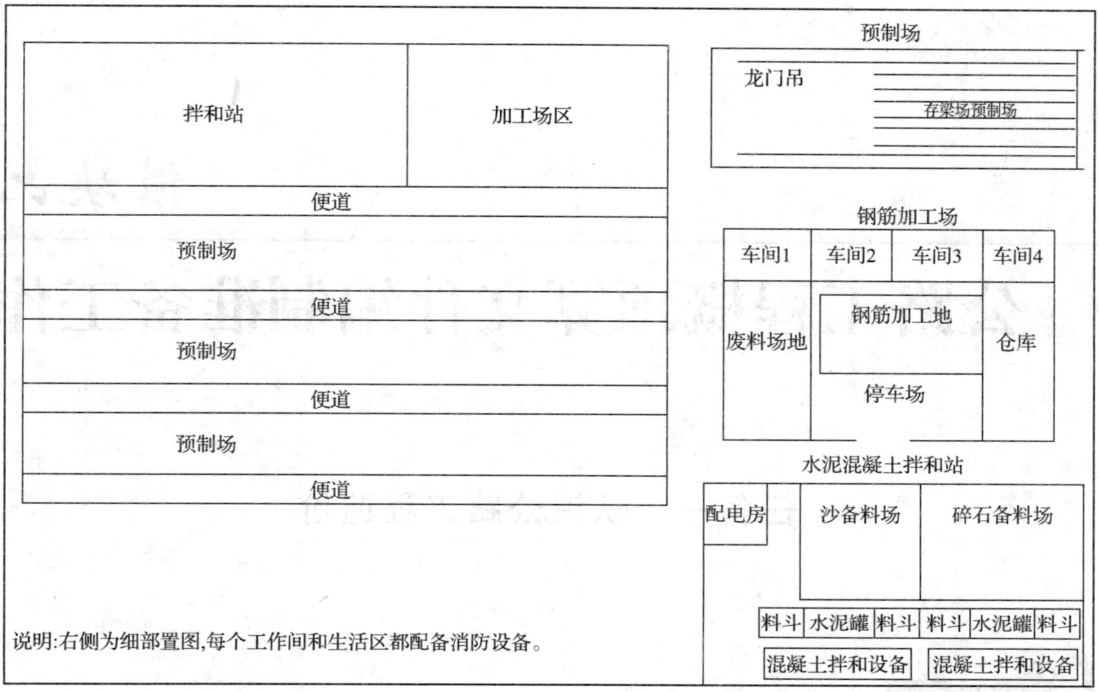

图 5—2—3　水泥混凝土拌和站及预制场

三、施工用电、施工用水、施工通信方案

施工用电、施工用水、施工通信方案同模块五任务一（略）。

思考与练习

1. 单位施工平面图布置的内容有哪些？
2. 单位施工平面图布置的原则和依据有哪些？
3. 单位施工平面图布置的步骤是什么？

模块六

公路工程概预算文件编制准备工作

任务一　认识公路工程造价

学习目标

- 了解公路工程造价的概念及组成。
- 熟悉公路工程造价计价的模式和特征。
- 熟悉工程造价管理的含义和内容。

一、公路工程造价

工程在建设过程中的征地拆迁、设计、施工、监理、采购材料和设备等都需要支付一定的费用。在工程的决策阶段就要确定需要多少资金投入才能完成工程的建设。完成一个公路建设项目从立项开始到建成交付使用前预期开支或实际开支的全部固定资产投资费用形成了公路工程的投资费用，即公路工程造价。

1. 公路工程造价的组成

公路工程造价由建筑安装工程费、设备及工器具（或家具）购置费、工程建设其他费用三大部分组成。

（1）建筑安装工程费

建筑安装工程费指建筑物的建造费用和设备安装费用两部分。在公路建设项目中，建筑工程包括临时工程、路基工程、路面工程、桥梁涵洞工程、交叉工程、隧道工程、公路设施及预埋管线工程、绿化及环境保护工程、管理养护及服务房屋工程等。

（2）设备及工器具（或家具）购置费

设备购置费是指为满足公路运营、管理、养护需要，购置的达到固定资产标准的设备和虽低于固定资产标准但属于设计明确列入设备清单的设备的费用。包括渡口设备，隧道照明、消防、通风的动力设备，高等级公路的收费、监控、通信、供电设备，养护用的机械、设备和工具、器具等的购置费用。

工具、器具购置费是指建设项目交付使用后为满足初期正常生产运营必须购置的第一套不构成固定资产的设备、仪器、仪表、工卡模具、器具、工作台等的费用。不包括构成固定资产的设备、工器具和备品、备件，已列入设备购置费中的专用工具和备品、备件。

办公和生活用家具购置费是指为保证新建、改建项目初期正常生产、使用和管理所必须购置的办公和生活用具的费用。

（3）工程建设其他费用

工程建设其他相关费用，是指除建筑安装工程费用和设备、工具、器具及办公和生活用家具购置费用以外的一些费用，是根据国家有关规定应在基本建设投资中支付，并且构成工程造价的一个组成部分。

2. 公路基本建设各阶段工程造价

为满足公路基本建设各阶段的不同需要，适应工程造价控制的要求，需在建设全过程进行多次的工程造价确定，即在公路基本建设程序的各个阶段，需要编制估算、概算、预算、标底（或招标控制价）、报价、工程结算、竣工决算等工程造价文件。也就是说，公路工程造价的形成过程实际上是一个多次性的计价过程。公路工程造价多次性计价过程如图6—1—1所示。

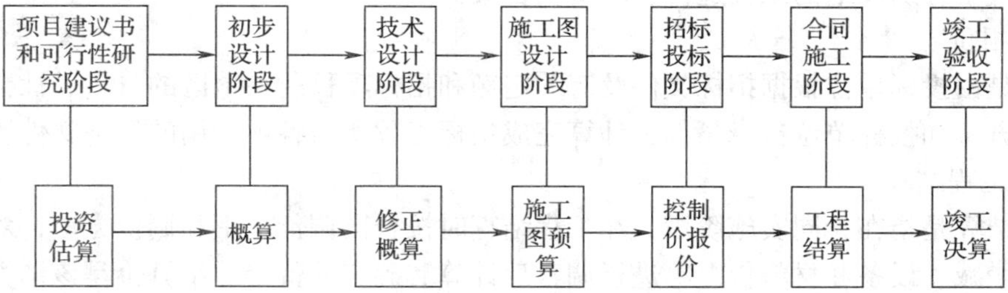

图6—1—1　公路工程造价多次性计价过程图

（1）投资估算

投资估算一般是指在投资前期（规划、项目建议书，可行性研究报告）阶段，建设单位向国家申请拟定建设项目或国家对拟定项目进行决策时，确定建设项目在规划、项目建议书、可行性研究报告等不同阶段的相应投资总额而编制的经济文件。

根据前期工作内容，公路工程投资估算可分为两类：一类是项目建议书投资估算，另一类是可行性研究投资估算。

（2）概算

概算又为初步设计概算和技术设计修正概算两种。初步设计概算是指在初步设计阶段，由设计单位根据设计图样、概算定额、各类费用定额、建设地区的自然条件和技术经济条件等资料，预先计算和确定建设项目从筹建至竣工验收的全部建设费用的经济文件。

技术设计修正概算是在批准的初步设计概算文件基础上，对初步设计所定的技术方案和施工方案进一步研究修改，并补充必要的地质、水文和地质钻探资料，以提出的修正工程量为依据来进行编制的。

概算或修正概算是初步设计或技术设计文件的重要组成部分。概算应控制在批准的建设项目可行性研究投资估算允许的幅度范围内，概算经批准后是基本建设投资的最高限额。设计单位应按不同的设计阶段编制概算和修正概算。以批准的初步设计进行施工招标的工程，其标底或造价控制值应在批准的总概算建筑安装工程费范围内。

(3) 施工图预算

公路基本建设工程不论采用几个阶段设计，设计单位在施工图设计阶段均应编制施工图预算。施工图预算是根据施工图设计的工程量和施工方法，按照预算定额和各类费用定额，所编制的反映工程造价的经济文件。

施工图设计应控制在批准的初步设计及其概算范围内。

(4) 招标控制价

在《建设工程工程量清量计价规范》(GB 50500—2008) 中第 4.2 条及条文说明中指出"招标控制价"是在工程招标发包过程中，由招标人根据有关计价规定计算的工程造价，其作用是招标人用于对招标工程发包的最高限价。招标控制价的作用决定了招标控制价不同于标底，无须保密。为体现招标的公平、公正，防止招标人有意抬高或压低工程造价，招标人应在招标文件中（或开标前在指定的媒体上）如实公布招标控制价。同时，招标人应将招标控制价报工程所在地的工程造价管理机构备案。

(5) 报价

报价是由投标单位根据招标文件及有关定额和招标项目所在地区的自然、社会和经济及施工组织方案和投标单位自身条件，计算完成招标工程所需各项费用的经济文件。

(6) 工程结算

工程结算是指在合同实施阶段，在工程结算时按合同调价范围和调价方法，对实际发生的工程量增减、设备和材料价差等进行调整后计算和确定的价格。结算价是该结算工程的实际价格。

(7) 竣工决算

竣工决算是以实物数量和货币指标为计量单位，综合反映竣工项目从筹建开始到项目竣工交付使用为止的全部建设费用、投资效果和财务情况的总结性文件，是竣工验收报告的重要组成部分。竣工决算是正确核定新增固定资产价值，考核分析投资效果，建立健全经济责任制的依据，是反映建设项目实际造价和投资效果的文件。竣工决算由发包人负责编制。

以上的估算、概算、预算、招标控制价、报价是在不同建设阶段对建设项目做出的预期工程造价。结算价是建设项目各分部分项工程的实际造价，竣工决算价才是整个建设项目的实际造价。

总之，一个建设项目各个阶段的计价是相互衔接、由粗到细、由浅到深、由预期到实际、前者制约后者、后者修正和补充前者的发展过程。

从以上可知，公路工程造价的编制泛指估算、概算、预算、标底（或招标控制价）、报价、工程结算和竣工决算等造价文件的编审工作。工程建设不论其投资来源和隶属关系如何，都必须按基本建设程序办事，进行工程建设各阶段的工程造价文件的编制。

二、公路工程造价计价

1. 公路工程造价计价的模式

影响工程造价的主要因素有两个，即基本构造要素的工程单价和工程量。基本构造要素的工程量可以通过工程量计算规则和设计图样计算得到，它可以直接反映工程项目的规模和内容。

对基本构造要素的工程单价分析，依据其价格包含内容的不同，可以将工程单价分为两种形式：直接工程费单价和综合单价。第一，直接工程费单价。如果分部分项工程单位价格仅仅考虑人工、材料、机械资源要素的消耗量和价格形成，即单位价格 = Σ（分部分项工程的资源要素消耗量 × 资源要素的价格），该单位价格是直接工程费单价。第二，综合单价。如果在单位价格中除包括直接工程费以外，还包括其他工程费、间接费、利润、税金和合同约定的风险费用等，则构成的是综合单价，它是一种完全价格形式。不同的单价形式形成不同的计价模式。

（1）直接工程费单价——定额计价模式

建设工程定额计价是我国长期以来在工程价格形成中采用的计价模式，又称工料单价法计价，是国家通过颁布统一的估算指标、概算定额、预算定额和相应的费用定额，对建筑产品价格有计划管理的一种方式，建设工程概预算的编制一般采用定额计价模式，即通过查找定额确定各种物资消耗量，再通过量价相乘计算工程费用的方式。

（2）综合单价——工程量清单计价模式

工程量清单计价模式又称综合单价法。它是建设工程招投标中，按照国家统一的工程量计价规范，招标人或其委托的有资质的咨询机构编制反映工程实体消耗和措施消耗的工程量清单，并作为招标文件的一部分提供给投标人；由投标人依据工程量清单，根据各种渠道所获得的信息和经验数据，结合企业定额自主报价的计价方式。

在我国的一般建设工程的工程量清单计价模式中，分部分项工程量清单计价表中的综合单价仅包含人工费、材料费、机械费、管理费、利润和一般风险费，不含措施费、规费和税金，后三种费用另行计列。而公路工程量清单中工程细目表中的综合单价是全费用单价或完全价格，是指完成本计价工程细目所需的全部工程内容和费用内容的费用，包括完成该细目下所有工程内容所需的成本、利润、税金和一般风险费。以清单所给的工程量与该综合单价相乘，得到合价。

由于工程量清单计价模式需要比较完善的企业定额体系以及较高的市场化环境，短期内难以全面铺开。因此，目前我国建设工程造价实行“双轨制”计价管理办法，即定额计价法和工程量清单计价法同时实行。工程量清单计价作为一种市场价格的形成机制，主要在工程招投标和结算阶段使用。

2. 公路工程造价的计价特征

（1）计价的单件性

产品的个体差别性决定每项工程都必须单独计算造价。对建设工程就不能像对工业产品那样，按品种、规格、质量成批量生产和定价，只能是单件性计价。也就是说，只能根据建设工程项目的具体设计资料和当地的实际情况单独计算工程造价。

（2）计价的多次性

建设工程一般规模大、建设期长、造价高，受建设所在地的自然条件影响大，消耗的人力、物力和资金巨大，一旦决策失误，将造成巨大的损失。因此，按建设程序要分阶段进行，相应地也要在不同阶段多次计价，以保证工程造价计算的准确性和控制的有效性。多次性计价是个逐步深化、逐步细化和逐步接近实际造价的过程。

（3）造价的组合性

工程造价的计算是分部组合而成的，这一特征和建设项目的组合性有关。一个建设项目是一个工程综合体，它可以分解为多个单项工程，单项工程可分解为多个单位工程，单位工程可分解为多个分部工程，分部工程可分解为多个分项工程。从计价和工程管理的角度，分部分项工程还可以分解。由以上可以看出，建设项目的这种组合性决定了计价的过程是一个逐步组合的过程。这一特征在计算概算造价和预算造价时尤为明显，同时也反映到合同价格和结算价格上。其计算过程和计算顺序是：分部分项工程造价→单位工程造价→单项工程造价→建设项目总造价。

（4）方法的多样性特征

由于多次计价有各不相同的计价依据，且对多次计价的精确度要求不同，因而计价方法有多样性特征。计算和确定概、预算造价有两种基本方法，即单价法和实物量法；计算和确定投资估算的方法有设备系数法、生产能力指数估算法等。不同的方法各有利弊，适应条件也不同，计价时要加以选择。

（5）依据的复杂性特征

影响造价的因素多，计价依据复杂，种类繁多。

阅读材料

工程造价计价的依据

主要可分为七类：①计算设备和工程量依据，包括项目建议书、可行性研究报告、设计文件等；②计算人工、材料、机械等实物消耗量依据，包括投资估算指标、概算定额、预算定额等；③计算工程单价的价格依据，包括人工单价、材料价格、材料运杂费、机械台班费等；④计算设备单价的依据，包括设备原价、设备运杂费、进口设备关税等；⑤计算其他工程费、间接费和工程建设其他费用依据，主要是相关的费用定额和指标；⑥政府规定的税、费；⑦物价指数和工程造价指数；计价依据的复杂性不仅使计算过程复杂，而且要求计价人员熟悉各类依据，并加以正确利用。

三、工程造价管理

1. 工程造价管理的含义

工程造价管理包括建设工程投资费用管理和工程价格管理两种含义。

工程建设投资费用管理，属于工程建设投资管理范畴，是指为实现投资预期目标，在拟订的规划、设计方案条件下，预测、计算、确定和监控工程造价及其变动的系统活动。这一含义既涵盖了微观层次的项目投资费用的管理，也涵盖了宏观层次的投资费用的管理。

工程价格管理属于价格管理范畴。在社会主义市场经济条件下，价格管理分为两个层次。在微观层次上，是生产企业在掌握市场价格信息的基础上，为实现管理目标而进行的成本控制、计价、定价和竞价的系统活动。在宏观层次上，是政府根据社会经济发展的要求，利用法律手段、经济手段和行政手段对价格进行管理和调控，以及通过市场管理规范市场主体价格行为的系统活动。

2. 工程造价管理的内容

（1）工程造价的合理确定

工程造价的合理确定是在建设程序的各个阶段，合理确定投资估算、概算造价、预算造价、承包合同价、结算价、竣工决算价，并按规定和报批程序，经有关部门批准后成为该阶段工程造价的控制目标。工程造价确定的合理程度直接影响着工程造价的管理效果。

（2）工程造价的有效控制

工程造价的有效控制，就是在建设程序的各个阶段，采用一定的方法和措施把建设项目投资的发生控制在批准的投资额度以内。具体来说，要用投资估算价控制设计方案的选择和初步设计概算造价；用概算造价控制技术设计和修正概算造价；用概算造价或修正概算造价控制施工图设计和预算造价。

1）以设计阶段为重点的建设全过程造价控制。建设工程全寿命费用包括工程造价和工程交付使用后的经常开支费用（含经营费用、日常维护修理费用、使用期内大修理和局部更新费用）以及该项目使用期满后的报废拆除费用等。据西方一些国家分析，设计费一般只相当于建设工程全寿命费用的1%以下，但正是这少于1%的费用对工程造价的影响度占75%以上。由此可见，设计质量对整个工程建设的效益是至关重要的。

2）主动控制。造价工程师的基本任务是对建设项目的建设工期、工程造价和工程质量进行有效的控制，为此，应根据业主的要求及建设的客观条件进行综合研究，实事求是地确定一套切合实际的衡量准则，将“控制”立足于事先，主动地采取措施，积极地影响投资决策、设计、发包和施工，主动地控制工程造价。

3）技术与经济相结合是控制工程造价最有效的手段。工程建设过程中把技术与经济有机结合，通过技术比较、经济分析和效果评价，正确处理技术先进与经济合理两者之间的对立统一关系，力求在技术先进的条件下经济合理，在经济合理的基础上技术先进，把控制工程造价观念渗透到各项设计和施工技术措施之中。

思考与练习

1. 公路工程造价是由哪些部分组成的？
2. 公路基本建设工程造价可分为哪几个阶段？各阶段需要哪些工程造价内容？
3. 公路工程造价的计价特征是什么？
4. 什么是工程造价管理，它主要包括哪些内容？

任务二　划分项目与复核工程量

学习目标

◆ 熟悉概预算项目的组成和划分规定。
◆ 能依据概预算项目表进行项目划分工作。
◆ 掌握主要工程量的概念、计算规则和核对方法。

工作任务

1. 耿庄至热电厂：某三级公路，路基宽 7.5 m，路面宽 6.5 m。路面结构采用：5 cm 中粒式沥青混凝土 + 17 cm 水泥稳定碎石 + 15 cm 水泥粉煤灰沙砾。试对该项目路面工程进行项目划分。

任务分析：对路面工程进行划分主要依据概、预算项目表，通过该表的项、目、节及工程细目把耿庄至热电厂的路面工程细化为 5 cm 厚的中粒式沥青混凝土面层、17 cm 厚的水泥稳定碎石基层和 15 cm 厚的水泥粉煤灰沙砾底基层三项不能再划分的分部分项工程。项目划分是工程造价编制的第一步工作，只有正确且不重不漏地划分了项目才能够得到准确的造价。

2. 某二级公路路基土、石方工程，计有挖土方 30 000 m^3（其中松土 5 000 m^3，普通土 15 000 m^3，硬土 10 000 m^3），开炸石方计 10 000 m^3（挖方均为天然方）。本断面挖方可利用方量为 19 000 m^3（松土 3 000 m^3、普通土 8 000 m^3、硬土 5 000 m^3、石方 3 000 m^3，均为天然方），远运利用方量为普通土 2 000 m^3（天然方）。需填方数量为 40 000 m^3（压实方），不足部分借土填方。根据上述已知数据，计算如下内容：

（1）路基设计断面方数量。

（2）计价方数量。

（3）利用方数量。

（4）借方数量。

（5）弃方数量。

（6）当计算借方的开挖费用和运输费用时，其工程数量应为多少？

任务分析：此题主要考察在项目划分的基础上，准确摘取工程量，为后续的造价确定做好基础。

相关理论

一、公路工程概预算项目划分

1. 公路工程概预算项目的组成

每项基本建设工程，就其实物形态来说，都由许多部分组成。为了加强对基本建设工作的管理，便于编制施工组织设计文件和概（预）算文件，便于工程招投标工作和施工管理，必须对基本建设工程进行项目划分。基本建设工程可依次划分为建设项目、单项工程、单位工程、分部工程和分项工程。

2. 公路工程概预算项目划分规定

为使公路工程预算编制规范化，在《公路工程基本建设项目概算预算编制办法》（JTG B06—2007）（以下简称《概算预算编制办法》）中对公路工程费用项目的名称、层次作了统一的规定，从而可以防止列项时出现混乱、漏列、错列的现象。因此，预算项目划分时必须严格按照《概算预算编制办法》中“概、预算项目表”划分规定，结合设计图样及施工组织设计对工程项目进行分项。

（1）项目表

概、预算项目主要包括以下内容：

第一部分　建筑安装工程费

第一项　临时工程

第二项　路基工程

第三项　路面工程

第四项　桥梁涵洞工程

第五项　交叉工程

第六项　隧道工程

第七项　公路设施及预埋管线工程

第八项　绿化及环境保护工程

第九项　管理、养护及服务房屋

第二部分　设备及工具、器具购置费

第三部分　工程建设其他费用

公路工程概预算项目表，反映了公路基本建设项目的全部工程和全部费用的一种分类情况，表6—2—1是概预算项目表的一部分，在《概算预算编制办法》中对公路工程概预算项目表的表现形式和详细内容作了规定，其详细内容见附录一。

表6—2—1　　概预算项目表（部分）

项	目	节	细目	工程或费用名称	单位	备注
				第一部分　建筑安装工程费	公路公里	建设项目路线总长度（主线长度）
一				临时工程	公路公里	
	1			临时道路	km	新建便道与利用原有道路的总长
			1	临时便道的修建与维护	km	新建便道长度
			2	原有道路的维护与恢复	km	利用原有道路长度
				……		
	2			临时便桥	m/座	指汽车便桥
	3			临时轨道铺设	km	
	4			临时电力线路	km	
	5			临时电信线路	km	不包括广播线
	6			临时码头	座	按不同的形式划分节或细目
二				路基工程	km	扣除桥梁、隧道和互通立交的主线长度，独立桥梁或隧道为引道或接线长度
	1			场地清理	km	
		1		清理与掘除	m^2	按清除内容的不同划分细目
			1	清除表土	m^3	
			2	伐树、挖根、除草	m^2	
				……		
		2		挖除旧路面	m^2	按不同的路面类型和厚度划分细目
			1	挖除水泥混凝土路面	m^2	
			2	挖除沥青混凝土路面	m^2	
			3	挖除碎（砾）石路面	m^2	
				……		
		3		拆除旧建筑物、构筑物	m^3	按不同的构筑材料划分细目
			1	拆除钢筋混凝土结构	m^3	
			2	拆除混凝土结构	m^3	
			3	拆除砖石及其他砌体	m^3	
				……		

（2）运用项目表列项要求

熟悉运用项目表，对于概预算编制十分重要。概预算项目应按项目表规定的“项”“目”“节”“细目”序列及内容编制，不得随意划分。如实际出现的工程和费用项目与项目表的内容不完全相符时，应按以下规定办理：

1）“部分”和“项”的序号应保留不变。即第一部分、第二部分、第三部分和“项”的序号应保留不变，如第二部分，“设备及工具、器具购置费”在该项工程中不发生时，第三部分“工程建设其他费用”仍为第三部分。又如第一部分第六项为“隧道工程”，第七项为“公路设施及预埋管线工程”，若无隧道工程项目，但其项目序号“六”仍保留，而“公路设施及预埋管线工程”则仍为第七项。

2）“目”“节”“细目”可随需要增减，并按项目表的顺序以实际出现的“目”“节”“细目”依次排列，不保留缺少的“目”“节”“细目”的序号。即依次递补，改变序号。如第一部分第二项路基工程中1目为场地清理、2目为挖方、3目为填方、4目为特殊路基处理、5目为排水工程、6目为防护与加固工程，若该工程项目中没有特殊路基处理，则1目为场地清理、2目为挖方、3目为填方、4目应为排水工程、5目应为防护与加固工程。又如第4目特殊路基处理中的第1节软土处理包括细目1抛石挤淤，细目2沙、沙砾垫层，细目3灰土垫层等12个细目，如果没有第1个细目抛石挤淤，则细目1为沙、沙砾垫层、细目2为灰土垫层等项目中依次包含的内容。

3）路线建设项目中的互通式立体交叉、辅道、支线，如工程规模较大时，也可按概预算项目表单独编制建筑安装工程，然后将其概预算建筑安装工程总金额列入路线的总概预算表中相应的项目内。

二、复核工程量

1. 工程量的概念

（1）工程量

工程量是以物理计量单位或自然计量单位所表示的建筑安装工程各个分项工程或结构构件的实物数量。物理计量单位是指需要量度的具有物理性质的单位，如长度、面积、体积和质量的计量单位分别是米（m）、平方米（m^2）、立方米（m^3）、千克（kg）、吨（t）；自然计量单位是指不需要量度的具有自然属性的单位，如建筑成品或结构构件在自然状态下的简单点数所表示的个、条、块、座等单位，但需要明确该成品或结构构件的结构尺寸。

（2）设计工程量

设计工程量是在公路工程设计文件中列出的各分项工程的工程量，一般由列在设计图样前面的工程数量表和设计图样中的文字说明共同定义。

（3）概预算工程量

概预算工程量是概预算编制人员根据设计文件中的设计工程量、概预算工程量计算规则、施工组织方案确定的施工措施工程量（又称辅助工程量）及临时工程量和概预算定额子目的口径大小四个要素，以概预算定额子目为编制单元所确定的工程量。

因此概预算工程量不仅包括设计的永久工程量（设计工程量），还包括因施工工艺不同、自然因素影响等原因导致的施工措施工程量（辅助工程量）和临时工程量。

2. 工程量的计算规则

（1）概预算工程量计算

概预算工程量计算是根据设计图样、拟订的施工方案、概预算工程量计算规则、预算定额划分的项目，列出分部分项工程名称和工程量计算式，然后计算其结果的过程。概预算工程量计算包括永久工程量（设计工程量）的计算、施工措施工程量（辅助工程量）和临时工程量计算等三个方面的内容。

（2）概预算工程量计算规则

概预算工程量计算规则是确定概预算工程量的依据，考虑建造过程中的施工措施、损耗及辅助工程量，其规则一般是推荐性的、非强制性的。如公路工程概预算定额手册中分散在各章节说明中的工程量计算规则，是在套用定额时确定概预算工程量的主要依据。公路工程概预算定额中的工程量计算规则，是指按分部分项工程界定的定额单位所包含的施工工艺内容，更确切地说，是从设计图表资料上摘取工程量（设计工程量）的规则。如《公路工程预算定额》（JTG/T B06－02－2007）中的第二章“路面工程”中的第一节“路面基层及垫层”说明中的第六条，各类稳定土底基层采用稳定土基层定额时，每 1 000 m^2 路面减少 12～15 t 光轮压路机 0.18 台班；第一章第一节“路基土、石方工程”说明中的第七条：下列数量应由施工组织设计提出，并入路基填方数量内计算：

1）清除表土或零填方地段的基底压实、耕地填前夯（压）实后，回填至原地面标高所需的土、石方数量。

2）因路基沉陷需增加填筑的土、石方数量。

3）为保证路基边缘的压实度须加宽填筑时，所需的土、石方数量。

第八条说明工程量计算规则中的第一条：土石方体积的计算除定额中另有说明者外，土方挖方按天然密实体积计算，填方按压（夯）实后的体积计算；石方爆破按天然密实体积计算。当以填方压实体积为工程量，采用以天然密实方为计量单位的定额时，所采用的定额应乘以表 6—2—2 中的系数。

表 6—2—2　　土方、石方系数

公路等级 \ 土的类别	土方			石方
	松土	普通土	硬土	
二级及二级以上公路	1.23	1.16	1.09	0.92
三级、四级公路	1.11	1.05	1.00	0.84

3. 工程量的核对方法

永久工程量（设计工程量）的计算，是指按照设计图样上的尺寸计算实物工程数量的过程。在公路工程不同设计阶段的设计图表中，实际上已经由设计人员计算出了工程量

（主要是设计工程量）并用表格的形式在设计文件中给出；在设计结构图中，也给出了相应的工程数量。而施工措施工程量（辅助工程量）和临时工程量主要由施工组织设计或施工方案所确定。

深入熟悉设计文件中的设计图表和设计说明等设计图样资料，对工程项目进行分项，并做好工程量（主要是设计工程量）的核对工作，是准、快、全地编制工程概预算的首要前提。而如何正确地从设计图表中摘取作为概预算编制基础资料的工程量，是概预算编制人员必须具备的基本技能与业务知识之一。摘取计价工程量实际上是根据定额规定的工程量计算规则，将设计图表中提供的工程量进行分类、统计、汇总后，得出符合定额表要求的计价工程量。为了正确摘取工程量，做到不重不漏，编制人员必须明确定额规定的工程内容、适用范围，清楚定额的各章、节说明及定额表附注。

摘取概预算工程量的方法是由定额项目所决定的，此内容将在本课程的“公路工程定额的套用”部分中叙述。现就“路基土、石方工程”项目，扼要介绍其核对方法。

“路基土石方数量表”合计栏中的压实方校核条件：

填方 = 本桩利用 + 填缺

挖方 = 本桩利用 + 挖余

“路基每公里土石方数量表”每公里天然方校核条件（填方为压实方）：

挖方总量 = 利用方 + 废方

利用方 = 本桩利用方 + 远运利用方

土石运输方 = 远运利用运输方 + 借方运输方 + 废方运输方

填方总量（设计断面数量 + 清表土回填方 + 软基预压沉降增填方 + 路基加宽填筑增填方） = 利用方 + 借方

任务实施

一、划分工程项目

针对工作任务中的第 1 题，依据概、预算项目表和耿庄至热电厂路面工程项目中路面结构设计，可完成项目划分（见表 6—2—3）。

表 6—2—3　　划分后的工程项目

项	目	节	细目	工程或费用名称	单位	备注
				第一部分　建筑安装工程费	公路公里	
三				路面工程	km	
	1			路面底基层	m^2	
		1		水泥稳定类底基层	m^2	

续表

项	目	节	细目	工程或费用名称	单位	备注
			1	15 cm 水泥粉煤灰沙砾	m^2	
	2			路面基层	m^2	
		1		水泥稳定类基层	m^2	
			1	17 cm 水泥稳定碎石	m^2	
	3			透层、黏层、封层	m^2	
		1		透层	m^2	
	4			沥青混凝土面层	m^2	
		1		中粒式沥青混凝土面层	m^2	
			1	5 cm 中粒式沥青混凝土	m^2	

二、复核工程量

针对工作任务中第 2 题，根据正文中路基土、石方计算公式进行计算，得到如下结果：

1. 设计断面方 = 挖方（天然密实方） + 填方（压实方） = 30 000 + 40 000 = 70 000 m^3
2. 计价方 = 挖方（天然密实方）+ 填方（压实方）- 利用方（压实方）
   = 30 000 + 40 000 − 3 000 ÷ 1.23 − (8 000 + 2 000) ÷ 1.16 − 5 000 ÷ 1.09 − 3 000 ÷ 0.92
   = 51 092 m^3
3. 利用方（压实方） = 3 000 ÷ 1.23 + (8 000 + 2 000) ÷ 1.16 + 5 000 ÷ 1.09 + 3 000 ÷ 0.92
   = 18 908 m^3
4. 借方 = 填方（压实方） − 利用方（压实方） = 40 000 − 18 908 = 21 092 m^3
5. 弃方 = 挖方（天然密实方） − 利用方（天然密实方）
   = 30 000 − 19 000 − 2 000 = 9 000 m^3
6. 借方的开挖和运输工程量应按天然密实方计算

工程量 = 21 092 × 1.16 = 24 467 m^3

思考与练习

1. 公路概预算项目表的主要内容有哪些？
2. 公路工程项目划分有何要求？
3. 何谓设计工程量、概预算工程量？概预算工程量的计算包括哪些内容？
4. 说明土石方工程数量的复核方法。

任务三　认知公路工程定额

学习目标

◆ 了解定额的概念及作用。

◆ 了解公路工程定额的分类。

相关理论

一、定额的概念及作用

在工程建设活动中，完成某一分项工程或结构物的生产，必须消耗一定数量的劳动力、材料、机械台班和资金。这些消耗是随着生产的技术组织条件的变化而变化的，它反映出一定时期的社会劳动生产率水平。

定额是指在正常的施工条件下，为完成一定量合格产品所规定的人力、物力、资金等消耗量的标准。定额是经过科学的测定、分析、计算后用数字加以规定的法定尺度，是组织施工的基础，也是计算工料机、资金消耗量的依据，还是工程计价的主要依据之一。定额反映了一定时期的社会生产力水平，随着生产技术的提高和生产管理的现代化，定额需要及时得到修改及补充，以提高劳动生产率、降低成本。

二、公路工程定额

公路工程定额一般可有两种分类，即按生产因素分类和按定额用途分类。具体划分如图6—3—1 所示。

1. 按生产因素分类

（1）劳动定额

劳动定额又称劳动消耗定额、工时定额或人工定额，它是在正常的生产技术和生产组织条件下，完成单位合格产品或工作所必需的劳动消耗的数量标准。劳动定额的表现形式有时间定额和产量定额两种。

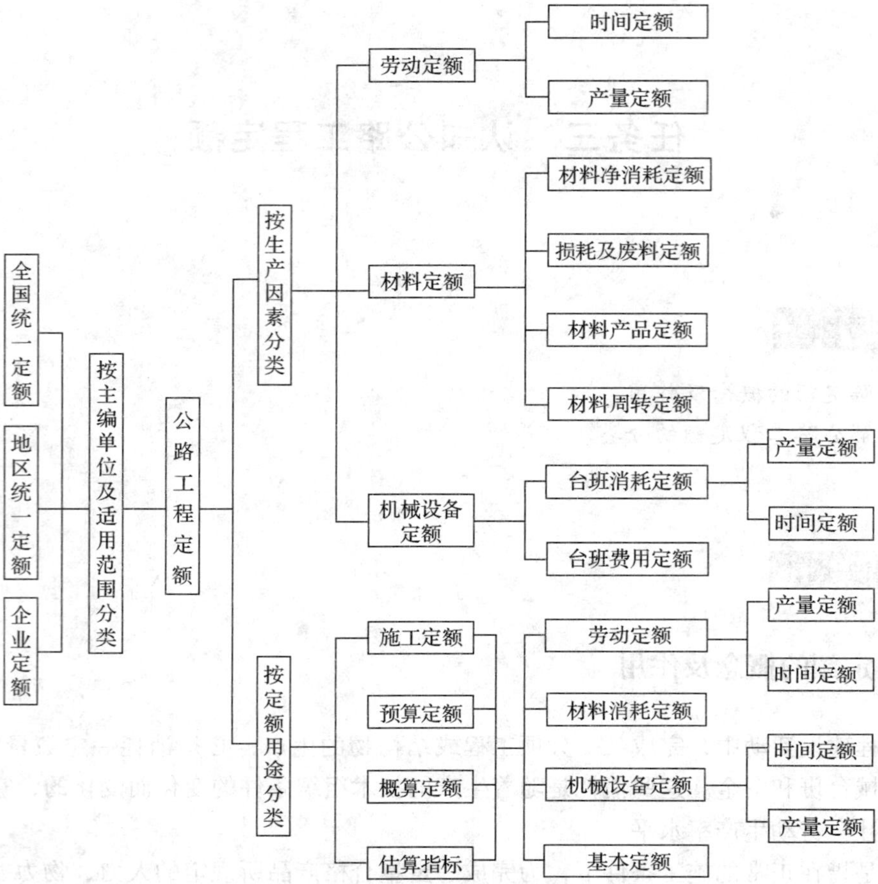

图6—3—1 公路工程定额分类图

1）时间定额。时间定额是指在技术条件正常，生产工具使用合理和劳动组织正确的条件下，工人为生产单位合格产品所必须消耗的工作时间。工人的工作时间有些可以计入时间定额内，有些是不能纳入时间定额中的，工人的工作时间包括定额时间和非定额时间两种，如图6—3—2所示。定额时间包括与完成产品有直接关系的工作时间（即有效工作时间），由于技术操作和施工组织的原因而中断时间（不可避免的中断时间），工人工作中为了恢复体力所必需的暂时休息或喝水、大小便等生理上的要求所消耗的时间（即休息时间）。

时间定额以工日为单位，每个工日除潜水工作按6 h、隧道工作按7 h计算外，其余均为8 h。时间定额的计算方法如下：

$$S = \frac{D}{Q} \qquad (6—3—1)$$

式中 S——时间定额（劳动量单位/产品单位）；

D——耗用劳动量数量，工日；

Q——完成合格产品数量（产品实物单位）。

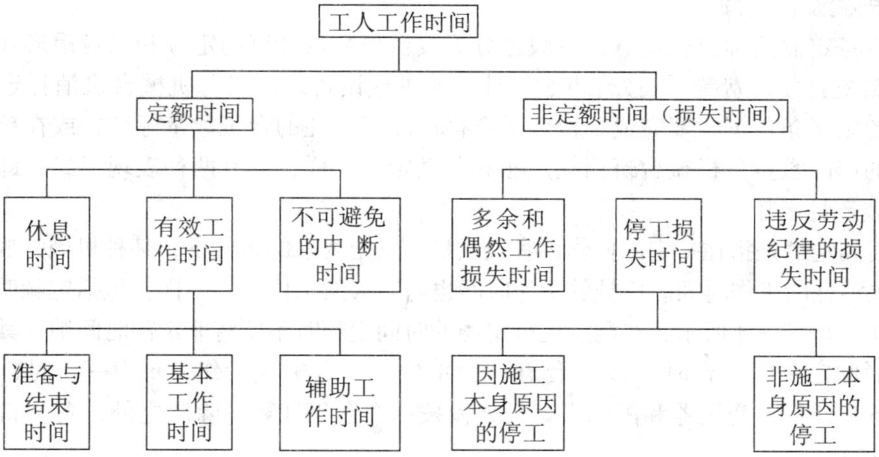

图 6—3—2　工人工作时间的分析

2）产量定额。产量定额是指在技术条件正常、生产工具使用合理和劳动组织正常的条件下，工人在单位时间内完成合格产品的数量。产量定额与时间定额是互为倒数的关系，其计算方法如下：

$$C=\frac{Q}{D}=\frac{1}{S} \tag{6—3—2}$$

式中　C——产量定额（产品单位/劳动量单位）。

其余符号意义同前。

【例 6—3—1】《公路工程预算定额》（JTG/T B06—02—2007）第一章路基工程第一节路基土、石方工程第 23 页表 1—1—14 中规定，人工开炸软石运输 20 m，其工作内容包括：选炮位、打眼、清眼、装药、填塞、设置安全警戒、引爆、检查结果、排险、撬落、解小、撬移、清运、装卸石方、空车回头等。产品单位为 1 000 m^3，则时间定额为 270. 5 工日/1 000 m^3，每工日的产量定额为：1 000 m^3/270. 5 工日 =3. 70 m^3/工日。

（2）材料定额

材料定额也称材料消耗定额。它是指在节约和合理使用材料的条件下，生产单位合格品所必须消耗的一定品种规格的材料、半成品、配件、构件等的数量标准。

材料定额是由材料净消耗定额和材料损耗及废料定额两部分组成。材料的净消耗是指在不计废料和损耗的情况下，直接用于构造物上的材料量；材料的损耗及废料是指施工中不可避免的废料和必要的工艺性损耗，一般包括施工损耗及由仓库或露天堆料场运至施工地点的运输损耗，但不包括可以避免的消耗和损失的材料。材料的损耗量与材料的净消耗量之比，称为材料的损耗率（见式 6—3—3）。一般材料消耗定额按式（6—3—4）计算。

$$材料损耗率=\frac{材料损耗量}{材料净消耗量}\times 100\% \tag{6—3—3}$$

$$材料消耗定额=(1+材料损耗率)\times 完成单位产品的材料净消耗量 \tag{6—3—4}$$

（3）机械设备定额

机械设备定额简称机械定额，一般可分为按台班数量计算的定额和以货币形式表示的定额（如小型机具使用费等）。按台班数量计算的机械设备定额又称机械台班消耗定额，它是指在正常的施工条件下，要完成单位数量合格产品所消耗的台班数量标准，或在单位时间内机械完成的产品数量。机械台班消耗定额和劳动定额一样，具有两种表现形式，即机械时间定额和机械产量定额。

机械时间定额是指在一定的操作内容及质量、安全要求的条件下，某种机械完成单位合格产品所必须消耗的工作时间。机械的工作时间也与工人的工作时间一样，包括定额时间和非定额时间，如图 6—3—3 所示，在测定机械定额的时间定额时不能将非定额时间纳入其中。

机械时间定额以“台时”或“台班”为单位，一台机械工作 1 h 为一台时，潜水设备每台班按 6 h 计算，变压器和配电设备每昼夜按一个台班计算，除此之外，各类机械每台班均按 8 h 计算。

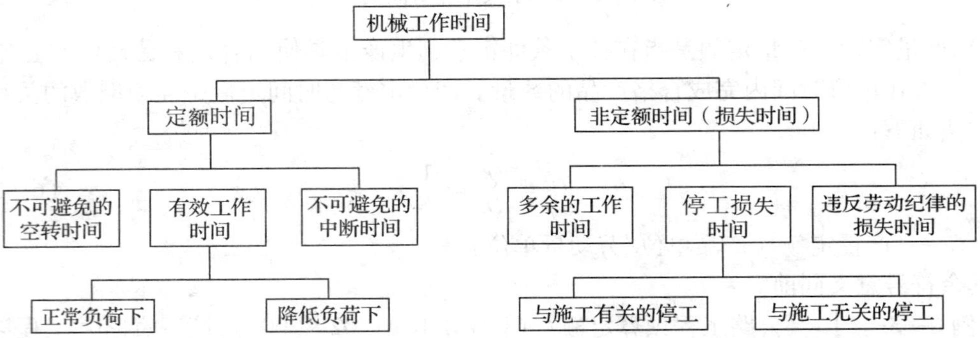

图 6—3—3　机械工作时间的分析

机械产量定额是指在一定的操作内容及质量、安全要求的条件下，某种机械每单位作业量（如台班、台时等）所完成的合格产品的数量标准。机械时间定额和机械产量定额互成倒数。

【例 6—3—2】《公路工程预算定额》第一章路基工程第一节路基土、石方工程表 1—1—9 中规定，2.0 m^3以内履带式单斗挖掘机挖装硬土，其操作内容包括安设挖掘机、开辟工作面、挖土、装汽车和移动位置、推土机清理余土。产品单位为 1 000 m^3天然密实土，则时间定额为 1.29 台班/1 000 m^3，产量定额应为：1 000 m^3/1.29 台班 = 775.19m^3/台班。

在公路工程概、预算编制中，按照机械台班消耗定额并根据工程数量可计算出工程所需各种机械台班数量，如例 6—3—2 中，如果工程数量为 10 000 m^3，由于 2.0 m^3以内单斗挖掘机挖装硬土 1 000 m^3需要 1.29 台班，则挖装 10 000 m^3硬土需要 2.0 m^3以内单斗挖掘机的数量应为 12.9 台班。但是，要计算机械使用费，还需要使用机械台班费用定额。

机械台班费用定额是以机械的一个台班为单位，规定其所消耗的工时、燃料及费用等数量标准，并可折算为货币形式表现的定额。在我国，目前编制公路基本建设工程概（预）算采用的机械台班费用定额是交通部 2007 年 10 月 19 日颁布的《公路工程机械台班费用定额》（JTG/T B06—03—2007），用于分析计算台班单价和台班消耗实物（如人工、燃料等）的数量。

2. 按定额用途分类

（1）施工定额

施工定额是建筑安装工人合理的劳动组织或工人小组在正常施工条件下，为完成单位合格产品所需劳动、机械、材料消耗的数量标准，它是根据专业施工的作业对象和工艺制定的。施工定额应反映企业的施工水平、装备水平和管理水平，作为考核建筑安装企业劳动生产率水平、管理水平的标尺和确定工程成本、投标报价的依据，也是编制预算定额的基础。

施工定额是建筑安装企业内部管理的定额，定额水平是平均先进的，属于企业定额的性质，正确认识施工定额的这一性质，把施工定额和其他定额从性质上区别开来是非常必要的。

（2）预算定额

预算定额是用于确定一定计量单位的分项工程或结构构件的人工、材料和机械台班消耗量的数量标准。预算定额是在施工定额的基础上，按照国家的方针、政策编制的，经过国家或授权机关批准的、具有权威性质的一种指标性文件。

预算定额的性质是属于计价定额的性质，定额水平是先进合理的，它体现了一个工程细目在正常条件下，用货币形式描述一定时期生产力的发展水平，它具有广泛的社会性。工程造价的确定是以预算定额为编制依据的。

（3）概算定额

概算定额是在预算定额的基础上以主要工序为准综合相关分项的扩大定额，是按主要分项工程规定的计量单位及综合相关工序的劳动、材料和机械台班的消耗标准。定额水平比预算定额低。

概算定额与预算定额都属于计价定额。不同的是在项目划分和综合扩大程度上的差异，以适用于不同设计阶段的计价需要。概算定额是在预算定额的基础上加以综合而成的，因而产品常使用更大的单位来表示，如小桥涵以座（道）、桥梁上部构造以 10 m 标准跨径、1 000 m^2黑色碎石路面、公路公里等表示。

（4）估算指标

估算指标既不同于施工定额，也不同于概、预算定额。它是以某项目或其单位工程或单项工程为对象，综合项目全过程投资和建设成本的技术性经济指标，是在研究阶段编制估算文件的依据。由于估算的总费用仅仅只作为社会效益、内部收益率、回收期计算的参考，所以它的作用和重要性是特别的。

思考与练习

1. 什么是定额？定额有什么作用？
2. 你能否从不同的角度对公路工程定额进行分类？各分为哪些定额？
3. 何谓产量定额？何谓时间定额？两者有何关系？

4. 材料定额由哪些部分组成？它有哪几种表现形式？

5. 机械设备定额有哪几种表现形式？从何种途径来分析计算台班单价和台班的实物消耗数量？

任务四　套用公路工程预算定额

学习目标

- ◆ 认知公路工程预算定额的概念、作用及组成。
- ◆ 能识读定额表。
- ◆ 能准确套用公路工程预算定额。

工作任务

已知某高速公路采用沥青混凝土路面，施工图设计沥青混凝土路面结构为：4 cm 细粒式沥青混凝土上面层、6 cm 中粒式沥青混凝土中面层、6 cm 粗粒式沥青混凝土下面层，采用集中拌和自卸汽车运输摊铺机铺筑的施工方法。请正确套用定额，完成该路面工程4 cm 细粒式沥青混凝土上面层工程细目的预算定额工程细目表（见表6—4—1）。

表6—4—1　　　预算定额工程细目表

序号	工程细目	单位	定额标号	数量	定额调整情况
1					
2					

任务分析：要想准确套用定额，首先必须熟悉定额的组成，包括公路工程预算定额的章、节，每一个定额表的组成及每一项定额子目所包含的工程项目；其次要熟悉所采用的施工方法具体到每一个步骤即所谓的施工工艺流程分析；在此基础上进行工作任务分解。了解各地区对于一些特殊工程的要求，然后准确套用定额，计算确定完成某工程细目或是分部分项工程所需要的人工、材料、机械的消耗量，即工程造价确定过程中量的确定过程。

相关理论

一、预算定额的概念和作用

1. 预算定额的概念

预算定额是用于确定一定计量单位的分项工程或结构构件的人工、材料和机械台班消耗量的数量标准。预算定额是在施工定额的基础上，按照国家的方针、政策编制的，经过国家或授权机关批准的、具有权威性质的一种指标性文件。

预算定额的性质是属于计价定额的性质，定额水平是先进合理的，它体现了一个工程细目在正常条件下，用货币形式描述一定时期生产力的发展水平，具有广泛的社会性。工程造价的确定是以预算定额为编制依据的。

2. 预算定额的作用

（1）预算定额是编制施工图预算、确定和控制项目建筑安装工程造价的基础，是控制和确定建筑安装工程造价的必要手段

预算定额是确定一定计量单位分项工程人工、材料、机械消耗量的依据，也是计算分项工程单价的基础。所以，预算定额对建筑安装工程直接费影响甚大。

（2）预算定额是对设计方案进行技术经济比较和技术经济分析的依据

设计方案在设计工作中居于中心地位。根据预算定额对方案进行技术经济分析和比较，是选择经济合理设计方案的重要方法。对设计方案进行比较，主要是通过定额对不同方案所需人工、材料和机械台班消耗量、材料重量、材料资源等进行比较。这种比较可以判明不同方案对工程造价的影响。

（3）预算定额是编制施工组织设计的依据

在公路工程设计各个阶段，必须编制相应的施工组织设计文件。根据预算定额确定的劳动力、建筑材料、成品、半成品和施工机械台班的需用量，为组织材料供应和预制构件加工、平衡劳动力和施工机械提供可靠依据。

（4）预算定额是合理编制标底、投标报价的重要参考

目前在公路建设项目中，一般都实行招投标制度；建设单位在编制标底时应以预算定额为基础，施工单位投标报价应采用自己的企业定额，也可以以预算定额作为投标报价的参考。

（5）预算定额是编制概算定额和估算指标的基础

概算定额和估算指标是在预算定额基础上经综合扩大编制而成的。

二、预算定额的组成内容

现行的《公路工程预算定额》2007 年 10 月 19 日由交通部颁布，2008 年 1 月 1 日施行。

其内容主要由颁发定额的公告、总说明、各种工程的章说明、节说明、定额表及附录六部分组成。

1. 定额的颁发公告

定额的颁发公告是指刊印在《公路工程预算定额》前的政府主管部门（交通部）关于发布定额、施行日期、阐明定额性质、运用范围、负责解释部门等的法令性文件。

2. 定额的总说明

总说明主要阐述了定额的编制原则、指导思想、编制依据、适用范围以及定额的作用。同时说明了编制定额时已经考虑和没有考虑的因素、使用方法及有关规定等。因此，要想正确、熟练地运用定额，必须先透彻地理解总说明，而且争取全面记住这些说明。

3. 章、节说明

《公路工程预算定额》包括路基工程、路面工程、隧道工程、桥涵工程、防护工程、交通工程及沿线设施、临时工程、材料采集及加工、材料运输等九章及附录。根据工程项目特点及性质的不同，又将第一章路基工程、第二章路面工程各分为三节，第三章隧道工程分为四节，第四章桥涵工程分为十一节，第六章交通工程及沿线设施分为七节。附录包括路面材料计算基础数据、基本定额、材料的周转和摊销以及定额基价人工、材料单位质量、单价表等四部分内容；基本定额包括砂浆及混凝土材料消耗等四个内容，材料的周转及摊销包括临时轨道铺设材料摊销次数等七个内容。除了附录外，各章节前面均附有说明，章节说明是本章节工程项目的统一规定、综合内容、允许抽换的规定及工程量计算的规则，因此，为了正确地运用定额，要求概预算专业人员和技术人员在使用每章节的定额之前，必须先耐心、反复、全面地理解和牢记各章、节说明。

4. 定额表

定额表是各种定额的最基本的组成部分，是定额指标数量的具体表示，一般由定额表名称、定额表号、工程内容、工程项目计量单位、顺序号、项目、项目单位、代号、工程细目、栏号、定额值、基价和注组成，见表 6—4—2。

（1）定额表名称

位于定额表的最上端，是某项工程的项目名。表 6—4—2 的定额表名称为人工开炸石方。

（2）定额表号

位于定额表名称之前，是定额表在定额中的排列编号。表 6—4—2 的定额表号为“1—1—14”，表示第一章路基工程的第一节路基土、石方工程的第 14 表。

（3）工程内容

主要说明本定额表所包括的操作内容。查定额时，必须将实际发生的项目操作内容与表中内容进行比较，若不一致时，应进行抽换或采取其他调整措施。

（4）工程项目计量单位

位于表的右上方，即定额概念所指的“单位合格产品”的数量标准。表 6—4—2 的工程项目计量单位为“1 000 m^3天然密实方”。

（5）顺序号

表示工、料、机及费用的顺序号，起简化说明的作用。

（6）项目

即本定额表的工程所需用人工、材料、机具、费用的名称和规格。项目中的其他材料费是指项目中未列出，但实际使用的那部分材料的费用。其他定额表项目中的小型机具使用费是指未列入机械台班费用的定额，但实际使用的小型机具的费用。

（7）项目单位

它是与工程计量单位不同的概念，是指项目内容对应的单位。

（8）代号

当采用电算方法来编制造价文件时，可引用表中代号作为对工、料、机名称的识别符号。每个定额表中工、料、机均按代号由小到大进行排列。各种工、料、机所对应的代号详见《公路工程预算定额》附录一。

（9）工程细目

表示本定额表所包括的工程项目。表6—4—2 中共包括第一个 20 m 开炸运软石、第一个 20 m 开炸运次坚石、第一个 20 m 开炸运坚石、人工挑运石方每增运 10 m、手推车运石方每增运 10 m 等五个细目。

（10）栏号

指工程细目编号。表6—4—2 的定额中“第一个 20 m 开炸运软石”的栏号为 1，“人工挑运石方每增运 10 m”栏号为 4。

表 6—4—2　　1－1－14　人工开炸石方

工作内容：1）选炮位，打眼，清眼；2）装药，填塞；3）安全警戒；4）引爆及检查结果；5）排险；6）撬落，解小，撬移；7）清运，装、卸石方；8）空回。

单位：1 000 m^3 天然密实方

顺序号	项目	单位	代号	第一个 20 m 开炸运			每增运 10 m	
				软石	次坚石	坚石	人工挑运石方	手推车运石方
				1	2	3	4	5
1	人工	工日	1	270. 5	388. 2	552. 1	39. 3	15. 7
2	钢钎	kg	211	18. 0	36. 0	45. 0	—	—
3	硝铵炸药	kg	841	132. 5	180. 0	228. 3	—	—
4	导火线	m	842	338	503	635	—	—
5	普通雷管	个	845	268	385	461	—	—
6	煤	t	864	0. 171	0. 207	0. 270	—	—
7	其他材料费	元	996	12. 5	18. 2	22. 9	—	—
8	基价	元	1 999	14 721	21 127	29 711	1 934	772

注：①孤石按坚石计算。

②采用人工开炸、装车、机动翻斗车运输时，其开炸、装车所需的工料消耗按第一个 20 m 开炸运定额减去 50 个工日计算。

③当采用人工开炸、装车、卸车，手扶拖拉机运输时，其开炸、装车、卸车所需的工料消耗按第一个 20 m 开炸运定额计算。

（11）定额值

即定额表中各种资源的消耗量数量。预算定额表中部分定额值是带括号的，括号内的数值一般是指所需半成品的数量（定额值），基价未包含此费用。

（12）基价

也称定额基价或定额表基价，它是指该工程细目以规定的工料机基价计算人工费、材料费、机械使用费的合计价值。基价中的人工费、材料费基本上是按北京市 2007 年的人工、材料预算价格计算的（详见附录一），机械使用费是按 2007 年交通部公布的《公路工程机械台班费用定额》（JTG/T B06—03—2007）计算的。

（13）注

有些定额表列有“注”，位于定额表的下方。使用定额时，必须仔细阅读“注”，以免发生错误。

5. 附录

附录包括路面材料计算基础数据、基本定额、材料周转和摊销以及定额基价人工、材料单位质量、单价表四部分内容。基本定额包括桥涵模板工作、砂浆及混凝土材料消耗、脚手架、踏步、井字架工料消耗以及基本定额材料规格与质量等内容。

三、套用公路工程预算定额

1. 定额编号

定额中均是按工程项目的不同，以章为单元将定额表有序地排列起来，这种排列的序号就是定额表号。而定额编号则是指在编制造价文件时，根据定额表号采用简单的编号将所应用的定额表示出来。一般采用［页－表－栏］或［表－栏］的编号方法，但［表－栏］编号法最常采用。如［1－3－3－1］就是表示表 1—3—3 的第一栏，也就是“石灰砂桩处理软土地基”中石灰砂桩直径 10 cm 以内的预算定额。定额的调整、改变或叠用必须在定额编号后加以说明，如定额［4－6－1－5］中需调整水泥混凝土强度，编号应为［4－6－1－3 改］；又如编号［2－2－3－2＋5×7］是表示将表［2－2－3－5］乘以 7 后加到［2－2－3－2］中，即人工摊铺拖拉机带铧犁拌和 15 cm 级配碎石基层的预算定额。

2. 套用定额

套用定额前应该熟读定额相关章节的章说明、节说明及定额表注释内容，定额表头的工程内容，明确定额表所包括的工作内容；仔细阅读定额章节说明中的工程量的计算规则；注意正确摘取工程量、理解施工方法。

在套用定额前，要注意把设计图样的工程量单位进行换算或调整，使之与定额单位一致。

知识拓展

沥青混凝土上面层的施工工艺流程

1. 混合料的拌和

（1）粗、细集料应分类堆放和供料，取自不同料源的集料应分开堆放，对每个料源的材料进行抽样试验，并应经工程师批准。

（2）按目标配合比设计、生产配合比设计、生产配合验证三个阶段进行试拌、试铺后，进行大批生产。

（3）每种规格的集料、矿料和沥青都必须分别按要求的比例进行配料。

2. 混合料的运输

从拌和机向运料车上放料时，应每卸一斗混合料挪动一下汽车位置，以减少粗细集料的离析现象。尽量缩小储料仓下落的距离。

3. 混合料的摊铺

在铺筑混合料之前，必须对下层进行检查，特别应注意下层的污染情况，不符合要求的要进行处理，否则不准铺筑沥青混凝土。

4. 混合料的压实

（1）在混合料完成摊铺和刮平后立即对路面进行检查，对不规则之处及时用人工进行调整，随后进行充分均匀的压实。

（2）压实工作应按试验路确定的压实设备的组合及程序进行。

（3）压实分初压、复压和终压三个阶段。

（4）初压和振动碾压要低速进行，以免对热料产生推移、发裂。

5. 接缝的处理

（1）摊铺中的纵横两种接缝尽量保持在最小数量。

（2）采用两台摊铺梯队作业时纵缝为热接缝。

（3）上下层的纵缝应错开 15 cm 以上，并位于同行车辆车辙以外。

（4）上下层的横向接缝应错开 1 m 以上，采用垂直的平接缝。

任务实施

结合沥青混凝土上面层的施工工艺流程、定额表的组成及定额表包括的工程内容，进行工作任务分解。上述工作任务中上面层细粒式沥青混凝土项目工作分解为：混合料的拌和、混合料的自卸汽车运输、混合料的摊铺、透层黏层的铺筑，具体套用定额见表 6—4—3。

表 6—4—3　　上面层预算定额工程细目表

序号	工程细目	单位	定额标号	数量	定额调整情况
1	黏层沥青	1 000 m^2	2－2－15－4		
2	细粒式沥青混凝土拌和	1 000 m^3	2－2－11－14		定额调整情况
3	15 t 自卸汽车第一个 1 km	1 000 m^3	2－2－13－21		
4	15 t 自卸汽车每增运 0.5 km	1 000 m^3	2－2－13－23		
5	沥青混合料摊铺	1 000 m^3	2－2－14－36		
6	沥青混合料拌和设备安装和拆除	1 座	2－2－15－2		

想一想

该沥青混凝土路面工作任务中下面层中面层的定额套用与上面层有何区别与联系？

工程应用

背景资料：某预应力混凝土连续梁桥，桥跨组合（50 m＋3×80 m＋50 m）桥型图如图6—4—1所示，桥梁全长345.5 m，桥梁宽度为25.00 m，基础为钻孔灌注桩，采用回旋钻机施工，每个桥墩为每排3根共6根2.5 m的桩，每个桥台8根2.5 m的桩。承台8.00 m×20.00 m×3.00 m，除桥台为干处施工外，其余均为水中施工（水深4～5 m）。混凝土均要求采用集中拌和、泵送施工，水上混凝土施工考虑搭便桥的方法，便桥费用不计。本工程计划工期为18个月。工程数量见表6—4—4。

问题：请列出桥梁基础工程造价所涉及的相关定额的名称、单位、定额编号、单位数量等内容，并填入表格中，需要时列式计算。该案例分析的主要目的是要求学生在掌握施工工艺流程和熟悉预算定额组成的基础上对钻孔灌注桩进行工作分解，并正确套用定额。

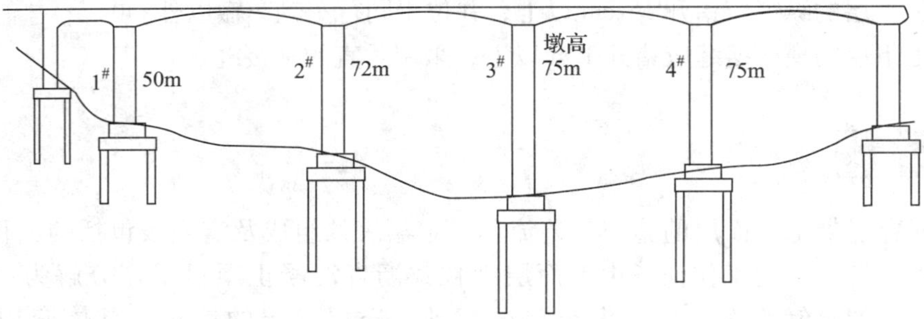

图 6—4—1　桥型

表 6—4—4　　　　　　工程数量表

项目		钻孔深度（m）				钢筋（t）
		沙土	沙砾	软石	次坚石	
灌注桩	桥墩	87	862	176	27	329
	桥台	67	333	160	—	
承台		封底混凝土（m^3）		承台混凝土（m^3）		钢筋（t）
		640		1 920		91

解：

第一步，工作任务分解；由施工工艺流程图（见图 6—4—2）及公路工程预算定额该部分内容的组成得出任务分解图（见图 6—4—3）。

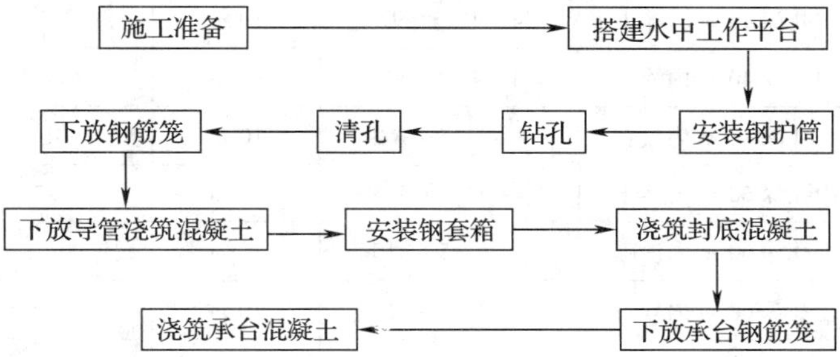

图 6—4—2　水中钻孔灌注桩施工工艺流程图

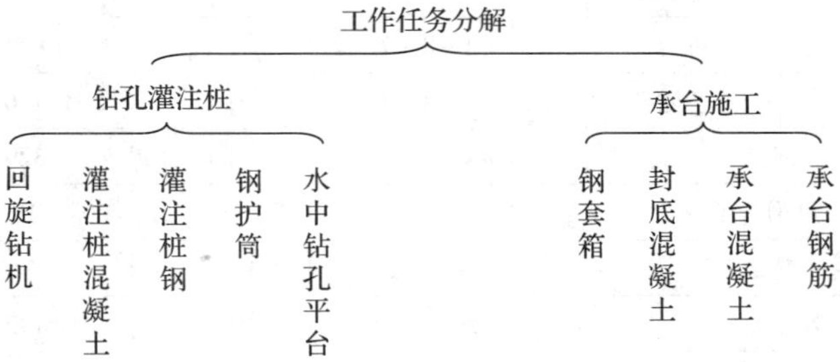

图 6—4—3　工作任务分解图

第二步，查定额，摘取工程量完成预算定额工程细目表（见表 6—4—5）。

该过程中一定要注意预算定额中的有关说明及施工组织设计中的要求。如定额中第四章第四节第 11 条说明中的第一条：造孔定额中同一孔内的不同土质，不论其所在的深度如何，均采用总孔深定额；钻孔深度确定是根据总钻孔深度除以桩数根数，如水中钻孔平均深度为 (87 + 862 + 176 + 27) /（4 × 6） = 48 m；钢护筒质量的确定：由 2007 年版公路工程预算定额释义对于公路工程预算定额 4 - 4 - 8 的解释，护筒顶面应高于地下水位或施工最高水位 1.5 ~ 2.0 m，在旱地时还应高出地面 0.3m。护筒底面应低于施工最低水平，且应下沉至稳定土层中一定深度；黏性土应达到0.5～1.0 m，沙性土应达到3～4 m。护筒的长度按实际情况计算。结合钻孔土质的情况，拟定桥台钻孔桩的护筒长度平均为2.00 m；桥墩钻孔灌注桩的护筒长度平均为8 m；再结合第四章第四节第11条说明中的第五条取桩径250 cm的钢护筒单位质量为0.612 6 t/m；计算的钢护筒质量分别为：

桥台　$8\times2\times2\times0.6126=19.603$ t　　　桥墩：$6\times4\times8\times0.6126=117.619$ t；

又如根据施工组织设计要求采用桩基工作平台，拟定工作平台为10 m×25 m，面积为$10\times25\times4=1\,000$ m^2；由预算定额第四章第六节第一条和第二条说明：套箱围堰定额与承台定额配合使用的计算规定，使用套箱围堰浇筑承台混凝土时，应采用无底模承台的定额。查定额得工程细目表6—4—5。

表6—4—5　　　　灌注桩工程预算定额工程细目表

序号	工程细目	定额编号	单位	数量	定额调整情况
1	桩径2.5 m内孔深40 m内沙土	4-4-5-97	10 m	6.7	
2	桩径2.5 m内孔深40 m内沙砾	4-4-5-99	10 m	33. 3	
3	桩径2.5 m内孔深40 m内软石	4-4-5-102	10 m	16	
4	桩径2.5 m内孔深60 m内沙土	4-4-5-313	10 m	8.7	
5	桩径2.5 m内孔深60 m内沙砾	4-4-5-315	10 m	86.2	
6	桩径2.5 m内孔深60 m内软石	4-4-5-318	10 m	17.6	
7	桩径2.5 m内孔深60 m内次坚石	4-4-5-319	10 m	2.7	
8	灌注桩混凝土 浇筑	4-4-7-18	10 m^3	840.376	
9	灌注桩混凝土 拌和	4-11-11-10	100 m^3	84.037 6	
10	护筒 桥台	4-4-8-7	1 t	19.603	
11	护筒 桥墩	4-4-8-8	1 t	117.619	
12	灌注桩钢筋	4-4-9-1	1 t	329	
13	水中施工工作平台	4-4-9-1	100 m^2	10	
14	承台封底混凝土	4-6-1-11	10 m^3	64	
15	承台混凝土	4-6-1-10	10 m^3	192	
16	承台及封底混凝土拌和	4-11-11-10	100 m^3	25.6	
17	承台钢筋	4-6-1-13	1 t	91	
18	钢套箱	4-2-6-2	10 t	18.48	

思考与练习

1. 试确定抛石挤淤的预算定额。
2. 求设计配合比为5∶15∶80，设计厚度为16 cm的厂拌石灰粉煤灰矿渣混合料定额。

3. 求采用拌和能力为200 t/h的拌和设备拌和，水泥剂量为5%，设计厚度为18 cm的水泥碎石基层定额。

4. 求M10水泥砂浆砌筑、M12.5水泥砂浆勾缝的浆砌片石轻型桥台的预算定额。

5. 求设计钢筋混凝土锚体质量31 t，体积为13.50 m^3的制锚、抛锚、起锚定额。

6. 求材料周转4次的$L=2$ m以内的拱涵拱盔及支架定额。

7. 预制悬拼预应力箱梁，钢筋为光圆钢筋15.603 t，带肋钢筋37.680 t，求钢筋制作定额。

8. 某大桥预应力T形梁，采用锥形锚、胶管成孔，设计图样预应力钢丝为每片T形梁7束重0.802 t，求其制作、张拉预应力钢丝束预算定额。

模块七

公路工程概预算文件的编制

任务一　确定人工、材料和机械台班单价

学习目标

◆ 了解人工单价、机械台班单价和材料预算单价的组成。
◆ 掌握材料预算单价和施工机械台班单价的计算方法。
◆ 能够独立填写和完成机械台班单价计算表和材料预算单价计算表。

工作任务

已知某二级公路位于郑州市西南部，起点桩号 K0 +000，终点桩 K5 +000。设计里程为 5.0 km，距离郑州市 20 km，要求完成该公路工程台班单价和材料预算单价计算，并完成施工图预算计算表——机械台班单价计算表（简称 11 表）和材料预算单价计算表（简称 09 表）。

模块六主要讲解了造价确定过程中各种材料机械设备消耗量的确定方法，而在该任务中需要进一步确定各种材料的预算单价及机械设备的台班单价。

相关理论

一、人工预算单价的确定

1. 人工预算单价的概念与组成

人工预算单价（人工工日单价）是指一个建筑安装生产工人一个工作日在预算中应计

入的全部人工费用。

按照现行规定生产的人工工日单价组成内容为：

(1) 基本工资

基本工资是指发放给生产工人的基本工资、流动施工津贴和生产工人劳动保护费，以及为职工缴纳的养老、失业、医疗保险费和住房公积金等。

生产工人劳动保护费是指按国家有关部门规定标准发放的劳动保护用品的购置费及修理费、徒工服装补贴、防暑降温费、在有碍身体健康环境中施工的保健费用等。

(2) 工资性补贴

工资性补贴是指按规定标准发放的物价补贴，煤、燃气补贴，交通费补贴，地区津贴等。

(3) 生产工人辅助工资

是指生产工人年有效施工天数以外非作业天数的工资，包括开会和执行必要的社会义务时间的工资，职工学习、培训期间的工资，调动工作、探亲、休假期间的工资，因气候影响停工期间的工资，女工哺乳期间的工资，病假在六个月以内的工资及产、婚、丧假期的工资。

(4) 职工福利费

职工福利费是指按国家规定标准计提的职工福利费。

2. 相关规定

实际编制公路工程施工图预算时，一般应按各省市交通部门和建设部门公布的人工单价作为编制概预算的依据。如河南省交通厅及交通工程造价管理站有关河南省调整人工费单价的通知中就规定，人工费调整为53.87元/工日（含机械工）并于2012年1月1日起执行。

人工单价仅作为编制概预算的依据，不作为施工企业实发工资的依据。

二、材料预算单价的确定

1. 材料预算单价的概念与组成

材料的预算单价是指材料（包括原材料、构件、成品及半成品等）从其来源地（或交货地）到达工地仓库（或施工地点堆放材料的地方）后的出库价格。

材料预算价格由材料原价、运杂费、场外运输损耗、采购及仓库保管费组成。

2. 材料预算单价的计算

(1) 材料原价

各种材料原价按以下规定计算。

1) 外购材料。国家或地方的工业产品，按工业产品出厂价格或供销部门的供应价格计算，并根据情况加计供销部门手续费和包装费。如供应情况、交货条件不明确时，可采用当地规定的价格计算。

2）地方性材料。地方性材料包括外购的沙、石材料等，按实际调查价格或当地主管部门规定的预算价格计算。

对于外购材料（含外购的地方性材料）的原价，编制概、预算时，可参考各省、自治区、直辖市公路（交通）工程造价（定额）管理站定期公布的本地区材料价格信息。

3）自采材料。自采的沙、石、黏土等材料，按预算定额中开采单价加辅助生产间接费和矿产资源税（如有）计算。因此，自采材料的原价通常也称为料场价格。在编制概预算时，自采材料原价（料场价格）是通过自采材料料场价格计算表（简称10表）来完成的。

（2）运杂费

运杂费是指材料自供应地点至工地仓库（施工地点存放材料的地方）的运杂费用，包括装卸费、运费，如果发生，还应计囤存费及其他杂费（如过磅、标签、支撑加固、路桥通行等费用）。

一种材料如有两个以上的供应点时，都应根据不同的运距、运量、运价采用加权平均的方法计算运费。

1）社会运输运杂费的确定。社会运输即通过铁路、水路和公路等部门运输，应按铁路、航运和当地交通部门规定的运价计算运费。对于社会运输材料，其单位运杂费的计算，可参照以下方法计算：

$$材料单位运杂费 = 单位运费 + 单位装卸费 + 单位杂费 \tag{7—1—1}$$

$$单位运费 = 运价率 \times 运距 \times 单位毛重 \tag{7—1—2}$$

$$单位装卸费 = 装卸费率 \times 单位毛重 \tag{7—1—3}$$

对于有包装及容器的材料，其单位毛重按式（7—1—4）计算：

$$单位毛重 = 单位重 \times 毛重系数 \tag{7—1—4}$$

式中　运价率——运输每吨公里物资金额，元/t · km，按当地运输部门规定计列；

运距——由运料起点至运料终点的里程，km；

毛重系数、单位毛重——按表7—1—1及式（7—1—4）确定；

单位重——按《公路工程预算定额》附录一的定额基价人工、材料单位质量、单价表确定。

表7—1—1　　材料毛重系数及单位毛重表

材料名称	单位	毛重系数	单位毛重
爆破材料	t	1.35	
水泥、块状沥青	t	1.01	
铁钉、铁件、焊条	t	1.10	
液体沥青、液体燃料、水	t	桶装1.17，油罐车1.00	
木料	m^3	—	1.000 t
草袋	个	—	0.004 t

2）施工单位自办运输运杂费的确定。自办运输是施工企业根据公路建设项目所在地交通不便、社会运力缺乏的情况，结合本企业运输能力而组织材料运输的一种运输方式。自办运输运费的确定应按概预算编制办法的规定进行。

单程运距在 15 km 以上的长途汽车运输按当地交通部门规定的统一运价计算运费。

单程运距在 5 ~ 15 km 的汽车运输按当地交通部门规定的统一运价计算运费，当工程所在地交通不便、社会运输力量缺乏时，如边远地区和某些山岭区，允许按当地交通部门规定的统一运价加 50% 计算运费。

单程运距在 5 km 及以内的汽车运输或人力场外运输，按公路工程预算定额计算运费，其中人力装卸和运输另按人工费加辅助生产间接费。

（3）场外运输损耗费

场外运输损耗是指有些材料在正常的运输过程中发生的损耗，这部分损耗应摊入材料单价内。材料场外运输损耗率见表 7—1—2。计算公式为式（7—1—5）：

单位场外运输损耗费 =（材料原价 + 材料单位运杂费）× 材料场外运输损耗率　（7—1—5）

表 7—1—2　**材料场外运输操作损耗率**

材料名称		场外运输（包括一次装卸）	每增加一次装卸
块状沥青		0.5%	0.2%
石屑、碎砾石、沙砾、煤渣、工业废渣、煤		1.0%	0.4%
砖、瓦、桶装沥青、石灰、黏土		3.0%	1.0%
草皮		7.0%	3.0%
水泥	袋装	1.0%	0.4%
	散装	1.0%	0.4%
沙	一般地区	2.5%	1.0%
	多风地区	5.0%	2.0%

注：汽车运水泥如运距超过 500 km 时，增加损耗率袋装为 0.5%。

（4）采购及保管费

材料采购及保管费是指材料供应部门（包括工地仓库及各级材料主管部门）在组织采购、供应和保管材料过程中所需的各项费用及工地仓库的材料储存损耗。材料采购及保管费计算公式见式（7—1—6）：

单位采购及保管费 =（材料原价 + 单位运杂费 + 单位场外运输损耗费）× 采购及保管率　（7—1—6）

公路工程材料的采购及保管费费率为 2.5%。外购的构件、成品及半成品的预算价格，其计算方法与材料相同，但构件（如外购的钢桁梁、钢筋混凝土构件及加工钢材等半成品）的采购保管费率为 1%。商品混凝土预算价格的计算方法与材料相同，但其采购保管费率为 0%。

综合上述四种费用的计算，材料预算单价的计算公式见式（7—1—7）：

材料预算单价 =（材料原价 + 运杂费）×（1 + 场外运输损耗率）×（1 + 采购及保管的费率）– 包装材料回收费　（7—1—7）

在编制概预算时，材料预算单价是通过材料预算单价计算表（09 表）来完成的。

知识拓展

材料采集及加工定额、材料运输定额

1. 材料采集及加工定额

材料采集及加工是指工程施工现场周边无法采购到符合工程设计要求的建筑材料（主要是指土、沙石料等），而必须由施工企业自行采集与加工来满足工程建设的需要。《公路工程预算定额》第八章为材料采集及加工，对于自采材料的原价（料场价）应按本章定额中开采单价加辅助生产间接费和矿产资源税（如有）计算。有条件的工程项目，材料应自采加工，以降低工程造价。

【例 7—1—1】 某路线工程的桥涵工程所需片石由两种方法取得：一种是采石场开采片石，另一种是利用开炸路基石方时捡清片石。试列出这两种采集片石方法的预算定额及料场价。

解：

（1）开采片石定额（机械开采）

由预算定额表［8 – 1 – 6 – 2］可查得定额（每 100 m^3 码方）

人工：39.2 工日。

材料：空心钢钎 2.1 kg、合金钻头 3 个、硝铵炸药 20.4 kg、导火线 52 m、普通雷管 49 个。

机械：9 m^3/min 机动空机 1.31 台班、小型机具使用费 54.9 元。

基价：2 996 元。

（2）人工捡清片石定额

人工：27.7 工日。

基价：1 363 元。

（3）假定两种方式取得的片石各占一半则计算该片石的料场价。

片石料场价 =（2 996 + 1 363）÷ 100 = 43.59 元/m^3

2. 材料运输定额

材料运输是指将材料通过人工或机械从采购地或料场运送到施工现场堆放地或工地仓库。《公路工程预算定额》的第九章材料运输定额是供计算材料自办运输费用使用的。按照《公路工程基本建设项目概算预算编制办法》（JTG B06—2007）的要求，施工单位自办的运输如果单程运距在 5 km 及以内的汽车运输或人力场外运输，按预算

定额（即本章定额）计算运费。其中人力装卸和运输另按人工费加计辅助生产间接费。

【例 7—1—2】 假定例 7—1—1 中的片石，施工单位采用 15 t 自卸汽车加 3 m^3 以内装载机装车的自办运输方式，运距为 4 km，15 t 以内自卸汽车的台班单价为 850 元/台班，3 m^3 以内装载机台班单价为 1 380 元/台班，试确定该片石的运费。

解：查公路工程预算定额［9－1－6－97＋98×3］

15 t 以内自卸汽车：0.55＋0.1×3＝0.85 台班

查公路工程预算定额［9－1－10－12］

3 m^3 以内装载机：0.14 台班

计算运费＝（0.85×850＋0.14×1 380）×0.01×1×1.6＝14.65 元/m^3

其中，1.6 是片石的单位重，1 是片石的毛重系数，0.01 是定额单位 100 m^3 换为 1 m^3 的系数。

三、施工机械台班预算单价的确定

1. 公路工程机械台班费用定额

《公路工程机械台班费用定额》（JTG/T B06—03—2007）（以下简称《机械台班费用定额》）是《公路工程预算定额》（JTG/T B06—02—2007）、《公路工程概算定额》（JTG/T B06—01—2007）的配套定额，是编制公路基本建设工程概、预算的依据。

《机械台班费用定额》的主要内容包括说明和台班费用定额表两大部分。

说明共十二条，对机械台班费用定额的作用、机械分类、费用组成和某些规定作了说明。

台班费用定额表是《机械台班费用定额》的主要组成部分，表格按机械分类编制。机械共分十一类，包括：土、石方工程机械，路面工程机械，混凝土及灰浆机械，水平运输机械，起重及垂直运输机械，打桩、钻孔机械，泵类机械，金属、木、石料加工机械，动力机械，工程轮船，其他机械。每类机械为一个表，共分十一个表，表中给出相应类别、不同规格机械的不变费用和可变费用。

《机械台班费用定额》的用途是：计算施工机械台班预算单价；计算台班消耗的人工、燃料等实物消耗；供编制施工组织方案（特别是机械化施工方案）进行经济比较之用。

2. 施工机械台班预算单价的组成与计算公式

一台机械工作一个工作班称为一个台班（除潜水设备、变压器和配电设备外，每台班均按 8 h 计算）。机械台班预算单价是指一台施工机械在一个台班中，为使机械正常运转所支出和分摊的人工、材料、折旧、维修等各项费用的总和。

公路工程施工机械台班预算单价应按交通部颁布的《公路工程机械台班费用定额》计算，不得采用社会出租台班单价计价。施工机械台班预算单价由不变费用和可变费用组成。

（1）不变费用

不变费用包括折旧费、大修理费、经常修理费、安装拆卸及辅助设施费 4 项费用。在《机械台班费用定额》中，将不变费用中的各项费用直接用金额的形式列入。在编制机械台班单价时，除青海、新疆、西藏等边远地区可按其省、自治区交通厅批准的调整系数进行调整外，其他地区均应以定额规定的数值为准，不得任意变动。

（2）可变费用

可变费用包括人工费（随机操作人员的工作日工资）、动力燃料费、养路费及车船使用税 3 项费用。在《机械台班费用定额》中仅规定实物量，即人工工日、动力物质（包括汽油、柴油、电、水、煤）等每台班的实物消耗数量。在编制机械台班单价时，随机操作人员数量（人工工日数）及动力物质消耗量应以《机械台班费用定额》中的数值为准。台班人工费工日单价同生产工人人工费单价，工程船舶和潜水设备的工日单价，按当地有关部门规定计算。动力燃料费的预算价格，按当地的动力物质的工地预算价格计算。养路费及车船使用税，如需缴纳时，应按各省、自治区、直辖市及国务院有关部门的规定标准，按机械的年工作台班计入台班费用。台班人工费和台班动力燃料费的计算公式见式（7—1—8）和式（7—1—9）：

$$台班人工费 = 定额人工工日数 \times 人工工日单价 \tag{7—1—8}$$

$$台班动力燃料费 = 定额台班动力燃料消耗量 \times 相应单价 \tag{7—1—9}$$

任务实施

针对工作任务中提到的某二级公路，下面具体举例分析机械台班单价和材料预算单价的计算过程，具体结果见表 7—1—3 和表 7—1—4。

一、机械台班单价计算

1. 确定人工预算单价

根据该省《公路工程基本建设项目概算预算编制补充规定》，项目所在地的人工（含机械工）的单价为 53.87 元/工日。

2. 确定施工机械台班单价

在编制概预算时，机械台班价格是通过机械台班单价计算表（11 表）来完成的。将本项目所需施工机械（部分）单价的计算过程填入表（11 表）中，见表 7—1—3。

填表说明：

（1）“机械规格名称”栏。即本项目所需的施工机械，从分项工程概（预）算表（08－2 表）转来。因此，实际编制概预算时，应与 08－2 表交叉进行。

（2）“定额号”“定额”栏。均需查阅“公路工程机械台班费用定额”，不变费用如有调整系数，应计入调整值；可变费用各栏填入定额数量。

表 7—1—3

机械台班单价计算表

建设项目名称：某二级公路

编制范围：K0 +000 ~ K5 +000　　　　第 1 页　　共 1 页　　11 表

序号	定额号	机械规格名称	台班单价（元）	不变费用		可变费用																	
				调整系数		机械工		重油		汽油		柴油		煤		电		水		木柴		养路费及车船税（元）	可变费用合计（元）
				1.0		53.87 元/工日		5.2 元/kg		9.36 元/kg		8.51 元/kg		660.0 元/t		0.87 元/kW·h		2.5 元/m^3		0.49 元/kg			
				定额	调整	定额	费用	定额	费用	定额	费用	定额	费用	定额	费用	定额	费用	定额	费用	定额	费用		
1	1003	75 kW 以内履带式推土机	687.94	245.140	245.14	2.000	107.65					54.970	467.79										575.445
2	1027	0.6m^3 履带式单斗挖掘机	548.21	219.840	219.84	2.000	107.65					37.090	315.64										423.286
3	1035	1.0m^3 履带式单斗挖掘机	915.13	411.150	411.15	2.000	107.65					64.530	549.15										656.80
4	1048	1.0m^3 轮胎式装载机	474.89	112.920	112.92	1.000	53.87					49.030	417.25									2.64	473.755
5	1051	3.0m^3 轮胎式装载机	1 075.91	241.360	241.36	2.000	107.65					115.150	979.93									6.60	1 094.18

表 7—1—4

材料预算单价计算表

建设项目名称：某二级公路

编制范围：K0 +000 ~ K5 +000

第 1 页　共 1 页　09 表

序号	规格名称	单位	原价（元）	运杂费					原价运费合计（元）	场外运输损耗		采购及保管费		预算单价（元）
				供应地点	运输方式、比重及运距（kM）	毛重系数或单位毛重	运杂费构成说明或计算式	单位运费（元）		费率（%）	金额（元）	费率（%）	金额（元）	
1	碎石（2 cm）	m^3	40.000	郑州—工地	汽车、1.0、20.0	1.500 00	[(1.0×20.0+10.0×1.0)×1.0]×1.500 00	45.000	85	1.000	0.85	2.500	2.146 25	87.996 25
2	碎石(4 cm)	m^3	40.000	郑州—工地	汽车、1.0、20.0	1.500 00	[(1.0×20.0+10.0×1.0)×1.0]×1.500 00	45.000	85	1.000	0.85	2.500	2.146 25	87.996 25
3	碎石(8 cm)	m^3	40.000	郑州—工地	汽车、1.0、20.0	1.500 00	[(1.0×20.0+10.0×1.0)×1.0]×1.500 00	45.000	85	1.000	0.85	2.500	2.146 25	87.996 25
4	石屑	m^3	40.000	郑州—工地	汽车、1.0、20.0	1.500 00	[(1.0×20.0+10.0×1.0)×1.0] ×1.500 00	45.000	83	1.000	0.83	2.500	2.095 75	85.925 75
5	路面用碎石（1.5 cm）	m^3	48.000	郑州—工地	汽车、1.0、20.0	1.500 00	[(1.0×20.0+10.0×1.0)×1.0]×1.500 00	45.000	93	1.000	0.93	2.500	2.348 25	96.278 25
6	路面用碎石（2.5 cm）	m^3	45.000	郑州—工地	汽车、1.0、20.0	1.500 00	[(1.0×20.0+10.0×1.0)×1.0]×1.500 00	45.000	90	1.000	0.9	2.500	2.272 5	93.172 5

（3）人工、动力燃料的单价从材料预算单价计算表（09 表）或人工、材料、机械台班单价汇总表（07 表）中转来。

（4）“金额”栏。金额 = 人工、动力燃料的单价 × 定额。

（5）“台班单价”栏。台班单价 = 不变费用合计（“定额”或“调整值”栏）+ 可变费用合计。

75 kW 以内履带式推土机台班单价计算过程：

查机械台班费用定额得，75 kW 以内履带式推土机的不变费用合计 245.14 元，可变费用机械工 2 个工日、柴油 54.97 kg；由人工、材料、机械台班单价汇总表（07 表）中查的人工单价：53.87 元/工日，柴油预算单价：8.51 元/kg。

可变费用合计 $=2\times53.87+54.97\times8.51=575.535$ 元

台班单价 = 不变费用合计 + 可变费用合计 $=245.14+575.535=820.675$ 元/台班

二、材料预算单价的计算

已知运价率 1.0 元/t · km，采用汽车运输，运距为 20 km，其中装卸费为 10 元/t。试完成该公路建设项目的材料预算单价计算表，求材料的预算单价，结果见表 7—1—4。

碎石（2 cm）预算单价计算过程：

材料原价：40 元/m^3

查公路工程预算定额附录一得碎石（2 cm）单位重：1.5 t/m^3

材料运杂费：（1.0 元/t · km × 20 km + 10 元/t）× 1 × 1.5 t/m^3 = 45 元/m^3

场外运输损耗：

查表 7—1—2 得碎石（2 cm）的场外运输操作损耗率为 1%。

场外运输损耗：$(40+45)\times1\%=0.85$ 元/m^3

采购及保管费：$(40+45+0.85)\times2.5\%=2.146$ 元/m^3

材料预算单价：原价 + 材料运杂费 + 场外运输损耗 + 采购及保管费 $=40+45+0.85+2.146=87.996$ 元/m^3。

思考与练习

1. 机械台班单价由哪些费用组成？

2. 材料预算单价由哪些费用组成？计算材料预算单价的过程中应注意哪些事项？

3. 概、预算文件中的材料预算单价计算表（09 表）和机械台班单价计算表（11 表）有什么联系？

任务二　认知概预算文件及费用

学习目标

- ◆ 了解公路工程概、预算的定义、作用及编制依据。
- ◆ 了解公路工程概预算文件的组成及分类。
- ◆ 熟悉公路工程概预算费用的组成。

一、公路工程概、预算

1. 公路工程概、预算的定义

公路工程概、预算是指公路工程概算和公路工程预算，其中公路工程概算指公路工程概算或修正概算，公路工程预算指公路工程施工图预算。

公路工程概算（或修正概算）是初步设计文件（或技术设计文件）的重要组成部分，是在投资估算的控制下由设计单位根据初步设计（或技术设计）图样、概算定额、各项费用定额或取费标准、建设地区的自然、技术经济条件和设备、人工、材料、机械预算价格等资料，编制和确定的建设项目从筹建至竣工交付使用所需全部建设费用的文件。采用两阶段设计的建设项目，初步设计阶段必须编制设计概算；采用三阶段设计的，技术设计阶段必须编制修正概算。

公路工程施工图预算是施工图设计文件的重要组成部分，是由设计单位在施工图设计完成后，根据施工图设计文件、施工组织设计、现行预算定额、有关取费标准及人工、材料、机械台班预算价格等资料编制和确定的反映建设项目所需的各项费用的经济文件。

2. 公路工程概、预算的作用

（1）概算的作用

1）概算经批准后是基本建设项目投资的最高限额，是编制建设项目投资计划、确定和控制建设项目投资的依据。

2）概算是控制施工图设计和施工图预算的依据，是衡量设计方案经济合理性和选择最佳设计方案的依据，是考核建设项目投资效果的依据。

（2）施工图预算的作用

1）施工图预算是施工图设计文件的重要组成部分，是设计阶段控制工程造价的主要指标，是考核施工图设计经济合理性的依据。

2）经审定后的施工图预算，是确定工程造价、编制或调整固定资产投资计划和考核工程成本的依据。

3）以施工图设计进行施工招标的工程，经审定后的施工图预算是编制标段清单预算、工程标底或造价控制值的依据，也是分析、考核施工企业投标报价合理性的参考。

4）对不宜实行招标而采用施工图加调整价结算的工程，经审定后的施工图预算可作为确定合同价款的基础或作为审查施工企业提出的施工预算的依据。

3．公路工程概、预算的编制依据

（1）国家发布的有关法律、法规、规章、规程等。

（2）现行的《公路工程概算定额》《公路工程预算定额》《公路工程机械台班费用定额》及《公路工程基本建设项目概算预算编制办法》（以下简称《概预算编制办法》）。

（3）工程所在地省级交通主管部门发布的补充计价依据。

（4）批准的可行性研究报告（修正概算时为初步设计文件）等有关资料及初步设计（或技术设计）图样等设计文件是概算编制依据。

（5）批准的初步设计文件（或技术设计文件）等有关资料及施工图设计图样等设计文件是预算编制依据。

（6）工程所在地的人工、材料、机械及设备预算价格等。

（7）工程所在地的自然、技术、经济条件等资料。

（8）工程施工方案或施工组织设计。

（9）有关合同、协议等。

（10）其他有关资料。

二、公路工程概预算文件的组成与分类

1．公路工程概预算文件的组成

概预算文件由封面、目录、编制说明及全部概预算计算表格组成。

（1）封面及目录

概预算文件的封面和扉页应按《公路工程基本建设项目设计文件编制办法》中的规定制作，扉页的次页应有建设项目名称，编制单位，编制复核人员姓名并加盖资格印章，编制日期及第几册、共几册等内容。目录应按概预算表的表号顺序编排。封面及目录样式如图7—2—1、图7—2—2所示。

（2）编制说明

概预算编制完成后，应写出编制说明，文字力求简明扼要。应叙述的内容一般有：

1）建设项目设计资料的依据及有关文号，如建设项目可行性研究报告批准文号、初步设计和概算批准文号（编修正概算及预算时），以及根据何时的测设资料及比选方案进行编制。

2）采用的定额、费用标准，人工、材料、机械台班单价的依据或来源，补充定额及编制依据的详细说明。

××公路施工图预算

（K××+×××—K××+×××）

第　　册　　共　　册

编制：［签字并加盖执业（从业）资格印章］

复核：［签字并加盖执业（从业）资格印章］

（编制单位）

年　月

图 7—2—1　公路施工图预算扉页

目　　录

（甲组文件）

1. 编制说明
2. 总概（预）算汇总表（01—1 表）
3. 总概（预）算人工、主要材料、机械台班数量汇总表（02—1 表）
4. 总概（预）算表（01 表）
5. 人工、主要材料、机械台班数量汇总表（02 表）
6. 建筑安装工程费计算表（03 表）
7. 其他工程费及间接费综合费率计算表（04 表）
8. 设备、工具、器具购置费计算表（05 表）
9. 工程建设其他费用及回收金额计算表（06 表）
10. 人工、材料、机械台班单价汇总表（07 表）

（乙组文件）

1. 建筑安装工程费计算数据表（08 - 1 表）
2. 分项工程概（预）算表（08—2 表）
3. 材料预算单价计算表（09 表）
4. 自采材料料场价格计算表（10 表）
5. 机械台班单价计算表（11 表）
6. 辅助生产工、料、机械台班单位数量表（12 表）

图 7—2—2　施工图预算目录

3）与概、预算有关的委托书、协议书、会谈纪要的主要内容（或将抄件附后）。

4）总概、预算金额，人工、钢材、水泥、木料、沥青的总需要量情况，各设计方案的经济比较，以及编制中存在的问题。

5）其他与概、预算有关但不能在表格中反映的事项。

（3）概预算计算表格

公路工程概、预算应按统一的概、预算表格计算，其中概、预算相同的表式，在印制表格时应将概算表与预算表分别印刷。

2. 公路工程概预算文件的分类

概、预算文件按不同的需要分为两组，甲组文件为各项费用计算表；乙组文件为建筑安装工程费用各项基础数据计算表，只供审批使用。甲、乙组文件应按《公路工程基本建设项目设计文件编制办法》关于设计文件报送份数的要求，随设计文件一并报送。报送乙组文件时，还应提供“建筑安装工程费各项基础数据计算表”的电子文档和编制补充定额的详细资料，并随同概、预算文件一并报送。

乙组文件中的“建筑安装工程费计算数据表”（08－1表）和“分项工程概（预）算表”（08－2表）应根据审批部门或建设项目业主单位的要求全部提供或仅提供其中的一种。

概、预算应按一个建设项目（如一条路线或一座独立大、中桥）进行编制。当一个编制项目需要分段或分部编制时，应根据需要分别编制，但必须汇总编制“总概（预）算汇总表”。

甲、乙组文件包括的内容如图7—2—2所示，概、预算表格样式见附录二。

三、公路工程概、预算费用的组成

公路工程项目全部建设费用以基本造价表示。而公路工程基本造价则由概、预算总金额和回收金额构成。其中，概、预算总金额是由各种概、预算费用所组成。根据交通部颁布的《概算预算编制办法》的规定，公路基本建设工程概、预算费用组成见表7—2—1。

表7—2—1　　公路工程概、预算费用项目组成表

<table>
<tr><th colspan="5">费用组成</th></tr>
<tr><td rowspan="6">概预算费用总金额</td><td rowspan="6">建筑安装工程费</td><td rowspan="2">直接费</td><td>直接工程费</td><td>人工费、材料费、施工机械使用费</td></tr>
<tr><td>其他工程费</td><td>冬季、雨季、夜间、特殊地区施工增加费；行车干扰工程施工增加费；安全及文明施工措施费；临时设施费；施工辅助费；工地转移费</td></tr>
<tr><td rowspan="2">间接费</td><td>规费</td><td>养老保险费、失业保险费、医疗保险费、住房公积金、工伤保险费</td></tr>
<tr><td>企业管理费</td><td>基本费用、主副食运费补贴、职工探亲路费、职工取暖补贴；财务费用</td></tr>
<tr><td>利润</td><td colspan="2"></td></tr>
<tr><td>税金</td><td colspan="2"></td></tr>
</table>

续表

费用组成		
概预算费用总金额	设备、工具、器具及家具购置费	设备、工具、器具购置费
		办公及生活用家具购置费
	工程建设其他费	土地征用及拆迁补偿费、建设项目管理费、研究试验费、前期工作费、专项评价（估）费、施工机械迁移费、供电贴费、联合试运转费、生产人员培训费、固定资产投资方向调节税、建设期贷款利息
	预备费	价差预备费
		基本预备费

思考与练习

1. 公路工程概预算的编制依据有哪些？

2. 公路基本建设概预算费用由哪些费用组成？

任务三　确定建筑安装工程费

学习目标

◆ 掌握概、预算的编制过程直接工程费、其他工程费、间接费、税金和利润等的计算方法，完成项目建筑安装费的计算工作。

◆ 能够独立完成概、预算文件中的其他工程费及间接费综合费率计算表04表（简称04表）和分项工程概、预算表08－2表（简称08－2表）。

工作任务

新密市袁庄乡姚山村至开阳村公路改建工程，总里程1.3 km。根据施工图设计中的工程量统计表可知，有55棵直径在10 cm以上的树木需要伐倒，并计划采用人工伐树、135 kW以内的推土机挖根的施工方法。试确定该细目工程的建筑安装工程费。

任务分析：该工程属于人工伐树推土机挖根项目，通过查找定额确定砍挖55棵直径在10 cm以上的树木所需要消耗的人工、机械及材料的消耗量；同时在人工单价、材料预算单机和机械台班单价已知的基础上计算直接费，在其他工程费综合费率和间接费的相关费率已知的基础上计算建筑安装工程费。

相关理论

概、预算费用总金额由第一部分“建筑安装工程费（简称建安费）”、第二部分“设备、工具、器具及家具购置费”和第三部分“工程建设其他费及预备费”组成，其中建筑安装工程费是主要组成部分，也是计算量最大的部分。建筑安装工程费是由四大项费用组成的，即：

建筑安装工程费 = 直接费 + 间接费 + 利润 + 税金

编制概预算时，建筑安装工程费是通过分项工程概、预算表（08 - 2 表）计算完成的，再通过建筑安装工程费表03表（简称03表）汇总求得整个建设项目的建筑安装工程费。

一、直接费

直接费由直接工程费和其他工程费组成。

1．直接工程费的计算

直接工程费是指施工过程中耗费的构成工程实体和有助于工程形成的各项费用，包括人工费、材料费、施工机械使用费。

（1）人工费

人工费是指列入概、预算定额的直接从事建筑安装工程施工的生产工人开支的各项费用。某工程细目的人工费金额可根据该工程细目的工程量和相应的定额、工日单价按式（7—3—1）计算：

$$人工费 = 分项工程数量 \times 相应项目定额单位工日数 \times 工日单价 \quad (7—3—1)$$

式中　分项工程数量——由设计图样按工程量计算规则计算的定额单位工程数量；

定额单位工日数——指完成一定数量单位的分项工程数量（如10 m^3实体、1 t，1 000 m^2等）定额规定所需人工工日，由定额可直接查得；

工日单价——由基本工资、工资性津贴、地区生活补贴组成。

人工费金额在编制概、预算时是通过表格计算的，如编制分项工程概、预算时在08 - 2表中计算各工程细目的人工费。

（2）材料费

材料费是指施工过程中耗用的构成工程实体的原材料、辅助材料、构（配）件、零件、半成品、成品的用量和周转材料的摊销量，按工程所在地的材料预算价格计算的费用。在工程造价中，材料费一般占有很大比重，准确计算材料费对概、预算工作质量有重要意义。其计算公式见式（7—3—2）。

材料费 = Σ（分项工程数量 × 定额单位材料消耗量 × 材料预算价格）（7—3—2）

式中，定额材料消耗量由定额查得，其他参数意义同前。

（3）施工机械使用费

施工机械使用费是指列入概、预算定额的施工机械台班量按相应机械台班费用定额计算的施工机械使用费和小型机具使用费。包括按台班数量计算的机械使用费和不按台班数量计算的（小型）机械使用费用两类。计算公式见式（7—3—3）。

施工机械使用费 = Σ（分项工程数量 × 相应项目定额单位机械台班消耗量 × 机械台班单价）+ 小型机具使用费 （7—3—3）

式中 定额机械台班消耗量——由定额直接查得完成一定数量单位的分项工程定额所规定消耗的机械种类和台班数量；

机械台班单价——由不变费用和可变费用组成，应按交通部颁布的《公路工程机械台班费用定额》计算；

小型机械使用费——从定额中查出相应项目定额单位所规定的消耗费用（在定额中以“元”的形式表示）与分项工程数量相乘即可。

2. 其他工程费及间接费取费标准的工程类别划分

由于其他工程费（除高原地区施工增加费、风沙地区施工增加费、行车干扰工程施工增加费外）和间接费中的企业管理费是分别根据工程项目的直接工程费和直接费为基数，以规定的费率计算的，而工程项目内容千差万别，所以无法个别地按各具体工程项目来制定费率标准。因此，只能将性质相近的工程项目合并成若干类别来制定费率。《概算预算编制办法》规定，其他工程费和间接费取费标准的工程类别划分如下：

（1）人工土方

是指人工施工的路基、改河等土方工程，以及人工施工的砍树、挖根、除草、平整场地、挖盖山土等工程项目，并适用于无路面的便道工程。

（2）机械土方

是指机械施工的路基、改河等土方工程，以及机械施工的砍树、挖根、除草等工程项目。

（3）汽车运输

是指汽车、拖拉机、机动翻斗车等运送的路基、改河土（石）方、路面基层和面层混合料、水泥混凝土及预制构件、绿化苗木等。

（4）人工石方

是指人工施工的路基、改河等石方工程，以及人工施工的挖盖山石项目。

（5）机械石方

是指机械施工的路基、改河等石方工程（机械打眼即属机械施工）。

（6）高级路面

是指沥青混凝土路面、厂拌沥青碎石路面和水泥混凝土路面的面层。

(7) 其他路面

是指除高级路面以外的其他路面面层，各等级路面的基层、底基层、垫层、透层、黏层、封层，采用结合料稳定的路基和软土等特殊路基处理等工程，以及有路面的便道工程。

(8) 构筑物Ⅰ

是指无夜间施工的桥梁、涵洞、防护（包括绿化）及其他工程，交通工程及沿线设施工程［设备安装及金属标志牌、防撞钢护栏、防眩板（网）、隔离栅、防护网除外］，以及临时工程中的便桥、电力电信线路、轨道铺设等工程项目。

(9) 构筑物Ⅱ

是指有夜间施工的桥梁工程。

(10) 构筑物Ⅲ

是指商品混凝土（包括沥青混凝土和水泥混凝土）的浇筑和外购构件及设备的安装工程。商品混凝土和外购构件及设备的费用不作为其他工程费和间接费的计算基数。

(11) 技术复杂大桥

是指单孔跨径在120 m以上（含120 m）和基础水深在10 m以上（含10 m）的大桥主桥部分的基础、下部和上部工程。

(12) 隧道

是指隧道工程的洞门及洞内土建工程。

(13) 钢材及钢结构

是指钢桥及钢索吊桥的上部构造，钢沉井、钢围堰、钢套箱及钢护筒等基础工程，钢索塔、钢锚箱、钢筋及预应力钢材，模数式及橡胶板式伸缩缝，钢盆式橡胶支座，四氟板式橡胶支座，金属标志牌、防撞钢护栏、防眩板（网）、隔离栅、防护网等工程项目。

购买路基填料的费用不作为其他工程费和间接费的计算基数。

3. 其他工程费的计算

其他工程费是指直接工程费以外施工过程中发生的直接用于工程的费用。内容包括冬季施工增加费、雨季施工增加费、夜间施工增加费、特殊地区施工增加费、行车干扰工程施工增加费、施工标准化与安全措施费、临时设施费、施工辅助费、工地转移费九项。公路工程中的水、电费及因场地狭小等特殊情况而发生的材料二次搬运等其他工程费已包括在概、预算定额中，不再另计。

(1) 冬季施工增加费

冬季施工增加费是指按照公路工程施工及验收规范所规定的冬季施工要求，为保证工程质量和安全生产所需采取的防寒保温设施、工效降低和机械作业率降低以及技术操作过程的改变等所增加的有关费用。

冬季施工增加费的内容包括：因冬季施工所需增加的一切人工、机械与材料的支出；施工机具所需修建的暖棚（包括拆、移），增加油脂及其他保温设备费用；因施工组织设计确定，需增加的一切保温、加温及照明等有关支出；与冬季施工有关的其他各项费用，如清除工作地点的冰雪等费用。冬季施工增加费以各类工程的直接工程费之和为基数，根据各类工程的特点及工程所在地的气温区选用表7—3—1的费率计算。

表 7—3—1　　冬季施工增加费费率表（%）

气温区 \ 工程类别	冬季期平均温度（℃）								准一区	推二区
	-1 以上		-4 ~ -1		-7 ~ -4	-10 ~ -7	-14 ~ -10	-14 以下		
	冬一区		冬二区		冬三区	冬四区	冬五区	冬六区		
	Ⅰ	Ⅱ	Ⅰ	Ⅱ						
人工土方	0.28	0.44	0.59	0.76	1.44	2.05	3.07	4.61	—	—
机械土方	0.43	0.67	0.93	1.17	2.21	3.14	4.71	7.07	—	—
汽车运输	0.08	0.12	0.17	0.21	0.40	0.56	0.84	1.27	—	—
人工石方	0.06	0.10	0.13	0.15	0.30	0.44	0.65	0.98	—	—
机械石方	0.08	0.13	0.18	0.21	0.42	0.61	0.91	1.37	—	—
高级路面	0.37	0.52	0.72	0.81	1.48	2.00	3.00	4.50	0.06	0.16
其他路面	0.11	0.20	0.29	0.37	0.62	0.80	1.20	1.80	—	—
构筑物Ⅰ	0.34	0.49	0.66	0.75	1.36	1.84	2.76	4.14	0.06	0.15
构筑物Ⅱ	0.42	0.60	0.81	0.92	1.67	2.27	3.40	5.10	0.08	0.19
构筑物Ⅲ	0.83	1.18	1.60	1.81	3.29	4.46	6.69	10.03	0.15	0.37
技术复杂大桥	0.48	0.68	0.93	1.05	1.91	2.58	3.87	5.81	0.08	0.21
隧道	0.10	0.19	0.27	0.35	0.58	0.75	1.12	1.69	—	—
钢材及钢结构	0.02	0.05	0.07	0.09	0.15	0.19	0.29	0.43	—	—

注：冬季气温区查附录三“全国冬季施工气温区划分表”。

在计算冬季施工增加费时应注意以下两点：第一，为了简化计算手续，冬季施工增加费采用全年平均摊销的方法计算。即不论是否在冬季施工，均按规定的取费标准计取冬季施工增加费。第二，一条路线穿过两个以上的气温区时，可分段计算或按各区的工程量比例求得全线的平均增加率，计算冬季施工增加费。

（2）雨季施工增加费

雨季施工增加费是指在雨季期间施工时，为保证工程质量和安全生产所需采取的防雨、排水、防潮和防护措施，工效降低和机械作业率降低以及技术作业过程的改变等，所需增加的有关费用。

雨季施工增加费的内容如下：

1）因雨季施工所需增加的工、料、机费用的支出。包括工作效率的降低及易被雨水冲毁的工程所增加的工作内容等（如基坑坍塌和排水沟等堵塞的清理、路基边坡冲沟的填补等）。

2）路基土方工程的开挖和运输。因雨季施工（非土壤中水影响）而引起的黏附工具，降低工效所增加的费用。

3）因防止雨水必须采取的防护措施的费用，如挖临时排水沟，防止基坑坍塌所需的支撑、挡板等费用。

4）材料因受潮、受湿的耗损费用。

5）增加防雨、防潮设备的费用。

6）其他有关雨季施工所需增加的费用，如因河水高涨致使工作困难而增加的费用等。

雨季施工增加费，以各类工程的直接工程费之和为基数，按工程所在地的雨量区、雨季期选用表7—3—2的费率计算。

表7—3—2　　雨季施工增加费费率表（%）

雨季区 / 雨量区 / 工程类别	1	1.5	2		2.5		3		3.5		4		4.5		5		6		7	8
	Ⅰ	Ⅰ	Ⅰ	Ⅱ	Ⅰ	Ⅱ	Ⅰ	Ⅱ	Ⅰ	Ⅱ	Ⅰ	Ⅱ	Ⅰ	Ⅱ	Ⅰ	Ⅱ	Ⅰ	Ⅱ	Ⅱ	Ⅱ
人工土方	0.04	0.05	0.07	0.11	0.09	0.13	0.11	0.15	0.13	0.17	0.15	0.20	0.17	0.23	0.19	0.26	0.21	0.31	0.36	0.42
机械土方	0.04	0.05	0.07	0.11	0.09	0.13	0.11	0.15	0.13	0.17	0.15	0.20	0.17	0.23	0.19	0.27	0.22	0.32	0.37	0.43
汽车运输	0.04	0.05	0.07	0.11	0.09	0.13	0.11	0.16	0.13	0.19	0.15	0.22	0.17	0.25	0.19	0.27	0.22	0.32	0.37	0.43
人工石方	0.02	0.03	0.05	0.07	0.06	0.09	0.07	0.11	0.08	0.13	0.09	0.15	0.10	0.17	0.12	0.19	0.15	0.23	0.27	0.32
机械石方	0.03	0.04	0.06	0.10	0.08	0.12	0.10	0.14	0.12	0.16	0.14	0.19	0.16	0.22	0.18	0.25	0.20	0.29	0.34	0.39
高级路面	0.03	0.04	0.06	0.10	0.08	0.13	0.10	0.15	0.12	0.17	0.14	0.19	0.16	0.22	0.18	0.25	0.20	0.29	0.34	0.39
其他路面	0.03	0.04	0.06	0.09	0.08	0.12	0.09	0.14	0.10	0.16	0.12	0.18	0.14	0.21	0.16	0.24	0.19	0.28	0.32	0.37
构筑物Ⅰ	0.03	0.04	0.05	0.08	0.06	0.09	0.07	0.11	0.08	0.13	0.10	0.15	0.12	0.17	0.14	0.19	0.16	0.23	0.27	0.31
构筑物Ⅱ	0.03	0.04	0.05	0.08	0.07	0.10	0.08	0.12	0.09	0.14	0.11	0.16	0.13	0.18	0.15	0.21	0.17	0.25	0.30	0.34
构筑物Ⅲ	0.06	0.08	0.11	0.17	0.14	0.21	0.17	0.25	0.20	0.30	0.23	0.35	0.27	0.40	0.31	0.45	0.35	0.52	0.60	0.69
技术复杂大桥	0.03	0.05	0.07	0.10	0.08	0.12	0.10	0.14	0.12	0.16	0.14	0.19	0.16	0.22	0.18	0.25	0.20	0.29	0.34	0.39
隧道钢材及钢结构	—	—	—	—	—	—	—	—	—	—	—	—	—	—	—	—	—	—	—	—

注：公路工程项目所在地雨量区和雨季区的确定，查附录四。

雨季施工增加费的计算应注意如下三点：（1）雨季施工增加费是按全年平均摊销的方法计算的，即不论是否在雨季施工，均按规定的取费标准计取雨季施工增加费；（2）一条路线通过不同的雨量区和雨季期时，应分别计算雨季施工增加费或按工程量比例算得平均的增加率，计算全线雨季施工增加费；（3）室内管道及设备安装工程不计雨季施工增加费。

（3）夜间施工增加费

夜间施工增加费是指根据设计、施工的技术要求和合理的施工进度要求，必须在夜间连续施工而发生的工效降低、夜班津贴以及有关照明设施（包括所需照明设施的安拆、摊销、维修及油燃料、电）等增加的费用。夜间施工增加费以夜间施工工程项目（如桥梁工程项目包括上、下部构造全部工程）的直接工程费之和为基数，按表7—3—3的费率计算。

表7—3—3　夜间施工增加费费率表

工程类别	费率	工程类别	费率
构筑物Ⅱ	0.35%	技术复杂大桥	0.35%
构筑物Ⅲ	0.70%	钢材及钢结构	0.35%

注：设备安装工程及金属标志牌、防撞钢护栏、防眩板（网）、隔离栅、防护网等不计夜间施工增加费。

（4）特殊地区施工增加费

特殊地区施工增加费包括高原地区施工增加费、风沙地区施工增加费和沿海地区施工增加费三项。

1）高原地区施工增加费。高原地区施工增加费是指在海拔高度1 500 m以上地区施工，由于受气候、气压的影响．致使人工、机械效率降低而增加的费用。

高原地区施工增加费以各类工程人工费和机械使用费之和为基数，按表7—3—4的费率计算。

表7—3—4　高原地区施工增加费费率表

工程类别	海拔高度（m）							
	1 501～2 000	2 001～2 500	2 501～3 000	3 001～3 500	3 501～4 000	4 001～4 500	4 501～5 000	5 000以上
人工土方	7.00%	13.25%	19.75%	29.75%	43.25%	60.00%	80.00%	110.00%
机械土方	6.56%	12.60%	18.66%	25.60%	36.05%	49.08%	64.72%	83.80%
汽车运输	6.50%	12.50%	18.50%	25.00%	35.00%	47.50%	62.50%	80.00%
人工石方	7.00%	13.25%	19.75%	29.75%	43.25%	60.00%	80.00%	110.00%
机械石方	6.71%	12.82%	19.03%	27.01%	38.50%	52.80%	69.92%	92.72%
高级路面	6.58%	12.61%	18.69%	25.72%	36.26%	49.41%	65.17%	84.58%
其他路面	6.73%	12.84%	19.07%	27.15%	38.74%	53.17%	70.44%	93.60%
构筑物Ⅰ	6.87%	13.06%	19.44%	28.56%	41.18%	56.86%	75.61%	102.47%
构筑物Ⅱ	6.77%	12.90%	19.17%	27.54%	39.41%	54.18%	71.85%	96.03%
构筑物Ⅲ	6.73%	12.85%	19.08%	27.19%	38.81%	53.27%	70.57%	93.84%
技术复杂大桥	6.70%	12.81%	19.01%	26.94%	38.37%	52.61%	69.65%	92.27%
隧道	6.76%	12.90%	19.16%	27.50%	39.35%	54.09%	71.72%	95.81%
钢材及钢结构	6.78%	12.92%	19.2%0	27.66%	39.62%	54.50%	72.30%	96.80%

提示

在编制概、预算时，要注意工程项目所在地的海拔高度是否在1 500 m以上，切勿漏列；对工程细目的工程类别，也要正确选定。一条路线通过两个以上（含两个）不同的海拔高度分区时，应分别计算高原地区施工增加费或按工程量比例求得平均的增加率，计算全线高原地区施工增加费。

2）风沙地区施工增加费。风沙地区施工增加费是指在沙漠地区施工时，由于受风沙影响，按照施工及验收规范的要求，为保证工程质量和安全生产而增加的有关费用。

内容包括防风、防沙及气候影响的措施费，材料费，因人工、机械效率降低而增加的费用，以及积沙、风蚀的清理修复等费用。

风沙地区施工增加费以各类工程的人工费和机械使用费之和为基数，根据工程所在地的风沙区划及类别，按表7—3—5规定的费率计算。

表7—3—5　　风沙地区施工增加费费率表

风沙区划 / 工程类别	风沙一区			风沙二区			风沙三区		
	沙漠类型								
	固定	半固定	流动	固定	半固定	流动	固定	半固定	流动
人工土方	6.00%	11.00%	18.00%	7.00%	17.00%	26.00%	11.00%	24.00%	37.00%
机械土方	4.00%	7.00%	12.00%	5.00%	11.00%	17.00%	7.00%	15.00%	24.00%
汽车运输	4.00%	8.00%	13.00%	5.00%	12.00%	18.00%	8.00%	17.00%	26.00%
人工石方	—	—	—	—	—	—	—	—	—
机械石方	—	—	—	—	—	—	—	—	—
高级路面	0.50%	1.00%	2.00%	1.00%	2.00%	3.00%	2.00%	3.00%	5.00%
其他路面	2.00%	4.00%	7.00%	3.00%	7.00%	10.00%	4.00%	10.00%	15.00%
构筑物Ⅰ	4.00%	7.00%	12.00%	5.00%	11.00%	17.00%	7.00%	16.00%	24.00%
构筑物Ⅱ	—	—	—	—	—	—	—	—	—
构筑物Ⅲ	—	—	—	—	—	—	—	—	—
技术复杂大桥	—	—	—	—	—	—	—	—	—
隧道	—	—	—	—	—	—	—	—	—
钢材及钢结构	1.00%	2.00%	4.00%	1.00%	3.00%	5.00%	2.00%	5.00%	7.00%

全国风沙地区公路施工区划见附录五，只要知道工程所在的省和县市，即可在附录五中查得工程所属的施工区划。

一条路线穿过两个以上（含两个）不同风沙区时，按路线长度经过不同的风沙区加权计算项目全线风沙地区施工增加费。

3）沿海地区施工增加费。沿海地区施工增加费是指工程项目在沿海地区施工受海风、海浪和潮汐的影响，致使人工、机械效率降低等所需增加的费用。本项费用由沿海各省、自治区、直辖市交通厅（局）制定具体的适用范围（地区），并抄送部公路工程定额站备案。

沿海地区工程施工增加费以各类工程的直接费工程之和为基数，按表7—3—6的费率计算。

表7—3—6　沿海地区工程施工增加费费率表

工程类别	费率	工程类别	费率
构筑物Ⅱ	0.15%	技术复杂大桥	0.15%
构筑物Ⅲ	0.15%	钢材及钢结构	0.15%

（5）行车干扰工程施工增加费

行车干扰工程施工增加费是指由于边施工边维持通车，受行车干扰的影响，致使人工、机械效率降低而增加的费用。

该费用以受行车影响部分的工程项目的人工费和机械使用费之和为基数，按表7—3—7的费率计算。

表7—3—7　行车干扰工程施工增加费费率表

工程类别	施工期间平均每昼夜双向行车次数（汽车兽力车合计）							
	51~100	101~500	501~1 000	1 001~2 000	2 001~3 000	3 001~4 000	4 001~5 000	5 000以上
人工土方	1.64%	2.46%	3.28%	4.10%	4.76%	5.29%	5.86%	6.44%
机械土方	1.39%	2.19%	3.00%	3.89%	4.51%	5.02%	5.56%	6.11%
汽车运输	1.36%	2.09%	2.85%	3.75%	4.35%	4.84%	5.36%	5.89%
人工石方	1.66%	2.40%	3.33%	4.06%	4.71%	5.24%	5.81%	6.37%
机械石方	1.16%	1.71%	2.38%	3.19%	3.70%	4.12%	4.56%	5.01%
高级路面	1.24%	1.87%	2.50%	3.11%	3.61%	4.01%	4.45%	4.88%
其他路面	1.17%	1.77%	2.36%	2.94%	3.41%	3.79%	4.20%	4.62%
构筑物Ⅰ	0.94%	1.41%	1.89%	2.36%	2.74%	3.04%	3.37%	3.71%
构筑物Ⅱ	0.95%	1.43%	1.90%	2.37%	2.75%	3.06%	3.39%	3.72%
构筑物Ⅲ	0.95%	1.42%	1.90%	2.37%	2.75%	3.05%	3.38%	3.72%
技术复杂大桥	—	—	—	—	—	—	—	—
隧道	—	—	—	—	—	—	—	—
钢材及钢结构	—	—	—	—	—	—	—	—

由于该增加费用以“受行车影响部分”工程的定额直接费为计算基数，所以如何区分受行车影响部分的工程，是正确计算该费用的核心。特别是对于不设便道的半幅通车的工程、在原路线一侧加宽改建扩建工程等，均应做具体分析，以确定是否可以按局部工程计列该增加费用。

（6）施工标准化与安全措施费

施工标准化与安全措施费是指工程施工期间为了满足安全生产、施工标准化、规范化、精细化所发生的费用。该费用不包括施工期间为了保证交通安全而设置的临时安全设施和标志、标牌的费用，需要时应根据设计要求计算。该费用不包括预制场、拌和站、临时便道、临时便桥的施工标准化费用，应根据施工组织标准化需求单独计算。施工标准化与安全措施费以各类工程的直接工程费之和为基数，按表7—3—8的费率计算。

表7—3—8　　施工标准化安全措施费费率表

工程类别	费率	工程类别	费率
人工土方	0.7%	构筑物Ⅰ	0.85%
机械土方	0.7%	构筑物Ⅱ	0.92%
汽车运输	0.25%	构筑物Ⅲ	1.85%
人工石方	0.7%	技术复杂大桥	1.01%
机械石方	0.7%	隧道	0.86%
高级路面	1.18%	钢材及钢结构	0.63%
其他路面	1.20%		

注：设备安装工程按表中费率的50%计算。

（7）临时设施费

临时设施费是指施工企业为进行建筑安装工程施工所必需的生活和生产用的临时建筑物、构筑物和其他临时设施及其标准化的费用等，但不包括概、预算定额中临时工程在内。

临时设施包括临时生活及居住房屋（包括职工家属房屋及探亲房屋）、文化福利及公用房屋（如广播室、文体活动室等）和生产、办公房屋（如原材料、半成品、成品存放场及库房、加工厂、钢筋加工场、发电站、变电站、空压机站、停机棚等），工地范围内的各种临时工作便道（包括汽车、畜力车、人力车道）、人行便道，工地临时用水、用电的水管支线和电线支线，临时构筑物（如水井，水塔等）以及其他小型临时设施。

临时设施费用内容包括临时设施的搭设、维修、拆除费或摊销费。

临时设施费以各类工程的直接工程费之和为基数，按表7—3—9的费率计算。

（8）施工辅助费

施工辅助费包括生产工具用具使用费、检验试验费和工程定位复测、工程点交、场地清理等费用。

表 7—3—9　　临时设施费费率表

工程类别	费率	工程类别	费率
人工土方	1.73%	构筑物Ⅰ	2.92%
机械土方	1.56%	构筑物Ⅱ	3.45%
汽车运输	1.01%	构筑物Ⅲ	6.39%
人工石方	1.76%	技术复杂大桥	3.21%
机械石方	2.17%	隧道	2.83%
高级路面	2.11%	钢材及钢结构	2.73%
其他路面	2.06%		

生产工具用具使用费是指施工所需不属于固定资产的生产工具、检验、试验用具及仪器、仪表等的购置、摊销和维修费，以及支付给工人自备工具的补贴费。

检验试验费是指施工企业对建筑材料、构件和建筑安装工程进行一般鉴定、检查所发生的费用，包括自设试验室进行试验所耗用的材料和化学药品的费用，以及技术革新和研究试验费，但不包括新结构、新材料的试验费和建设单位要求对具有出厂合格证明的材料进行检验、对构件破坏性试验及其他特殊要求检验的费用。

施工辅助费以各类工程的直接工程费之和为基数，按表 7—3—10 的费率计算。

表 7—3—10　　施工辅助费费率表

工程类别	费率	工程类别	费率
人工土方	0.89%	构筑物Ⅰ	1.30%
机械土方	0.49%	构筑物Ⅱ	1.56%
汽车运输	0.16%	构筑物Ⅲ	3.03%
人工石方	0.85%	技术复杂大桥	1.68%
机械石方	0.46%	隧道	1.23%
高级路面	0.80%	钢材及钢结构	0.56%
其他路面	0.74%		

（9）工地转移费

工地转移费是指施工企业根据建设任务的需要，由已竣工的工地或后方基地迁至新工地的搬迁费用。其内容包括：

1）施工单位全体职工及随职工迁移的家属向新工地转移的车费、家具行李运费、途中住宿费、行程补助费、杂费及工资与工资附加费等。

2）公物、工具、施工设备器材、施工机械的运杂费，以及外租机械的往返费及本工程内部各工地之间施工机械、设备、公物、工具的转移费等。

3）非固定工人进退场及一条路线中各工地转移的费用。

工地转移费以各类工程的直接工程费之和为基数，按表7—3—11的费率计算。

表7—3—11　　工地转移费费率表

工程类别	工地转移距离（km）					
	50	100	300	500	1 000	每增加100
人工土方	0.15%	0.21%	0.32%	0.43%	0.56%	0.03%
机械土方	0.50%	0.67%	1.05%	1.37%	1.82%	0.08%
汽车运输	0.31%	0.40%	0.62%	0.82%	1.07%	0.05%
人工石方	0.16%	0.22%	0.33%	0.45%	0.58%	0.03%
机械石方	0.36%	0.43%	0.74%	0.97%	1.28%	0.06%
高级路面	0.61%	0.83%	1.30%	1.70%	2.27%	0.12%
其他路面	0.56%	0.75%	1.18%	1.54%	2.06%	0.10%
构筑物Ⅰ	0.56%	0.75%	1.18%	1.54%	2.06%	0.11%
构筑物Ⅱ	0.66%	0.89%	1.40%	1.83%	2.45%	0.13%
构筑物Ⅲ	1.31%	1.77%	2.77%	3.62%	4.85%	0.25%
技术复杂大桥	0.75%	1.01%	1.58%	2.06%	2.76%	0.14%
隧道	0.52%	0.71%	1.11%	1.45%	1.94%	0.10%

转移距离以工程承包单位（如工程处、工程公司等）转移前后驻地距离或两路线中点的距离为准；编制概（预）算时，如施工单位不明确时，高速、一级公路及独立大桥、隧道按省会（自治区首府）至工地的里程，二级及以下公路按地区（市、盟）至工地的里程计算工地转移费；工地转移里程数在表列里程之间时，费率可内插计算。工地转移距离在50 km以内的工程不计取本项费用。

以上介绍的九项费用构成了其他工程费，但是各项费用在概、预算表格中不直接出现。在编制概、预算时，首先根据取费工程分类，将各类工程的九项费用的费率均列入04表，形成“其他工程费综合费率”；其次在08－2表中将根据工程类别选取的“其他工程费综合费率”乘以工程细目的直接工程费或人工费用与施工机械使用费之和，则可形成工程细目的其他工程费；最后将各工程细目的其他工程费累计起来就形成了项目的其他工程费。

小资料

以上各表中的费率（含后面要介绍的间接费费率）是交通部颁布的《概算预算编制办

法》所统一规定的，一般不允许变动，但大部分省区根据本地区的特点对费率进行了某些调整。因此，编制概、预算时应注意地方所作的补充规定。

4. 直接费的计算

综上所述，直接费的计算步骤如下：

（1）将工程项目按要求分解成分项工程，并计算各分项工程的工程量。

（2）查阅和套用定额项目表中各分项工程的人工、材料、机械消耗量（定额值）。

（3）根据分项工程的工程量大小和定额的规定计算出各分项工程的人工、材料、机械消耗量。

（4）用人工工日单价、材料预算单价和机械台班单价计算出各分项工程的人工费、材料费、机械使用费，即直接工程费。

（5）以相应项目的直接工程费或人工费与施工机械使用费之和为基数，按其他工程费的综合费率计算其他工程费。

（6）按相应项目的直接工程费和其他工程费求得直接费，最后汇总各分项工程的直接费得到工程项目的直接费。

直接费计算公式如下：

直接费 = 直接工程费 + 其他工程费

直接工程费 = 人工费 + 材料费 + 施工机械使用费

其他工程费 = 其他工程费Ⅰ + 其他工程费Ⅱ = 直接工程费 × 其他工程费综合费率Ⅰ +（人工费 + 施工机械使用费）× 其他工程费综合费率Ⅱ

编制概、预算文件时，直接费按上式通过08－2表进行计算。式中其他工程费的综合费率在“其他工程费及间接费综合费率计算表”（04表）中计算，将各单项费率对应在13个工程类别相加即可。

二、间接费及其计算

间接费由规费和企业管理费两项组成。

1. 规费

规费是指法律、法规、规章、规程规定施工企业必须缴纳的费用（简称规费），包括以下几项：

（1）养老保险费

是指施工企业按国家规定标准为职工缴纳的基本养老保险费。

（2）失业保险费

是指施工企业按国家规定标准为职工缴纳的失业保险费。

（3）医疗保险费

是指施工企业按国家规定标准为职工缴纳的基本医疗保险费和生育保险费。

（4）住房公积金

是指施工企业按国家规定标准为职工缴纳的住房公积金。

（5）工伤保险费

是指施工企业按国家规定标准为职工缴纳的工伤保险费。

各项规费以各类工程的人工费之和为基数，按国家或工程所在地法律、法规、规章、规程规定的标准计算。

2. 企业管理费

企业管理费由基本费用、主副食运费补贴、职工探亲路费、职工取暖补贴和财务费用五项组成。

（1）基本费用

企业管理费基本费用是指施工企业为组织施工生产和经营管理所需的费用。内容包括：

1）管理人员工资。是指管理人员的基本工资、工资性补贴、职工福利费、劳动保护费以及缴纳的养老、失业、医疗、生育、工伤保险费和住房公积金等。

2）办公费。是指企业办公用的文具、纸张、账表、印刷、邮电、书报、会议、水、电、烧水和集体取暖（包括现场临时宿舍取暖）用煤（气）等费用。

3）差旅交通费。是指职工因公出差和工作调动（包括随行家属的旅费）的差旅费、住勤补助费，市内交通费和误工补助费，职工探亲路费，劳动力招聘费。职工离退休、退职一次性路费，工伤人员就医路费，以及管理部门使用的交通工具的油料、燃料、养路费及牌照费。

4）固定资产使用费。是指管理和试验部门及附属生产单位使用的属于固定资产的房屋、设备、仪器等的折旧、大修、维修或租赁费等。

5）工具用具使用费。是指管理使用的不属于固定资产的生产工具、器具、家具、交通工具和检验、试验、测绘、消防用具等的购置、维修和摊销费。

6）劳动保险费。是指企业支付离退休职工的异地安家补助费、职工退职金、六个月以上的病假人员工资、职工死亡丧葬补助费、抚恤费、按规定支付给离休干部的各项经费。

7）工会经费。是指企业按职工工资总额计提的工会经费。

8）职工教育经费。是指企业为职工学习先进技术和提高文化水平，按职工工资总额计提的费用。

9）保险费。是指企业财产保险、管理用车辆等保险费用。

10）工程保修费。是指工程竣工交付使用后，在规定保修期以内的修理费用。

11）工程排污费。是指施工现场按规定缴纳的排污费用。

12）税金。是指企业按规定缴纳的房产税、车船使用税、土地使用税、印花税等。

13）其他。是指上述项目以外的其他必要的费用支出。包括技术转让费、技术开发费、业务招待费、绿化费、广告费、投标费、公证费、定额测定费、法律顾问费、审计费、咨询费等。

基本费用以各类工程的直接费之和为基数，按表 7—3—12 的费率计算。

（2）主副食运费补贴

主副食运费补贴是指施工企业在远离城镇及乡村的野外施工购买生活必需品所需增加的费用。该费用以各类工程的直接费之和为基数，按表 7—3—13 的费率计算。

表 7—3—12 **基本费用费率表**

工程类别	费率	工程类别	费率
人工土方	3.36%	构筑物Ⅰ	4.44%
机械土方	3.26%	构筑物Ⅱ	5.53%
汽车运输	1.44%	构筑物Ⅲ	9.79%
人工石方	3.45%	技术复杂大桥	4.72%
机械石方	3.28%	隧道	4.22%
高级路面	1.91%	钢材及钢结构	2.42%
其他路面	3.28%		

表 7—3—13 **主副食运费补贴费费率表**

工程类别	综合里程（km）											
	1	3	5	8	10	15	20	25	30	40	50	每增加 10
人工土方	0.17%	0.25%	0.31%	0.39%	0.45%	0.56%	0.67%	0.76%	0.89%	1.06%	1.22%	0.16%
机械土方	0.13%	0.19%	0.24%	0.30%	0.35%	0.43%	0.52%	0.59%	0.69%	0.81%	0.95%	0.13%
汽车运输	0.14%	0.20%	0.25%	0.32%	0.37%	0.45%	0.55%	0.62%	0.73%	0.86%	1.00%	0.14%
人工石方	0.13%	0.19%	0.24%	0.30%	0.34%	0.42%	0.51%	0.58%	0.67%	0.80%	0.92%	0.12%
机械石方	0.12%	0.18%	0.22%	0.28%	0.33%	0.41%	0.49%	0.55%	0.65%	0.76%	0.89%	0.12%
高级路面	0.08%	0.12%	0.15%	0.20%	0.22%	0.28%	0.33%	0.38%	0.44%	0.52%	0.60%	0.08%
其他路面	0.09%	0.12%	0.15%	0.20%	0.22%	0.28%	0.33%	0.38%	0.44%	0.52%	0.61%	0.09%
构筑物Ⅰ	0.13%	0.18%	0.23%	0.28%	0.32%	0.40%	0.49%	0.55%	0.65%	0.76%	0.89%	0.12%
构筑物Ⅱ	0.14%	0.20%	0.25%	0.30%	0.35%	0.43%	0.52%	0.60%	0.70%	0.83%	0.96%	0.13%
构筑物Ⅲ	0.25%	0.36%	0.45%	0.55%	0.64%	0.79%	0.96%	1.09%	1.28%	1.51%	1.76%	0.24%
技术复杂大桥	0.11%	0.16%	0.20%	0.25%	0.29%	0.36%	0.43%	0.49%	0.57%	0.68%	0.79%	0.11%
隧道	0.11%	0.16%	0.19%	0.24%	0.28%	0.34%	0.42%	0.48%	0.56%	0.66%	0.77%	0.10%
钢材及钢结构	0.11%	0.16%	0.20%	0.26%	0.30%	0.37%	0.44%	0.50%	0.59%	0.69%	0.80%	0.11%

注：①综合里程 = 粮食运距 ×0.06 + 燃料运距 ×0.09 + 蔬菜运距 ×0.15 + 水运距 ×0.70。粮食、燃料、蔬菜、水的运距均为全线平均运距。

②综合里程数在表列里程之间时，费率可内插。

③综合里程在 1 km 以内的工程不计取本项费用。

（3）职工探亲路费

职工探亲路费是指按照有关规定施工企业职工在探亲期间发生的往返车船费、市内交通费和途中住宿费等费用。该费用以各类工程的直接费之和为基数，按表7—3—14的费率计算。

表7—3—14 职工探亲路费费率表

工程类别	费率	工程类别	费率
人工土方	0.10%	构筑物Ⅰ	0.29%
机械土方	0.22%	构筑物Ⅱ	0.34%
汽车运输	0.14%	构筑物Ⅲ	0.55%
人工石方	0.10%	技术复杂大桥	0.20%
机械石方	0.22%	隧道	0.27%
高级路面	0.14%	钢材及钢结构	0.16%
其他路面	0.16%		

（4）职工取暖补贴

职工取暖补贴是指按规定发放给职工的冬季取暖费或在施工现场设置的临时取暖设施的费用。该费用以各类工程的直接费之和为基数，按工程所在地的气温区（见附录一）选取表7—3—15的费率计算。

表7—3—15 职工取暖补贴费费率表

工程类别	气温区						
	准二区	冬一区	冬二区	冬三区	冬四区	冬五区	冬六区
人工土方	0.03%	0.06%	0.10%	0.15%	0.17%	0.26%	0.31%
机械土方	0.06%	0.13%	0.22%	0.33%	0.44%	0.55%	0.66%
汽车运输	0.06%	0.12%	0.21%	0.31%	0.41%	0.51%	0.62%
人工石方	0.03%	0.06%	0.10%	0.15%	0.17%	0.25%	0.31%
机械石方	0.05%	0.11%	0.17%	0.26%	0.35%	0.44%	0.53%
高级路面	0.04%	0.07%	0.13%	0.19%	0.25%	0.31%	0.38%
其他路面	0.04%	0.07%	0.12%	0.18%	0.24%	0.30%	0.36%
构筑物Ⅰ	0.06%	0.12%	0.19%	0.28%	0.36%	0.46%	0.56%
构筑物Ⅱ	0.06%	0.13%	0.20%	0.30%	0.41%	0.51%	0.62%
构筑物Ⅲ	0.11%	0.23%	0.37%	0.56%	0.74%	0.93%	1.13%
技术复杂大桥	0.05%	0.10%	0.17%	0.26%	0.34%	0.42%	0.51%
隧道	0.04%	0.08%	0.14%	0.22%	0.28%	0.36%	0.43%
钢材及钢结构	0.04%	0.07%	0.12%	0.19%	0.25%	0.31%	0.37%

（5）财务费用

财务费用是指施工企业为筹集资金而发生的各项费用，包括企业经营期间发生的短期贷款利息净支出、汇兑净损失、调剂外汇手续费、金融机构手续费，以及企业筹集资金发生的其他财务费用。

财务费用以各类工程的直接费之和为基数，按表7—3—16的费率计算。

表7—3—16　　财务费用费率表

工程类别	费率	工程类别	费率
人工土方	0.23%	构筑物Ⅰ	0.37%
机械土方	0.21%	构筑物Ⅱ	0.40%
汽车运输	0.21%	构筑物Ⅲ	0.82%
人工石方	0.22%	技术复杂大桥	0.46%
机械石方	0.20%	隧道	0.39%
高级路面	0.27%	钢材及钢结构	0.48%
其他路面	0.30%		

3. 辅助生产间接费

辅助生产间接费是指由施工单位自行开采加工的沙、石等材料及施工单位自办的人工装卸和运输的间接费。辅助生产间接费按人工费的5%计。该项费用虽然属于间接费的性质，但不直接出现在概、预算的间接费中，而是将其并入材料预算单价之内构成材料费。

高原地区施工单位的辅助生产，可按其他工程费中高原地区施工增加费费率，以直接工程费为基数计算高原地区施工增加费（人工采集、加工材料，人工装卸、运输材料按人工土方费率计算，机械采集、加工材料按机械石方费率计算，机械装、运输材料按汽车运输费率计算）。辅助生产高原地区施工增加费不作为辅助生产间接费的计算基数。

同其他工程费一样，间接费的各单项费用在概、预算表格中不直接出现。在编制概、预算时，首先根据取费工程分类，将各类工程的各单项费用的费率均列入04表，形成规费和企业管理费、综合费率。

4. 间接费的计算

间接费通过下式在08－2表中计算：

间接费＝规费＋企业管理费

规费＝人工费×规费综合费率

企业管理费＝直接费×企业管理费综合费率

式中：规费综合费率和企业管理费综合费率在04表中计算。

编制概预算时，间接费通过08－2表综合地反映其费用金额。

提示

购买路基填料的费用不作为其他工程费和间接费的计算基数。

三、利润

1. 费用内容

利润是指施工企业完成所承包工程应取得的盈利。

2. 计算方法

利润按直接费与间接费之和（扣除规费）的7%计算。

即：利润 =（直接费 + 间接费 − 规费）×利润率

四、税金

1. 费用内容

税金是指按国家税法规定应计入建筑安装工程造价内的营业税、城市维护建设税及教育费附加。

2. 计算方法

$$\text{综合税金额} = (\text{直接费} + \text{间接费} + \text{利润}) \times \text{综合税率}$$

$$\text{综合税率} = \left[\frac{1}{1 - \text{营业税税率} \times (1 + \text{城市维护建设税税率} + \text{教育费附加税率})}\right] - 1$$

综合税率因纳税地点不同而不同：纳税地点在市区的企业，为3.41%；纳税地点在县城、乡镇的企业，为3.35%；纳税地点不在市区、县城、乡镇的企业，为3.22%。

编制概、预算时，税金是通过上面的计算公式在建筑安装工程费计算表（03 表）中计算的。

任务实施

工作任务要求对新密市袁庄乡姚山村至开阳村公路改建工程中的砍树挖根项目进行建筑安装工程费的计算。通过查找公路工程预算定额的第一章第一节第一个表格即[1－1－1－3]得要完成定额单位10 棵树的伐倒挖根工作需要消耗：人工 3.1 工日，135 kW 以内推土机 0.06 台班。已知人工单价 53.87 元/工日，135 kW 推土机台班单价1 590.07 元/台班。

求：1. 计算该工程细目的人工费、材料费和机械台班使用费，求得直接工程费。

2. 通过计算概预算计算表（04 表）求得其他工程费及间接费的综合费率，具体计算成果见表 7—3—17，求得该工程细目的直接费及间接费，其中工程类别选择人工土方。

表 7—3—17

其他工程费及间接费综合费率计算表（部分）

建设项目名称：新密市袁庄乡姚山村至开阳村公路改建工程

编制范围：K0+000～K1+300　　　　第1页　　共1页　　04表

序号	工程类别	其他工程费费率（%）													间接费费率（%）											
													综合费率		规费						企业管理费					
		冬季施工增加费	雨季施工增加费	夜间施工增加费	高原地区施工增加费	风沙地区施工增加费	沿海地区施工增加费	行车干扰工程施工增加费	施工标准化与安全措施费	临时设施费	施工辅助费	工地转移费	Ⅰ	Ⅱ	养老保险费	失业保险费	医疗保险费	住房公积金	工伤保险费	综合费率	基本费用	主副食运费补贴	职工探亲路费	职工取暖补贴	财务费用	综合费率
1	2	3	4	5	6	7	8	9	10	11	12	13	14	15	16	17	18	19	20	21	22	23	24	25	26	27
01	人工土方	0.280	0.070					1.640	0.700	1.730	0.890		3.670	1.640	20.000	2.000	7.000	5.000	1.000	35.000	3.360	0.194	0.100	0.060	0.230	3.944
02	机械土方	0.430	0.070					1.390	0.700	1.560	0.490		3.250	1.390	20.000	2.000	7.000	5.000	1.000	35.000	3.260	0.148	0.220	0.130	0.210	3.968
03	汽车运输	0.080	0.070					1.360	0.250	1.010	0.160		1.570	1.360	20.000	2.000	7.000	5.000	1.000	35.000	1.440	0.158	0.140	0.120	0.210	2.068
04	人工石方	0.060	0.050					1.660	0.700	1.760	0.850		3.420	1.660	20.000	2.000	7.000	5.000	1.000	35.000	3.450	0.148	0.100	0.060	0.220	3.978
05	机械石方	0.080	0.060					1.160	0.700	2.170	0.460		3.470	1.160	20.000	2.000	7.000	5.000	1.000	35.000	3.280	0.138	0.220	0.110	0.200	3.948
06	高级路面	0.370	0.060					1.240	1.180	2.110	0.800		4.520	1.240	20.000	2.000	7.000	5.000	1.000	35.000	1.910	0.092	0.140	0.070	0.270	2.482
07	其他路面	0.110	0.060					1.170	1.200	2.060	0.740		4.170	1.170	20.000	2.000	7.000	5.000	1.000	35.000	3.280	0.099	0.160	0.070	0.300	3.909
08	构筑物Ⅰ	0.340	0.050					0.940	0.850	2.920	1.300		5.460	0.940	20.000	2.000	7.000	5.000	1.000	35.000	4.440	0.145	0.290	0.120	0.370	5.365
09	构筑物Ⅱ	0.420	0.050	0.350				0.950	0.920	3.450	1.560		6.750	0.950	20.000	2.000	7.000	5.000	1.000	35.000	5.530	0.158	0.340	0.130	0.400	6.558

3. 利润率按7%计算，综合税率按3.41%计算该伐树挖根工程细目的利润和税金及建筑安装工程费，具体计算见表7—3—18。

表7—3—18　　分项工程预算表

编制范围：K0+000~K1+300

工程名称：伐树、挖根、除草　　第4页　　共30页　　08-2表

序号	工程项目			伐树、挖根、除草、清除表土						合计	
	工程细目			人工伐树，推土机推挖树根（135 kW）							
	定额单位			10棵							
	工程数量			5.500							
	定额表号			1-1-1-3							
	工料机名称	单位	单价(元)	定额	数量	金额(元)	定额	数量	金额(元)		金额(元)
1	人工	工日	53.80	3.100	17.050	917				17.050	917
2	135 kW以内履带式推土机	台班	1 590.07	0.060	0.330	525				0.330	525
3	定额基价	元	1.00	224.000	1 232.000	1 232				1 232.000	1 232
	直接工程费	元				1 442					1 442
	其他工程费 Ⅰ	元		3.670		53					53
	其他工程费 Ⅱ	元		1.640		24					24
	间接费 规费	元		35.000		321					321
	间接费 企业管理费	元		3.944		60					60
	利润及税金	元		7.000/3.410		179					179
	建筑安装工程费	元				2 079					2 079

思考与练习

1. 说明其他工程费的组成和计算方法。
2. 说明直接费的计算步骤。
3. 规费包括哪些费用？规费是如何计算的？
4. 企业管理费由哪几项费用组成？企业管理费如何计算？
5. 利润和税金是如何算的？列入建筑安装工程造价内的税种有哪些？

任务四　确定概预算其他费用

学习目标

◆ 了解概预算其他费用的组成。

◆ 掌握设备工器具及家具购置费的计算方法，编制设备、工具、器具购置费计算表 05 表（简称 05 表）。

◆ 掌握工程建设其他费用计算方法，编制工程建设其他费用及回收金额计算表 06 表（简称 06 表）。

◆ 计算建设期贷款利息和预备费。

◆ 编制总预算表 01 表（简称 01 表）。

工作任务

新密市袁庄乡姚山村至开阳村公路改建工程，总里程 1.3 km。根据施工图设计中的工程量统计表可知，有路基工程、水泥混凝土工程及圆管涵工程等，现就设备工具器具及家具购置费、工程建设其他费及预备费等进行计算，求该改建项目的预算总金额。

任务分析：在各分项工程建筑安装工程费计算的基础上，计算概、预算费用总金额的第二部分、第三部分费用及预备费和回收金额，最终计算概、预算总金额。

相关理论

概、预算总金额由三部分费用组成，即第一部分建设安装工程费、第二部分设备工具器具及家具购置费、第三部分工程建设其他费及预备费。该任务的主要目的是计算第二部分、第三部分及预备费。

一、设备、工具、器具及家具购置费的计算

1. 设备购置费

（1）费用内容

设备购置费是指为满足公路的运营、管理、养护需要，购置的达到固定资产标准的设备

和虽低于固定资产标准但属于设计明确列入设备清单的设备的费用。包括渡口设备，隧道照明、消防、通风的动力设备，高等级公路的收费、监控、通信、供电设备，养护用的机械、设备和工具、器具等的购置费用。

（2）计算方法

设备购置费应由设计单位列出计划购置的清单（包括设备的规格、型号、数量），以设备原价加综合业务费和运杂费按式（7—4—1）计算：

$$设备购置费 = 设备原价 + 运杂费(运输费 + 装卸费 + 搬运费) + 运输保险费 + 采购及保管费 \quad (7—4—1)$$

需要安装的设备，应在第一部分建筑安装工程费的有关项目内另计设备的安装工程费。

2. 工器具及生产家具（简称工器具）购置费

（1）费用内容

工器具购置费是指建设项目交付使用后为满足初期正常运营必须购置的第一套不构成固定资产的设备、仪器、仪表、工卡模具、器具、工作台（框、架、柜）等的费用。该费用不包括构成固定资产的设备、工器具和备品、备件，以及已列入设备购置费中的专用工具和备品、备件。

（2）计算方法

对于工器具购置，应由设计单位列出计划购置的清单（包括规格、型号、数量），购置费的计算方法同设备购置费。

3. 办公和生活用家具购置费

（1）费用内容

办公和生活用家具购置费是指为保证新建、改建项目初期正常生产、使用和管理所必须购置的办公和生活用家具、用具的费用。

范围包括行政、生产部门的办公室、会议室、资料档案室、阅览室、单身宿舍及生活福利设施等的家具、用具。

（2）计算方法

办公和生活用家具购置费，按路线工程的设计里程和有看桥房的独立大中桥的座数，乘以表7—4—1相应购置费用标准计算，在05表（设备、工具、器具购置费计算表）中填列。对改建工程按表列数的80%计。

表7—4—1　　办公和生活用家具购置费标准

工程所在地	路线（元/公路公里）				有看桥房的独立大桥（元/座）	
	高级公路	一级公路	二级公路	三、四级公路	一般大桥	技术复杂大桥
内蒙古、黑龙江、青海、新疆、西藏	21 500	15 600	7 800	4 000	2 400	60 000
其他省、自治区、直辖市	17 500	14 600	5 800	2 900	19 800	49 000

二、工程建设其他费用的计算

工程建设其他费用不是直接用于工程项目施工的费用，但在整个工程项目的实施过程中，凡是与该项目有关而又不在上述两大部分费用（建安费和购置费）中的费用都属于其他费用，它是总概预算的组成部分。

工程建设其他费用由土地征用及拆迁补偿费、建设项目管理费、研究试验费、建设项目前期工作费、专项评价（估）费、施工机械迁移费、供电贴费、联合试运转费、生产人员培训费、固定资产投资方向调节税、建设期贷款利息共十一项费用构成。在编制概预算时，应本着厉行节约，满足建筑工程投资的需要的原则，从实际出发，在正确贯彻执行有关方针、政策和条例的基础上计算其他费用。与地方或其他有关部门（如邮电、水利、铁路等部门）发生关系时，应注意省、市、自治区及其他有关部门的规定。这些费用通过“工程建设其他费用及回收金额计算表”（06 表）计算。本教材仅介绍土地征用及拆迁补偿费、建设项目管理费、建设项目前期工作费、专项评价（估）费、建设期贷款利息的计算，其他费用的具体内容和计算方法参见《概算预算编制办法》。

1. 土地征用及拆迁补偿费

土地征用及拆迁补偿费是指按照《中华人民共和国土地管理法》及《中华人民共和国土地管理法实施条例》《中华人民共和国基本农田保护条例》等法律、法规的规定，为进行公路建设需征用土地所支付的土地征用及拆迁补偿费等费用。

（1）费用内容

1）土地补偿费。指被征用土地地上、地下附着物及青苗补偿费。征用城市郊区的菜地等缴纳的菜地开发建设基金，租用土地费，耕地占用税，用地图编制费及勘界费，征地管理费等。

2）征用耕地安置补助费。指征用耕地需要安置农业人口的补助费。

3）拆迁补偿费，指被征用或占用土地上的房屋及附属构筑物、城市公用设施等拆除、迁建补偿费，拆迁管理费等。

4）复耕费。指临时占用的耕地、鱼塘等，待工程竣工后将其恢复到原有标准所发生的费用。

5）耕地开垦费。指公路建设项目占用耕地的，应由建设项目法人（业主）负责补充耕地所发生的费用；没有条件开垦或者开垦的耕地不符合要求的，按规定缴纳的耕地开垦费。

6）森林植被恢复费。指公路建设项目需要占用、征用或者临时占用林地的，经县级以上林业主管部门审核同意或批准，建设项目法人（业主）单位按照有关规定向县级以上林业主管部门预缴的森林植被恢复费。

（2）计算方法

土地征用及拆迁补偿费应根据审批单位批准的建设工程用地和临时用地面积及其附着物的情况，以及实际发生的费用项目，按国家有关规定及工程所在地的省（市）人民政府颁发的有关规定和标准计算。

森林植被恢复费用应根据审批单位批准的建设工程占用林地的类型及面积，按国家有关规定及工程所在地的省（市）人民政府颁发的有关规定和标准计算。

当与原有的电力电信设施、水利工程、铁路及铁路设施互相干扰时，应与有关部门联系，商定合理的解决方案和补偿金额，也可由这些部门按规定编制费用以确定补偿金额。

2. 建设项目管理费

建设项目管理费包括建设单位（业主）管理费、工程监理费、设计文件审查费和竣（交）工验收试验检测费。

（1）建设单位（业主）管理费

建设单位（业主）管理费是指建设单位（业主）为建设项目的立项、筹建、建设、竣（交）工验收、总结等工作所发生的费用，不包括应计入设备、材料预算价格的建设单位采购及保管设备、材料所需的费用。

费用内容包括：工作人员的工资、工资性补贴、施工现场津贴、社会保障费用（基本养老、基本医疗、失业、工伤保险）、住房公积金、职工福利费、工会经费、劳动保护费；办公费、会议费、差旅交通费、固定资产使用费（包括办公及生活房屋折旧、维修或租赁费，车辆折旧、维修、使用或租赁费，通信设备购置、使用费，测量、试验设备仪器折旧、维修或租赁费，其他设备折旧、维修或租赁费等）、零星固定资产购置费、招募生产工人费；技术图书资料费、职工教育经费、工程招标费（不含招标文件及标底或造价控制值编制费）；合同契约公证费、法律顾问费、咨询费；建设单位的临时设施费、完工清理费，竣（交）工验收费（含其他行业或部门要求的竣工验收费用）、各种税费（包括房产税、车船使用税、印花税等）；建设项目审计费、境内外融资费用（不含建设期贷款利息）、业务招待费、安全生产管理费和其他管理性开支。

建设单位（业主）管理费以建筑安装工程费总额为基数，按表7—4—2的费率，以累进办法计算。

表7—4—2　　　　建设单位管理费费率

第一部分　建安工程费总额（万元）	费率（%）	算　例（万元）	
		建安工程费	建设单位（业主）管理费
500以下	3.48	500	500×3.48%＝17.4
501～1 000	2.73	1 000	17.4＋500×2.73%＝31.05
1 001～5 000	2.18	5 000	31.05＋4 000×2.18%＝118.25
5 001～10 000	1.84	10 000	118.25＋5 000×1.84%＝210.25
10 001～30 000	1.52	30 000	210.25＋20 000×1.52%＝514.25
30 001～50 000	1.27	50 000	514.25＋20 000×1.27%＝768.25
50 001～100 000	0.94	100 000	768.25＋50 000×0.94%＝1 238.25
100 001～150 000	0.76	150 000	1 238.25＋50 000×0.76%＝1 618.25

续表

第一部分 建安工程费总额（万元）	费率（%）	算 例（万元）	
		建安工程费	建设单位（业主）管理费
150 001 ~ 200 000	0. 59	200 000	1 618. 25 + 50 000 × 0. 59% = 1 913. 25
200 001 ~ 300 000	0. 43	300 000	1 913. 25 + 100 000 × 0. 43% = 2 343. 25
300 000 以上	0. 32	310 000	2 343. 25 + 10 000 × 0. 32% = 2 375. 25

注：①水深 > 15 m，跨度≥400 m 的斜拉桥和跨度≥800 m 的悬索桥等独立特大型桥梁工程的建设单位（业主）管理费按表 7—4—2 中的费率乘以 1. 0 ~ 1. 2 的系数计算。

②海上工程［指由于风浪影响，工程施工期（不包括封冻期）全年月平均工作日少于 15 天的工程］的建设单位（业主）管理费按表 7—4—2 中的费率乘以 1. 0 ~ 1. 3 系数计算。

由施工企业代建设单位（业主）办理“土地、青苗等补偿费”的工作人员所发生的费用，应在建设单位（业主）管理费项目中支付。当建设单位（业主）委托有资质的单位代理招标时，其代理费应在建设单位（业主）管理费中支出。

(2) 工程监理费

工程监理费是指建设单位（业主）委托具有公路工程监理资格的单位，按施工监理规范进行全面的监督和管理所发生的费用。

费用内容包括：工作人员的基本工资、工资性津贴、社会保障费用（基本养老、基本医疗、失业、工伤保险）、住房公积金、职工福利费、工会经费、劳动保护费；办公费、会议费、差旅交通费、固定资产使用费（包括办公及生活房屋折旧、维修或租赁费，车辆折旧、维修、使用或租赁费，通信设备购置、使用费，测量、试验、检测设备仪器折旧、维修或租赁费，其他设备折旧、维修或租赁费等）、零星固定资产购置费、招募生产工人费；技术图书资料费、职工教育经费、投标费用；合同契约公证费、咨询费、业务招待费；财务费用、监理单位的临时设施费、各种税费和其他管理性开支。

工程监理费以建筑安装工程费总额为基数，按表 7—4—3 的费率计算。

表 7—4—3　　　　工程监理费费率表

工程类别	高速公路	一级及二级公路	三级及四级公路	桥梁及隧道
费率	2. 0%	2. 5%	3. 0%	2. 5%

注：表中的桥梁指水深大于 15 m、斜拉桥和悬索桥等独立特大型桥梁工程；隧道指水下隧道工程。

建设单位（业主）管理费和工程监理费均为实施建设项目管理的费用，执行时根据建设单位（业主）和施工监理单位所实际承担的工作内容和工作量，在保证监理费用的前提下，可统筹使用。

(3) 设计文件审查费

设计文件审查费是指国家和省级交通主管部门在项目审批前，为保证勘察设计工作的质量，组织有关专家或委托有资质的单位，对设计单位提交的建设项目可行性研究报告和勘察设计文件以及对设计变更、调整概算进行审查所需要的相关费用。

设计文件审查费以建筑安装工程费总额为基数，按0.1%计列。

(4) 竣（交）工验收试验检测费

竣（交）工验收试验检测费是指在公路建设项目交工验收和竣工验收前，由建设单位（业主）或工程质量监管机构委托有资质的公路工程质量检测单位按照有关规定对建设项目的工程质量进行检测，并出具检测意见所需要的相关费用。

竣（交）工验收试验检测费按表7—4—4的规定计算。

表7—4—4　　竣（交）工验收试验检测费标准表

项　目	路线（元/公路公里）				有看桥房的独立大桥（元/座）	
	高级公路	一级公路	二级公路	三、四级公路	一般大桥	技术复杂大桥
试验检测费	15 000	12 000	10 000	5 000	30 000	100 000

关于竣（交）工验收试验检测费，高速公路、一级公路按四车道计算，二级及以下等级公路按双车道计算，每增加一条车道，按表7—4—4的费用增加10%。

3. 建设项目前期工作费

(1) 费用内容

建设项目前期工作费是指委托勘察设计、咨询单位对建设项目进行可行性研究、工程勘察设计，以及设计、监理，施工招标文件及招标标底或造价控制值文件编制时，按规定应支付的费用。

该费用包括：编制项目建议书（或预可行性研究报告）、可行性研究报告、投资估算，以及相应的勘察、设计、专题研究等所需的费用；初步设计和施工图设计的勘察费（包括测量、水文调查、地质勘探等）、设计费、概（预）算及调整概算编制费等；设计、监理、施工招标文件及招标标底（或造价控制值或清单预算）文件编制费等。

(2) 计算方法

依据委托合同计列，或按国家颁发的收费标准和有关规定进行编制。

4. 专项评价（估）费

(1) 费用内容

专项评价（估）费是指依据国家法律、法规规定须进行评价（评估）、咨询，按规定应支付的费用。该费用包括环境影响评价费、水土保持评估费、地震安全性评价费、地质灾害危险性评价费、压覆重要矿床评估费、文物勘察费、通航论证费、行洪论证（评估）费、使用林地可行性研究报告编制费、用地预审报告编制费等费用。

(2) 计算方法

按国家颁发的收费标准和有关规定进行编制。

5. 建设期贷款利息

(1) 费用内容

建设期贷款利息是指建设项目中分年度使用国内贷款或国外贷款部分，在建设期内应归还的贷款利息。费用内容包括各种金融机构贷款、企业集资、建设债券和外汇贷款等利息。

(2) 计算方法

根据不同的资金来源按需付息的分年度投资计算，按式（7—4—2）或式（7—4—3）计算：

$$\text{建设期贷款利息} = \Sigma(\text{上年末付息贷款本息累计} + \text{本年度付息贷款额} \div 2) \times \text{年利率} \quad (7—4—2)$$

即：

$$S = \sum_{n=1}^{N}(F_{n-1} + b_n \div 2) \times i \quad (7—4—3)$$

式中 S——建设期贷款利息，元；

N——项目建设期，年；

n——施工年度；

F_{n-1}——建设期第（$n-1$）年末需付息贷款本息累计，元；

b_n——建设期第 n 年度付息贷款额，元；

i——建设期贷款年利率。

三、预备费的计算

预备费由价差预备费及基本预备费两部分组成。在公路工程建设期限内，凡需动用预备费时，属于公路交通部门投资的项目，需经建设单位提出，按建设项目隶属关系，报交通部或交通厅（局、委）基建主管部门核定批准；属于其他部门投资的建设项目，按其隶属关系报有关部门核定批准。

1. 价差预备费

(1) 费用内容

价差预备费是指设计文件编制年至工程竣工年期间，第一部分费用的人工费、材料费、机械使用费、其他工程费、间接费等以及第二部分、第三部分费用由于政策、价格变化可能发生上浮而预留的费用及外资贷款汇率变动部分的费用。

(2) 计算方法

价差预备费以概（预）算或修正概算第一部分建筑安装工程费总额为基数，按设计文件编制年始至建设项目工程竣工年终的年数和年工程造价增长率计算。计算公式见式(7—4—4)：

$$\text{价差预备费} = P \times [(1 + i)^{n-1} - 1] \quad (7—4—4)$$

式中 P——建筑安装工程费总额，元；

i——年造价增长率；

n——设计文件编制年至建设项目开工年 + 建设项目建设期限，年。

年工程造价增长率按有关部门公布的工程投资价格指数计算，或由设计单位会同建设单位根据该工程人工费、材料费、施工机械使用费、其他工程费、间接费以及第二、第三部分费用可能发生的上浮等因素。以第一部分建安费为基数进行综合分析预测。

设计文件编制至工程完工在一年以内的工程，不列此项费用。

2. 基本预备费

（1）费用内容

基本预备费是指在初步设计和概算中难以预料的工程和费用。其用途如下：

1）在进行技术设计、施工图设计和施工过程中，在批准的初步设计和概算范围内所增加的工程费用。

2）在设备订货时，由于规格、型号改变的价差；材料货源变更、运输距离或方式的改变以及因规格不同而代换使用等原因发生的价差。

3）由于一般自然灾害所造成的损失和预防自然灾害所采取的措施费用。

4）在项目主管部门组织竣（交）工验收时，验收委员会（或小组）为鉴定工程质量必须开挖和修复隐蔽工程的费用。

5）投保的工程根据工程特点和保险合同发生的工程保险费用。

（2）计算方法

以第一、第二、第三部分费用之和（扣除固定资产投资方向调节税和建设期贷款利息两项费用）为基数按下列费率计算：设计概算按5%计列；修正概算按4%计列；施工图预算按3%计列。

采用施工图预算加系数包干承包的工程，包干系数为施工图预算中直接费与间接费之和的3%。施工图预算包干费用由施工单位包干使用。该包干费用的内容为：

1）在施工过程中，设计单位对分部分项工程修改设计而增加的费用，但不包括因水文、地质条件变化造成的基础变更、结构变更、标准提高、工程规模改变而增加的费用。

2）预算审定后，施工单位负责采购的材料由于货源变更、运输距离或方式的改变以及因规格不同而代换使用等原因发生的价差。

3）由于一般自然灾害所造成的损失和预防自然灾害所采取的措施的费用（例如一般防台风、防洪的费用）等。

四、回收金额的计算

在编制总概、预算计算表01表时，总金额是由第一、第二、第三部分费用求和加上预备费减去回收金额。

但是概、预算定额所列材料一般不计回收，只对按全部材料计价的一些临时工程项目和由于工程规模或工期限制达不到规定周转次数的拱盔、支架及施工金属设备的材料计算回收金额。回收金额的计算公式见式（7—4—5）。

$$回收金额 = \Sigma 材料原价 \times 该材料的回收率 \qquad (7—4—5)$$

回收率见表7—4—5。

表7—4—5　　回　收　率

回收项目	使用年数或周转次数				计算基数
	一年或一次	两年或两次	三年或三次	四年或四次	
临时电力电信线路	50%	30%	10%	–	材料原价
拱盔、支架	60%	45%	30%	15%	
施工金属设备	80%	65%	50%	30%	

注：施工金属设备指钢壳沉井、钢护筒等。

任务实施

新密市袁庄乡姚山村至开阳村公路改建工程施工图预算的计算：

1. 该改建公路工程的设备、工具、器具及办公家具购置费的计算，由于该改建项目不需要购置设备及工器具，根据项目表只有一项办公及生活家具购置费，查表7—4—1得三级公路的办公及生活家具购置费的单价为2 900 × 80% =2 320 元/公路公里。具体计算见表7—4—6。

表7—4—6　　设备、工具、器具购置费计算表

建设项目名称：新密市袁庄乡姚山村至开阳村公路改建工程

编制范围：K0 +000 ~ K1 +300　　第1页　　共1页　　05表

编号	设备、工具、器具规格名称	单位	数量	单价（元）	金额（元）	说明
三	办公及生活用家具购置	公路公里	1.30	2 320.00	3 016	2 900 × 1.3 × 80%

2. 该改建公路工程项目的工程建设其他费用及预备费的计算，具体见表7—4—7。

3. 该改建公路工程项目的预算总金额见表7—4—8。

表7—4—7　　工程建设其他费用及回收金额计算表

建设项目名称：新密市袁庄乡姚山村至开阳村公路改建工程

编制范围：K0 +000 ~ K1 +300　　第1页　　共1页　　06表

序号	费用名称及回收金额项目	说明及计算式	金额（元）	备注
	第三部分　工程建设其他费用		246 009	
一	土地征用及拆迁补偿费		39 340	

续表

序号	费用名称及回收金额项目	说明及计算式	金额（元）	
1	砍伐5 cm以内杂树	20×8	160	
2	砍伐6~10 cm杂树	40×30	1 200	
3	砍伐11~15 cm杂树	100×34	3 400	
4	砍伐16~20 cm杂树	150×8	1 200	
5	砍伐21~25 cm杂树	180×3	540	
6	砍伐26~30 cm杂树	200×8	1 600	
7	砍伐30 cm以上杂树	220×2	440	
8	拆除混凝土电力线杆	600×22	13 200	
9	拆除混凝土电信线杆	600×1	600	
10	拆除变压器	5 000×1	5 000	
11	临时占地	2.4×5 000	12 000	
二	建设项目管理费		105 085	
（一）	建设单位管理费	建安工程费×3.48%	52 139	1 498 250.93×3.48%
（二）	工程监理费	建安工程费×3.0%	44 948	1 498 250.93×3.0%
（三）	设计文件审查费	建安工程费×0.1%	1 498	1 498 250.93×0.1%
（四）	竣（交）工验收试验检测费	5 000×1.3	6 500	
四	建设项目前期工作费		101 584	
1	勘察费	1.3×（1.1+1.4）×0.8×10 000	26 000	1.3×（1.1+1.4）×0.8×10 000
2	设计费	建安工程费/2 000 000×90 000×0.9×0.85×（1.89+1.1−2+1）×55%	56 451	1 498 250.93/2 000 000×90 000×0.9×0.85×（1.89+1.1−2+1）×55%
3	预算文件编制费	建安工程费/2 000 000×90 000×0.9×0.85×（1.89+1.1−2+1）×55%×10%	5 645	1 498 250.93/2 000 000×90 000×0.9×0.85×（1.89+1.1−2+1）×55%×10%
4	招标代理服务费	10 000+（建安工程费−1 000 000）×0.7%	13 488	10 000+（1 498 250.93−1 000 000）×0.7%
	预备费		52 418	
二	2. 基本预备费	（第一、第二、第三部分费用合计−{N}−{P}）×3%	52 418	（1 747 276.07−0−0）×3%

表 7—4—8 **总预算表**

建设项目名称：新密市袁庄乡姚山村至开阳村公路改建工程

编制范围：K0 +000 ~ K1 +300 第 1 页 共 2 页 01 表

项	目	节	细目	工程或费用名称	单位	数量	预算金额（元）	技术经济指标	各项费用比例（%）	备注
				第一部分 建筑安装工程费	公路公里	1. 300	1 498 251	1 152 500. 77	83. 25	
一				临时工程	公路公里	1. 300	74 219	57 091. 54	4. 12	
	1			临时电力线路	km	0. 300	11 349	37 830. 00		
	2			混凝土拌和站	座	1. 000	56 455	56 455. 00		
	3			平整场地	m^2	1 600. 000	6 415	4. 01		
二				路基工程	km	1. 300	285 819	219 860. 77	15. 88	
	1			场地清理	km	1. 300	133 386	102 604. 62		
		1		清理与掘除	棵	55. 000	2 079	37. 80		
			1	伐树、挖根、除草	棵	55. 000	2 079	37. 80		
		2		挖除旧路面	m^2	4 550. 000	129 597	28. 48		
			1	挖除水泥混凝土路面厚 20 cm	m^2	4 550. 000	129 597	28. 48		
		3		拆除旧石拱涵	m^3	20. 000	1 710	85. 50		
			1	拆除砖石及其他砌体	m^3	20. 000	1 710	85. 50		
	2			挖方	m^3	4 769. 870	75 496	15. 83		
		1		挖土方	m^3	4 230. 590	12 455	2. 94		
			1	挖路基土方	m^3	4 230. 590	12 455	2. 94		
		2		挖石方	m^3	949. 970	22 420	23. 60		
			1	挖路基石方	m^3	949. 970	22 420	23. 60		
		3		弃方运输	m^3	4 020. 420	40 622	10. 10		
	3			填方	m^3	1 104. 900	7 832	7. 09		
		1		路基填方	m^3	1 104. 900	7 832	7. 09		
			1	远运利用方运输	m^3	248. 470	2 149	8. 65		
			2	利用土方填筑	m^3	1 104. 900	5 683	5. 14		
	4			排水工程	km	0. 155	69 105	445 838. 71		
		1		边沟	m^3/m	174. 37/195	69 105	396. 31/354. 38		
			1	浆砌片石边沟	m^3/m	174. 37/195	69 105	396. 31/354. 38		
三				路面工程	km	1. 300	970 822	746 786. 15	53. 94	
	1			路面底基层	m^2	6 930. 000	153 437	22. 14		
		1		石灰稳定类底基层厚 20 cm	m^2	6 930. 000	153 437	22. 14		

续表

项	目	节	细目	工程或费用名称	单位	数量	预算金额（元）	技术经济指标	各项费用比例（%）	备注
	2			路面基层	m^2	7 550.000	301 576	39.94		
		1		水泥稳定类基层厚 18 cm	m^2	7 550.000	301 576	39.94		
	3			水泥混凝土面层	m^2	6 550.000	499 198	76.21		
		1		水泥混凝土面层厚 22 cm	m^2	6 550.000	490 438	74.88		
		2		钢筋	t	1.447	8 760	6 055.16		
	4			路槽、路肩及中央分隔带	km	1.300	16 610	12 776.92		
		1		培路肩	m^2	1 890.000	16 610	8.79		
四				桥梁涵洞工程	m/道	11/1	52 171	4 742.82/52 171.00	2.90	
	1			涵洞工程	m/道	11/1	52 171	4 742.82/52 171.00		
		1		钢筋混凝土管涵	m/道	11/1	52 171	4 742.82/52 171.00		
			1	2×ϕ1.0 m 圆管涵	m/道	11/1	52 171	4 742.82/52 171.00		
五				交叉工程	处	1.000	17 083	17 083.00	0.95	
	1			平面交叉道	处	1.000	17 083	17 083.00		
		1		公路与公路平面交叉	处	1.000	17 083	17 083.00		
七				公路设施及预埋管线工程	公路公里	1.300	93 139	71 645.38	5.18	
	1			安全设施	公路公里	1.300	93 139	71 645.38		
		1		里程碑、百米桩、公路界碑	块	19.000	680	35.79		
		2		各类标志牌	块	8.000	92 459	11 557.38		
八				绿化及环境保护工程	公路公里	1.300	4 997	3 843.85	0.28	
	1			种植乔、灌木	株	235.000	4 997	21.26		
		1		种植乔木	株	235.000	4 997	21.26		
				第二部分 设备及工具、器具购置费	公路公里	1.300	3 016	2 320.00	0.17	
三				办公及生活用家具购置	公路公里	1.300	3 016	2 320.00	0.17	
				第三部分 工程建设其他费用	公路公里	1.300	246 009	189 237.69	13.67	
一				土地征用及拆迁补偿费	公路公里	1.300	39 340	30 261.54	2.19	
	1			砍伐 5 cm 以内杂树	棵	8.000	160	20.00		
	2			砍伐 6～10 cm 杂树	棵	30.000	1 200	40.00		
	3			砍伐 11～15 cm 杂树	棵	34.000	3 400	100.00		
	4			砍伐 16～20 cm 杂树	棵	8.000	1 200	150.00		

续表

项	目	节	细目	工程或费用名称	单位	数量	预算金额（元）	技术经济指标	各项费用比例（%）	备注
	5			砍伐21～25 cm杂树	棵	3.000	540	180.00		
	6			砍伐26～30 cm杂树	棵	8.000	1 600	200.00		
	7			砍伐30 cm以上杂树	棵	2.000	440	220.00		
	8			拆除混凝土电力线杆	根	22.000	13 200	600.00		
	9			拆除混凝土电信线杆	根	1.000	600	600.00		
	10			拆除变压器	个	1.000	5 000	5 000.00		
	11			临时占地	亩	2.400	12 000	5 000.00		
二				建设项目管理费	公路公里	1.300	105 085	80 834.62	5.84	
	(一)			建设单位管理费	公路公里	1.300	52 139	40 106.92		
	(二)			工程监理费	公路公里	1.300	44 948	34 575.38		
	(三)			设计文件审查费	公路公里	1.300	1 498	1 152.31		
	(四)			竣(交)工验收试验检测费	公路公里	1.300	6 500	5 000.00		
四				建设项目前期工作费	公路公里	1.300	101 584	78 141.54	5.64	
	1			勘察费	公路公里	1.300	26 000	20 000.00		
	2			设计费	公路公里	1.300	56 451	43 423.85		
	3			预算文件编制费	公路公里	1.300	5 645	4 342.31		
	4			招标代理服务费	公路公里	1.300	13 488	10 375.38		
				第一、二、三部分费用合计	公路公里	1.300	1 747 276	1 344 058.46	97.09	
				预备费	元	1.000	52 418	52 418.00	2.91	
二				2. 基本预备费	元	1.000	52 418	52 418.00	2.91	
				预算总金额	元	1.000	1 799 694	1 799 694.00	100.00	
				公路基本造价	公路公里	1.300	1 799 694	1 384 380.00	100.00	

思考与练习

1. 建设项目管理由哪些费用组成？如何计算？
2. 基本预备费用的用途是什么？
3. 建筑安装工程费用的计算程序如何？

任务五　编制概预算文件

学习目标

◆ 掌握概（预）算的编制步骤。

◆ 了解施工组织设计对施工图预算的影响。

一、概（预）算的编制步骤

1. 准备工作

（1）熟悉设计文件，核对主要工程量

设计文件由封面、扉页、目录、工程说明书、设计图样、工程数量表及其他成果表、基础资料等组成。通常用图形表现的设计图样和用文字叙述的工程说明书，确定了工程的数量和施工方法，而工程量是编制工程造价的基础资料。因此，在编制概（预）算之前，应深入熟悉设计文件，了解设计意图，掌握工程全貌，核对主要工程量。这是合理划分计算项目并正确套用定额，准确、完整、快速编制概（预）算的关键环节。

（2）外业调查

编制施工图预算的外业调查工作，是为了给计算人工、材料、征地拆迁单价提供依据，也为编制概（预）算提供原始资料。外业调查是否深入细致，资料是否齐全、准确，直接影响到概（预）算的编制质量，做好外业调查是编好概（预）算的一个重要方面。编制概（预）算的外业调查应和建设项目的外业勘察工作同步进行，并与有关勘察工作进行很好的协调与分工。外业调查工作，应包括以下各项内容：人工工资、车船使用税；材料供应价格；材料运输情况；征用土地；拆迁房屋及建筑物；拆迁电力、电信线路；工地转移费和主副食运费补贴里程的调查；其他，如施工用电、临时便道和便桥、自然条件（气温、雨量等）。

2. 分析外业调查资料及施工组织设计资料

（1）概、预算调查资料分析

概、预算资料的调查工作是一项关系到概、预算文件质量的基础工作，一般在公路工程外业勘察时同时进行。对这些调查资料应进行分析，若有不明确或不全的部分，应另行调查，以保证概、预算的准确和合理。

（2）施工组织设计文件的分析

对与相应设计阶段配套的施工组织设计文件（尤其是施工方案）应认真分析其可行性、合理性、经济性。因为施工方案将直接影响概、预算金额的高低和定额的查用，因此编制概、预算时，重点应对施工方案进行认真分析。

1）施工方法。同一工程内容，可以采用不同的施工方法来完成，如土方施工，有人工挖土方和机械挖土方两种方法；钢筋混凝土工程既可以采用现浇施工，也可以采用预制安装等。因此，应根据工程设计的意图和要求同工程实际相结合，选择最经济的施工方法。

2）施工机械。施工机械选择也将直接影响施工费用，因此，应根据选定的施工方法选配相应的施工机械，如挖填土方，既可以采用铲运机，也可以采用挖土机配自卸汽车；又如混凝土预制构件安装，也可采用多种机械施工等。

3）其他方面。运距远近的选择（如土方中取土坑、弃土场的位置），材料堆放的位置及仓库的设置等。

3. 划分项目

公路工程概、预算是以分项工程概、预算表为基础计算和汇总而来的，所以工程分项是概、预算工作中的一项重要基础工作。分项时必须满足如下要求：

（1）按照概、预算项目表的要求分项

这是基本要求。概、预算项目表实质上是将一个复杂的建设项目分解成许多分项工程的一种科学划分方法。

（2）符合定额项目表的要求

定额项目表是定额的主体内容，分项后的各个分项工程所包含的工作内容、施工方法、工艺要求与定额中该分项工程的要求相同或符合定额说明中所规定的范围。

（3）符合费率的要求

其他工程费和间接费都是按不同工程类别确定的费率定额，因此，所分的项目应满足其要求。

4. 摘取计价工程量

工程数量作为编制概、预算的基础资料，通常是设计人员在完成设计图样的同时就已进行了计算，在编制概、预算时又经过了熟悉设计文件和对工程量的复核工作。因此，在编制概、预算时，基本上不需要根据设计图样重新计算工程量，但是设计图样所提供的工程数量与定额表中所规定的工程内容和工程量计算规则不完全一致，需要编制人员按照定额的要求从设计图表中摘取计价工程量。所以，摘取计价工程量实际上是根据定额规定的工程量计算规则，将设计图表中提供的工程量进行分类、统计、汇总后，得出符合定额表要求的计价工程量。为了正确摘取工程量，做到不重不漏，编制人员必须明确定额规定的工程内容、适用范围，清楚定额的各章、节说明及定额表附注。

5. 套用定额

根据摘取的工程量，结合施工组织设计要求，正确套用概、预算定额，进行工、料、机实物量分析。根据施工图设计文件的各分项工程的具体情况，具体在套用定额时，可分为以下几种情况：直接套用；定额合并；定额调整，乘系数、加减消耗量（定额附注）、定额抽换（混凝土、砂浆标号调整）；补充定额。

6. 计算人工、材料、施工机械台班预算价格

按《概、预算编制办法》所规定的方法和要求，完成以下各项计算工作：

（1）人工费单价的分析取定。

（2）自采材料料场单价计算。

（3）材料预算单价计算。

（4）施工机械台班单价计算。

（5）人工、材料、机械台班单价汇总。

7. 取定其他工程费、间接费的各项费率标准，计算其他工程费、间接费综合费率。

8. 计算分项工程的直接费和间接费。

9. 计算建筑安装工程费。

10. 实物消耗量指标计算。

11. 计算设备、工具、器具购置费。

12. 计算工程建设其他费用及回收金额。

按规定计算第二部分和第三部分费用，即编制05表和06表。同时可以在06表中计算回收金额及预留费用。

13. 编制总概（预）算表并进行造价分析。

14. 编写概（预）算编制说明书。

15. 复核、审查、出版。

综上所述，公路工程概（预）算的编制步骤如图7—5—1所示。概（预）算表格的计算顺序及相互关系如图7—5—2所示。

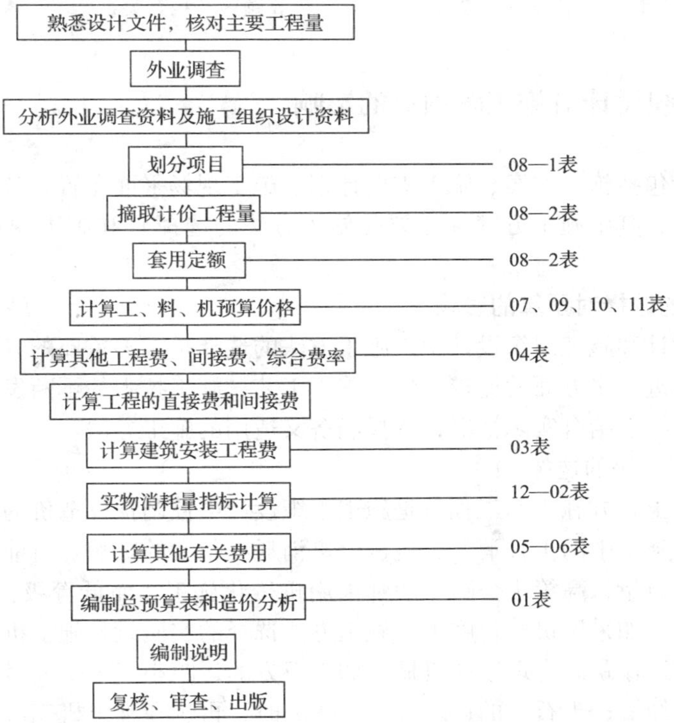

图7—5—1 预算编制基本步骤

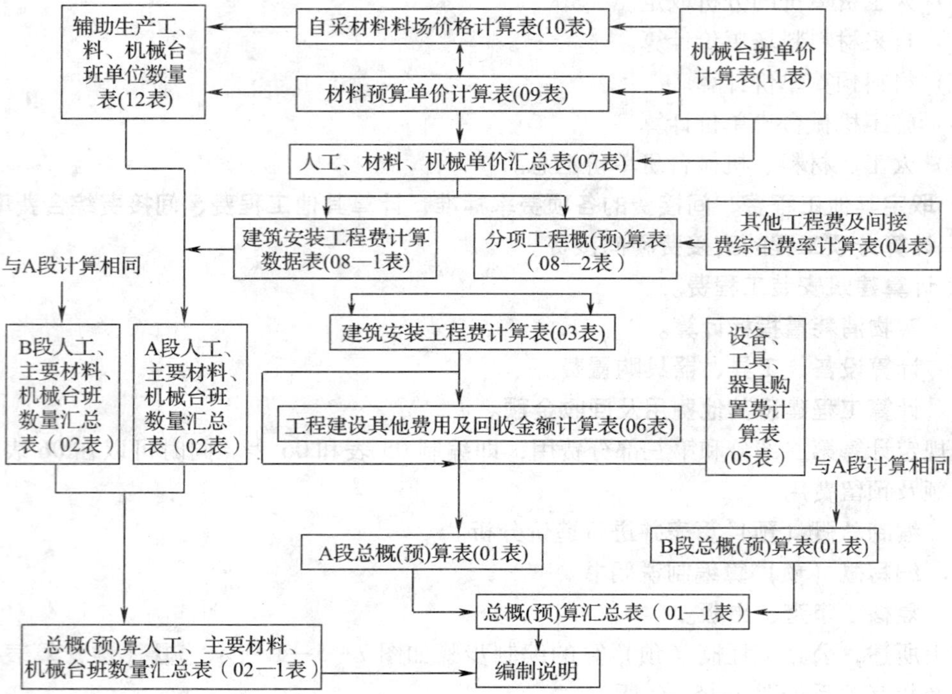

图 7—5—2　各种表格的计算顺序及相互关系

二、施工组织设计对施工图预算的影响

施工组织设计包括施工方案、施工进度计划、施工现场平面布置、各种资源需要量及其供应四项基本内容，其中施工方案（主要是施工方法的选择）和施工现场平面布置对施工图预算的影响较大。

1. 施工方法的选择对预算的影响

在公路工程设计和施工组织设计中，施工方法的选择是至关重要的，必须依据工程条件和经济合理的原则进行多方面的比较。随着施工工艺、施工技术的不断发展和更新，要求设计人员根据工程的特点结合实际情况，选择经济又适用的施工方法。

（1）路基施工方法的选择

路基工程中，土石方施工的工程量是施工组织设计中控制预算造价的主要因素。施工方法的选择对土石方施工中的工日消耗、机械台班消耗有很大的影响。目前公路路基工程施工中，为了满足施工质量，高等级公路一般都采用机械化施工，而低等级公路一般采用人工、机械组合进行施工。如采用机械化施工，施工方法选择的实质就是施工机械的选择，应根据施工的作业种类及运输距离合理选择机械。如土石方的运距小于100 m时，选择推土机完成其运输作业就比较经济；土石方的运距大于500 m时，再选择推土机完成其运输作业就很不经济，这时应选择自卸汽车才经济；这是在编制施工组织设计和预算时应注意的。

（2）路面施工方法的选择

路面基层施工方法主要分为路拌和厂拌，面层施工主要有热拌、冷拌、贯入、厂拌等方法。各种施工方法的工程成本消耗各不相同，应结合公路等级对路面的质量要求、路面工程规模和工期要求进行综合分析确定施工方法。

（3）桥梁工程施工方法的选择

与路基、路面工程相比，桥梁工程结构类型较多，施工工艺复杂，施工方法多，技术要求较高。如桥梁上部构造的施工方法一般可分为预制安装和现浇两大类。预制安装施工主要包括自行式吊车安装、跨墩门架安装、架桥机（单导梁、双导梁）安装、缆索吊装、悬臂拼装等；现浇施工主要有支架现浇、悬臂现浇等。不同的施工方法，桥梁上部构造混凝土每立方米造价是不一样的，有时有较大差异。因此，在确定桥梁施工方法时应根据桥梁规模和结构设计要求，施工现场、环境、设备等因素综合分析，选择最佳的施工方法。

2．施工现场平面布置对预算的影响

施工现场平面布置是施工组织设计在空间上的综合描述，是施工组织设计的重要组成部分之一。它是在基础资料调查的基础上，结合建设工程的实际情况，按照一定的布置原则和方法，对建设工程在施工过程中的材料供应、运输路线、供水、供电、临时工程、工地仓库、生活设施、管理机构设施、预制厂、拌和厂、采料厂、材料和半成品堆放点以及大型机械设备工作面的布置和安排。平面布置的确定，决定了预算中相应的直接费，如临时工程的费用、租用土地费以及平整场地费用等。因此，在施工组织设计中规划平面布置时，应考虑技术上的可行性和经济上的合理性，一般应遵循以下原则：

（1）凡是永久性占用土地或需临时性租用土地的，应结合地形、地貌，在满足施工的前提下，选择交通便利、运输条件好、材料供应方便，尽可能利用荒山、荒地，少占农田和场地平整工程量小的地点。

（2）合理确定外购材料工地仓库和自采材料堆放点，预制场、拌和站的位置，应尽量减少材料的二次搬运和场内的搬运距离。

（3）施工平面布置应与施工进度、施工方法等相适应，要重视保护生态环境。

（4）材料费在公路工程建设中占的比重很大，应给予足够的重视。合理选择材料、确定经济运距和运输方案是控制预算造价的重要手段，也是施工组织设计中的重点。

思考与练习

1．简要说明施工图预算的编制步骤。

2．施工组织设计对预算的影响主要有哪几个方面？

附录

附录一：概、预算项目表

项	目	节	细目	工程或费用名称	单位	备注
				第一部分　建筑安装工程费	公路公里	建设项目路线总长度（主线长度）
一				临时工程	公路公里	
	1			临时道路	km	新建便道与利用原有道路的总长
			1	临时便道的修建与维护	km	新建便道长度
			2	原有道路的维护与恢复	km	利用原有道路长度
				……		
	2			临时便桥	m/座	指汽车便桥
	3			临时轨道铺设	km	
	4			临时电力线路	km	
	5			临时电信线路	km	不包括广播线
	6			临时码头	座	按不同的形式划分节或细目
二				路基工程	km	扣除桥梁、隧道和互通立交的主线长度，独立桥梁或隧道为引道或接线长度
	1			场地清理	km	
		1		清理与掘除	m^2	
			1	清除表土	m^3	按清除内容的不同划分细目
			2	伐树、挖根、除草	m^2	
				……		
		2		挖除旧路面	m^2	
			1	挖除水泥混凝土路面	m^2	按不同的路面类型和厚度划分细目
			2	挖除沥青混凝土路面	m^2	
			3	挖除碎（砾）石路面	m^2	
				……		
		3		拆除旧建筑物、构筑物	m^3	
			1	拆除钢筋混凝土结构	m^3	
			2	拆除混凝土结构	m^3	按不同的构筑材料划分细目
			3	拆除砖石及其他砌体	m^3	
				……		

续表

项	目	节	细目	工程或费用名称	单位	备注
	2			挖方	m^3	
		1		挖土方	m^3	
			1	挖路基土方	m^3	
			2	挖改路、改河、改渠土方	m^3	按不同的地点划分细目
				……		
		2		挖石方	m^3	
			1	挖路基石方	m^3	
			2	挖改路、改河、改渠石方	m^3	按不同的地点划分细目
				……		
		3		挖非适用材料	m^3	
		4		弃方运输	m^3	
	3			填方	m^3	
		1		路基填方	m^3	
			1	换填土	m^3	
			2	利用土方填筑	m^3	
			3	借土方填筑	m^3	
			4	利用石方填筑	m^3	
			5	填砂路基	m^3	
			6	粉煤灰及填石路基	m^3	
				……		
		2		改路、改河、改渠填方	m^3	按不同的填筑材料划分细目
			1	利用土方填筑	m^3	
			2	借土方填筑	m^3	
			3	利用石方填筑	m^3	
				……		
		3		结构物台背回填	m^3	按不同的填筑材料划分细目
			1	填碎石	m^3	
				……		
	4			特殊路基处理	km	指需要处理的软弱路基长度
		1		软土处理	km	按不同的处治方法划分细目
			1	抛石挤淤	m^3	
			2	沙、沙砾垫层	m^3	
			3	灰土垫层	m^3	
			4	预压与超载预压	m^2	
			5	袋装沙井	m	
			6	塑料排水板	m	
			7	粉喷桩与旋喷桩	m	

续表

项	目	节	细目	工程或费用名称	单位	备注
			8	碎石桩	m	
			9	砂桩	m	
			10	土工布	m^2	
			11	土工格栅	m^2	
			12	土工格室	m^2	
				……		
		2		滑坡处理	处	按不同的处理方式划分细目
			1	卸载土石方	m^3	
			2	抗滑桩	m^3	
			3	预应力锚索	m	
				……		
		3		岩溶洞回填	m^3	按不同的回填材料划分细目
		4	1	混凝土	m^3	
				……		
		5		膨胀土处理	km	按不同的处理方式划分细目
			1	改良土	m^3	
				……		
				黄土处理	m^3	按黄土的不同特性划分细目
			1	陷穴	m^3	
			2	湿陷性黄土	m^2	
				……		
		6		盐渍土处理	m^2	按不同的厚度划分细目
				……		
	5			排水工程	km	按不同的结构类型分节
		1		边沟	m^3/m	按不同的材料、尺寸划分细目
			1	现浇混凝土边沟	m^3/m	
			2	浆砌混凝土预制块边沟	m^3/m	
			3	浆砌片石边沟	m^3/m	
			4	浆砌块石边沟	m^3/m	
				……		
		2		排水沟	处	按不同的材料、尺寸划分细目
			1	现浇混凝土排水沟	m^3/m	
			2	浆砌混凝土预制块排水沟	m^3/m	
			3	浆砌片石排水沟	m^3/m	
			4	浆砌块石排水沟	m^3/m	
				……		
		3		截水沟	m^3/m	按不同的材料、尺寸划分细目

续表

项	目	节	细目	工程或费用名称	单位	备注
			1	浆砌混凝土预制块截水沟	m^3/m	
			2	浆砌片石截水沟	m^3/m	
				……		
		4		急流槽	m^3/m	按不同的材料、尺寸划分细目
			1	现浇混凝土急流槽	m^3/m	
			2	浆砌片石急流槽	m^3/m	
				……		
		5		暗沟	m^3	按不同的材料、尺寸划分细目
				……		
		6		渗（盲）沟	m^3/m	按不同的材料、尺寸划分细目
				……		
		7		排水管	m	按不同的材料、尺寸划分细目
				……		
		8		集水井	m^3/个	按不同的材料、尺寸划分细目
				……		
		9		泻水槽	m^3/个	按不同的材料、尺寸划分细目
				……		
	6			防护与加固工程	km	按不同的结构类型分节
		1		坡面植物防护	m^2	按不同的材料划分细目
			1	播种草籽	m^2	
			2	铺（植）草皮	m^2	
			3	土工织物植草	m^2	
			4	植生袋植草	m^2	
			5	液压喷播植草	m^2	
			6	客土喷播植草	m^2	
			7	喷混植草	m^2	
				……		
		2		坡面圬工防护	m^3/m^2	按不同的材料和形式划分细目
			1	现浇混凝土护坡	m^3/m^2	
			2	预制块混凝土护坡	m^3/m^2	
			3	浆砌片石护坡	m^3/m^2	
			4	浆砌块石护坡	m^3/m^2	
			5	浆砌片石骨架护坡	m^3/m^2	
			6	浆砌片石护面墙	m^3/m^2	
			7	浆砌块石护面墙	m^3/m^2	
				……		

续表

项	目	节	细目	工程或费用名称	单位	备注
		3		坡面喷浆防护	m^2	按不同的材料划分细目
			1	抹面、捶面护坡	m^2	
			2	喷浆护坡	m^2	
			3	喷射混凝土护坡	m^3/m^2	
				……		
		4		坡面加固	m^2	按不同的材料划分细目
			1	预应力锚索	t/m	
			2	锚杆、锚钉	t/m	
			3	锚固板	m^3	
				……		
		5		挡土墙	m^3/m	按不同的材料和形式划分细目
			1	现浇混凝土挡土墙	m^3/m	
			2	锚杆挡土墙	m^3/m	
			3	锚锭板挡土墙	m^3/m	
			4	加筋土挡土墙	m^3/m	
			5	扶壁式、悬臂式挡土墙	m^3/m	
			6	桩板墙	m^3/m	
			7	浆砌片石挡土墙	m^3/m	
			8	浆砌块石挡土墙	m^3/m	
			9	浆砌护肩墙	m^3/m	
			10	浆砌（干砌）护脚	m^3/m	
				……		
		6		抗滑桩	m^3	按不同的规格划分细目
				……		
		7		冲刷防护	m^3	按不同的材料和形式划分细目
			1	浆砌片石河床铺砌	m^3	
			2	导流坝	m^3/处	
			3	驳岸	m^3/m	
			4	石笼	m^3/处	
				……		
		8		其他工程	km	根据具体情况划分细目
				……		
				路面工程	km	按不同的材料分节
	1			路面垫层	m^2	按不同的厚度划分细目
		1		碎石垫层	m^2	按不同的厚度划分细目
		2		沙砾垫层	m^2	按不同的厚度划分细目

续表

项	目	节	细目	工程或费用名称	单位	备注
				……		
	2			路面底基层	m^2	按不同的材料分节
		1		石灰稳定类底基层	m^2	按不同的厚度划分细目
		2		水泥稳定类底基层	m^2	按不同的厚度划分细目
		3		石灰粉煤灰稳定类底基层	m^2	按不同的厚度划分细目
		4		级配碎（砾）石底基层	m^2	按不同的厚度划分细目
				……		
	3			路面基层	m^2	按不同的材料分节
		1		石灰稳定类基层	m^2	按不同的厚度划分细目
		2		水泥稳定类基层	m^2	按不同的厚度划分细目
		3		石灰粉煤灰稳定类基层	m^2	按不同的厚度划分细目
		4		级配碎（砾）石基层	m^2	按不同的厚度划分细目
		5		水泥混凝土基层	m^2	按不同的厚度划分细目
		6		沥青碎石混合料基层	m^2	按不同的厚度划分细目
				……		
	4			透层、黏层、封层	m^2	按不同的形式分节
		1		透层	m^2	
		2		黏层	m^2	
		3		封层	m^2	按不同的材料划分细目
			1	沥青表处封层	m^2	
			2	稀浆封层	m^2	
				……		
		4		单面烧毛纤维土工布	m^2	
		5		玻璃纤维格栅	m^2	
				……		
	5			沥青混凝土面层	m^2	指上层面积
		1		粗粒式沥青混凝土面层	m^2	按不同的厚度划分细目
		2		中粒式沥青混凝土面层	m^2	按不同的厚度划分细目
		3		细粒式沥青混凝土面层	m^2	按不同的厚度划分细目
		4		改性沥青混凝土面层	m^2	按不同的厚度划分细目
		5		沥青玛蹄脂碎石混合料面层	m^2	按不同的厚度划分细目
				……		
	6			水泥混凝土面层	m^2	按不同的材料分节
		1		水泥混凝土面层	m^2	按不同的厚度划分细目
		2		连续配筋混凝土面层	m^2	按不同的厚度划分细目
		3		钢筋	t	按不同的类型分节

续表

项	目	节	细目	工程或费用名称	单位	备注
	7			其他面层	m^2	按不同的厚度划分细目
		1		沥青表面处治面层	m^2	按不同的厚度划分细目
		2		沥青贯入式面层	m^2	按不同的厚度划分细目
		3		沥青上拌下贯式面层	m^2	按不同的厚度划分细目
		4		泥结碎石面层	m^2	按不同的厚度划分细目
		5		级配碎（砾）石面层	m^2	按不同的厚度划分细目
		6		天然沙砾面层	m^2	按不同的厚度划分细目
				……		
	8			路槽、路肩及中央分隔带	km	
		1		挖路槽	m^2	按不同的土质划分细目
			1	土质路槽	m^2	
			2	石质路槽	m^2	
		2		培路肩	m^2	按不同的厚度划分细目
		3		土路肩加固	m^2	按不同的加固方式划分细目
			1	现浇混凝土	m^2	
			2	铺砌混凝土预制块	m^2	
			3	浆砌片石	m^2	
				……		
		4		中央分隔带回填土	m^3	
		5		路缘石	m^3	按现浇和预制安装划分细目
				……		
	9			路面排水	km	按不同的类型分节
		1		拦水带	m	按不同的材料划分细目
			1	沥青混凝土	m	
			2	水泥混凝土	m	
		2		排水沟	m	按不同的类型划分细目
			1	路肩排水沟	m	
			2	中央分隔带排水沟	m	
				……		
		3		排水管	m	按不同的类型划分细目
			1	纵向排水管	m	
			2	横向排水管	m/道	
				……		
		4		集水井	m^3/个	按不同的规格划分细目
				……		

续表

项	目	节	细目	工程或费用名称	单位	备注
四				桥梁涵洞工程	km	指桥梁长度
	1			漫水工程	m/处	
		1		过水路面	m/处	
		1		混合式过水路面	m/处	
	2			涵洞工程	m/处	按不同的结构类型分节
		1		钢筋混凝土管涵	m/处	按管径和单、双孔划分细目
			1	1—ϕ1.0 m 圆管涵	m/道	
			2	1—ϕ1.5 m 圆管涵	m/道	
			3	倒虹吸管	m/道	
				……		
		2		盖板涵	m/道	按不同的材料和涵径划分细目
			1	2.0 m×2.0 m 石盖板涵	m/道	
			2	2.0 m×2.0 m 钢筋混凝土盖板涵	m/道	
				……		
		3		箱涵	m/道	按不同的涵径划分细目
			1	4.0 m×4.0 m 钢筋混凝土箱涵	m/道	
				……		
		4		拱涵	m/道	按不同的材料和涵径划分细目
			1	4.0 m×4.0 m 石拱涵	m/道	
			2	4.0 m×4.0 m 钢筋混凝土拱涵	m/道	
				……		
	3			小桥工程	m/座	按不同的结构类型分节
		1		石拱桥	m/座	按不同的跨径划分细目
		2		钢筋混凝土矩形板桥	m/座	按不同的跨径划分细目
		3		钢筋混凝土空心板桥	m/座	按不同的跨径划分细目
		4		钢筋混凝土 T 型梁桥	m/座	按不同的跨径划分细目
		5		预应力混凝土空心板桥	m/座	按不同的跨径划分细目
				……		
	4			中桥工程	m/座	按不同的结构类型或桥名分节
		1		钢筋混凝土空心板桥	m/座	按不同的跨径或工程部位划分细目
		2		钢筋混凝土 T 型梁桥	m/座	
		3		钢筋混凝土拱桥	m/座	按不同的跨径或工程部位划分细目

续表

项	目	节	细目	工程或费用名称	单位	备注
		4		预应力混凝土空心板桥	m/座	
				……		
	5			大桥工程	m/座	
		1		××大桥	m^2/m	按不同的跨径或工程部位划分细目
			1	天然基础	m^3	
			2	桩基础	m^3	
			3	沉井基础	m^3	按桥名或不同的工程部位分节
			4	桥台	m^3	按不同的工程部位划分细目
			5	桥墩	m^3	
			6	上部构造	m^3	
				……		
		2		……		
	6			××特大桥工程	m^2/m	
		1		基础	m^2/m	注明上部构造跨径组成及结构形式
			1	天然基础	m^3	
			2	桩基础	m^3	按桥名分目，按不同的工程部位分节 按不同的形式划分细目
			3	沉井基础	m^3	
			4	承台	m^3	
				……		
		2		下部构造	m^3/座	按不同的形式划分细目
			1	桥台	m^3	
			2	桥墩	m^3	
			3	索塔	m^3	
				……		
		3		上部构造	m^3	按不同的形式划分细目，并注明其跨径组成
			1	预应力混凝土空心板	m^3	
			2	预应力混凝土T型梁	m^3	
			3	预应力混凝土连续梁	m^3	
			4	预应力混凝土连续刚构	m^3	
			5	钢管拱桥	m^3	
			6	钢箱梁	t	
			7	斜拉索	t	
			8	主缆	t	
			9	预应力钢材	t	
				……		
		4		桥梁支座	个	按不同规格划分细目

续表

项	目	节	细目	工程或费用名称	单位	备注
			1	矩形板式橡胶支座	d m^3	
			2	圆形板式橡胶支座	d m^3	
			3	矩形四氟板式橡胶支座	d m^3	
			4	圆形四氟板式橡胶支座	d m^3	
			5	盆式橡胶支座	个	
				……		
		5		桥梁伸缩缝	m	指伸缩缝长度，按不同的规格划分细目
			1	橡胶伸缩装置	m	
			2	模数式伸缩装置	m	
			3	填充式伸缩装置	m	
				……		
		6		桥面铺装	m^3	
			1	沥青混凝土桥面铺装	m^3	按不同的材料划分细目
			2	水泥混凝土桥面铺装	m^3	
			3	水泥混凝土垫平层	m^3	
			4	防水层	m^2	
				……		
		7		人行道系	mm^3/m	
			1	人行道及栏杆	m	指桥梁长度，按不同的类型划分细目
			2	桥梁钢防撞护栏	m	
			3	桥梁波形梁护栏		
			4	桥梁水泥混凝土防撞墙	m	
			5	桥梁防护网	m	
				……		
		8		其他工程	m	指桥梁长度，按不同类型划分细目
			1	看桥房及岗亭	座	
			2	砌筑工程	m^3	
			3	混凝土构件装饰	m^2	
				……		
五				交叉工程	处	按不同的交叉形式分目
	1			平面交叉道	处	按不同的类型分节
		1		公路与铁路平面交叉	处	
		2		公路与公路平面交叉	处	
		3		公路与大车道平面交叉	处	
				……		
	2			通道	m/处	按结构类型分节
		1		钢筋混凝土箱式通道	m/处	

续表

项	目	节	细目	工程或费用名称	单位	备注
		2		钢筋混凝土板式通道	m/处	
				……		
	3			人行天桥	m/处	
		1		钢结构人行天桥	m/处	
		2		钢筋混凝土结构人行天桥	m/处	
	4			渡槽	m/处	按结构类型分节
		1		钢筋混凝土渡槽	m/处	
		2		……		
	5			分离式立体交叉	处	按交叉名称分节
		1		××分离式立体交叉	处	按不同的工程内容划分细目
				路基土石方	m^3	
				路基排水防护	m^3	
				特殊路基处理	km	
				路面	m^2	
				涵洞及通道	m^3/m	
				桥梁	m^2/m	
				……		
		2		……		
	6			××互通式立体交叉	处	按互通名称分目（注明其类型），按不同的分部工程分节
		1		路基土石方	m^3/km	
			1	清理与掘除	m^2	
			2	挖土方	m^3	
			3	挖石方	m^3	
			4	挖非适用材料	m^3	
			5	弃方运输	m^3	
			6	换填土	m^3	
			7	利用土方填筑	m^3	
			8	借土方填筑	m^3	
			9	利用石方填筑	m^3	
			10	结构物台背回填	m^3	
		2		特殊路基处理	km	
			1	特殊路基垫层	m^3	
			2	预压与超载预压	m	
			3	袋装砂井	m	
			4	塑料排水板	m	
			5	粉喷桩与旋喷桩	m	

续表

项	目	节	细目	工程或费用名称	单位	备注
			6	碎石桩	m	
			7	砂桩	m	
			8	土工布	m^2	
			9	土工格栅	m^2	
			10	土工格室	m^2	
				……		
		3		排水工程	m^3	
			1	混凝土边沟、排水沟	m^3/m	
			2	砌石边沟、排水沟	m^3/m	
			3	现浇混凝土急流槽	m^3/m	
			4	浆砌片石急流槽	m^3/m	
			5	暗沟	m^3	
			6	渗（盲）沟	m^3/m	
			7	拦水带	m	
			8	排水管	m	
			9	集水井	m^3/个	
				……		
		4		防护工程	m^3	
			1	播种草籽	m^2	
			2	铺（植）草皮	m^2	
			3	土工织物植草	m^2	
			4	植生袋植草	m^2	
			5	液压喷播植草	m^2	
			6	客土喷播植草	m^2	
			7	喷混植草	m^2	
			8	现浇混凝土护坡	m^3/m^2	
			9	预制块混凝土护坡	m^3/m^2	
			10	浆砌片石护坡	m^3/m^2	
			11	浆砌块石护坡	m^3/m^2	
			12	浆砌片石骨架护坡	m^3/m^2	
			13	浆砌片石护面墙	m^3/m^2	
			14	浆砌块石护面墙	m^3/m^2	
			15	喷射混凝土护坡	m^3/m^2	
			16	现浇混凝土挡土墙	m^3/m	
			17	加筋土挡土墙	m^3/m	
			18	浆砌片石挡土墙	m^3/m	
			19	浆砌块石挡土墙	m^3/m	

续表

项	目	节	细目	工程或费用名称	单位	备注
				……		
		5		路面工程	m^2	
			1	碎石垫层	m^2	
			2	沙砾垫层	m^2	
			3	石灰稳定类底基层	m^2	
			4	水泥稳定类底基层	m^2	
			5	石灰粉煤灰稳定类底基层	m^2	
			6	级配碎（砾）石底基层	m^2	
			7	石灰稳定类基层	m^2	
			8	水泥稳定类基层	m^2	
			9	石灰粉煤灰稳定类基层	m^2	
			10	级配碎（砾）石基层	m^2	
			11	水泥混凝土基层	m^2	
			12	透层、黏层、封层	m^2	
			13	沥青混凝土面层	m^2	
			14	改性沥青混凝土面层	m^2	
			15	沥青玛蹄脂碎石混合料面层	m^2	
			16	水泥混凝土面层	m^2	
			17	中央分隔带回填土	m^3	
			18	路缘石	m^3	
				……		
		6		涵洞工程	m/道	
			1	钢筋混凝土管涵	m/道	
			2	倒虹吸管	m/道	
			3	盖板涵	m/道	
			4	箱涵	m/道	
			5	拱涵	m/道	
		7		桥梁工程	m^2/m	
			1	天然基础	m^3	
			2	桩基础	m^3	
			3	沉井基础	m^3	
			4	桥台	m^3	
			5	桥墩	m^3	
			6	上部构造	m^3	
				……		
		8		通道	m/处	
六				隧道工程	km/座	按隧道名称分目，并注明其形式

续表

项	目	节	细目	工程或费用名称	单位	备注
	1			××隧道	m	按明洞、洞门、洞身开挖、衬砌等分节
		1		洞门及明洞开挖	m^3	
			1	挖土方	m^3	
			2	挖石方	m^3	
				……		
		2		洞门及明洞修筑	m^3	
			1	洞门建筑	m^3/座	
			2	明洞衬砌	m^3/m	
			3	遮光棚（板）	m^3/m	
			4	洞口坡面防护	m^3	
			5	明洞回填	m^3	
				……		
		3		洞身开挖	m^3/m	
			1	挖土石方	m^3	
			2	注浆小导管	m	
			3	管棚	m	
			4	锚杆	m	
			5	钢拱架（支撑）	t/榀	
			6	喷射混凝土	m^3	
			7	钢筋网	t	
				……		
		4		洞身衬砌	m^3	
			1	现浇混凝土	m^3	
			2	仰拱混凝土	m^3	
			3	管、沟混凝土	m^3	
				……		
		5		防水与排水	m^3	
			1	防水板	m^2	
			2	止水带、条	m	
			3	压浆	m^3	
			4	排水管	m	
				……		
		6		洞内路面	m^2	按不同的路面结构和厚度划分细目
			1	水泥混凝土路面	m^2	
			2	沥青混凝土路面	m^2	

续表

项	目	节	细目	工程或费用名称	单位	备注
				……		
		7		通风设施	m	
			1	通风机安装	台	按不同的设施划分细目
			2	风机启动柜洞门	个	
				……		
		8		消防设施	m	
			1	消防室洞门	个	按不同的设施划分细目
			2	通道防火闸门	个	
			3	蓄（集）水池	座	
			4	喷防火涂料	m^2	
				……		
		9		照明设施	m	按不同的设施划分细目
			1	照明灯具	m	
				……		
		10		供电设施	m	按不同的设施划分细目
		11		其他工程	m	按不同的内容划分细目
			1	卷帘门	个	
			2	检修门	个	
			3	洞身及洞门装饰	m^2	
				……		
	2			××隧道	m	
七				公路设施及预埋管线工程	公路公里	
	1			安全设施	公路公里	按不同的设施分节
		1		石砌护栏	m^3/m	
		2		钢筋混凝土防撞护栏	m^3/m	
		3		波形钢板护栏	m	按不同的形式划分细目
		4		隔离栅	km	按不同的材料划分细目
		5		防护网	km	
		6		公路标线	km	按不同的类型划分细目
		7		轮廓标	根	
		8		防眩板	m	
		9		钢筋混凝土护柱	根/m	
		10		里程碑、百米桩、公路界碑	块	
		11		各类标志牌	块	按不同的规格和材料划分细目
		12		……		
	2			服务设施	公路公里	按不同的设施分节
		1		服务区	处	按不同的内容划分细目

续表

项	目	节	细目	工程或费用名称	单位	备注
		2		停车区	处	按不同的内容划分细目
		3		公共汽车停靠站	处	按不同的内容划分细目
	3			管理、养护设施	公路公里	按不同的设施分节
		1		收费系统设施	处	按不同的内容划分细目
			1	设备安装	公路公里	
			2	收费亭	个	
			3	收费天棚	m^2	
			4	收费岛	个	
			5	通道	m/道	
			6	预埋管线	m	
			7	架设管线	m	
				……		
		2		通信系统设施	公路公里	按不同的内容划分细目
			1	设备安装	公路公里	
			2	管道工程	m	
			3	人（手）孔	个	
			4	紧急电话平台	个	
				……		
		3		监控系统设施	公路公里	按不同的内容划分细目
			1	设备安装	公路公里	
			2	光（电）缆敷设	km	
				……		
		4		供电、照明系统设施	公路公里	按不同的内容划分细目
			1	设备安装	公路公里	
				……		
		5		养护工区	处	按不同的内容划分细目
			1	区内道路	km	
				……		
	4			其他工程	公路公里	
			1	悬出路台	m/处	
			2	渡口码头	处	
			3	铺道工程	km	
			4	支线工程	km	
			5	公路交工前养护费	km	按附录一计算
八				绿化及环境保护工程	公路公里	
	1			撒播草种和铺植草皮	m^2	按不同的内容分节
		1		撒播草种	m^2	按不同的内容划分细目

续表

项	目	节	细目	工程或费用名称	单位	备注
		2		铺植草皮	m^2	按不同的内容划分细目
		3		绿地喷灌管道	m	按不同的内容划分细目
	2			种植乔、灌木	株	按不同的内容分节
		1		种植乔木	株	按不同的树种划分细目
			1	高山榕	株	
			2	美人蕉	株	
				……		
		2		种植灌木	株	按不同的树种划分细目
			1	夹竹桃	株	
			2	月季	株	
				……		
		3		种植攀缘植物	株	按不同的树种划分细目
			1	爬山虎	株	
			2	葛藤	株	
				……		
		4		种植竹类植物	株	按不同的内容划分细目
		5		种植棕榈类植物	株	按不同的内容划分细目
		6		栽植绿篱	m	
		7		栽植绿色带	m^2	
	3			声屏障	m	按不同的类型分节
		1		消声板声屏障	m	
		2		吸音砖声屏障	m^3	
		3		砖墙声屏障	m^3	
				……		
	4			污水处理	处	按不同的内容分节
	5			取、弃土场防护	m^3	按不同的内容分节
				……		
九				管理、养护及服务房屋	m^2	
	1			管理房屋	m^2	
		1		收费站	m^2	
		2		管理站	m^2	
		3		……		
	2			养护房屋	m^2	按房屋名称分节
		1		……		
	3			服务房屋	m^2	按房屋名称分节
		1		……		

续表

项	目	节	细目	工程或费用名称	单位	备注
				第二部分　设备及工具、器具购置费	公路公里	
一				设备购置费	公路公里	
	1			需安装的设备	公路公里	
		1		监控系统设备	公路公里	按不同的设备分别计算
		2		通信系统设备	公路公里	按不同的设备分别计算
		3		收费系统设备	公路公里	按不同的设备分别计算
		4		供电照明系统设备	公路公里	按不同的设备分别计算
	2			不需安装的设备	公路公里	
		1		监控系统设备	公路公里	按不同的设备分别计算
		2		通信系统设备	公路公里	按不同的设备分别计算
		3		收费系统设备	公路公里	按不同的设备分别计算
		4		供电照明系统设备	公路公里	按不同的设备分别计算
		5		养护设备	公路公里	按不同的设备分别计算
二				工具、器具购置	公路公里	
三				办公及生活用家具购置	公路公里	
				第三部分　工程建设其他费用	公路公里	
一				土地征用及拆迁补偿费	公路公里	
二				建设项目管理费	公路公里	
	1			建设单位（业主）管理费	公路公里	
	2			工程质量监督费	公路公里	
	3			工程监理费	公路公里	
	4			工程定额测定费	公路公里	
	5			设计文件审查费	公路公里	
	6			竣(交)工验收试验检测费	公路公里	
三				研究试验费	公路公里	
四				建设项目前期工作费	公路公里	
五				专项评价（估）费	公路公里	
六				施工机构迁移费	公路公里	
七				供电贴费	公路公里	
八				联合试运转费	公路公里	
九				生产人员培训费	公路公里	
十				固定资产投资方向调节税	公路公里	
十一				建设期贷款利息	公路公里	
				第一、二、三部分费用合计	公路公里	

续表

项	目	节	细目	工程或费用名称	单位	备注
				预备费	元	
				1. 价差预备费	元	
				2. 基本预备费	元	预算实行包干时列系数包干费
				概（预）算总金额	元	
				其中：回收金额	元	
				公路基本造价	公路公里	

附录二：概（预）算表格样式

总概（预）算汇总表

建设项目名称：　　　　　　　　　　　　　　第　页　共　页　01－1表

项次	工程或费用名称	单位	总数量	概（预）算金额（元）				技术经济指标	各项费用比例（%）	备注
							合计			

填表说明：1. 一个建设项目分若干单项工程编制概（预）算时，应通过本表汇总全部建设项目概（预）算金额。

2. 本表反映一个建设项目的各项费用组成、概（预）算总值和技术经济指标。

3. 本表“项次”“工程或费用名称”“单位”“总数量”“概（预）算金额”应由各单项或单位工程总概（预）算表（01表）转来，“目”“节”可视需要增减，“项”应保留。

4. “技术经济指标”以各项概（预）算金额汇总合计除以相应总数量计算；“各项费用比例”以汇总的各项目概（预）算金额合计除以总概（预）算金额合计计算。

编制：　　　　　　　　　　　　　　　　　　复核：

总概（预）算人工、主要材料、机械台班数量汇总表

建设项目名称：

第　页　共　页　02－1表

序号	规格名称	单位	总数量	编制范围									

填表说明：1. 一个建设项目分若干个单项工程编制概（预）算时，应通过本表汇总全部建设项目的人工、主要材料、机械台班数量。

2. 本表各栏数据均由各单项或单位工程概（预）算中的人工、主要材料、机械台班数量汇总表（02表）转来，“编制范围”指单项或单位工程。

编制：　　　　　　　　　　　　　　　　　　　复核：

总概（预）算表

建设项目名称：

编制范围：

第　页　共　页　01表

项	目	节	细目	工程或费用名称	单位	数量	概（预）算金额（元）	技术经济指标	各项费用比例（%）	备注

填表说明：1. 本表反映一个单项或单位工程的各项费用组成，概（预）算金额、技术经济指标等。

2. 本表“项”“目”“节”“细目”“工程或费用名称”“单位”等应按概（预）算项目表的序列及内容填写。“目”“节”“细目”可视需要增减，但“项”应保留。

3. “数量”“概（预）算金额”由建筑工程费计算表（03表），设备、工具、器具购置费计算表（05表）、工程建设其他费用及回收金额计算表（06表）转来。

4. “技术经济指标”以各项目概（预）算金额除以相应数量计算：“各项费用比例”以各项概（预）算金额除以总概（预）算金额计算。

编制：　　　　　　　　　　　　　　　　　　　复核：

人工、主要材料、机械台班数量汇总表

建设项目名称：

编制范围：　　　　　　　　　　　　第　页　共　页　02 表

序号	规格名称	单位	总数量	分项统计								场外运输损耗	
												%	数量

填表说明：1. 本表各栏数据由分项工程概（预）算基础数据表（08 表）及辅助生产工、料、机械台班单位数量表（12 表）经分析计算后统计而来。

2. 发生的冬季、雨季及夜间施工增工及临时设施用工，根据有关附录规定计算后列入本表有关项目内。

编制：　　　　　　　　　　　　复核：

建筑安装工程费计算表

建设项目名称：

编制范围：　　　　　　　　　　　　第　页　共　页　03 表

序号	工程名称	单位	工程量	直接费（元）						间接费（元）	利润（元）费率%	税金（元）综合税率%	建筑安装工程费	
				直接工程费				其他工程费	合计				合计（元）	单价（元）
				人工费	材料费	机械使用费	合计							
1	2	3	4	5	6	7	8	9	10	11	12	13	14	15

填表说明：本表各栏数据之间关系，5～7 均由 08 表经计算转来：8 = 5 + 6 + 7；9 = 8 × 9 的费率或（5 + 7）× 9 的费率；10 = 8 + 9；11 = 5 × 规费综合费率 + 10 × 企业管理费综合费率；12 =（10 + 11 − 规费）× 12 的费率；13 =（10 + 11 + 12）× 综合税率；14 = 10 + 11 + 12 + 13；15 = 14 ÷ 4。

编制：　　　　　　　　　　　　复核：

其他工程费及间接费综合费率计算表

建设项目名称：

编制范围：　　　　　　　　　　　　　　　　　　　　　第　页　共　页　04 表

序号	工程类别	其他工程费费率（%）													间接费费率（%）											
		冬季施工增加费	雨季施工增加费	夜间施工增加费	高原地区施工增加费	风沙地区施工增加费	沿海地区施工增加费	行车干扰工程施工增加费	安全及文明施工措施费	临时设施费	施工辅助费	工地转移费	综合费率		规费						企业管理费					
													Ⅰ	Ⅱ	养老保险费	失业保险费	医疗保险费	住房公积金	工伤保险费	综合费率	基本费用	主副食运费补贴	职工探亲路费	职工取暖补贴	财务费用	综合费率
1	2	3	4	5	6	7	8	9	10	11	12	13	14	15	16	17	18	19	20	21	22	23	24	25	26	27

填表说明：本表应根据建设工程项目具体情况，按概（预）算编制办法有关规定填入数据计算。其中：14 = 3 + 4 + 5 + 8 + 10 + 11 + 12 + 13；15 = 6 + 7 + 9；21 = 16 + 17 + 18 + 19 + 20；27 = 22 + 23 + 24 + 25 + 26。

编制：　　　　　　　　　　　　　　　　　　　　　　复核：

设备、工具、器具购置费计算表

建设项目名称：

编制范围：　　　　　　　　　　　　　　　　　　　　　第　页　共　页　05 表

序号	设备、工具、器具规格名称	单位	数量	单价（元）	金额（元）	说明

填表说明：本表应根据具体的设备、工具、器具购置清单进行计算，包括设备规格、单位、数量，单价以及需要说明的有关问题。

编制：　　　　　　　　　　　　　　　　　　　　　　复核：

工程建设其他费用及回收金额计算表

建设项目名称：
编制范围：　　　　　　　　　　　　　　　　　　第　页　共　页　06 表

序号	费用名称及回收金额项目	说明及计算式	金额（元）	备注

填表说明：本表应按具体发生的工程建设其他费用项目填写，需要说明和具体计算的费用项目依次相应在说明及计算式栏内填写或具体计算，各项费用具体填写如下：

1. 土地征用及拆迁补偿费应填写土地补偿单价、数量和安置补助费标准、数量等，列式计算所需费用，填入金额栏。
2. 建设项目管理费包括建设单位（业主）管理费、工程质量监督费、工程监理费、工程定额测定费、设计文件审查费、竣（交）工验收试验检测费，按“建筑安装工程费×费率”或有关定额列式计算。
3. 研究试验费应根据设计需要进行研究试验的项目分别填写项目名称及金额，或列式计算或进行说明。
4. 建设项目前期工作费按国家有关规定填入本表，列式计算。
5. 其余有关工程建设其他费用的填入和计算方法，根据规定以此类推。

编制：　　　　　　　　　　　　　　　　　　　　复核：

人工、材料、机械台班单价汇总表

建设项目名称：
编制范围：　　　　　　　　　　　　　　　　　　第页　共　页　07 表

序号	名称	单位	代号	预算单价（元）	备注	序号	名称	单位	代号	预算单价（元）	备注

填表说明：本表预算单价主要由材料预算单价计算表（09 表）和机械台班单价计算表（11 表）转来。

编制：　　　　　　　　　　　　　　　　　　　　复核：

建筑安装工程费计算数据表

建设项目名称： 编制范围： 数据文件编号： 公路等级：

路线或桥梁长度（km）： 路基或桥梁宽度（m）； 第 页 共 页 08－1表

项的代号	本项目数	目的代号	本目节数	节的代号	本节细目数	细目的代号	费率编号	定额个数	定额代号	项或目或节或细目或定额的名称	单位	数量	定额调整情况

填表说明：1. 本表应逐行从左到右横向跨栏填写。
2. “项”“目”“节”“细目”“定额”等的代号应根据实际需要按本办法附录四“概、预算项目表”及现行《公路工程概算定额》（JTG/T B06—01）、《公路工程预算定额》（JTG/T B06—02）的序列及内容填写。
3. 本表主要是为利用计算机软件编制概、预算提供基础数据，具体填表规则由软件用户手册详细制定。

编制： 复核：

分项工程概（预）算表

编制范围：

工程名称： 第 页 共 页 08－2表

编号	工程项目												合计	
	工程细目													
	定额单位													
	工程数量													
	定额表号													
	工、料机名称	单位	单价（元）	定额	数量	金额（元）	定额	数量	金额（元）	定额	数量	金额（元）	数量	金额（元）
1	人工	工日												
2	……													
	定额基价	元												
	直接工程费	元												
	其他工程费 Ⅰ	元												
	其他工程费 Ⅱ	元												
	间接费 规费	元												
	间接费 企业管理费	元												
	利润及税金	元												
	建筑安装工程费	元												

填表说明：1. 本表按具体分项工程项目数量、对应概（预）算定额子目填写，单价由07表转来，金额＝工、料、机各项的单价×定额×数量。
2. 其他工程费按相应项目的直接工程费或人工费与施工机械使用费之和×规定费率计算。
3. 规费按相应项目的人工费×规定费率计算。
4. 企业管理费按相应项目的直接费×规定费率计算。
5. 利润按相应项目的（直接费＋间接费－规费）×利润率计算。
6. 税金按相应项目的（直接费＋间接费＋利润）×税率计算。

编制： 复核：

材料预算单价计算表

建设项目名称：
编制范围：　　　　　　　　　　　　　　　　　　　　　第　页　共　页　09表

序号	规格名称	单位	原价（元）	运杂费					原价运费合计（元）	场外运输损耗		采购及保管费		预算单价（元）
				供应地点	运输方式、比重及运距	毛重系数或单位毛重	运杂费构成说明或计算式	单位运费（元）		费率（%）	金额（元）	费率（%）	金额（元）	

填表说明：1. 本表计算各种材料自供应地点或料场至工地的全部运杂费与材料原价及其他费用组成预算单价。
2. 运输方式按火车、汽车、船舶等及所占运输比重填写。
3. 毛重系数、场外运输损耗、采购及保管费按规定填写。
4. 根据材料供应地点、运输方式、运输单价、毛重系数等，通过运杂费构成说明或计算式，计算得出材料单位运费。
5. 材料原价与单位运费、场外运输损耗、采购及保管费组成材料预算单价。

编制：　　　　　　　　　　　　　　　　　　　　　　复核：

自采材料料场价格计算表

建设项目名称：
编制范围：　　　　　　　　　　　　　　　　　　　　　第　页　共　页　10表

序号	定额号	材料规格名称	单位	料场价格（元）	人工（工日）单价（元）		间接费（元）（占人工费%）	（　）单价（元）		（　）单价（元）		（　）单价（元）		（　）单价（元）	
					定额	金额		定额	金额	定额	金额	定额	金额	定额	金额

填表说明：1. 本表主要用于分析计算自采材料料场价格，应将选用的定额人工、材料、机械台班数量全部列出，包括相应的工、料、机单价。
2. 材料规格用途相同而生产方式（如人工捶碎石、机械轧碎石）不同时，应分别计算单价，再以各种生产方式所占比重根据合计价格加权平均计算料场价格。
3. 定额中机械台班有调整系数时，应在本表内计算。

编制：　　　　　　　　　　　　　　　　　　　　　　复核：

机械台班单价计算表

建设项目名称：
编制范围：

第　页　共　页　11表

序号	定额号	机械规格名称	台班单价（元）	不变费用(元)		可变费用（元）								合计
				调整系数：		人工：（元/工日）		汽油：（元/kg）		柴油：（元/kg）		……		
				定额	调整值	定额	金额	定额	金额	定额	金额	定额	金额	

填表说明：1. 本表应根据公路工程机械台班费用定额进行计算。不变费用如有调整系数，应填入调整值；可变费用各栏填入定额数量。
2. 人工、动力燃料的单价由材料预算单价计算表（09表）中转来。

编制：　　　　　　　　　　复核：

辅助生产工、料、机械台班单位数量表

建设项目名称：
编制范围：

第　页　共　页　12表

序号	规格名称	单位	人工(工日)						

填表说明：本表各栏数据由自采材料料场价格计算表（10表）统计而来。

编制：　　　　　　　　　　复核：

附录三：全国冬季施工气温区划分表

省、自治区、直辖市	地区、市、自治州、盟（县）	气温区	
北京	全境	冬二	Ⅰ
天津	全境	冬二	Ⅰ
河北	石家庄、邢台、邯郸、衡水市（冀州市、枣强县、故城县）	冬一	Ⅱ
	廊房、保定（涞源县及以北除外）、衡水市（冀州市、枣强县、故城县除外）、沧州市	冬二	Ⅰ
	唐山、秦皇岛市		Ⅱ
	承德（围场县除外）、张家口（沽源县、张北县、尚义县、康保县除外）、保定市（涞源县及以北）	冬三	
	承德（围场县），张家口市（沽源县，张北县、尚义县、康保县）	冬四	
山西	运城市（万荣县、夏县、绛县、新绛县、稷山县、闻喜县除外）	冬一	Ⅱ
	运城市（万荣县、夏县、绛县、新绛县、稷山县、闻喜县）、临汾（尧都区、侯马市、曲沃县、冀城县、襄汾县、洪洞县）、阳泉（孟县除外）、长治（黎城县）、晋城市（城区、泽州县、沁水县、阳城县）	冬二	Ⅰ
	太原（娄烦县除外）、阳泉（孟县）、长治（黎城县除外）、晋城市（城区、泽州县、沁水县、阳城县除外），晋中（寿阳县、和顺县、左权县除外）、临汾地区（尧都区、侯马市、曲沃县、冀城县、襄汾县、洪洞县除外）、吕梁市（孝义市、汾阳市、文水县、交城县、柳林县、石楼县、交口县、中阳县）		Ⅱ
	太原（娄烦县）、大同（左云县除外）、朔州（右玉县除外）、晋中（寿阳县、和顺县、左权县）、忻州、吕梁市（离石区、临县、岚县、方山县、兴县）	冬三	
	大同（左云县）、朔州市（右玉县）	冬四	
内蒙古	乌海市、阿拉善盟（阿拉善左旗、阿拉善右旗）	冬二	Ⅰ
	呼和浩特（武川县除外）、包头（固阳县除外）、赤峰、鄂尔多斯、巴彦淖尔、乌兰察布市（察哈尔右翼中旗除外）、阿拉善盟（额济纳旗）	冬三	
	呼和浩特（武川县）、包头（固阳县）、通辽、乌兰察布市（察哈尔右翼中旗）、锡林郭勒（苏尼特右旗、多伦县）、兴安盟（阿尔山市除外）	冬四	
	呼伦贝尔市（海拉尔区、新巴尔虎右旗、阿荣旗）、兴安（阿尔山市）、锡林郭勒（冬四区以外各地）	冬五	
	呼伦贝尔市（冬五区以外各地）	冬六	

续表

省、自治区、直辖市	地区、市、自治州、盟（县）	气温区	
辽宁	大连（瓦房店市、普兰店市、庄河市除外）、葫芦岛市（绥中县）	冬二	Ⅰ
	沈阳（康平县、法库县除外）、大连（瓦房店市、普兰店市、庄河市）、鞍山、本溪（桓仁县除外）、丹东、锦州、阜新、营口、辽阳、朝阳（建平县除外）、葫芦岛市（绥中县除外）、盘锦市	冬三	
	沈阳（康平县、法库县）、抚顺、本溪（桓仁县）、朝阳（建平县）、铁岭市	冬四	
吉林	长春（榆树市除外）、四平、通化（辉南县除外）、辽源、白山（靖宇县、抚松县、长白县除外）、松原市（长岭县）、白城县（通榆县）、延边自治州（敦化市、汪清县、安图县除外）	冬四	
	长春（榆树市）、吉林、通化（辉南县）、白山（靖宇县、抚松县、长白县）、白城县（通榆县除外）、松原市（长岭县除外）、延边自治州（敦化市、汪清县、安图县）	冬五	
黑龙江	牡丹江市（绥芬河市、东宁县）	冬四	
	哈尔滨市（依兰县除外）、齐齐哈尔（讷河市、依安县、富裕县、克山县、克东县、拜泉县除外）、绥化（安达市、肇东市、兰西县）、牡丹江（绥芬河市、东宁县除外）、双鸭山（宝清县）、佳木斯（桦南县）、鸡西、七台河、大庆市	冬五	
	哈尔滨市（依兰县）、佳木斯（桦南县除外）、双鸭山（宝清县除外）、绥化（安达市、肇东市、兰西县除外）、齐齐哈尔（讷河市、依安县、富裕县、克山县、克东县、拜泉县）、黑河、鹤岗、伊春市、大兴安岭地区	冬六	
上海	全境	准二	
江苏	徐州、连云港市	冬一	Ⅰ
	南京、无锡、常州、淮安、盐城、宿迁、扬州、泰州、南通、镇江、苏州市	准二	
浙江	杭州、嘉兴、绍兴、宁波、湖州、衢州、舟山，金华，温州、台州、丽水市	准二	
安徽	亳州市	冬一	Ⅰ
	阜阳、蚌埠、淮南、滁州、合肥、六安、马鞍山、巢湖、芜湖、铜陵、池州、宣城、黄山市	准一	
	淮北、宿州市	准二	
福建	宁德（寿宁县、周宁县、屏南县）、三明市	准一	
江西	南昌，萍乡、景德镇、九江、新余、上饶、抚州、宜春市	准一	
山东	全境	冬一	Ⅰ
河南	安阳、商丘、周口（西华县、淮阳县、鹿邑县、扶沟县、太康县）、新乡、三门峡、洛阳、郑州、开封、鹤壁、焦作、济源、濮阳、许昌市	冬一	Ⅰ
	驻马店、信阳、南阳、周口（西华县、淮阳县、鹿邑县、扶沟县、太康县除外）、平顶山、漯河市	准二	

续表

<table>
<tr><th>省、自治区、直辖市</th><th>地区、市、自治州、盟（县）</th><th colspan="2">气温区</th></tr>
<tr><td rowspan="2">湖北</td><td>武汉、黄石、荆州、荆门、鄂州、宜昌、咸宁、黄冈、天门、潜江、仙桃市、恩施自治州</td><td colspan="2">准一</td></tr>
<tr><td>孝感、十堰、襄樊、随州市、神农架林区</td><td colspan="2">准二</td></tr>
<tr><td>湖南</td><td>全境</td><td colspan="2">准一</td></tr>
<tr><td rowspan="6">四川</td><td>阿坝（黑水县）、甘孜自治州（新龙县、道浮县、泸定县）</td><td>冬一</td><td>Ⅰ</td></tr>
<tr><td>甘孜自治州（甘孜县、康定县、白玉县、炉霍县）</td><td rowspan="2">冬二</td><td>Ⅰ</td></tr>
<tr><td>阿坝（壤塘县、红原县、松潘县）、甘孜自治州（德格县）</td><td>Ⅱ</td></tr>
<tr><td>阿坝（阿坝县、若尔盖县、九寨沟县）、甘孜自治州（石渠县、色达县）</td><td colspan="2">冬三</td></tr>
<tr><td>广元市（青川县）、阿坝（汶川县、小金县、茂县、理县）、甘孜（巴塘县、雅江县、得荣县、九龙县、理塘县、乡城县、稻城县）、凉山自治州（盐源县、木里县）</td><td colspan="2">准一</td></tr>
<tr><td>阿坝（马尔康县、金川县）、甘孜自治州（丹巴县）</td><td colspan="2">准二</td></tr>
<tr><td rowspan="2">贵州</td><td>贵阳、遵义（赤水市除外）、安顺市、黔东南、黔南、黔西南自治州</td><td colspan="2">准一</td></tr>
<tr><td>六盘水市、毕节地区</td><td colspan="2">准二</td></tr>
<tr><td rowspan="2">云南</td><td>迪庆自治州（德钦县、香格里拉县）</td><td>冬一</td><td>Ⅱ</td></tr>
<tr><td>曲靖（会泽县、宜威市）、丽江（玉龙县、宁蒗县）、昭通市（昭阳区、大关县、威信县、彝良县、镇雄县、鲁甸县）、迪庆（维西县）、怒江（兰坪县）、大理自治州（剑川县）</td><td colspan="2">准一</td></tr>
<tr><td rowspan="6">西藏</td><td>拉萨市（当雄县除外）、日喀则（拉孜县）、山南（浪卡子县、错那县、隆子县除外）、昌都（芒康县、左贡县、类乌齐县、丁青县、洛隆县除外）、林芝地区</td><td rowspan="2">冬一</td><td>Ⅰ</td></tr>
<tr><td>山南（隆子县）、日喀则地区（定日县、聂拉木县、亚东县、拉孜县除外）</td><td>Ⅱ</td></tr>
<tr><td>昌都地区（洛隆县）</td><td rowspan="2">冬二</td><td>Ⅰ</td></tr>
<tr><td>昌都（芒康县、左贡县、类乌齐县、丁青县）、山南（浪卡子县）、日喀则（定日县、聂拉木县）、阿里地区（普兰县）</td><td>Ⅱ</td></tr>
<tr><td>拉萨市（当雄县）、那曲（安多县除外）、山南（错那县）、日喀则（亚东县）、阿里地区（普兰县除外）</td><td colspan="2">冬三</td></tr>
<tr><td>那曲地区（安多县除外）</td><td colspan="2">冬四</td></tr>
<tr><td rowspan="5">陕西</td><td>西安、宝鸡、渭南、咸阳（彬县、旬邑县、长武县除外），汉中（留坝县、佛坪县）、铜川市（耀州区）</td><td rowspan="2">冬一</td><td>Ⅰ</td></tr>
<tr><td>铜川（印台区、王益区）、咸阳市（彬县、旬邑县、长武县）</td><td>Ⅱ</td></tr>
<tr><td>延安（吴起县除外）、榆林（清涧县）、铜川市（宜君县）</td><td>冬二</td><td>Ⅱ</td></tr>
<tr><td>延安（吴起县）、榆林（清涧县除外）、</td><td colspan="2">冬三</td></tr>
<tr><td>商洛、安康、汉中市（留坝县、佛坪县除外）</td><td colspan="2">准二</td></tr>
</table>

续表

省、自治区、直辖市	地区、市、自治州、盟（县）	气温区	
甘肃	陇南市（两当县、徽县）	冬一	Ⅱ
	兰州、天水、白银（会宁县、靖远县），定西、平凉、庆阳、陇南市（西和县、礼县、宕昌县），临夏、甘南自治州（舟曲县）	冬二	Ⅱ
	嘉峪关、金昌、白银（白银区、平川区、景泰县），酒泉、张掖、武威市，甘南自治州（舟曲县除外）	冬三	
	陇南市（武都区、文县）	准一	
	陇南市（成县、康县）	准二	
青海	海东地区（民和县）	冬二	Ⅱ
	西宁市、海东地区（民和县除外）、黄南（泽库县除外）、海南、果洛（班玛县、达日县、久治县）、玉树（囊谦县、杂多县、称多县、玉树县）、海西自治州（德令哈市、格尔木市、都兰县、乌兰县）	冬三	
	海北（野牛沟、托勒除外）、黄南（泽库县）、果洛（玛沁县、甘德县、玛多县）、玉树（曲麻莱县、治多县）、海西自治州（冷户、茫崖、大柴旦、天峻县）	冬四	
	海北（野牛沟、托勒）、玉树（清水河）、海西自治州（唐古拉山区）	冬五	
宁夏	全境	冬二	Ⅱ
新疆	阿拉尔市、喀什（喀什市、伽师县、巴楚县、英吉沙县、麦盖提县、莎车县、叶城县、泽普县）、哈密（哈密市沁城镇）、阿克苏（沙雅县、阿瓦提县）、和田地区、伊犁（伊宁市、新源县、霍城县霍尔果斯镇）、巴音郭楞（库尔勒市、若羌县、且末县、尉犁县铁干里可）、克孜勒苏自治州（阿图什市、阿克陶县）	冬二	Ⅰ
	喀什地区（岳普湖县）		Ⅱ
	乌鲁木齐市（牧业气象试验站、达坂城区、乌鲁木齐县小渠子乡）、塔城（乌苏市、沙湾县、额敏县除外）、阿克苏（沙雅县、阿瓦提县除外）、哈密（哈密市十三间房、哈密市红柳河、伊吾县淖毛湖）、喀什（塔什库尔干县）、吐鲁番地区、克孜勒苏（乌恰县、阿合奇县）、巴音郭楞（和静县、焉耆县、和硕县、轮台县、尉犁县、且末县塔中）、伊犁自治州（伊宁市、霍城县、察布查尔县、尼勒克县、巩留县、昭苏县、特克斯县）	冬三	
	乌鲁木齐市（冬三区以外各地）、塔城（额敏县、乌苏县除外）、阿勒泰（阿勒泰市、哈巴河县、吉木乃县）、哈密地区（巴里坤县）、昌吉（昌吉市、米泉市、木垒县、奇台县北塔山镇、阜康市天池）、博尔塔拉（温泉县、精河县、阿拉山口口岸）、克孜勒苏自治州（乌恰县吐尔尕特口岸）	冬四	
	克拉玛依、石河子市、塔城（沙湾县）、阿勒泰地区（布尔津县、福海县、富蕴县、青和县）、博尔塔拉（博乐市）、昌吉（阜康市、玛纳斯县、呼图壁县、吉木萨尔县、奇台县、米泉市蔡家湖）、巴音郭楞自治州（和静县巴音布鲁克乡）	冬五	

注：表中行政区划以2006年地图出版社出版的《中华人民共和国行政区划简册》为准。为避免烦冗，各民族自治州名称予以简化，如青海省的“海西蒙古族藏族自治州”简化为“海西自治州”。

附录四：全国雨季施工雨量区及雨季期划分表

省、自治区、直辖市	地区、市、自治州、盟（县）	雨量区	雨季期（月数）
北京	全境	Ⅱ	2
天津	全境	Ⅰ	2
河北	张家口、承德市（围场县）	Ⅰ	1.5
	承德（围场县除外）、保定、沧州，石家庄、廊坊、邢台、衡水、邯郸、唐山、秦皇岛市	Ⅱ	2
山西	全境	Ⅰ	1.5
内蒙古	呼和浩特、通辽、呼伦贝尔（海拉尔区、满洲里市、陈巴尔虎旗、鄂温克旗）、鄂尔多斯（东胜区、准格尔旗、伊金霍洛旗、达拉特旗、乌审旗）、赤峰、包头、乌兰察布市（集宁区、化德县、商都县、兴和县、四王子旗、察哈尔右翼中旗、察哈尔右翼后旗、卓资县及以南）、锡林郭勒盟（锡林浩特市、多伦县、太仆寺旗、西乌珠穆沁旗、正蓝旗、正镶白旗）	Ⅰ	1
	呼伦贝尔市（牙克石市、额尔古纳市、鄂伦春旗、扎兰屯市及以东）、兴安盟		2
辽宁	大连（长海县、瓦房店市、普兰店市、庄河市除外）、朝阳市（建平县）	Ⅰ	2
	沈阳（康平县）、大连（长海县）、锦州（北宁市除外）、营口（盖州市）、朝阳市（凌源市、建平县除外）		2.5
	沈阳（康平县、辽中县除外）、大连（瓦房店市）、鞍山（海城市、台安县、岫岩县除外）、锦州（北宁市）、阜新、朝阳（凌源市）、盘锦、葫芦岛（建昌县）、铁岭市		3
	抚顺（新宾县）、辽阳市		3.5
	沈阳（辽中县）、鞍山（海城市、台安县）、营口（盖州市除外）、葫芦岛市（兴城市）	Ⅱ	2.5
	大连（普兰店市）、葫芦岛市（兴城市、建昌县除外）		3
	大连（庄河市）、鞍山（岫岩县）、抚顺（新宾县除外）、丹东（凤城市、宽甸县除外）、本溪市		3.5
	丹东（凤城市、宽甸县）		4
吉林	辽源、四平（双辽市），白城、松原市	Ⅰ	2
	吉林、长春、四平（双辽市除外）、白山市、延边自治州	Ⅱ	2
	通化市		3

续表

省、自治区、直辖市	地区、市、自治州、盟（县）	雨量区	雨季期（月数）
黑龙江	哈尔滨市（市区、呼兰区、五常市、阿城市、双城市）、佳木斯（抚远县）、双鸭山（市区、集贤县除外）、齐齐哈尔（拜泉县、克东县除外）、黑河（五大连池市、嫩江县）、绥化（北林区、海伦市、望奎县、绥棱县、庆安县除外）、牡丹江、大庆、鸡西、七台河、大兴安岭地区（呼玛县除外）	Ⅰ	2
	哈尔滨市（市区、呼兰区、五常市、阿城市、双城市除外）、佳木斯（抚远县除外）、双鸭山（市区、集贤县）、齐齐哈尔（拜泉县、克东县）、黑河（五大连池市、嫩江县除外）、绥化（北林区、海伦市、望奎县、绥棱县、庆安县）、鹤岗、伊春市、大兴安岭地区（呼玛县）	Ⅱ	2
上海	全境	Ⅱ	4
江苏	徐州、连云港市	Ⅱ	2
	盐城市		3
	南京、镇江、淮安、南通、宿迁、扬州、常州、泰州市		4
	无锡、苏州市		4.5
浙江	舟山市	Ⅱ	4
	嘉兴、湖州市		4.5
	宁波、绍兴市		6
	杭州、金华、温州、衢州市，台州、丽水市		7
安徽	亳州、淮北、宿州、蚌埠、淮南、六安、合肥市	Ⅱ	1
	阜阳市		2
	滁州、巢湖、马鞍山、芜湖、铜陵、宣城市		3
	池州市		4
	安庆、黄山市		5
福建	泉州市（惠安县崇武）	Ⅰ	4
	福州（平潭县）、泉州（晋江市）、厦门（同安区除外）、漳州市（东山县）	Ⅱ	5
	三明（永安市）、福州（市区、长乐市）、莆田市（仙游县除外）		6
	南平（顺昌县除外）、宁德（福鼎市、霞浦县）、三明（永安市、尤溪县、大田县除外）、福州（市区、长乐市、平潭县除外）、龙岩（长汀县、连城县）、泉州（晋江市、惠安县崇武、德化县除外）、莆田（仙游县）、厦门（同安区）、漳州市（东山县除外）		7
	南平（顺昌县）、宁德（福鼎市、霞浦县除外）、三明（尤溪县、大田县）、龙岩（长汀县、连城县除外）、泉州市（德化县）		8
江西	南昌、九江，吉安市	Ⅱ	6
	萍乡、景德镇、新余、鹰潭，上饶、抚州、宜春、赣州市		7

续表

省、自治区、直辖市	地区、市、自治州、盟（县）	雨量区	雨季期（月数）
山东	济南、潍坊、聊城市	Ⅰ	3
	淄博、东营、烟台、济宁、威海、德州、滨州市		4
	枣庄、泰安、莱芜、临沂、菏泽市		5
	青岛市	Ⅱ	3
	日照市		4
河南	郑州、许昌、洛阳、济源、新乡、焦作、三门峡、开封、濮阳、鹤壁市	Ⅰ	2
	周口、驻马店、漯河、平顶山、安阳、商丘市		3
	南阳市		4
	信阳市	Ⅱ	2
湖北	十堰、襄樊、随州市、神农架林区	Ⅰ	3
	宜昌（秭归县、远安县、兴山县）、荆门市（钟祥市、京山县）	Ⅱ	2
	武汉、黄石、荆州、孝感、黄冈、咸宁、荆门（钟祥市、京山县除外）、天门、潜江、仙桃、鄂州、宜昌市（秭归县、远安县、兴山县除外）、恩施自治州		6
湖南	全境	Ⅱ	6
广东	茂名、中山、汕头、潮州市	Ⅰ	5
	广州、江门、肇庆、顺德、湛江、东莞市		6
	珠海市	Ⅱ	5
	深圳、阳江、汕尾、佛山、河源、梅州、揭阳、惠州、云浮、韶关市		6
	清远市		7
广西	百色、河池、南宁、崇左市	Ⅱ	5
	桂林、玉林、梧州、北海、贵港、钦州、防城港、贺州、柳州、来宾市		6
海南	全境	Ⅱ	6
重庆	全境	Ⅱ	4
四川	甘孜自治州（巴塘县）	Ⅰ	1
	阿坝（若尔盖县）、甘孜自治州（石渠县）		2
	乐山（峨边县）、雅安市（汉源县）、甘孜自治州（甘孜县、色达县）		3
	雅安（石棉县）、绵阳（干武县）、泸州（古蔺县）、遂宁市、阿坝（若尔盖县、汶川县除外）、甘孜自治州（巴塘县、石渠县、甘孜县、色达县、九龙县、得荣县除外）		4
	南充（高坪区）、资阳市（安岳县）		5
	宜宾市（高县）、凉山自治州（雷波县）	Ⅱ	3
	成都、乐山（峨边县、马边县除外）、德阳、南充（南部县）、绵阳（平武县除外）、资阳（安岳县除外）、广元、自贡、攀枝花、眉山市、凉山（雷波县除外）、甘孜自治州（九龙县）		4
	乐山（马边县）、南充（高坪区、南部县除外）、雅安（汉源县、石棉县除外）、广安（邻水县除外）、巴中、宜宾（高县除外）、泸州（古蔺县除外）、内江市		5
	广安（邻水县）、达州市		6

续表

省、自治区、直辖市	地区、市、自治州、盟（县）	雨量区	雨季期（月数）
贵州	贵阳、遵义市、毕节地区	Ⅱ	4
	安顺市、铜仁地区、黔东南自治州		5
	黔西南自治州		6
	黔南自治州		7
云南	昆明（市区、嵩明县除外）、玉溪、曲靖（富源县、师宗县、罗平县除外）、丽江（宁蒗县、永胜县）、思茅（墨江县）、昭通市、怒江（兰坪县、泸水县六库镇）、大理（大理市、漾濞县除外）、红河（个旧市、开远市、蒙自县、红河县、石屏县、建水县、弥勒县、泸西县）、迪庆、楚雄自治州	Ⅰ	5
	保山（腾冲县、龙陵县除外）、临沧市（凤庆县、云县、永德县、镇康县）、怒江（福贡县、泸水县）、红河自治州（元阳县）		6
	昆明（市区、嵩明县）、曲靖（富源县、师宗县、罗平县）、丽江（古城区、华坪县）、思茅市（翠云区、景东县、镇沅县、普洱县、景谷县）、大理（大理市、漾濞县）、文山自治州	Ⅱ	5
	保山（腾冲县、龙陵县）、临沧（临祥区、双江县、耿马县、沧源县）、思茅市（西盟县、澜沧县、孟连县、江城县）、怒江（贡山县）、德宏、红河（绿春县、金平县、屏边县、河口县）、西双版纳自治州		6
西藏	那曲（索县除外）、山南（加查县除外）、日喀则（定日县）、阿里地区	Ⅰ	1
	拉萨市、那曲（索县）、昌都（类乌齐县、丁青县、芒康县除外）、日喀则地区（拉孜县）、林芝地区（察隅县）		2
	昌都（类乌齐县）、林芝地区（米林县）		3
	昌都（丁青县）、林芝地区（米林县、波密县、察隅县除外）		4
	林芝地区（波密县）		5
	山南（加查县）、日喀则地区（定日县、拉孜县除外）	Ⅱ	1
	昌都地区（芒康县）		2
陕西	榆林、延安地区	Ⅰ	1.5
	铜川、西安、宝鸡、咸阳，渭南市、杨凌区		2
	商洛、安康、汉中市		3
甘肃	天水（甘谷县、武山县）、陇南市（武都区、文县、礼县）、临夏（康乐县、广河县、永靖县）、甘南自治州（夏河县）	Ⅰ	1
	天水（北道区、秦城区）、定西（渭源县）、庆阳（西峰区）、陇南市（西和县）、临夏（临夏市）、甘南自治州（临潭县、卓尼县）		1.5
	天水（秦安县）、定西（临洮县、岷县）、平凉（崆峒区）、庆阳（华池县、宁县、环县）、陇南市（宕昌县）、临夏（临夏县、东乡县、积石山县）、甘南自治州（合作市）		2
	天水（张家川县）、平凉（静宁县、庄浪县）、庆阳（镇原县）、陇南市（两当县）、临夏（和政县）、甘南自治州（玛曲县）		2.5
	天水（清水县）、平凉（泾川县、灵台县、华亭县、崇信县）、庆阳（西峰区、合水县、正宁县）、陇南市（徽县、成县、康县）、甘南自治州（碌曲县、迭部县）		3

续表

省、自治区、直辖市	地区、市、自治州、盟（县）	雨量区	雨季期（月数）
青海	西宁市（湟源县）、海东地区（平安县、乐都县、民和县、化隆县）、海北（海晏县、祁连县、刚察县、托勒）、海南（同德县、贵南县）、黄南（泽库县、同仁县）、海西自治州（天峻县）	Ⅰ	1
	西宁市（湟源县除外）、海东地区（互助县）、海北(门源县)、果洛(达日县、久治县、班玛县)、玉树自治州（称多县、杂多县、囊谦县、玉树县）、河南自治县		1.5
宁夏	固原地区（隆德县、泾源县）	Ⅰ	2
新疆	乌鲁木齐市（小渠子乡、牧业气象试验站、大西沟乡）、昌吉地区（阜康市天池）、克孜勒苏（吐尔尕特、托云、巴音库鲁提）、伊犁自治州（昭苏县、霍城县二台、松树头）	Ⅰ	1
台湾	（资料暂缺）		

注：①表中未列的地区除西藏林芝地区墨脱县因无资料未划分外，其余地区均因降雨天数或平均日降雨量未达到计算雨季施工增加费的标准，故未划分雨量区及雨季期。

②行政区划依据资料及自治州、市的名称列法同冬季施工气温区划分说明。

附录五：全国风沙地区公路施工区划分表

区划	沙漠（地）名称	地理位置	自然特征
风沙一区	呼伦贝尔沙地、嫩江沙地	呼伦贝尔沙地位于内蒙古呼伦贝尔平原，嫩江沙地位于东北平原西北部嫩江下游	属半干旱、半湿润严寒区，年降水量 280 ~ 400 mm，年蒸发量 1 400 ~ 1 900 mm，干燥度 1.2 ~ 1.5
	科尔沁沙地	散步于东北平原西辽河中、下游主干及支流沿岸的冲积平原上	属半湿润温冷区，年降水量 300 ~ 450 mm，年蒸发量 1 700 ~ 2400 mm，干燥度 1.2 ~ 2.0
	浑善达克沙地	位于内蒙古锡林郭勒盟南部和昭乌达盟西北部	属半湿润温冷区，年降水量 100 ~ 400 mm，年蒸发量 2 200 ~ 2 700 mm，干燥度 1.2 ~ 2.0，年平均风速 3.5 ~ 5 m/s，年大风日数 50 ~ 80 天
	毛乌素沙地	位于内蒙古鄂尔多斯中南部和陕西北部	属半干旱温热区，年降水量东部 400 ~ 440 mm，西部仅 250 ~ 320 mm，年蒸发量 2 100 ~ 2 600 mm，干燥度 1.6 ~ 2.0
	库布齐沙漠	位于内蒙古鄂尔多斯北部，黄河河套平原以南	属半干旱温热区，年降水量 150 ~ 400 mm，年蒸发量 2 100 ~ 2 700 mm，干燥度 2.0 ~ 4.0，年平均风速 3 ~ 4 m/s

续表

区划	沙漠（地）名称	地理位置	自然特征
风沙二区	乌兰布和沙漠	位于内蒙古阿拉善东北部，黄河河套平原西南部	属干旱温热区，年降水量 100～145 mm，年蒸发量 2 400～2 900 mm，干燥度 8.0～16.0，地下水相当丰富，埋深一般为 1.5～3 m
	腾格里沙漠	位于内蒙古阿拉善东南部及甘肃武威部分地区	属干旱温热区，沙丘、湖盆、山地、残丘及平原交错分布，年降水量 116～148 mm，年蒸发量 3 000～3 600 mm，干燥度 4.0～12.0
	巴丹吉林沙漠	位于内蒙古阿拉善西南边缘及甘肃酒泉部分地区	属干旱温热区，沙山高大密集，形态复杂，起伏悬殊，一般高 200～300 m，最高可达 420 m，年降水量 40～80 mm，年蒸发量 1 720～3 320 mm，干燥度 7.0～16.0
	柴达木沙漠	位于青海柴达木盆地	属极干旱寒冷区，风蚀地、沙丘、戈壁、盐湖和盐土平原相互交错分布，盆地东部年均气温 2～4℃，西部为 1.5～2.5℃，年降水量东部为 50～170 mm，西部为 10～25 mm，年蒸发量 2 500～3 000 mm，干燥度 16.0～32.0
	古尔班通古特沙漠	位于新疆北部准噶尔盆地	属干旱温冷区，其中固定、半固定沙丘面积占沙漠面积的 97%，年降水量 70～150 mm，年蒸发量 1 700～2 200 mm，干燥度 2.0～10.0
风沙三区	塔克拉玛干沙漠	位于新疆南部塔里木盆地	属极干旱炎热区，年降水量东部 20 mm 左右，南部 30 mm 左右，西部 40 mm 左右，北部 50 mm 以上，年蒸发量在 1 500～3 700 mm，中部达高限，干燥度 $>$ 32.0
	库姆达格沙漠	位于新疆东部、甘肃西部，罗布泊低地南部和阿尔金山北部	属极干旱炎热区，全部为流动沙丘，风蚀严重，年降水量 10～20 mm，年蒸发量 2 800～3 000 mm，干燥度 $>$ 32.0，8 级以上大风天数在 100 天以上

参 考 文 献

[1] 中华人民共和国交通部. 公路工程基本建设项目设计文件编制办法 [S]. 北京: 人民交通出版社, 2007.

[2] 中华人民共和国行业标准. JTG/T B06—02—2007 公路工程预算定额 [S]. 北京: 人民交通出版社, 2008.

[3] 余群航. 建筑工程施工组织与管理 [M]. 北京: 北京大学出版社, 2006.

[4] 王首绪, 杨玉胜, 周学林, 刘伟军. 公路施工组织与概预算 [M] .3 版. 北京: 人民交通出版社, 2007.

[5] 王洪江, 符长青. 公路工程施工组织设计编制手册 [M]. 北京: 人民交通出版社, 2005.

[6] 魏道升. 路桥施工组织设计范例 [M]. 北京: 人民交通出版社, 2008.

[7] 张宏春. 公路机械化施工与管理 [M]. 北京: 人民交通出版社, 2005.

[8] 李辉, 蒋宁生. 工程施工组织设计编制与管理 [M]. 北京: 人民交通出版社, 2003.

[9] 殷青英. 公路施工组织与概预算 [M]. 北京: 人民交通出版社, 2004.

[10] 高峰, 贾玉辉. 公路施工组织设计 [M]. 北京: 人民交通出版社, 2011.

[11] 马敬坤, 宁金成. 公路施工组织设计 [M] .2 版. 北京: 人民交通出版社, 2008.

[12] 俞素平, 丁永灿. 公路工程造价与招投标 [M]. 北京: 人民交通出版社, 2011.

[13] 魏红一. 桥梁施工及组织管理 [M] .2 版. 北京: 人民交通出版社, 2010.